고운당필기

일러두기

1. 이 책의 번역 대본은 산일된 유득공의柳得恭 의《고운당필기古芸堂筆記》필사본을 수집, 정리한 정본定本《교감표점 고운당필기》이다. 전체 6권 295편 중 미확인된 41편을 제외한 254편을 실었다.
2. 본문 괄호 안 간주와 각주는 모두 역자주이다. 번역 대본의 원주(【】)는 다음과 같은 서체로 표기하였다.(단, 번역 대본의 원주 중 인용범위를 표시한 "止此" 등은 번역서 체제를 통해 드러나므로 따로 풀이하지 않았다.)

   예) 원주는 다음과 같다.
3. 외국 인명 및 지명 등의 고유명사를 비롯하여 중국어·몽고어·일본어·영어 등의 외국어를 음차한 한자어는 현대 한국어 독음으로 표기하는 것을 원칙으로 하였다. 혼동을 피하기 위해 각주에서도 동일한 원칙을 적용하였으며 필요한 경우 이해를 돕기 위해 간주나 각주에 외래어 표기법을 준수한 표기를 함께 밝혔다.

   예) 헤이룽장黑龍江 성 → 흑룡강성 스가노노 마미치菅野朝臣眞道 → 관야조신진도
4. 문장 부호는 '한글 맞춤법'에 규정된 용법을 따라서 사용했으며 그 밖에 용법을 달리하여 사용한 부호는 다음과 같다.

   …… : 원문의 云云을 처리할 때, 각주의 표제어가 길 때 중략 표시로 사용한다.

   □ : 생략된 글자를 나타낼 때 사용한다.

   " " ' '「 」: 1차 인용에는 " ", 2차 인용에는 ' ', 3차 인용에는「 」를 사용한다.

   《 》: 각주 말미에서 전거를 나타낼 때 사용한다.

   예)《古云堂筆記 卷1 圖書集成》
5. 여러 차례 등장하는 주요 인명은 책 말미에 색인으로 정리하여 수록하였다.

고운당필기

古芸堂筆記

유득공 지음

김윤조 김종태 김성애 옮김

한국고전번역원

차례

제2권

제4권

제5권

古芸堂筆記

고운당필기 제1권

도서집성
圖書集成

내각 소장 서적인 《도서집성》[1]은 상의원 주부 조윤형[2]이 왕명을 받들어 각 책의 표제를 썼는데, 한 달 만에 그 일을 마쳤다. 조윤형은 글씨를 잘 쓰기로 소문이 난 터라 규장각 사람들의 부탁이 많아 종이와 흰 천이 구름처럼 모였다. 이무관[3]이 조윤형에게 말하였다.

"공의 글씨 넉 자를 얻고 싶습니다."

"어떤 넉 자를?"

"'도서집성' 넉 자입니다."

"어디 쓰시려고?"

---

1 도서집성圖書集成 : 청나라 강희제 때 편찬된 유서類書로 총 1만 권에 달하는 거질이다. 《일성록》 정조 4년 2월 1일 기사에 의하면 애초 박제가 등 여러 사람이 제목 쓰기에 착수했다가 결국 조윤형이 쓰게 되었던 듯하다. 《도서집성》의 편찬 및 체제와 그 구입에 따른 여러 일화는 이덕무의 《청장관전서青莊館全書》 권57 〈도서집성〉에 자세한 내용이 기록되어 있다.

2 조윤형曺允亨 : 1725~1799. 자는 치행穉行, 호는 송하옹松下翁이다. 예조 좌랑, 광주 목사, 호조 참의 등을 역임하였고, 글씨에 뛰어났다.

3 이무관李懋官 : 이덕무李德懋(1741~1793)로, 자는 무관, 호는 형암炯庵·아정雅亭·청장관青莊館이다. 박제가, 이서구, 유득공과 함께 약관에 사가시집四家詩集을 내 사가시인, 또는 후사가後四家라 불린다. 진주사의 서장관으로 연경에 가서 기균紀昀, 반정균潘庭筠 등 청나라 석학들과 교유하였고, 정조의 총애를 받아 규장각 검서관으로 활동하면서 많은 책을 교감하고 편찬하였다.

"공 같은 달필이 5022번이나 익히셨으니, 종요鍾繇나 왕희지王羲之보다 나을 테지요."

이 말을 듣고 포복절도하지 않는 사람이 없었다. 《도서집성》은 5002권에 목록이 20권이다.

여화가 나부이다
麗華卽羅敷

세마 윤광호[4]의 말이다.

"고시古詩 〈맥상상陌上桑〉에 '진씨秦氏에게 예쁜 딸 있으니, 그 이름 나부羅敷라네.' 하였고, 한나라 광무제는 '벼슬길 나서면 집금오[5]는 되어야 하고, 장가를 들자면 음여화陰麗華는 얻어야 한다.'[6] 하였는데, 여화라는 이름의 의미는 알 수 있지만, 나부라는 이름의 의미는 이해되지 않는다. 기실 '음여화'가 바로 '음나부陰羅敷'고, '장여화'[7]가 바로 '장나부張羅敷'다. 나羅와 여麗, 부敷와 화華는 옛날에 서로 통용되었으므로 미녀들이 이 글자로 이름 짓는 경우가 많았다."

---

4 윤광호尹光濩 : 1753~1821. 본관은 파평, 자는 차소次韶, 호는 염재念齋이다. 1775~1776년에 세마로 재임하였다. 금석학과 음운학에 두루 조예가 깊었다. 저서로 《염재잡고念齋雜考》 7책이 있다.

5 집금오執金吾 : 한나라 때 대궐과 수도의 경비를 맡아보던 벼슬로 녹봉이 2천 석이었다. 태수의 녹봉이기도 한 2천 석은 고급 관료의 기준선이었다.

6 벼슬길……한다 : 이 내용은 《후한서》 〈음황후기陰皇后紀〉에 있는 말이다. 음여화는 명제의 모후로, 성이 음씨이고 이름이 여화이다.

7 장여화張麗華 : 560~589. 남조 진 후주가 총애하였던 비妃이다. 뛰어난 미인으로 후주가 그녀를 총애하여 많은 토목 공사를 일으키고 국정을 문란하게 만들었다.

윤광호는 음운학에 식견이 깊었다. 이런 부분은 고영인[8]의 《음학오서》[9]에서도 말하지 않은 것이다.

---

8 고영인顧寧人 : 고염무顧炎武(1613~1682)로, 자가 영인, 호는 정림亭林이다. 명말의 학자로서 청나라에 벼슬하지 않고 학문 연구에 일생을 바쳤다. 그의 저술 《일지록日知錄》은 중국뿐 아니라 조선에도 영향이 컸다.

9 음학오서音學五書 : 고염무의 저술로, 한자 음운의 변천을 밝힌 책이다. 〈음론音論〉, 〈시본음詩本音〉, 〈역음易音〉, 〈당운정唐韻正〉, 〈고음표古音表〉 등으로 구성되어 있으며, 고대 음운에 대한 청대 최초의 연구서이다.

영실
營實

계묘년(1783, 정조7) 가을, 당직 중이었는데 마침 초사抄寫할 일이 없었다. 각리閣吏인 김덕형金德亨이 꽃 그림을 잘 그렸으므로, 그를 불러서 하사받은 단오선에다 네 가지 꽃을 그리도록 하고 그 여백에 제화시題畫詩를 적었다.

옥잠, 영실, 안래홍[10] 중에	玉簪營實雁來紅
산국은 쓸쓸하여 뜻이 다르네	山菊蕭蕭意不同
한 자락 가을 정원 세세한 모습	一段秋園纖巧景
부채에 그려다 가을바람 맞네	寫來團扇媚西風

뒤에 이강산[11]을 방문했는데, 그가 부채를 보고는 물었다.

"영실이 뭔가요?"

---

10 옥잠, 영실, 안래홍 : 옥잠玉簪은 옥잠화로 백합과에 속하는 꽃이다. 영실營實은 찔레꽃의 열매로 다갈색이며 가을에 열리는데 햇볕에 말려 약재로 쓴다. 안래홍雁來紅은 맨드라미를 말한다.

11 이강산李薑山 : 이서구李書九(1754~1825)로, 자는 낙서洛瑞, 호는 강산·소완정素玩亭·척재惕齋 등이다. 사가시인四家詩人 중 한 명이며 한자의 구조와 의미, 글에 쓰인 전고典故 등에 조예가 깊었다.

내가 말하였다.

"그 열매가 영실성[12] 같아 영실이라 이름한 것입니다. 봄에 난 순이 자그마할 때 따서 껍질을 벗기고 먹지요. 우리나라에서는 질려蒺藜라고도 하고 그 열매는 까치밥이라고들 합니다."

"어쩌면 그렇게 잊지 않고 시에다 쓸 수가 있는지요?"

"이것은 우연히 잊지 않았을 뿐이고 다른 것은 꼭 그렇지도 못하답니다."

강산은 시를 몇 번이나 외워 보더니 머리를 긁적이며 말하였다.

"원나라 사람의 제화시와 아주 흡사하군요."

---

12 영실성營實星 : 별자리의 이름으로, 28수 중 하나인 실성室星을 가리킨다.

곰나루
古音兒津

《여지승람》에 이르기를 "공주公州는 산이 '공公' 자 모양으로 생겼기 때문에 그것으로 고을을 이름하였다."[13] 하였다. 나는 여러 차례 공주에 갔지만 이른바 공 자 산은 볼 수 없었다.

공주에 웅진熊津이 있기 때문에 웅주熊州라고도 부른다. 웅진은 속칭 곰아진[古音兒津]인데, '곰[古音]'이란 우리말 곰[熊]이다. 당나라가 여기에 웅진도독부를 두었다. 《북사》에 "백제는 고마성固麻城에 도읍하였다."라고 하였다. '고마'와 '곰아'는 소리가 비슷하니, 웅성熊城을 말한 것이다.[14]

생각건대 백제 때 이 고을은 곰아주[古音兒州]라고 불렸을 텐데, 고古와 공公은 첫소리가 서로 비슷해서 공주가 되었을 것이다.

---

13 공주는……이름하였다 : 《신증동국여지승람》〈충청도 공주목〉 산천山川 조에 "고을 북쪽 2리에 있는 진산鎭山으로, 산의 모습이 공公 자 같기 때문에 공산公山이라 이름 붙인 것이다."라고 하였다. 한편 이규경은 공주는 공 자 모양의 산이 있고 완주는 완完 자 모양의 산이 있어서 생긴 지명이라고 하였다. 《五洲衍文長箋散稿 天地篇 地形成字辨證說》

14 웅진은……것이다 : 한진서韓鎭書의 《해동역사》〈지리고8〉 백제 조에서도 "지금 공주의 웅진을 '곰아진[古音兒津]'이라고 칭하는데, '곰아'는 우리나라 말 '곰[熊]'이다. 고마固麻는 곰아의 음이 바뀐 것으로, 곰성[熊城]을 말한다."라고 하여 유득공과 같은 견해를 기술하였다.

계묘년(1783, 정조7) 9월 9일, 곰나루를 건너다 배 안에서 이 글을 쓰다.

신라는 새 나라다
新羅者新國

이무관(이덕무)이 말하기를 "고구려는 우리말로 개구리다. 고주몽이 금와金蛙의 아들이므로 국호를 고구려라고 한 것이다." 하였다.[15]

나도 "신라란 새 나라다. 우리말로 새것을 '새[斯伊]'라고 하고, 국가를 '나라羅羅'라고 한다. 신라를 또 달리 사라斯羅라고 부르는 것은 이 때문이다. 또한 신로新盧라고도 하는데, 라羅와 로盧는 발음이 서로 비슷하기 때문이다."라고 하였다.

또 임라任羅니 가라加羅니 탐라耽羅니 하는 따위가 있는데, 모두 아무 나라 아무 나라를 말하는 것이다. 그렇다면 산고수려[16]니 일신

---

15 이무관이……하였다 : 이덕무의 《청장관전서》 권33 〈려麗〉에 "일찍이 나는 생각하기를, 고구리高句驪의 선대가 금와金蛙인데, 우리나라 방언에 와蛙를 개구리 嗜狗里, 또는 왕마구리王麻狗里라 칭하므로, 옛날 사람들이 솔직하고 순진하여 곧장 그 이름으로 국호를 삼고 겸해서 그 위에다 고주몽高朱蒙의 성을 얹어 고구리라 했던 것이 아닌가 여겼다. 이역의 방언은 소리만 있고 글자는 없는 것이 매우 많은데, 중국 사람들은 그 음을 번역하여 글자로 만들었기 때문에 전연 뜻이 없다."라고 하였다. 이덕무는 유득공과 같이 고구려의 국호가 본래 우리말에서 비롯되었다고 추정한 것이다.

16 산고수려山高水麗 : 안정복의 《동사강목》 부록 상권 하 〈조선 명호朝鮮名號〉에 고려의 국호가 이 구절에서 나온 것으로 소개하고 있다.

망라[17]니 하는 의미 부여는 모두 종래의 견강부회한 말들이다. 당시의 군호君號와 관명은 모두 우리말을 썼는데, 어찌 한자어의 의미를 따라서 나라 이름으로 삼았겠는가.

17 일신망라日新網羅 : 《삼국사기》 〈신라본기 제4〉에 "신新은 덕업이 날로 새로워진다는 의미이고, 라羅는 사방을 망라한다는 의미이니 국호로 삼기에 알맞다."라고 하여 신라의 국호가 여기에서 비롯된 것이라 하였다.

시는 육경과 삼사를 근본으로 한다

詩以六經三史爲根本

시는 한漢, 위魏, 육조, 당, 송, 금, 원, 명의 시를 읽은 뒤에 능할 수 있는 것이 아니다. 육경과 삼사를 근본으로 삼고, 패관과 《제해》[18]를 부고府庫로 삼고, 본초本草, 서화, 금석, 정이[19]를 우익羽翼으로 삼은 연후에야 능할 수 있지만, 성정의 청탁이나 재주의 고하는 이와는 또 달리 따져야 할 문제다.

무릇 시란 글자를 모아 시구를 이루고 시구를 모아 작품을 이루어, 다시는 흩어지지 않게 하고 천고에 널리 퍼뜨려 사람 마음을 감발시키고 측은하게 하여 성정에 도움이 되도록 한 연후에 비로소 시라고 이를 수 있다. 그렇지 않으면 부질없이 종이와 먹만 허비할 뿐이니 배울 필요가 없는 일이다. 세상에는 배울 만한 좋은 일이 많고도 많다.

혹자는 말하였다.

---

18 제해齊諧 : 남송 때 무의無疑가 패설류의 신기하고 이상한 이야기를 묶어 편찬한 책이다.

19 정이鼎彝 : 정과 이는 모두 고대의 제기祭器 이름으로, 그 표면에 공훈이 있는 사람의 각종 사적을 새겼다. 여기서는 정이에 새겨져 있는 고문자를 말하니, 시를 짓는 사람은 문자학에도 식견이 있어야 한다는 뜻으로 말한 것이다.

"《시경》의 삼백 편을 지은 이가 어찌 꼭 모두 독서한 이들이겠습니까."

나는 이렇게 답했다.

"《시경》 가운데 아雅와 송頌은 모두 조정의 사대부들이 지은 것이니, 독서하지 않은 이가 지었다고 할 수는 없다. 하지만 13국의 풍風은 민간에서 나온 것이 많으니, 이는 후세의 가요나 사곡詞曲과 같아서 반드시 독서를 한 뒤에야 지을 수 있는 것은 아니다. 우리나라 노래로 말하더라도, 모두 임 그리는 여인과 방탕한 사내가 부른 여항의 속된 말들이지만 듣는 사람에게 감동을 일으킨다. 그러니 판본이 없이도 지금껏 전하는 것이 아침에 판각하고 저녁에 없어지는 시집 따위보다 훨씬 낫다. 자네가 뒷날 전할 방도를 도모하려 한다면 시를 지을 것이 아니라 노래를 짓는 것이 옳다. 우리나라 사람이 본디 한시를 짓기란 쉽지 않은데, 중국어를 조금 이해하게 되면 극히 오묘한 곳이 있어서 칠언 절구를 짓는 데 크게 유익하다. 그렇다면 전기傳奇도 읽어야 하고, 《노걸대老乞大》나 《박통사朴通事》 같은 책도 읽어야 하고, 중국도 한두 차례 왕래해 보아야 한다."

개소문과 개금[20]
蓋蘇文蓋金

《당서》에 "개소문蓋蘇文은 혹 개금蓋金이라고도 한다."라고 기록되어 있다. 생각건대 우리나라 풍속에 금속을 쇠[蘇伊]라고 부르는데, 이것으로 아이 이름을 즐겨 지으니 쇠처럼 단단하기를 바라서다. 개소문이 혹 개금으로 불린 것은 이 때문이다. 금주金州, 복주復州, 해주海州, 개주蓋州가 모두 고구려 땅인데 금주를 소주蘇州라고도 부르니, 더욱 믿을 만하다.

20 개소문과 개금 : 《해동역사》 〈인물고1〉 개소문 조에도 이와 흡사한 기록이 있는데, 같은 권의 〈곰나루〉와 마찬가지로 유득공의 필기를 그대로 전재한 듯하다. 《신당서》 〈동이열전東夷列傳〉에 "개소문이란 자가 있는데 개금이라고도 한다. 성이 천씨泉氏로, 스스로 말하기를 물속에서 났다고 하여 사람들을 현혹하였다."라는 유사한 기록이 있다.

해삼처럼 취하다
醉如泥

남해에 뼈가 없고 이름이 '이泥'(진흙)인 바다 생물이 있다. 물에 있을 때는 살아 움직이지만 물에서 나오면 한 뭉텅이 흙과 같이 취한 모양이 된다. 주택[21]을 두고 "딱 하루 재계하지 않는 날 이泥처럼 취하네."라고 했으니 바로 이런 뜻이다. 서이중[22]은 "흥양興陽 바닷가 사람들은 해삼海蔘을 '이'라고 부른다.[23] 해삼을 잡으면 그것을 썩지 않게 하려고 술에 담근다."라고 하였다. 이 또한 '이泥처럼 취한다'는 말의 뜻이 된다.

---

21 주택周澤 : 후한 때 태상시太常寺의 장관이다. 일하다 병들어 드러눕기도 할 정도로 종묘 일을 엄격히 수행하였는데, 사람들이 그를 두고 "1년 360일에 359일을 재계하네."라고 하였다.《後漢書 儒林列傳》

22 서이중徐而中 : 서이수徐理修(1749~1802)로, 자가 이중이다. 이덕무·박제가·유득공 등과 함께 뽑힌 이른바 규장각 사검서의 한 사람이며, 1784년 흥양의 감목관을 수행했다.

23 남해에……부른다 : 이수광李睟光의《지봉유설芝峯類說》권20〈금충부禽蟲部〉의〈인개鱗介〉에도 비슷한 내용이 있는데 "우리나라에서는 예전에 해삼을 '이泥'라고 하였는데 중국 사람들이 보고는 틀린 말이라고 했다 한다."라고 적고 있다.

관왕묘의 비석
關廟碑

10여 년 전에 무관懋官(이덕무), 차수[24]와 함께 봄날 서울 남쪽에 있는 관왕묘[25]에 나들이를 갔다. 복사꽃이 만개하여 꽃 아래에서 술 마시며 시를 읊었다. 남쪽 담 안에 이끼가 끼어 글자가 보이지 않는 비석이 있었는데, 남은 술을 뿜어서 읽어 보았다.

갑신년(1784, 정조8) 여름, 나는 상의원에서 당직을 서다가 병조로 좌랑 이강산李薑山(이서구)을 찾아간 일이 있다.[26] 그는 평소 금석을

24 차수次修 : 박제가朴齊家(1750~1805)로, 자는 차수·재선在先·수기修其, 호는 초정楚亭·정유貞蕤 등이다.

25 관왕묘關王廟 : 관우關羽를 모시는 사당으로 관묘, 또는 관성묘關聖廟라고도 불린다. 중국에서 관우는 문성文聖 공자에 대비되는 무성武聖으로 추앙되다가 훗날 재물운을 관장하는 신으로도 여겨져 무인과 상인의 숭앙을 받았다. 우리나라에는 정유재란 때 파견된 명나라 장수의 발의로 한양 남대문과 동대문 밖에 처음 건립되었고, 이후 전국의 여러 곳에 세워지며 민간신앙과 결합하였다. 유득공의 아들 유본학柳本學이 지은《한경지략漢京識略》에 "도성 안 사대부 집안 부인들이 관왕묘에 기도하면 영험이 나타나 향화香火의 공양이 사철 끊이지 않는다." 라고 하였다. 현재 서울의 동묘와 남묘를 비롯하여 안동과 성주, 남원과 여수 등지에 남아 있다.

26 갑진년……있다 : 이서구는 과거 급제 후 시비에 휘말려 물러나 있다가 1784년에 다시 기용되었다. 그로부터 10년 전인 1774년 무렵에는 유득공, 박제가, 이덕무 등 북학파 지식인들이 백탑 주변에 모여 살며 활발하게 동인 모임을 가졌다.

좋아했고[27] 때마침 아전을 보내 관왕묘의 비석을 탁본해 온 터였는데, 분명 그때 읽은 그 비석이었다.

만력 28년 경자년(1600) 9월 길일에 흠의관리조선비왜군무欽依管理朝鮮備倭軍務인 직례 영평부 통판直隸永平府通判 절동浙東 오운五雲의 양오養吾 도양성[28]이 비문을 짓고 글씨를 썼다. 대략 내용은 다음과 같다.

"경리經理 양공[29]이 울산에서 왜장 가등청정加藤清正(가토 기요마사)을 공격했다가 겨울이 되자 병사들이 추위에 떨고 굶주려 돌아오게 되었다. 유격장군인 빈양賓陽의 진인[30] 공은 상처가 심해서 서울 신숭산神崇山 남쪽에 누워 있었는데 꿈에 무안왕武安王(관우)이 이르기를 '네 병은 괜찮다. 마땅히 일어나서 네 갈래 길로 나누어 적을 쳐라.' 하여서 깨어나 기이하게 여겼다. 이튿날 다시 길거리에 떠들

---

27 그는……좋아했고 : 이서구는 평소 금석에 조예가 깊었다. 《대동금석첩大東金石帖》을 엮은 낭선군朗善君 이우李俁가 5대조인데, 낭선군 이래 수집된 우리나라와 중국의 서적과 그림, 탁본을 모두 이서구가 소장하고 있었다.

28 도양성陶良性 : 1548~1601. 호가 양오이고, 절강성 진운현縉雲縣 사람으로, 오운은 진운현의 한 고을이다. 임진왜란 때에는 경략經略 송응창宋應昌의 막하에서 활동했고, 정유재란 때 직례(하북성)의 영평부 통판이 되어 파견되었다. 1600년에 승덕랑承德郎으로 자급이 올라 난주 지주灤州知州가 되었으나 이듬해 병으로 사망하였다.

29 양공 : 양호楊鎬를 가리킨다. 정유재란 때 경략조선군무사經略朝鮮軍務使가 되어 참전하였다. 울산 도산성 전투에서 크게 패하고도 승리로 보고했다가 들통나 파면되었다.

30 진인陳寅 : 절강성 금향위金鄉衛 사람이다. 유격장군으로 보병 3850인을 이끌고 1597년 11월 정유재란에 참전했는데, 울산 도산성 전투에서 탄환을 맞고 부상당하였다. 후에 남대문 밖에 관왕묘를 세웠으며, 1599년 4월에 돌아갔다.

썩하게 들리는 소문에 '관성關聖(관우)이 나타나 산과 바다에서 왜군을 정벌하니, 왜군이 평정될 날이 머지않았다.'라고 하였고 진인은 돌연히 상처가 나았다. 그로 인해 점을 쳐서 길일을 가려 받고 터를 살펴서, 기거하던 곳 오른쪽에 사당을 창건하고 관우의 상을 모셨다. 대사마大司馬 형공[31]이 관왕묘에서 출정하는 군사들에게 맹세하고 네 갈래 길로 나누어 진군하여 바다와 육지에서 크게 전투를 벌였다. 매양 큰 바다의 구름과 안개가 짙은 곳에서 창이며 방패 소리가 들려오면 우리 병사들이 용기백배해서 수백 수천의 적군을 사로잡고 베었다. 적장이 투항하자 7년간의 요망한 기운은 신속히 사라지고 천 리에 걸친 소굴은 다 평정되었다."

우리나라에서 관왕묘를 세운 것은 이때부터였다.

31 형공 : 형개邢玠를 가리킨다. 정유재란 때 총독군문總督軍門으로 파견되어 10월에 압록강을 건너왔다가 1598년 3월에 돌아갔으며, 7월에 다시 와서 경성에 머물렀다.

정월 보름날 숙직하며 나눈 말
上元直中語

"어떻게 하면 이렇게 한번 살아 볼까요. 온통 철로 주물한 듯 튼튼한 집에 바위를 깎아 세운 듯한 담장을 둘러서, 폭우에 새지도 않고 무너지지도 않아요. 문짝에는 옷 널어 말리는 줄을 매지 않고, 뜨락에는 벼를 널어 말리는 자리를 펴지 않고, 안방에는 다듬잇방망이와 다리미, 칼과 자[尺]가 과히 어지럽게 널려 있지 않지요. 아내는 고기와 채소가 많으니 적으니 두 번 세 번 값을 추궁하며 계집종을 나무라지 않고, 작은아이는 울지 않고, 큰아이는 가서 글 읽으라 구박 않고, 종놈은 성 내며 꾸짖지 않고, 계집종도 제 성에 그릇을 퉁탕거리지 않고요. 온 집안이 무병하지요.

방 하나 깨끗이 치워서 내가 그 안에 거처하며 온종일 책을 마주하고 앉았거나 글을 지어요. 속된 손님 찾아오지 않으니 시간 다투어 칠언 율시 차운할 일 없고, 남의 집에 가서 밤새도록 술 마시고 두통으로 싸매고 눕는 일도 없지요. 봄날이면 친구들과 한두 차례 봄꽃 보러 가서는 깜깜해지기 전에 집에 돌아오고요."

이는 갑진년(1784, 정조8) 정월 보름날 숙직하며 무관懋官(이덕무)과 나눈 말이다.

고려의 두 비문
高麗二碑

〈원주 건등산 흥법사비原州建登山興法寺碑〉는 고려 태조가 짓고 최광윤[32]이 당 태종의 글씨를 집자集字한 것이다. 이익재가 "사의辭意가 웅장하고 깊으며 거룩하고 아름다워 현규를 들고 적석을 신고서[33] 조정에서 읍양하는 것 같으며, 크고 작은 글자와 해서楷書와 행서行書가 서로 알맞게 배열되어 난새와 봉새가 물 위에 떠서 초연한 기상을 머금고 있는 듯하다."라고 한 것이 바로 이것이다.[34] 뒤에 고을의 관아로 옮겨 두었는데 어떤 수령이 풍속에 꺼리는 일이라 하여 도랑에 버리는 바람에 부러져 두 동강이 났다. 최광윤의 관직명은 글자가 마멸되어 알아볼 수 없다.

〈광주 혜목산 고달원 국사 혜진탑비廣州慧目山高達院國師慧眞塔碑〉는 고려 광록대부 태승 한림학사 내봉령 전 예부사 참지정사 감수

---

32 최광윤崔光胤 : 고려 전기의 문신으로, 신라 말기 '삼최三崔'로 꼽히는 최언위崔彦撝의 아들이다.

33 현규를……신고서 : 현규玄圭는 검은색의 홀笏이고, 적석赤舃은 붉은 비단을 두 겹으로 댄 가죽신인데, 모두 임금의 예복이다. 여기서는 장엄하면서도 절도가 있는 모습을 비유한 것이다.

34 이익재가……이것이다 : 익재益齋는 고려 말기 문신인 이제현李齊賢(1287~1367)의 호이다. 인용된 부분은 이제현의 《역옹패설櫟翁稗說》 후집에 실려 있다.

국사光祿大夫太丞翰林學士內奉令前禮部使參知政事監修國史 김정언金廷彦이 짓고, 봉의랑 좌윤 전 군부경 겸 내의승지사인奉議郎佐尹前軍部卿兼內議承旨舍人 장단열張端說이 글씨를 썼으며 개보 8년(975, 고려 광종26)에 세웠다.

이 두 비문은 갑진년(1784, 정조8) 4월 초파일에 이문원[35]에서 살펴보았다.

35 이문원摛文院 : 조선 시대 창덕궁 안에 있던 관청으로, 역대 임금의 어진御眞, 어필御筆, 어제御製, 선원보첩璿源譜牒, 내부 서적 따위의 보관을 맡았다.

시경에 온갖 체가 갖추어져 있다
詩三百篇具各體

한시의 갖가지 체제가 《시경》에 갖추어져 있어서 2언부터 7언까지 없는 것이 없다. 옛사람 중에 이미 그런 말을 한 이가 있어 《향조필기》[36]에 "〈식미式微〉 시는 두 사람이 지은 것으로, 바로 연구聯句의 시작이다."라고 하였으니 그 말이 자못 새롭다.

생각건대 고시古詩 〈청청하반초〉는 첩사疊字를 연이어 사용했는데[37] 〈석인〉에 이미 이런 작법이 있었고,[38] 조자건의 〈왕표에게 백마를 보내 주다〉라는 시는 앞장의 끝 구가 반드시 뒷장의 첫 구와 서

36 향조필기香祖筆記 : 청나라 초기를 대표하는 문인인 왕사진王士禛(1634~1711)의 저작이다.

37 청청하반초는……사용했는데 : 〈청청하반초青青河畔草〉는 《문선文選》에 실린 작자 미상의 한나라 오언 고시 19수 중의 하나로서, 임을 그리는 여인이 봄날 느낀 서글픈 심정을 읊고 있다. "푸르른 강가의 풀이요, 무성한 동산의 버들이라. 하늘거리는 누각 위의 여인이, 밝고 밝은 창문 앞에 있네.[青青河畔草, 郁郁園中柳. 盈盈樓上女, 皎皎當窓牖.]"와 같이 시구의 첫 두 자가 첩어疊語인 것이 특징이다.

38 석인에……있었고 : 《시경》 〈석인碩人〉의 마지막 장은 "황하가 넘실넘실, 북으로 콸콸 흘러가네.[河水洋洋, 北流活活.]"라고 하여 시구 끝 두 자가 첩어로 되어 있다.

로 맞물려 있는데[39] 〈문왕〉에 이미 이런 작법이 있었다.[40]

39 조자건의……있는데 : 자건子建은 중국 삼국시대 위나라 문인 조식曹植(192~232)의 자이다. 〈왕표에게 백마를 보내 주다[贈白馬王彪]〉는 80구로 된 오언고시인데, "내 말은 병들어 누렇구나. 병들어 누런 말이 그래도 잘 달리나, 내 심사는 울적하네. 울적함은 무슨 생각 때문인가?[我馬玄以黃. 玄黃猶能進, 我思鬱以紆. 鬱紆將何念?]"라고 하여, 앞 구의 '현이황玄以黃', '울이우鬱以紆'가 바로 다음 구의 '현황玄黃', '울우鬱紆'로 이어진다.

40 문왕에……있었다 : 《시경》〈문왕文王〉에 "빛나는 많은 인재가 이 왕국에서 나왔도다. 왕국에서 제대로 인재를 내었으니, 주나라의 동량이 되리로다.[思皇多士, 生此王國. 王國克生, 維周之楨.]"라고 하여, 앞 구 끝의 왕국王國이 그다음 구 처음에 반복된다.

일본에 남은 백제의 후손
百濟裔孫

《속일본기》[41] 40권은 환무천황桓武天皇 때 민부대보 겸 좌병위독학사民部大輔兼左兵衛督學士 관야조신진도[42]가 지었다. 본기에 진도가 올린 표문表文이 실려 있는데, 대략 다음과 같다.

"백제국 귀수왕貴須王은 백제 제16대 왕입니다. 백제 태조는 도모대왕都慕大王입니다. 일신日神의 강령降靈이 부여에 내려와 나라를 열자, 천제가 보록[43]을 주어 여러 한韓을 다스리며 왕을 칭했습니다. 아래로 근배고왕近背古王에 이르러 비로소 본국本國에 사신을 보내왔으니 신공황후神功皇后가 섭정하던 해입니다. 그 뒤 응신천왕應神

41 속일본기續日本記 : 《해동역사》 인용 서목에 다음과 같이 소개되어 있다. "관야조신진도 등이 편한 것으로, 40권이다. 문무천황 즉위년(697)부터 환무천황 연력延曆 10년(791)까지를 편년체로 기술하였다." 《속일본기》라는 서명이 1655년(효종6) 통신사 종사관으로 일본에 다녀온 남용익南龍翼의 《문견별록聞見別錄》에 처음으로 나타나는 것으로 보아, 17세기 중반에는 조선에 들어와 있었던 것으로 추정된다.

42 관야조신진도菅野朝臣眞道 : 741~814. 관야진도菅野眞道(스가노노 마미치)이다. 헤이안 시대 초기의 공경으로, 처음 성은 진련津連(쓰노무라지)이었는데 뒤에 관야조신(스가노아손)으로 바꾸었다.

43 보록寶籙 : 천제가 천자에게 전하는 도록圖籙으로, 곧 제위를 계시하는 천명의 상징이다.

天王이 백제에 사신을 보내어 식견 있는 사람을 초빙하자 귀수왕이 종족宗族 중에서 가려 뽑아 그 손자인 진손왕辰孫王 – 일명 지종왕智宗王이다. – 을 보냈고, 그가 사신을 따라오자 천황은 그를 태자의 스승으로 삼았습니다. 이에 비로소 서적이 전래되어 유풍儒風이 크게 천양되었으니, 문교文敎가 일어난 것은 실로 여기에서 비롯되었습니다.

진손왕의 아들은 태아랑왕太阿郞王이고, 태아랑왕의 아들은 해양군亥陽君이고, 해양군의 아들은 오정午定이고, 오정의 아들은 진이辰爾입니다. 민달천황敏達天皇 때 고구려가 사신을 보내와서 까마귀 깃에 쓴 국서를 주었습니다. 신하들이 아무도 읽지 못했으나 진이가 읽고는 정교하게 베껴서 상세히 아뢰었습니다. 천황이 깊이 칭찬하여 '부지런도 하지, 훌륭하구나. 네가 배우지 않았다면 누가 읽어 낼 수 있었겠느냐.' 하고는 마침내 궁전에 머물면서 천황을 모시도록 하였으니, 진도는 바로 그의 후예입니다. 처음에는 진련씨津連氏였는데, 환무천황이 관야씨菅野氏를 하사하였습니다."

살펴보건대 도모대왕은 추모鄒牟인 듯하다. 《삼국사기》에 "백제 시조 온조왕의 아버지는 추모이니 혹은 주몽朱蒙이라고 한다." 하였다. 근배고왕近背古王은 근초고왕近肖古王이고, 귀수왕貴須王은 구수왕仇首王이니, 글자가 유사하거나 발음이 서로 비슷하다. 귀수왕이 백제 제16대 왕이라는 것은 《삼국사기》와 맞지 않다.

원간재의 시
袁簡齋詩

원매袁枚의 자는 자재子才이고 다른 자는 간재簡齋이며 절강성 전당錢塘 사람이다. 나강羅江 사람 이우촌[44]이 일찍이 원매의 〈박랑성博浪城〉과 〈두목묘杜牧墓〉 두 편의 시를 써서 내게 보내 주며 말하였다.

"이분은 한림翰林으로서 고매한 처신으로 조정에 들어가지 않고 강호를 방랑하셨는데, 시가 이 시대 제일입니다."[45]

나는 이를 《병세집幷世集》에 넣었다.

갑진년(1784, 정조8) 봄, 이윤암[46]이 연경에 가서 진의陳毅의 《소지

---

44 이우촌李雨村 : 이조원李調元(1734~1803)으로, 자는 갱당羹堂 혹은 갱당秔塘, 호는 우촌이고, 사천성 나강현 사람이다. 《동산시문집童山詩文集》, 《우촌시화雨村詩話》, 《담묵록淡墨錄》 등 많은 저작이 있고, 총서로 《함해函海》가 있다. 유득공의 숙부인 유금柳琴이 1776년 연경에 가서 그와 처음 만난 뒤로 우리나라 문인과 학자들에게 알려졌는데, 이덕무의 《청장관전서》 권35 〈이우촌〉 항목에 그에 대한 소개가 자세하다.

45 이분은……제일입니다 : 《병세집》에는 이 말이 1776년 중국에 간 유득공의 숙부 유련柳璉(1741~1788)에게 한 것으로 기술되어 있다. '유금'은 유련이 이때 연행을 다녀오며 고친 이름이다. 그리고 원매의 시 두 수는 정유년(1777) 겨울에 부쳐온 것이라고 하였는데, 아마도 다른 사신 편에 나중에 보내온 듯하다.

46 이윤암李綸菴 : 이희경李喜經(1745~1805)으로, 자는 성위聖緯, 호는 윤암·사천麝泉 등이다. 박제가와 가까운 북학파의 핵심 인물로, 저술로는 《설수외사雪岫外史》와 《윤암집綸菴集》이 있다.

집所知集》을 사 왔는데 《감구집》[47]과 《협연집》[48] 등을 계승한 시선집이다. 두 시 또한 거기에 들었는데, 매우 밝고 강개하며 회고懷古에 뛰어나 이우촌이 치켜세우고 자랑한 이유가 있었다.

---

47 감구집感舊集 : 청나라 시인 왕사진王士禛이 순치, 강희 연간의 시인 333인의 시 2572수를 뽑아 엮은 시 선집이다.

48 협연집篋衍集 : 청나라 시인 진유숭陳維崧이 엮은 시 선집이다.

꽃 삼백 그루
三百本花

공명도 부귀도 다 허사로니	功名富貴兩忘羊
살아생전 술 한 잔 더 먹세그려	且盡生前酒一觴
가지가지 어여쁜 꽃 삼백 그루가	多種好花三百本
낮은 울 밑 비바람에 사시사철 향긋	短籬風雨四時香

이것은 명나라 섭자기[49]의 시다. 하루는 내가 이강산李薑山(이서구)을 찾아갔더니 이 시를 써서 책상 위에 올려 두고 묵묵히 바라보고 있었다. 내가 이유를 묻자 강산은 말하였다.

"6, 7년 전에 무관懋官(이덕무)이 서쪽 성곽 부근 술집에서 술을 마실 때 벽에 이 시가 걸린 것을 보았답니다. 작년에 박연암朴燕巖이 열하에 가셨을 때 술집 벽에서 또 이 시를 보셨다지요. 애주가들의 회포란 천하가 모두 같은가 봅니다. 탄복할 만한 일이지요."[50]

---

49 섭자기葉子奇 : 1327~1390. 자는 세걸世杰, 호는 정재靜齋다. 원말 명초의 학자로, 《정재시집靜齋詩集》과 《정재문집靜齋文集》 외에 대표적인 저서로 《초목자草木子》 4권과 《태현본지太玄本旨》 9권이 있다.

50 무관이……일이지요 : 작년에 박지원이 열하에 갔다는 말로 미루어 보아 1781년의 일인 듯하다. 여기서 이서구와 이덕무는 시를 둘러싸고 서로 다른 견해를 피력하고 있는데 이덕무의 《청장관전서》 권35 〈사시화四時花〉에도 섭자기의 이

나는 한번 읊조려 보고는 그저 해 보는 말로 물었다.

"꽃 삼백 그루란 게 특별한 뜻이 있을까요?"

강산은 부채를 들어 책상을 치며 말하였다.

"삼백이란 숫자를 사계절에 맞춘 것이 묘하고 묘합니다. 시가 아니라 사詞였다면 틀림없이 '삼백육십 그루'라고 했을 겁니다."

뒤에 이 일을 무관에게 말했더니, 무관은 말하였다.

"시 이해하는 게 고루하기도 하지. 삼백은 대략의 숫자를 든 것일 뿐이네. '큰 암말이 삼천 필'[51]이라거나 '삼백 마리 양이 떼를 지었네.'[52]라거나 하는 말이 모두 맞춘 데가 있는 말인가 뭐."

지금 세상에 시를 잘 알기로는 두 사람만 한 이가 없는데 의론이 이렇게 서로 다르다.

시와 관련된 내용이 실려 있다.

51 큰 암말이 삼천 필 : 《시경》 〈정지방중定之方中〉의 제일 끝부분에 "저 우뚝 뛰어난 분, 마음가짐 성실하고 식견은 원대하여, 큰 암말이 삼천 필이네.[匪直也人, 秉心塞淵, 騋牝三千.]"라고 한 구절을 인용한 것이다.

52 삼백 마리……지었네 : 《시경》 〈무양無羊〉에 "네게 양이 없다고 누가 말했나? 삼백 마리 양이 떼를 지었네.[誰謂爾無羊? 三百維羣.]"라고 한 부분을 두고 말한 것이다.

대련
對聯

중국 사람은 대련對聯을 매우 좋아해서 잠깐 사이 주고받는 운어韻語와 집구集句가 왕왕 생동감이 넘친다. 차수次修(박제가)가 읊은 관제묘 연구聯句[53]는 "오궁의 화초는 으슥한 길에 묻혔고, 위나라 좋은 산하 석양에 잠겨 있네.[吳宮花草埋幽逕 魏國山河半夕陽]"라고 하여 손권과 조조를 냉소하는 뜻이 있다.

박연암이 열하에 가서 소경少卿 윤가전尹嘉銓과 매우 잘 지냈다.[54] 윤가전은 당세의 고위 관료였는데, 한 만주족 출신 관리[55]가 그를 꺼려 하여 연암에게 말하였다.

"근년에 청렴하다는 명성이 이렇다 하게 없던 한 산동 포정사山東布政司가 '백성 보기를 자식처럼 하고, 법 지키기를 태산처럼 하

53 관제묘 연구 : 이는 요동의 관제묘關帝廟에 붙어 있는 주련을 박제가가 외워 읊은 것이다. 전문은 김경선金景善이 지은 《연원직지》 권1 〈임진년 11월 28일〉의 〈요동 관제묘기遼東關帝廟記〉에 나오는데, "오나라 병탄을 한하지 말라, 오궁의 화초는 으슥한 길에 묻혔네. 위나라 임금을 논하지 말라, 위나라 좋은 산하 석양에 잠겨 있네.[莫恨呑吳! 吳宮花草埋幽徑. 休勞帝魏! 魏國山河半夕陽.]"라고 되어 있다.

54 박연암이……지냈다 : 이 일화는 박지원의 《열하일기》 〈피서록避暑錄〉에 실려 있다.

55 만주족 출신 관리 : 〈피서록〉에 의하면 이 만주족 관리는 기려천奇麗川이다.

라.[視民如子 立法如山]'라는 대련 하나를 게시했답니다. 그러자 어떤 사람이 그 아래에 주를 달기를 '소와 양도 어버이 것 창고도 어버이 것. 공손히 자식 직분을 다하는 것이라지만, 재물도 예서 불리고 보물도 예서 나옴이, 이 어찌 산의 본성이겠는가.[牛羊父母 倉廩父母 恭爲子職而已 貨財殖焉 寶藏興焉 是豈山性也哉]'[56]라고 했다지요."

아마도 윤가전을 두고 한 말인 듯하다. 연암이 그 뒤에 윤가전에게 "공께서는 일찍이 산동을 안찰하신 적이 있습니까?" 하고 물으니, 그렇다고 하였다.

---

56 소와……본성이겠는가 : 이 주는 모두 경서의 구절을 따다 엮어 포정사의 대련을 풍자한 것이다. "소와……것이라지만"은《맹자》〈만장 상〉에 나오는 상象과 순 임금의 말이다. 앞 대련에서 백성 보기를 자식처럼 한다고 하였는데, 이는 백성의 입장에서는 관장官長을 어버이처럼 받들라는 말이 되므로 백성들이 수탈당하는 것조차 자식 된 의무를 다하는 것으로 봐야 하냐고 풍자한 것이다. "재물도……나옴이"는《중용》제26장의 구절이며, "이 어찌 산의 본성이겠는가."는《맹자》〈고자 상〉우산장牛山章에서 따온 것이다. 이는 법 집행을 태산처럼 엄중하게 한다는 구절을 비꼬아서 법 집행을 자의적으로 하여 산에서 재물을 불리듯이 법으로 재물을 벌어들이는데 이것이 어떻게 법의 본질이겠느냐고 비난한 것이다.

태국의 외교 문서
暹羅國表

건륭 50년(1785, 정조9)에 청나라에서 돌아온 동지 사신이 섬라국[57]이 올린 한자 표문表文을 베껴 와서 아뢰었다. 표문의 내용은 다음과 같다.

"섬라국 군주 정화鄭華는 머리를 조아리고 대황제 폐하께 공물을 올리며 만세토록 수를 누리시기를 축원합니다. 삼가 황제의 은혜가 넓고 넓어 은택이 먼 곳에까지 미치고, 거룩한 은덕이 크게 퍼져 그 빛이 외진 바닷가 저희 나라에까지 이릅니다.

삼가 생각하니 돌아가신 부왕[58]이 섬라국을 다스릴 때 사신을 보내 공물을 바쳤고 이미 받아 주시는 은혜를 입어 영광스럽기 그지없습니다. 그런데 생각지 못하게도 다시 융숭하게 대우하고 파격적인 은혜를 더해 머나먼 속국을 품되 세세한 데까지 다 살펴 주시니, 제가 감격하여 몸 둘 곳이 없고 보답할 길이 없습니다. 제가 부왕의 사업을 이어받은 지금 부왕의 뜻을 이어 조공의 전례 받들기를 감

57 섬라국暹羅國 : 1939년 이전의 태국 국호이다.

58 돌아가신 부왕 : 정소鄭昭(재위 1767~1782)를 말한다. 버마군을 물리치고 섬라국의 왕이 된 정소는 초기에 정권을 장악하고 중국의 승인을 얻어 정치적 지위를 공고히 하고자 많은 공물을 보냈다.

히 조금도 소홀히 할 수 없습니다. 직분을 잘 수행해서 길이 충성을 바치겠습니다. 다만 저는 외진 바닷가에 있는지라 나라가 이제 조금 안정되었습니다만 지금 준비한 방물方物은 조공의 예법에 부합하기 정말 어렵습니다. 큰 자애로움으로 굽어살피시어 저의 정성을 보아 은덕을 베풀어 주시기 바랍니다. 이에 삼가 다음 물품을 갖춥니다.

금엽 표문金葉表文
수코끼리 한 마리
암코끼리 한 마리
용연향 황제께 1근, 황후께 8냥
금강찬金剛鑽 황제께 7냥, 황후께 3냥
침향 황제께 2근, 황후께 1근
미편米片 황제께 3근, 황후께 1근 8냥
무소뿔 황제께 6개, 황후께 3개
공작 꼬리 황제께 10병屛, 황후께 5병
취피翠皮 황제께 600장, 황후께 300장
서양 담요 황제께 2장, 황후께 1장
서양 홍포紅布 황제께 10필, 황후께 5필
상아 황제께 300근, 황후께 150근
장뇌獐腦 황제께 100근, 황후께 50근
강진향降眞香 황제께 300근, 황후께 150근
백교향白膠香 황제께 100근, 황후께 50근
대풍자大楓子 황제께 300근, 황후께 150근
오목烏木 황제께 300근, 황후께 150근

백두구白荳蔲 황제께 300근, 황후께 150근

필발蓽撥 황제께 100근, 황후께 50근

단향檀香 황제께 100근, 황후께 50근

감밀피甘蜜皮 황제께 100근, 황후께 50근

계피 황제께 100근, 황후께 50근

등황藤黃 황제께 300근, 황후께 150근

소목蘇木 황제께 3000근, 황후께 1500근

조공을 바칠 사신으로 특별히 파사활리나돌帕史滑里那突, 낭와문실朗喎汶悉, 니하악무돌呢霞喔撫突, 낭발찰라朗柭察那, 비문지돌문丕汶知突汶, 비필과차丕匹洿遮를 뽑아 일을 준비해서 공손히 궁궐에 나아가 바치게 하였으니 받아들여 주시기 바랍니다. 저는 너무도 감격스럽고 지극히 영광스러운 마음에 외람되이 올립니다."[59]

59 섬라국……올립니다 : 청나라 건륭제 때 천수연千叟宴에 참석한 사신이 가지고 온 자료를 유득공이 기록한 것인데, 같은 내용이 《정조실록》 9년 2월 14일 기사에 실려 있다. 같은 해 3월 22일 서장관으로 다녀온 이태영李泰永이 올린 별단에 태국 사신에 대한 기록이 더 보인다.

용골대
龍骨大

우리나라에서 이르는 용골대龍骨大는 곧 영아이대[60]이고, 마부대馬夫大는 곧 마복탑[61]이다. 《팔기통지》[62] 〈영아이대전英俄爾岱傳〉의 기술은 다음과 같다.

"영아이대는 달음포[63] 백부의 손자인데, 나면서부터 지략이 많았고 용감하여 전투를 잘했다. 천총 10년(1636)에 몽고의 여러 패륵貝勒과 팔기의 패륵은 태종의 공덕이 날로 성대하므로 황제의 칭호를 의논하여 정하려고 하였는데 모두 마땅히 조선국 왕과 의논해야 한

---

60 영아이대英俄爾岱 : 1596~1648. 만주 정백기正白旗 사람으로 타탑라씨他塔喇氏이다. '타타라 잉굴다이'로 발음하지만 조선에서는 '용골대'로 불렸다. 1631년 조선에 사신 왔을 때 조선으로 도망친 만주인을 붙잡아 심양으로 호송하기도 했다. 이후 매년 조선에 파견되어 주요한 외교 업무를 관장했다. 정묘호란 때 청 태종을 따라와 조선과 강화하는 전 과정에 참여했다. 《清史稿 英俄爾岱列傳》

61 마복탑馬福塔 : ?~1640. 청나라 만주족 정황기正黃旗 사람으로 납라씨納喇氏이다. 1631년에 호부 참정에 제수되었고, 1634년에는 호부 승정 영아이대와 조선에 와 교역하였다. 이후 누차 사신으로 조선에 왔다.

62 팔기통지八旗通志 : 청나라의 팔기 제도를 상세하게 기술한 책으로, 옹정 연간(1723~1735) 편찬되었다.

63 달음포達音布 : ?~1623. 타탑라씨이다. 대대로 찰고목札庫木에 거주하다가 후에 만주 정백기로 귀부하였다. 1621년 청 태조를 따라 명을 정벌할 때 선봉장이 되어 공을 세웠고, 몽고 부족을 토벌할 때에도 선봉에 나섰다가 전사하였다.

다 하였다. 그래서 각각 글을 써서 영아이대와 마복탑 및 니감[64]으로 하여금 내외 여러 패륵의 사자를 인솔해 조선에 가서 회의를 하게 했다. 조선에 이르러 국왕을 만나 보기를 청했지만 끝내 접견하지 않았고, 재내在內 여러 패륵 및 외번과 몽고 여러 패륵의 글도 받아들이지 않았으니 이는 평소의 예가 아니었다. 영아이대 등이 의정부에 가서 일을 의논했는데도 군사를 풀어 밤낮으로 막아 지켰다. 영아이대 등은 크게 의심하여 곧 도성 안에서 여러 사자를 인솔해서 백성들의 말을 빼앗아 타고 성문으로 돌진해 탈출했다. 조선국왕은 답서를 가진 사람을 보내 영아이대 등을 따라가 전하게 하는 한편 또 세 통의 편지를 변방 신하에게 보내 변경을 굳게 지키라고 하였다. 영아이대 등은 이 편지를 모두 빼앗아서 보고했다. 숭덕 원년(1636)에 태종이 조선을 칠 때 영아이대는 남아서 수도를 지켰고, 2년(1637) 12월에 대군이 개선하자 영아이대와 마복탑이 나와서 맞이했다. 호부 상서로 발탁되어 성실한 마음으로 일을 맡은 지 10여 년이었다. 다라요여군왕多羅饒餘郡王의 딸에게 장가들어 다라액多羅額 부마가 되었는데, 직책을 수행하는 데 정성스럽고 부지런하였으며 일을 맡아서는 명민하고 결단력이 있었다. 순치 5년(1648) 2월 정묘일에 죽었다. 아들 둘을 낳았는데, 장남인 이도伊圖가 공公의 작위를 물려받았다."

우리 조정의 척화斥和라는 대의는 저들의 기록으로 살펴보더라도 늠름하다 할 만하다. 또 〈영아이대전〉을 살펴보면 병자호란 때 용골

64 니감尼堪 : 1610~1653. 청 태조의 손자이다.

대와 마부대는 실상 우리나라에 오지 않았고, 남아서 그 수도를 지키거나 마중 나와 대군을 맞이했다. 〈삼전도비三田渡碑〉에는 "영아이대와 마복탑 같은 여러 대장이 황제의 명을 받들고 서로 잇달아 왔다."라고 했는데, 이 글은 《청일통지清一統志》에도 실려 있기는 하지만 〈영아이대전〉의 내용과 맞지 않으니 의심해 볼 만하다.

우리나라 사람이 용골대와 마부대에 대해서만 실컷 얘기하고 니감에 대해서는 전혀 말하지 않으니 어째서일까? 송나라 사람은 올출[65]을 미워하고 우리나라 사람은 용골대를 미워하는데, 각기 그 열전의 기록으로 보자면 종필이나 영아이대나 모두 침착하고 굳센 대신이었다. 세상에서 말하기를 용골대가 우리나라를 엿보려고 승정원의 사령司令 노릇한 지 3년에 이해 못한 것은 사알司謁을 부르는 소리였다고 한다. 정말 그랬는지는 모르겠다.

《개국방략》[66]을 보면 영아이대가 영고이대英固爾岱라 되어 있고 병자호란 때 과연 우리나라에 왔다고 하니 《팔기통지》의 오류를 알 수 있다.

---

65 올출兀朮 : 완안종필完颜宗弼(?~1148)로, 본명을 올출 또는 알철斡啜, 알출斡出이라고 표기한다. 금 태조 완안아골타完顏阿骨打의 넷째 아들로, 명장이자 금나라 개국 공신이다.

66 개국방략開國方略 : 《황청개국방략皇清開國方略》으로, 청나라 건국의 역사를 기술한 32권의 편년체 역사서이다. 건륭 연간(1736~1795)에 아계阿桂와 화신和珅 등이 엮었다.

신라 왕 누씨와 모씨[67]

新羅王樓姓慕姓

부진[68] 때 신라 왕 누한樓寒이 사신 위두衛頭를 보내 조공했고, 양梁나라 보통 2년(521)[69]에 신라 왕 모진慕秦이라는 이가 백제 사신에게 사람을 딸려 보내 방물方物을 바쳤다. 수나라 문제 때 신라 왕 김진평金眞平이 사신을 보내 조공했다.

《삼국사기》를 살펴보면 "신라는 박朴, 석昔, 김金 세 성이 서로 왕위를 이었다."[70]라고 하였는데, 부진 때 누樓 성의 왕이 있었고 양나라 때 모慕 성의 왕이 있었으니 세 성만이 아닌 것이다. 《삼국사기》에 "진평왕은 이름이 백정伯淨이고 진평은 시호이다." 하였다.

수나라의 《동번풍속기》[71]에 "신라는 김 성이 30여 대나 이어졌고,

---

67 신라……모씨 : 특이한 성을 가진 신라 왕에 대한 기록은 《문헌통고文獻通考》 〈사예四裔〉의 〈신라〉에 실려 있다.

68 부진苻秦 : 16국 시대의 전진前秦(351~394)을 가리킨다. 저족氐族 출신인 부견苻堅이 세웠으므로 이렇게 부른다. 장안長安에 도읍하여 동진東晋과 병립하였다.

69 양나라 보통 2년 : 신라 법흥왕 8년에 해당한다.

70 신라는……이었다 : 《삼국사기》 〈신라본기 제1〉 유리이사금 1년 9월 조에 "세 성씨가 나이를 기준으로 서로 왕위를 이었다."라고 하였다.

71 동번풍속기東藩風俗記 : 《고려풍속기高麗風俗記》라고도 불리는데 당시에도 전하지 않았으므로 유득공이 직접 본 것이 아니라 정초鄭樵의 《통지通志》나 마단림馬端臨의 《문헌통고》에서 인용한 것으로 보인다.

그 왕은 지금도 성이 김이다."라고 하였다. 《삼국사기》에 따르면 신라는 시조 박혁거세부터 진평왕까지 26세가 된다고 하였으니, 30여 대가 아닌 데다 왕의 성이 김씨 하나뿐도 아니었다. 신라 일천 년 역사가 아득해서 상고하기 어려움이 이와 같다.

음악에 맞는 물고기
合樂魚

황해도 관찰사가 장계로 보고하였다.

"등주[72] 영성현榮城縣 마도하촌馬到河村의 어부 하지생何池生 등 네 사람이 황해도 장연長淵의 조니진[73]에 표류해 왔습니다. 문정 역관問情譯官이 '너희 배 안에 있는 게 무슨 물고기냐?'라고 물었더니, '전부 합악어合樂魚(음악에 맞는 물고기)다.'라고 대답했습니다. 살펴보았더니 우리나라에서 말하는 준치[眞魚]였습니다."

72 등주登州 : 산동반도 동쪽 끝에 위치했던 행정 구역의 이름이다. 황해도 및 평안도와 지리적으로 인접했다.

73 조니진助泥鎭 : 중국 표류민 문제와 관련해 중요한 곳이었다. 《일성록》 정조 9년 11월 10일 기사에 조니진에 표류해 온 사람을 중국으로 돌려보냈다는 기록이 있어, 이 글이 1785년에 작성된 사실을 알 수 있다.

죽었다 살아난 대마도 태수
對馬島太守

왜의 법에 관백關白이 서경西京-왜가 황도皇都로 삼은 곳이다.-에 조회하지 않고 죽으면 그 세습을 폐지하고, 각 도島의 태수가 강호江戶(에도)-관백의 도읍이다.-에 조회하지 않고 죽으면 그 세습을 폐지한다.

을사년(1785, 정조9) 가을에 대마도 태수 평平 아무개가 죽었는데 아직 강호에 조회하지 않았던 자이다. 대마도의 봉행奉行-대마도 사람으로서 강호에 인질로 가 있던 자이다.-이 강호의 집정執政과 은밀히 의논하여 태수의 아우가 죽었다고 강호에 부고하고, 그 아우가 태수인 양 그 직책을 행하였다. 동래에 있던 왜인들이 마침내 우리 조정마저 속이려고 떠들어 대기를 "우리 태수가 죽었다가 다시 살아났다."라고 하여, 동래부가 이상히 여기고 그 실상을 조사해 장계로 아뢰었다.[74]

---

74 동래부가……아뢰었다 : 《정조실록》 9년 9월 27일 기사에 당시 동래 부사 이이상李頤祥이 올린 장계가 실려 있어서 더 자세한 내용을 알 수 있다. 유득공은 그 장계의 내용을 요약하여 기록으로 남긴 것이다.

당혜와 운혜
唐鞋雲鞋

망건이 명나라 복제인 줄은 다 알면서 당혜[75]와 운혜[76]가 어느 시대의 복제인지는 알지 못한다.

살펴보건대 고정림顧亭林(고염무)의 《일지록日知錄》에 《내구현지內丘縣志》를 인용하여 이르기를 "만력 초에 서민들은 가죽신을, 유생은 쌍검혜雙臉鞋를 신었고, 시골 선생 중 머리에 충정관[77]을 쓰는 자가 아니면 상변 운두리廂邊雲頭履를 신을 수 없었다. 요즘에는 문쾌門快와 여졸輿卒에 이르기까지 운리雲履를 신지 않는 이가 없다."라고 하였다.

쌍검혜는 당혜와, 운두리는 운혜와 비슷한 듯하다.[78] 다만 가죽신

---

75 당혜唐鞋 : 조선 시대에는 신목이 없는 모든 신발은 '혜'라고 불렀는데, 당혜는 코와 뒤꿈치에 당초문을 놓아 만든 마른신으로 안은 푹신하게 하고 겉은 가죽을 비단으로 싸서 만들었다.

76 운혜雲鞋 : 온혜溫鞋라고도 한다. 코와 뒤꿈치에 구름 무늬를 새긴 마른신으로, 〈예조상정상제禮曹詳定喪制〉에 의하면 태종 때부터 공주나 옹주가 착용한 기록이 있고 이후 차비인들까지 착용했다고 한다.

77 충정관忠靖冠 : 사대부가 평상시에 쓰던 관이다. 중국에서 전래된 것으로, 《명사》와 《대명회전大明會典》에는 '忠靜冠'으로, 《삼재도회三才圖繪》에는 이 책과 동일하게 '忠靖冠'으로 기록되어 있다.

78 쌍검혜는……듯하다 : 이학규李學逵의 《낙하생집洛下生集》 책14 〈당혜운혜〉에

의 제도는 상세하지 않다. 아마도 지금 서민들이 신는 고비혜孤鼻鞋일까? 그렇다면 당혜와 운혜도 명나라 복제다.

도 《일지록》을 인용하여 "쌍검혜는 지금 통행하는 피혜皮鞋이고, 운두는 지금 말하는 운혜雲鞋이다."라고 정리하고 있다.

우리 노래
東人之歌

굴평屈平(굴원)은 초나라 사람이라서 풍아風雅를 짓지 않고 〈구가九歌〉를 지었다. 우리나라 사람으로서 사[79]를 짓는다는 자들은 몹시 가소롭다. 그 자구字句를 그대로 따르고 그 평측平仄을 본뜨면서 "이건 〈여몽령如夢令〉이다." "이건 〈만정방滿庭芳〉이다."라고들 하니, 고루함만 드러내 보일 뿐이다.

우리나라 사람들이 부르는 노래가 바로 우리나라 사람들의 '사'이다.[80] 더러 사대부라는 자들의 입에서 나오는 '사'라는 것은 이전의 고사를 끌어다 인용하고 예전의 시를 표절하고 도습할 뿐이어서, 도리어 거리의 아이들과 마을 아낙들이 순전히 우리말로 자기 성정을 표현해 부르는 노래가 가히 즐거운 것만 못하다. 내가 많이 기억하지는 못하나 그 십여 수를 번역하였는데 대략 뜻만 따라서 엮고 운을 붙인다.[81] 우리나라 사람들이 보고는 이것이 바로 우리나라의

79 사詞 : 여기서 '사詞'란 반드시 남송 시기에 완성된 문학 양식으로서의 사에만 한정되는 것이 아니라 중국 전통의 정서와 구어적 특징이 드러나는 노래를 말한 것이다.

80 우리나라……사이다 : 이러한 인식은 김만중, 홍만종 이래 박지원, 이덕무 등 유득공과 문학 활동을 함께했던 사람들의 발언과 상통한다.

81 그……붙인다 : 이하 15편의 한시는 우리 시조로 전해 온 것을 한역한 것이므로

사인 줄을 깨닫고 더이상 〈여몽령〉이니 〈만정방〉이니 하는 것을 짓지 않았으면 한다.

1.

나비야 청산 가자	蛺蝶青山去
범나비 너도 가자	相隨虎蛺蝶
저물거든 꽃에 자고	日暮花間宿
성내거든 잎에 자자[82]	花嗔宿於葉

2.

성 위의 저 뻐꾹아	城上布穀鳥
물어보자 왜 우느냐	問爾何故鳴
오동의 묵은 잎 지고	梧桐舊葉落
무성한 잎 새로운데	萋萋新葉生

3.

오늘이 어찌 이리 쓸쓸도 할까	今日何寥寥
행군 군악 소리도 울려 대는데	且爲行軍樂

본래의 모습과 비교하여 살펴볼 필요가 있다. 이에 작품을 찾을 수 있는 것은《정본시조대전定本時調大全》(심재완, 일조각, 1984)에서 본래의 형태를 찾아 주석으로 덧붙였다.

82 나비야……자자 : 나뷔야 청산 가쟈, 범나뷔 너도 가쟈. 가다가 져무러든 곳듸 드러 자고 가쟈. 곳에서 푸ᄃᆡ접ᄒᆞ거든 닙헤셔나 ᄌᆞ고 가쟈.《정본시조대전, 116쪽》

그대 떠나시네 그예 가시네　　卿去復卿去
성 위엔 홀로 돋은 외그루 나무　　城上孤生木

4.

둘도 셋도 아닌 인생　　非二非三生
넷 다섯 없을 이 몸　　無四無五身
빌린 인생 꿈속의 몸　　生借身是夢
놀아 보기 언제런가[83]　　遊戲在何辰

5.

오늘이 오늘이어라　　今日是今日
내일도 오늘이어라　　明日是今日
아침마다 저녁마다　　朝朝復暮暮
오늘이 한결같아라[84]　　今日只是一

6.

물 아래 가는 모래 밟지 말아요　　莫踐波底沙
가는 모래 밟아도 자국 없지요　　沙纖迹還沈
그대 나만 사랑한다 말씀하지만　　卿言甚愛我

---

83 둘도……언제런가 : 人生이 둘가 셋가 이 몸이 네다섯가, 비러온 人生이 꿈에 몸 가지고서, 平生에 사ᄅᆞᆯ 일만 ᄒᆞ고 언제 놀녀 ᄒᆞᄂᆞ니. 《정본시조대전, 621쪽》

84 오늘이……한결같아라 : 오ᄂᆞᆯ이 오ᄂᆞᆯ이쇼셔 매일에 오ᄂᆞᆯ이쇼셔, 졈그지도 새지도 마르시고, 새나마 晝夜長常에 오ᄂᆞᆯ이 오ᄂᆞᆯ이쇼셔. 《정본시조대전, 532쪽》

어떻게 알겠어요 당신 마음을[85]　　我何知卿心

7.

창파에 둥실 뜬 새　　滄波汎汎鳥
둥실둥실 쌍 원앙　　汎汎鴛與鴦
깊고 얕기 안다 말라　　莫言知深淺
헤아리기 어려우니[86]　　深淺誠難量

8.

내 못에 든 고기들아　　魚入我池中
누가 너를 몰았느냐　　可憐誰驅汝
몰아 온 이 없지마는　　魚言無人驅
와선 가질 못하네요[87]　　一來不復去

9.

녹음방초 골짜기　　綠陰芳草谷

---

85 물……마음을 : 물아래 細가랑모ᄅᆡ 아모리 밟다 발ᄌᆞ최 나며, 님이 날을 아모만 괸들 내 아옵더냐, 님의 情을 狂風에 지부친 沙工ᄀᆞᆺ치 기픠를 몰나 ᄒᆞ노라. 《정본시조대전, 278쪽》

86 창파에……어려우니 : 萬頃滄波之水에 둥둥 ᄯᅳᆺ는 불약금이 게오리들과 비솔금셩 증경이 동당강상너시 두루미드라, 너 ᄯᅳᆺ는 물 기픠를 알고 둥 ᄯᅳᆺ는 모로고 둥 ᄯᅳᆺ는, 우리도 ᄂᆞᆷ의 님 거러두고 기픠를 몰나 ᄒᆞ노라. 《정본시조대전, 247쪽》

87 내……못하네요 : 압못세 든 고기드라 네 와 든다 뉘 너를 모라다가 너커늘 든다, 北海淸沼를 어듸 두고 이 못세 와 든다, 들고도 못나ᄂᆞᆫ 情이야 네오내오 다르냐. 《정본시조대전, 482쪽》

단정한 저 꾀꼬리	有一端坐鶯
어여쁠손 그 소리	可憐聲相似
우리 임의 목소리[88]	似我佳人聲

10.

병풍 속 앞니 빠진 고양이	屛間缺齒貓
조그만 사향쥐를 노리고 섰네	相對小香鼠
고양이 교활하다 말들 하는데	人言貓狡獪
노리고 앉아서 너를 잡았으면[89]	蹲蹲思捕汝

11.

이 몸이 죽어 가서 접동새 되어	此身化爲鵑
이화 깊은 곳에 들어 있다가	梨花深處藏
야반에 괴로이도 울어 댄다면	夜半苦苦叫
정녕코 우리 임 애를 끊으리[90]	必能斷君腸

88 녹음방초……목소리 : 綠陰芳草 우거진 골에 꾀꼬리晔 우는 져 쇠꼬리ᄉᆡ야, 네 소ᄅᆡ 어엿ᄲᅳ다 마치 님의 소ᄅᆡ도 ᄀᆺ틀시고, 아마도 너 잇고 님 겨시면 아모귄 줄 몰ᄂᆡ라.《정본시조대전, 167쪽》

89 병풍……잡았으면 : 屛風에 압니 ᄌᆞ근동 부러진 괴 그리고 그 괴 알ᄑᆡ 됴고만 麝香쥐를 그려시니, ᄋᆡ고 요 괴 ᄉᆞᆺ 부론 양ᄒᆞ야 그림에 쥐를 믈냐고 좃니ᄂᆞᆫ고나, 우리도 새님 거러두고 좃니러 볼가 ᄒᆞ노라.《정본시조대전, 322쪽》

90 이……끊으리 : 이 몸이 ᄉᆡ여져셔 졉동새 넉시 되야, 梨花 핀 가지 속닙헤 ᄊᆞ혓다가, 밤中만 슬하져 우러 님의 귀에 들니리라.《정본시조대전, 600쪽》

12.

콩밭에 든 검송아지	荳田烏犢子
때려도 가질 않네	打打不知去
이불 속 임 차지 말라	休踢衾底郎
이 밤중에 어딜 가랴[91]	今夜去何處

13.

사랑을 친친 감아 동여 얽어서	纏情復纏情
한 짐을 꾸려 메고 준령 오르네	一擔上高嶺
그 사랑에 깔려서 죽을지언정	寧爲情壓死
버리고 떠날 마음 애초 없어라[92]	棄之本不肯

14.

이별 뒤엔 그립거니	別後當相思
그리우면 병들 테지	相思詎無病
상사병은 못 산다니	病者所不活

---

91 콩밭에……가랴 : 콩밧히 드러 콩닙 쁘더 먹는 감은 암소 아무리 ᄶᅩᄎᆞᆫ들 그 콩닙 두고 제 어듸 가며, 니불 아ᄅᆡ 든 님을 발로 툭 박차 미젹미젹ᄒᆞ며 어서 나가소 ᄒᆞᆫ들 이 아닌 밤에 날 바리고 제 어듸로 가리. 아마도 ᄊᆞ호고 못 니즐슨 님이신가 ᄒᆞ노라.《정본시조대전, 789쪽》

92 사랑을……없어라 : ᄉᆞ랑을 ᄎᆞᆫᄎᆞᆫ 얽동혀 뒤 설머지고, 泰山峻嶺을 허위허위 넘어 갈제 그 모른 벗님네는 그만ᄒᆞ야 ᄇᆞ리고 가라 ᄒᆞ건마ᄂᆞᆫ, 가다가 자즐녀 죽을만졍 나ᄂᆞᆫ 아니 바리고 갈가 ᄒᆞ노라.《정본시조대전, 360쪽》

오늘 밤을 지새우리[93] 莫如今夜竟

15.

이 밤 님과 지내려오 今夜與君歡
그대 언제 오시나요 君歸問何時
그림 병풍 누렁 수탉 畫屏雄黃鷄
홰를 치며 꼬꼬 우네[94] 鼓翼唱咿咿

93 이별……지새우리 : 오늘도 져무러지게 져믈면은 새리로다 새면 이 님 가리로다, 가면 못 보려니 못 보면 그리려니 그리면 病들려니 病 곳 들면 못 살리로다, 病드러 못 살 줄 알면 자고 간들 엇더리. 《정본시조대전, 530쪽》

94 이……우네 : 노ᄉᆡ 노ᄉᆡ 每樣長息 노ᄉᆡ 밤도 놀고 낫도 놀ᄉᆡ, 壁上에 그린 黃鷄 숫닭이 홰홰쳐 우도록 노ᄉᆡ 노ᄉᆡ, 人生이 아츰이슬이니 아니 놀고 어이리. 《정본시조대전, 163쪽》

금나라 사신 조사원의 시[95]

金使曹士元詩

《여지승람》의 기록이다.

"금나라 대정 갑오년(1174)에 금나라 사신이 양주 회암사[96]에 이르러 글씨를 보았는데, 한 사람은 '귀한 분의 글씨다.' 하고, 한 사람은 '청아한 기운이 있는 승려의 글씨다.' 하였다. 회암사 승려가 고려 때 왕자의 신분으로 승려가 된 원경圓鏡의 글씨라고 하자, 두 사람이 모두 글 쓴 사람을 알아맞혔다고 기뻐하여 다음과 같이 시를 썼다.

왕자의 고귀한 기운 절반쯤 남아 있고	王子膏粱氣半存
산승의 맑은 기운 나머지 절반 흔적이네	山僧蔬笋尙餘痕
미친 장욱, 취한 회소인 듯[97] 골기 전혀 없으니	顚張醉素無全骨
왕자가 승려 된 것 도리어 안타깝네	却恨當年許作髡

---

95 금나라……시 : 회암사檜巖寺의 시와 관련된 일화는 윤행임尹行恁의 《석재고碩齋稿》 권15 〈금사金史〉에도 보인다.

96 회암사檜巖寺 : 고려 때 사찰로 고려 왕실에서 문수회文殊會를 설행했던 곳이다. 경기도 양주시 천보산에 터가 남아 있다.

97 미친……듯 : 당나라 때 초서로 저명한 장욱張旭은 술을 좋아하여 기행이 많았고, 그의 필법을 이은 승려 회소懷素 또한 술을 매우 좋아하여 취하면 더욱 글을 잘 썼다는 고사가 있다.

금나라 사신은 감식안이 뛰어난 자라고 할 만한데, 그 성명이 전하지 않는다."

살펴보건대 금나라 세종 대정 14년 갑오년은 송나라 순희 원년이고 고려 명종 4년이다. 《금사》〈세종본기世宗本紀〉와 〈교빙표交聘表〉에 의하면 이해 11월 무신일에 "의란국사[98] 조사원을 고려 국왕 생일 사신으로 삼았다."라는 구절이 있으니, 이 시는 혹시 조사원이 지은 것일까? 《중주집》[99]과 《서화보》[100]에다 모두 보충할 수 있겠다. 이때 서경에 조위총의 난이 있었으므로 금나라 사신이 우회하여 양주를 거쳐 개경으로 간 것이다.

98 의란국사儀鸞局使 : 의란국은 위위시衛尉寺 소속의 관청으로, 황제가 교외의 사당에서 지내는 제사, 거둥, 연회 등의 일을 담당하였다. 《宋史 職官志》

99 중주집中州集 : 원호문元好問이 10권으로 엮은 금나라 시 선집으로, 251명의 시 2062수를 작자별로 수록하였다. 각 작자의 전기와 함께 원호문의 시평이 첨부되어 있다.

100 서화보書畫譜 : 호정언胡正言의 《십죽재서화보十竹齋書畫譜》, 강희제의 칙명으로 편찬된 《흠정패문재서화보欽定佩文齋書畫譜》 등이 알려져 있으나 유득공이 정확히 어떤 서화보를 가리킨 것인지는 미상이다.

호적 대장에 보이는 기이한 성씨

帳籍奇姓

경술년(1790, 정조14) 봄에 《여지지》[101]를 증보하여 편수하면서 한성부가 소장하고 있던 팔도의 호적 대장을 가져다 살펴보았다.

한성漢城의 영靈
고양高陽의 상嘗
금천衿川의 장將
강화江華의 골骨
양주楊州의 직稷
원주原州의 소素
공주公州의 연軟
정산定山의 공工
서산瑞山의 가價
선산善山의 우友
남원南原의 과果

---

101 여지지輿地志 : 영조 연간에 편찬된 지리지 《여지도서輿地圖書》이다. 영조 말년에 전국 읍지를 모아 편찬한 것으로 알려졌는데, 정조 연간에 일부 내용의 수정이 시도된 것으로 보인다.

안동安東의 반盤

옥천玉川의 반飯

가산嘉山의 설雪

거창居昌의 창唱

성주星州의 사使

덕원德原의 호號

동래東萊의 판板

진주陳州의 동凍

동주東州의 간竿

강릉江陵의 간間

삼척三陟의 심深

한성扞城의 모矛

중원中原의 자玆

단양丹陽의 허虛

소릉少陵의 사沙

상주尙州의 군群

나주羅州의 초肖

수원水原의 작비雀非

인천仁川의 탄비炭轉

광주廣州의 업수業守

개성開城의 추내追乃

충주忠州의 매수每輸

전주全州의 독사울篤仕鬱

밀양密陽의 오채午菜

연안延安의 탄탄오憚呑於
해주海州의 호판채수자好判采竪慈
경주慶州의 수다빙로穗多氷蘆
대구大丘의 요내要奈
김해金海의 수학水學

이 모두 기이한 성씨다.

가산동 이야기[102]
嘉山童

지평 현감 윤수익[103]이 들려 준 말이다.

젊었을 때 그는 부친의 임지인 삼등현三登縣에 따라갔다가 가산동嘉山童을 보았다. 가산동은 그 고을 황학루黃鶴樓 앞에 살던 시골 사람의 아들이다. 그 어미가 자식을 두지 못해서 여러 차례 가산사嘉山寺 미륵불에게 기도했는데, 꿈에 미륵불이 그 집에 찾아와 “너는 이제 아이를 가질 것이다.”라고 하였다. 그날 가산동의 아비가 멀리 장사를 나갔다가 돌아왔고, 임신하여 아들을 낳아 가산동이라 이름하였다. 열다섯에 장가들었는데 열여섯에 갑자기 키가 크고 엄청나게 살이 쪄서 그 모습이 영락없는 미륵불이었다. 소를 타고 강동현江東縣 처가에 가는 길에 소 세 마리의 등뼈가 모두 부러진 뒤로 다시는 외출하지 않았고, 고을 수령이 불러서 만나려고 했지만 그가 관청의 작은 문으로 들어오지 못한다는 말을 듣고는 결국 부르지

102 가산동 이야기 : 성해응成海應의 《연경재전집研經齋全集》 권57 〈초사담헌4草榭談獻四〉에도 거의 같은 내용이 실려 있다.

103 윤수익尹守翼 : 윤면헌尹勉憲(1725~1767)의 아들이다. 1783년 6월 현릉 참봉으로 처음 임용되어, 이후 지평 현감, 순창 군수, 의성 현령, 안주 목사 등의 지방관을 주로 역임하였다.

않았다.

윤수익은 처음엔 그 말을 듣고도 믿지 못해 찾아가 보았는데, 아랫사람이 놀라지나 마시라고 주의를 줬다. 그 집에 가 보니 벽을 터서 방을 만들었는데, 열고 들여다보고는 저도 모르게 깜짝 놀라고 말았다고 한다. 어깨는 널찍하고 머리통은 작아서 서로 어울리지 않는 듯했다. 찬찬히 살펴보니 머리에 망건 다섯 개를 붙여 썼는데 세 개를 이어서 아래쪽을 만들고 둘을 이어서 위쪽을 만들었으니 그 크기를 알만 했고, 적삼과 바지는 입지 않고 단지 홑겹 베 한 폭으로 된 큰 치마를 목에 두르고 앉아 있었다. 손가락은 팔뚝만 하고 팔뚝은 허벅지만 하고 허벅지는 허리만 하며 온몸은 누르스름하면서 하도 커서 바로 쳐다볼 수가 없었다. 하루에 밥 세 동이와 국 세 동이를 먹었다. 잘하는 것은 지패紙牌와 장기인데 아무도 대적할 수가 없었다. 고을에 음탕한 기녀가 둘 있었는데 낮이고 밤이고 번갈아 안고 간통했다. 두 기녀는 안색이 누렇게 떠서는 종종 서로 질투하니 사람들이 모두 침을 뱉고 욕하였다. 가산동은 본디 부잣집 아들이었지만 집안 재산을 멋대로 탕진하고 스물 남짓에 죽었다고 한다.

이것이 서장西藏 불교(티베트 라마교)에서 말하는 남의 몸을 빌려서 태어난다는 현상일까? 아, 괴이한 일이다.

함경도 풍속
北俗

북에서 온 어떤 사람이 그들 풍속의 예禮를 말해 주었다.

"삼년상이 끝나 갈 무렵이면 개를 잡아먹어 몸을 아주 튼실하게 해 둡니다. 탈상하는 날 친척들이 일제히 모여서 길복吉服을 가지고 상주한테 입히려고 해요. 그러면 재빨리 내달려 피하는데, 30리 못 미쳐 쫓는 자에게 잡히면 고장 사람들이 불효라고 수군댄답니다."

하양 현감을 지낸 임희택[104]이 해준 말이다. 그가 하양을 다스릴 때 산골에 살던 어떤 자가 여인을 세 토막으로 자른 일이 있었다. 군교들이 결박해 와 보고하기에 당장 달려가서 검시하였다. 피가 흥건하고 살점이 문드러졌는데, 주척周尺으로 창자를 재었더니 42자였다. 형을 가하며 신문하였더니 흉악한 짓을 한 사람은 바로 북관 사람이었다. 그가 공초에서 말하였다.

"아내를 이끌고 떠돌이로 지냈는데 불행히도 병으로 죽었습니다. 살을 버리고 뼈만 거두어 고향으로 돌아가 장사 지내려고 했습니다. 북쪽 풍속이 예로부터 이러한데, 큰 죄가 되는 줄 진작 알았다면 어찌 꼭 이렇게 했겠습니까."

---

104 임희택任希澤 : 1744~1799. 자는 은수恩叟이다. 소암疎菴 임숙영任叔英의 5세손이고 박제가의 자형이며, 유득공을 비롯한 내각 학사들과 친분이 깊었다.

복검[105] 때의 공초도 전과 같았으며, 결국 형장을 맞다 죽었다.

북쪽 풍속이 이토록 놀라우니, 이는 바로 부여, 옥저의 유풍이다. 《삼국지》 〈부여전〉의 주에 "그 풍속은 다섯 달 만에 상복을 벗는데, 상복을 오래 입는 것을 영예롭게 여긴다. 상주는 탈상을 빨리 하려고 하지 않지만 다른 사람들이 강요해서 항상 밀치락달치락 다투는데, 이것을 예절로 여긴다."라고 하였다. 또 《후한서》 〈동옥저전〉에 "그들은 장사 지낼 때 큰 나무관을 만들어 두고 죽은 자를 우선 임시로 매장해서, 피부와 살이 다 없어진 뒤에야 유골을 수습해 관 속에 넣는다. 가족이 모두 하나의 관을 사용한다."라고 하였다. 함경도는 옛 옥저 땅이고, 옥저 북쪽은 부여와 접해 있었다.

105 복검覆檢 : 살인 사건이 일어났을 때 행하는 2차 검시이다. 복검의 자세한 절차와 과정이 《심리록》 권수 〈초검과 복검 격식[初覆檢式]〉에 실려 있다.

아내를 빌려주는 왜의 풍속
倭俗

기유년(1789, 정조13) 봄에 서울에서 돛을 걸고 고을로 돌아가는 길에 송산[106] 사람 이 아무개를 만나서 같은 배를 탔다. 동래부東萊府를 여행했다는 말을 듣고 왜의 일을 물어보았더니 그가 다음과 같이 말하였다.

"저는 자주 왜관에 놀러가서 두 왜인과 서로 친하게 지냈습니다. 하루는 역관譯官을 데리고 방문했는데, 한 왜인이 다른 왜인을 가리키며 말하더군요.

'이 사람에게 경사가 생겼어요. 어제 아들을 낳았다는 소식을 들었답니다.'

평소 그가 입번한 지 2년이 된 줄 알고 있던 터라 괴이해서 물어보려고 하자, 역관이 손가락으로 옆구리를 쿡쿡 찌르기에 더는 말을 못 하였습니다. 왜관 문을 나와서 물어보았지요.

'자네, 왜 내 말을 막았나?'

역관이 이렇게 대답하더군요.

'왜의 풍속이 먼 길을 떠나면 그 처를 친구한테 빌려줍니다. 자식

106 송산松山 : 유득공이 살았던 곳이다. 지금의 경기도 의정부시에 속하며 유득공의 산소가 이곳에 있다.

을 낳으면 제 자식으로 삼고요. 처란 밭과 같고 자식이란 곡식과 같으니 남이 밭을 갈면 당연히 세를 받는 것이지요. 왜인은 성질이 독하므로 그대가 그들이 꺼리는 바를 건드릴까 염려가 되어 말을 막은 것입니다.'"

나는 이 말을 듣고 한바탕 크게 웃었다.

양근의 나무꾼 시인
楊根樵夫

양근의 나무꾼[107]은 시를 잘 짓기로 나라 안에 알려졌다. 그의 시 〈백조를 읊다[詠白鳥]〉는 다음과 같다.

동호의 봄물 쪽빛보다 푸르니	東湖春水碧於藍
백조 두세 마리 또렷하게 보이네	白鳥分明見兩三
가벼이 노 젓는 소리 나는 듯 떠난 뒤에	柔櫓一聲飛去盡
석양의 산빛만 빈 강에 가득하네	夕陽山色滿空潭

사람들의 입에 자자하게 오르내렸고 사대부도 그와 시를 창수하는 이가 많았다. 나무꾼의 성은 정鄭이고 이름은 내봉來鳳이며 스스로 초부樵夫라 불렀는데[108] 수청리水青里에 사는 여씨呂氏의 종이었다. 내가 양근 군수가 된 이듬해 그 나무꾼이 죽었다. 나무꾼의 아들이 이임里任으로 관아를 출입하였는데 내가 그의 유고를 찾자 문

107 양근의 나무꾼 : 양근의 나무꾼에 대해서는 김종수金鍾秀, 유언호兪彦鎬, 윤행임, 이덕무, 박제가 등 많은 사람이 기록을 남겼다.

108 나무꾼의……불렀는데 : 이덕무의 《청장관전서》 권34 〈양근의 나무꾼[楊根樵夫]〉에서는 초부의 이름이 정포鄭浦이고 호가 봉운鳳雲이라고 하였다.

드러진 종이 몇 장을 가지고 와 올렸다. 〈봉사기악奉謝箕嶽〉 한 수가 다음과 같았다.

나그네 설움 내버려 두었더니 어느새 귀밑머리 세어 任遣羈愁到鬢華
강루에서 며칠이나 연하에 누웠던가 江樓幾日臥煙霞
한가한데 바둑판은 선리에 어울리고 閑中棋局稱仙吏
취중에 강과 산은 바로 나의 집이네 醉裏湖山是我家
잠잘 때는 쌍구와 더불어 늙은 버들에 기대고 睡與雙鷗依古柳
꿈에서는 나비 따라 새로 핀 꽃을 찾네 夢隨孤蝶覓新花
난간에서 바라보고 벌써 봄인가 놀랐으니 危欄極目驚春早
비 온 뒤 긴 둑이 온통 푸른 봄풀이네 雨後長堤遍綠莎

이는 썩 잘된 작품이다. 나무꾼은 천인인데도 시로 세상에 이름을 날렸으니 기이하다. 그러나 그가 천인이기 때문에 명성이 또한 실제보다 부풀려졌다.

황주의 도둑
黃州盜

황해도 병마우후가 도둑 하나를 잡아 치도곤治盜棍으로 30대를 치니 거죽과 살이 찢겨 뜨락에 유혈이 낭자했다. 칼을 씌워 하옥하라 분부했더니, 도둑이 벌떡 일어앉아 딱 쳐다보고 말하였다.

"영감이 나를 가둬요? 나는 곤장 맞을 때 상처를 내고 싶으면 내고 내고 싶지 않으면 안 냅니다. 영감이 상당히 성이 났기에 내 피를 보여 드렸으니 나를 풀어 줄 만하지요. 나를 가둔들 이로울 것 없습니다."

우후는 책상을 치며 대로해서 다시 곤 열 대를 치고 칼을 두 개나 겹씌우고는 크게 꾸짖었다.

"네 놈이 어찌 감히 이런단 말이냐!"

도둑은 크게 웃었다.

"칼 두 개를 씌운들 무엇이 어렵겠소."

두 손을 턱 아래 넣어 딱! 하고 쪼개서 땅바닥에 동댕이쳐 칼 두 개를 네 조각 내고는 도둑이 말하였다.

"이러니까 날 가둔들 이로울 것 없다고 했지요. 놓아주는 것이 낫습니다."

우후는 더 이상 말도 못 한 채 급히 병방 군관을 불러 병사兵使에게 보고하였다. 그리고 입번한 순뢰군巡牢軍을 모조리 불러오고 쇠사슬 십여 가닥으로 도둑의 온몸을 결박하여 큰칼을 씌운 뒤 자물쇠로 잠가 옥중에 가두었다. 다음 날 살펴보니 칼은 부서지고 쇠사슬은 모두 끊긴 채 도둑은 간데없었다.

우후는 죽산竹山 이상열李尙說의 형 이상눌李尙訥이다. 죽산이 황주 병영으로 그 형을 뵈러 갔다가 이 일을 보고는 뒤에 나와 같이 이천利川의 죄수를 추고推考할 때[109] 말해 주었다.

---

109 나와……때 : 유득공의 아들 유본예柳本藝가 쓴 행장에 따르면 유득공이 이상열과 함께 이천의 죄수를 추고한 것은 그가 양근 군수로 임명된 1788년(정조12)의 일이다. 《樹軒集 先府君行狀》

용문산에 나는 네 가지 나물
龍門四菜

용문산은 양근과 지평 두 고을의 경계에 자리한 높고 험한 큰 산이다. 이 산에서 나는 '취'라는 나물이 있는데, 잎이 둥그스름하면서 뾰족하고 지름은 세 치 정도에 등은 흰색이며 국거리에 어울린다. 그중 '곰취'라는 취는 잎이 취보다 세 배 크고 둥그스름하지만 그다지 뾰족하지는 않고 마치 말발굽 같아서 '말굽 나물'이라고도 불린다. 생으로나 삶아서나 밥을 싸먹기에 좋은데 입안에 향내가 향긋하다. 원나라 양윤부楊允孚의 《난경잡영》[110]에 "참으로 맛난 고려 나물을 다시 말하자니, 산 뒤의 향기로운 버섯을 모두 가져오고파.[更說高麗生菜美 摠輸山後蘑菰香]"라 하고, 주에 "고려 사람들은 생채로 밥을 싸서 먹는다."라고 하였으니 이 풍속은 참 오래된 것이다.

이 고장 나물 중에 잎이 얇은 취는 '눈소嫩蔬', 곰취는 '향소香蔬'라고 하고, 통틀어 '눈향소嫩香蔬'라고 한다. 서울 사는 친구들이나 손님을 맞을 때 대접하면 기뻐하며 감사하지 않는 이가 없다. 용문

110 난경잡영灤京雜詠 : 원나라 시인 양윤부(1316~?)의 저작으로 원나라 때의 산천과 물산, 전장 제도와 풍속 등을 읊고 자세한 주를 달아 놓아 원나라 연구의 주요 자료로 쓰인다. 《해동역사》〈물산지1〉 채류菜類 조에서 바로 이 시의 출처로 《원시선元詩選》을 들고 있는 것으로 보아, 유득공 또한 《원시선》에서 이 시를 접했을 것으로 보인다.

산의 취는 이름이 온 나라에 자자해서, 심지어 경기도와 강원도의 산봉우리도 용문산이 보이는 곳이라야 게서 난 취가 향기롭고 먹을 만하다고들 하니 매우 이상한 일이다.

나의 시 〈용문산 나물을 규장각의 여러 학사께 대접하며[龍門菜饋閣中諸學士]〉[111]에서 나는 이렇게 말하였다.

용문산 산빛이 울창하게 푸르니	龍門山色蔚藍如
초목 그늘 짙디짙은 초여름이네	草樹陰濃孟夏初
사대부 응당 이 맛 알아야 하지	士大夫當知此味
신감채에 눈향소 겹쳐 먹는 이 맛을	辛甘菜配嫩香蔬

신감채[112]란 당귀 줄기로 역시 용문산에서 난다. 늦봄에 저절로 돋는 것도 절여서 먹거나 부쳐 먹을 만하지만 한겨울 토실 속에서 불을 때서 키운 것에는 미치지 못한다. 경기도의 여섯 고을이 입춘일에 신감채를 바치는데 여기 고을도 그중 하나다. 해마다 10월이면 산 아래 백성들은 한 집에 35본本씩을 들이는데, 무신년(1788, 정조12)에 들인 것을 계산해 보니 5565본이었다. 입춘이 되기 50일 전에 토실을 만들고 거기다 씨를 뿌려, 하루에 숯 서너 되 정도를 은은

111 용문산……대접하며 : 유득공의 《영재집泠齋集》 권4에는 〈용문산 나물 두 가지를 학사들에게 대접하다[龍門二菜餉諸學士]〉라는 제목으로 실려 있고, 끝에 "신감채는 당귀當歸 싹이고 눈향소는 두규杜葵다."라는 주가 있다.

112 신감채 : 유득공의 《경도잡지京都雜志》 권2 〈세시歲時〉의 〈입춘立春〉에도 신감채와 산개에 대한 유사한 서술이 보인다.

하게 때다가 점점 싹이 나는 것을 보아서 차차 숯의 양을 더해 준다. 입춘 4, 5일 전이면 빗살처럼 가지런히 올라오는데 은비녀같이 하얀 빛을 띤다. 베어서 보드라운 종이로 싸고 공복公服을 갖추어 입고 신감채 네 상자를 감봉監封한다. 포장하고 남은 것을 가져다 꿀에 찍어 맛보면 그 향미가 비할 데 없이 좋다.

이 산에는 또 산개山芥가 나는데, 산에서 자생하는 겨자다. 초봄, 눈이 녹을 즈음에 뿌리째 캐다가 그 싹과 잎을 따서 한 사발 정도의 끓인 물에 넣고 뚜껑을 덮고 밀봉하여 기운이 빠져나가지 않게 한 뒤 따뜻한 방에 둔다. 잠시 후 마시면 강렬한 향이 코를 뚫어 주니, 나물 중에서 선품仙品이라 할 만하다. 하지만 고기를 물리도록 먹은 뒤에 산개 절임을 먹어야 바야흐로 맛이 좋은 줄을 알 수 있고 풀만 먹는 사람이 반드시 제 맛을 안다고는 할 수 없으니, 귀한 사람에게나 어울리지 산에 사는 사람에게는 어울리지 않는다.

고효지의 시
顧曉之詩

경술년(1790, 정조14) 1월 29일 교서관에서 근무하던 이무관(이덕무)이 판서 윤백하[113]가 연경에서 필담한 초고 몇 장을 가져와서 보여주었는데, 고효지 운숙顧曉之云叔의 시 세 수가 있었다.

성남의 저녁 조망[城南晩眺]

끊긴 다리에서 남쪽을 바라보니	斷橋南面望
석양 비친 냇가까지 다 보이네	望盡夕陽川
어시장은 먼 언덕에 흩어지고	漁市散遙岸
인가에선 저녁연기 피어오르네	人家生暮煙
텅 빈 하늘엔 돌아가는 새 두 마리	天空兩去翼
바다 위엔 돌아오는 배 한 척	海上一歸船
눈길 가는 대로 아득히 바라보니	極目蒼茫意
강호에서 보낸 것 몇 년이던가	江湖記幾年

113 윤백하尹白下 : 윤순尹淳(1680~1741)으로, 자는 중화仲和, 호는 백하·학음鶴陰 등이다. 윤순은 1728년(영조4) 동지 정사冬至正使로 차출되어 연경으로 사행을 간 적이 있다.

자외 스님을 위해 진나라 때 거울에 쓰다[題秦時鏡爲子畏師]

사슴 잃자[114] 인심도 따라가니	鹿失鏡隨去
거듭 닦으매 개탄하며 세월을 헤아리노라	重磨慨計年
분명한 이사의 전서[115]	分明李斯篆
초인의 연기 속에 사라졌네	消爍楚人煙
우물 맑디맑아 샘은 바닥이 없고	井潔泉無地
구름이 사라져 하늘 가득한 달이	雲空月滿天
서른여섯 채 이궁[116] 중에서	離宮三十六
잠자던 후비를 비추었으리	曾照后妃眠

듣자 하니 아방궁 안에	見說阿房裏
밝은 별 점점이 새롭다 하네	明星萬點新
얼마나 많은 사람이 한에 이르렀는가	幾同人到漢
거울만 달과 더불어 진의 유물 되었네	獨與月爲秦
새벽에 이천[117]에서 눈썹 그리며	拂黛二川曉

---

114 사슴 잃자 : 천하를 소유한 군주가 지위를 잃고 또 다른 사람이 천하를 차지하게 됨을 이른다. 《사기》〈회음후열전淮陰侯列傳〉에 "진나라가 사슴을 잃자 천하가 함께 그 사슴을 쫓고 있다." 하였다.

115 이사의 전서 : 진秦나라 시황제 때 재상 이사가 대전大篆을 간략하게 한 문자를 만들고, 황제에게 주청하여 통일 이전 여러 나라에서 쓰이던 각종 글자체를 정리하고 통일하였는데 이것을 소전小篆이라고 한다.

116 서른여섯 채 이궁 : 이궁은 임금이 출유出遊할 때 머무는 행궁인데, 한漢나라 반고班固의 〈서도부西都賦〉에 "이궁의 별관이 서른여섯 곳이라."라는 말이 나와 이후 화려한 궁궐을 지칭하는 말로 인용되었다.

117 이천二川 : 진나라 함양 아방궁 안으로 흐르던 두 물줄기를 말한다.

육국 미인이 다 화사하였지	匀朱六國春
농염하게 피었던 여인들 다 사라지고	濃華銷歇盡
남아서 비추노니 늙은 승려 육신이라	留照老禪身

운숙이 무슨 벼슬을 했는지 어디 사람인지는 알 수 없는데, 5, 6십 년 전 사람일 것이다. 그의 글이 못 쓰게 된 종이 속에서 삭아 없어지고 세 수만 기록되어 남았으니 애석한 일이다.

古芸堂筆記

고운당필기 제2권

축상이 영목전장의 일을 쓰다
日本僧竺常文

일본 승려 축상(지쿠조)[1]이 영목전장鈴木傳藏(스즈키 덴조)의 일[2]에 대해 다음과 같이 기록하였다.

"갑신년(1764, 영조40) 4월 7일 조선의 도훈도都訓導 최천종崔天宗이 숙소에서 피살되었는데, 숙소 사람들이 '새벽 무렵 검은 옷을 입고 칼 두 자루를 찬 어떤 사람이 담을 넘는데 등만 보였다.' 하였다. 점차 대마도 사람을 의심하게 되었는데, 이윽고 또 대마도의 통역인 영목전장이 달아났다는 말이 들렸다. 그러나 사신에 관한 일은 모두 대마도에서 담당하는 데다, 대마도주가 이곳에 엄연히 머물러 있었으므로 비록 현관縣官이라 할지라도 조사할 수가 없어 대엿새가 지나도록 조치가 없었다. 사신이 문건을 갖추어 원통함을 호소하였지

1 축상竺常 : 1719~1801. 이름은 현상顯常(겐조), 자는 매장梅莊(바이소)·축상, 호는 초중蕉中·대전大典 등이다. 시문과 학문에 뛰어났으며 《작비집昨非集》 등 시문집과 《조선소기朝鮮小記》, 《평우록萍遇錄》 등 많은 저술이 있다. 《평우록》에 유득공의 이 기록과 관련된 내용이 있다.

2 영목전장의 일 : 1764년(영조40) 4월 7일 대마도 통사通士인 영목이 도훈도 최천종을 살해한 사건이다. 당시 정사인 조엄趙曮은 사건이 발생하자 귀국길을 연기하고 대판大阪(오사카)에서 떠나지 않았고, 영목전장은 결국 체포되어 5월 2일, 3명의 당상 역관과 군관이 입회한 가운데 참형에 처해졌다. 당시 통신사행에 참여했던 남옥南玉과 성대중成大中, 원중거元重擧 등이 이 일에 관한 기록을 남겼다.

만 역시 대마도 담당자들의 손에서 지체되어 보고되지 않았다. 이에 두 장로가 대마도 담당자들을 신문하여 그 정황을 알아내고, 일을 덮어 둘 수 없다 하여 마침내 유수留守인 안부후安部侯 원源 아무개에게 알리자 그가 즉시 긴급 전갈로 강호江戶(에도)에 보고했다고 한다. 한데 매우 까다로운 일인지라 아무리 유수라 해도 중앙의 명령이 내려와야만 일을 거행할 수 있었는데, 원공源公은 유사有司에게 '이것은 중대한 일이므로 오래 지체해서는 안 된다. 내가 두 감사監司로 하여금 규찰해 처벌하도록 할 것이니 문제가 생긴다면 내가 죄를 받겠다.' 하였다. 두 감사는 낭화浪華(나니와)에서 호구戶口를 총괄하고 정령政令을 알리는 자였으나 한결같이 유수의 명령을 받들어 행하였다. 두 감사가 유사에게 명령하여 대거 수색해서 체포하니, 영목전장의 종부從父인 무일茂一과 종형인 승려 아무개 등 연좌되어 체포된 자 10여 인이 모두 하옥되었다. 무일은 실제로 영목전장을 도왔고 그 종은 영목전장을 따라 도망갔다. 승려 아무개는 성 동쪽 소교小橋에 살았는데 영목전장을 며칠 동안 숨겨 두고 도모하여 그를 달아나게 하였다고 한다. 이에 죄인들을 매일같이 사신의 숙소에 끌고 와 두 감사가 직접 참석하여 심문하고 매질하였다. 영목전장이 그래도 잡히지 않자 용모파기하여 사방을 크게 수색하였다.

낭화에는 원외垣外(가이토)라 불리는 자들이 있으니 바로 단호團戶의 부류이다. 거지와 창문,[3] 와사,[4] 기희伎戱 무리를 관할하는데, 천

---

3 창문唱門 : 창문사唱門師(쇼몬지)로, 성문사聲聞師, 창문사唱聞師 등으로도 표기한다. 일본 중세의 하급 예능인이다.

4 와사瓦舍 : 송대의 연극 극장인데, 일본에도 유사한 것이 있었던 듯하다.

해서 양민에 끼이지 못한다. 그 무리는 시장이나 마을의 공터에 나뉘어 살며 지키고 경비하는 일을 담당한다. 매번 범인을 쫓고 수색할 일이 있으면 반드시 관리에게 명령을 받아 때를 기다리는데, 이리저리 인맥이 연결되어 있어 아무리 외지고 먼 곳이라도 곧바로 도달하지 않을 때가 없다. 게다가 이들은 때리고 치는 일에 능숙해서 각자 길이 한 자 남짓의 금오金吾를 지니고 있고 이것으로 사람을 치면 바로 꺾이지 않는 이가 없다. 또 목호木戶(기도)라는 자들이 있는데 극장의 문에서 출입을 관장하였다. 낭화의 극장이 도돈항道頓港에 있었으므로 또한 살펴야 할 사람이 많았다. 이 때문에 맡은 일이 원외와 같아 역시 모두 때리고 치는 데 익숙하고 금오를 지니고 있었다. 이 원외와 목호 500인을 풀어서 사방으로 수색하였고, 명령하기를 '길에서 수상한 자를 만나는 족족 잡아들였다가 잘못 본 사람이면 놓아주어라.' 하였다. 또 항구에 관문도 설치해서 배 타는 승객을 조사하고 매일 두세 사람을 잡아왔지만 영목전장은 여전히 잡히지 않았다.

4월 18일 영목전장이 종 하나를 데리고 소빈小濱(오바마)에 들렀는데, 소빈은 낭화에서 서쪽으로 60리쯤 떨어진 곳이다. 탐문하며 순찰하던 자가 영목전장을 보고 의심하여 뒤를 밟으니 어떤 술집에 들어가기에 술집 주인을 시켜 먼저 떠보게 하였다. 영목전장은 앉아서 술을 주문하고 술집 주인이 다가가 이야기를 나누었는데 관리가 수색하고 있다는 데 말이 미치자 영목전장은 얼어붙고 종은 낯빛이 질린 채 손에 든 술잔이 달달 떨렸다. 술집 주인이 물러나자 또 저희끼리 귓속말을 소곤거렸는데, 이미 무리가 빼곡히 에워싸서 마침내 체포하였다. 대개 영목전장은 몸이 아프다는 핑계를 대고 피신하여 소교에 며칠 머물다가 또 경사京師(교토)로 도망갔다가 귀산龜山 -귀산은 단파丹波에 있다.-까지 갔지만 계속 떠돌 수 없어서 유마有馬 온천-유마는 섭진攝津에 속하며 낭화 서북쪽 90리 거리이다.-으로 여행 가는 척 위장하고자 소빈으로 나왔고 끝내 체포되었던 것이다.

이튿날 영목전장을 함거에 실어 사신의 숙소로 보냈다. 이날 강호의 기별도 이르렀는데, 대마도주에게 명하기를 '사건이 가볍지 않으니 의당 엄중히 조사해야 한다. 감찰[5] 곡연승차랑[6]을 보내 감독하여 다스리게 하니, 조선 사신에게도 전하여 이 뜻을 알게 하라.'라고 했다. 유수가 즉시 대마도주와 두 장로를 불러서 일을 맡겼다. 다음 날인 20일, 대마도주와 두 장로가 함께 세 사신을 만나서 명령을 전하기를 '두 감사가 영목전장을 치죄해서 최천종을 죽인 상황을 다 알아내고 하옥했습니다.' 하였다. 28일, 곡연승차랑이 강호에서 오자 두 감사가 죄안을 갖추어 보고하니, 이에 공정하게 심리하여 옥사獄事가 성립되었다. 곡연승차랑이 말하기를 '영목전장이 이미 자백했으니 속히 형을 집행하라. 감히 조금이라도 지체하여 두 나라 사람들에게 누를 끼쳐서야 되겠는가.' 하였다.

5월 2일 영목전장을 함거에 태우고 묶어 거리에서 조리돌린 다음 월정주月正洲로 나가서 목을 베었다. 인솔해 온 관리가 18인이었

---

5 감찰監察 : 일본 쪽 기록에는 어목부御目付(오메츠케)로 되어 있다.

6 곡연승차랑曲淵勝次郎 : 1725~1800. 곡연경점曲淵景漸(마가리부치 가게쓰구)으로, 승차랑(가쓰지로)은 그의 통칭이었다. 에도 시대 후기의 관리로 강호 정봉행(에도 마치부교) 등을 역임하였다.

고-상급 관리는 여력[7]이라 하고 하급 관리는 동심[8]이라고 하는데, 유수부留守部와 양감부兩監部 각 부가 여력 2인, 동심 4인씩을 보냈다.- 삼사三使의 군관 등도 실제로 지켜보았다. 원외 10여 인은 몽둥이를 끼고 앞서 달리고 예다穢多 몇 사람은 창 따위 무기를 잡고 죄인을 좌우에서 끼고 갔다. 형을 집행할 때 결박하거나 칼로 치는 것은 모두 예다의 일이다. 예다란 백정을 이르는 말이고 그들이 사는 곳은 도변촌渡邊村이라 하는데, 그 사람들은 원외보다 더 미천한 무리이다. 일본의 국법에 무사는 죄가 있으면 스스로 할복하게 하고 다른 사람이 뒤에서 칼로 그 머리를 쳐서 떨군다. 영목전장같이 처형당하는 것을 시속에서 박수縛首라 이르니 예다에게 시킨 것은 그를 무사의 반열에 두지 않은 것이다. 무일과 승려 아무개 이하는 아직 옥에 있는데 곧 법에 따라 차등을 두어 처벌될 것이다."

축상은 자가 초중蕉中이고 일본 담해淡海 출신 승려인데, 계미년(1763) 통신사의 서기들이 그와 시문을 주고받은 바 있다. 이 글은 청성산인[9]의 《일동첩日東帖》에 실려 있다. 일본 승려가 이토록 문장에 능숙하다.

7 여력與力 : 행정, 사법, 경찰의 임무를 맡아보던 직책이다.

8 동심同心 : 에도 막부에서 일하던 하급 경찰 공무원의 일종이다.

9 청성산인靑城山人 : 성대중成大中(1732~1809)으로, 자는 사집士執, 호는 순재醇齋·동호東湖·청성 등이다. 1764년 서장관으로 통신사 조엄을 따라 일본에 다녀왔다.

호수
虎鬚

군복을 차려입어야 할 때는 저모립猪毛笠에 공작 깃을 꽂고 또 영우領羽 –모자 꼭대기에 꽂는 고니 깃털–와 호수[10]를 꽂는다. 당상관은 자줏빛 말총으로 짠 모자에 한 쌍의 방우傍羽 –모자 옆쪽에 꽂는 고니 깃털–를 꽂는다. 이것이 바로 《북사》에서 "머리에 절풍[11]을 쓰는데 모양이 고깔 같다. 선비는 여기에 새 깃털 두 개를 꽂고 귀한 사람은 그 관을 소골[12]이라고 하는데 자줏빛 비단을 써서 만드는 경우가 많다."라고 한 것이다. 다만 호수는 그 의의가 자세하지 않다.

일찍이 병오년(1786, 정조10)에 비국 당상이 융복에 대해 논의하는 것을 보았는데 "호수는 군용軍容을 꾸미는 것입니다."라고 하였다. 신해년(1791) 봄에 상이 현륭원에 전배할 때 길이 제법 멀어서 대수롭지 않은 융복 장식은 없앨 것을 의논하였는데 비국이 또 말하였다.

---

10 호수虎鬚 : 무관의 복색에서 전립 귀퉁이에 꽂아 장식하던 새의 흰 깃을 말한다.

11 절풍折風 : 삼국 시대에 머리에 쓰던 고깔 모양의 쓰개로, 재료에 따라 피관皮冠, 나관羅冠, 금속관 등으로 나뉘며 귀족부터 서민까지 착용했다.

12 소골蘇骨 : 고구려에서 지위가 높은 사람이 쓰던 관이다. 자줏빛 비단으로 만드는 경우가 많고 금은으로 장식했다. 《增補文獻備考 章服》

"만약 호수를 없앤다면 너무 볼품없을 듯하니, 동개[13]를 없애는 쪽이 낫겠습니다."

상이 말씀하셨다.

"옛날 임금께서 온천에 가실 때 마침 보릿가을이라 보리가 풍년이 들었으므로, 호종하던 신하들이 모두 보리 이삭을 꽂고 경하를 드렸다. 후에 그 일을 본떠서 호수를 쓴 것이다."[14]

모든 조정 신하가 비로소 호수가 본디 융구戎具가 아닌 줄을 알게 되었다. 하지만 끝내 비국의 의론을 따랐다.

13 동개[櫜鞬] : 가죽으로 만들어 활과 화살을 넣고 허리 옆에 차는 일종의 군장이다.

14 옛날……것이다 : 이 내용은 《홍재전서》 권33 〈원행 때 입는 복색을 온천에 행행할 때의 예에 따르고 배종하는 신하들의 복색 가운데 생략하여 없앨 만한 것을 물어보라는 하교[園幸時所御服色溫幸時例陪從諸臣服色可合省除者詢問敎]〉에 보인다.

다시 자규루를 세우다[15]

子規樓

신해년(1791, 정조15) 1월 17일 상이 현륭원에 행차하고 돌아오는 길에 노량진에 있는 사육신 묘에서 크게 느끼신 바가 있었다. 이에 제사를 올리게 하고, 내각과 홍문관에 명하여 단종조에 절개를 지킨 신하들을 널리 조사하게 하였으니 장차 제향하는 전례를 아울러 거행하고자 해서였다. 연신筵臣 가운데 "영월 부사 이동욱[16]이 자규루[17]의 옛터를 찾았다고 합니다."라고 아뢰는 자가 있었다.

유지有旨를 내려서 강원도 관찰사에게 묻자, 관찰사 윤사국尹師國이 장계하였다.

---

15 다시 자규루를 세우다 : 《정조실록》 15년 2월 6일 기사에 자규루와 관련된 윤사국의 보고가 실려 있다. 성대중의 《청성잡기靑城雜記》 권4 〈성언醒言〉에도 이와 비슷한 기록이 있다. 당시 자규루 유지가 발견된 상황이 매우 극적이었고 또 단종조 인물의 원통함을 풀어 주어 절의를 표창한다는 의의가 있어 인구에 많이 회자되었던 것으로 보인다.

16 이동욱李東郁 : 1739~? 자는 유문幼文, 호는 소암蘇巖이다. 저작으로 〈자규루 상량문子規樓上樑文〉이 있다.

17 자규루子規樓 : 단종은 1456년(세조2) 노산군으로 낮추어져 강원도 영월군 남면 광천리 국지산 아래 청령포로 유배되었다. 그해 여름 홍수로 청령포가 범람하자 관풍헌으로 옮겨 가 생활하며 동쪽의 자규루에 자주 올랐는데, 소쩍새의 구슬픈 울음소리에 자신의 처지를 견준 〈자규사子規詞〉를 지었다고 한다. 이 때문에 원래 매죽루梅竹樓였던 누각 이름이 자규루가 되었다.

“작년 가을 영월을 순시할 때 자규루의 옛 자취가 없음을 한탄하였습니다. 영월 부사가 노인들을 찾아 물어보니 ‘객사 남쪽 담장 밖에 있었다’라고 하는데 민가가 빼곡히 뒤섞여 자세히 아는 이가 없었습니다. 장인들을 이끌고 공터에 나아가 측량하고 있으니 소나기가 갑자기 내려 그만두고 돌아갔습니다. 그날 밤중에 불이 나 객사 남쪽의 가옥 몇 채가 타고 더 번지지는 않았는데, 이어서 폭풍이 재를 날리자 문양이 새겨진 주춧돌이 덩그러니 드러났습니다. 땅을 파보니 모두 부서진 기와와 깨진 자갈인 것이 바로 자규루 옛터였습니다. 현재 공사를 독려하여 중건하고 있는데, 머지않아 기둥을 세울 것입니다.”

상이 괴이하게 여겨 중건하는 비용은 공곡公穀으로 회계 처리하게 하고, 대신과 문임文任에게 상량문과 기문을 나누어 짓도록 명하였다. 강원도 관찰사의 장계에 답하는 회유回諭를 관각館閣에 보내 절개를 지킨 신하들을 널리 찾으니 모두 230인이었다. 장릉莊陵 홍살문 밖에 제단을 쌓고 매년 한식날 제사를 올렸다.

장 부인의 무덤
獐夫人冢

산송山訟은 두 집안이 서로 나무라고 욕하는 고질적인 풍습이다. 영남 개령현開寧縣은 옛날 감문국[18]이라는 작은 나라였는데, 《동사》[19]에 "크게 서른 명의 병사를 내었다."라고 한 것이 바로 이 나라다. 고을에는 감문국의 금효왕릉金孝王陵과 장부인총獐夫人冢이 있다. 나는 〈회고시〉[20]에서 다음과 같이 말하였다.

장희 떠난 자리에는 들꽃만 향기롭고	獐姬一去野花香
땅에 묻힌 깨진 비석 옛 금효왕 것이라	埋沒殘碑古孝王

18 감문국甘文國 : 삼한 시대의 소국이다. 지금의 경상북도 김천시 개령면 지역에 있었던 것으로 추정된다. 《삼국사기》〈신라본기 제2〉에 의하면, 231년에 이찬伊飡 석우로昔于老를 대장군으로 삼아 감문국을 토벌하고 그 지방을 군郡으로 삼았다고 한다. 《신증동국여지승람》〈경상도 개령현〉의 고적古跡 조항에 따르면 개령현에 감문국의 궁궐 유지가 남아 있으며 현의 북쪽 20리에 감문국 금효왕의 능이라 하는 금효왕릉이 있고, 현의 서쪽 웅현리에 감문국 때 장 부인獐夫人의 묘로 전하는 장릉獐陵이 있다고 한다.

19 동사東史 : 이종휘李鍾徽(1731~1797)가 지은 기전체의 역사서이다. 단군, 기자조선부터 발해와 고려까지 서술하였다.

20 회고시懷古詩 : 유득공의 《영재집泠齋集》 권2 〈이십일도회고시二十一都懷古詩〉 중 '감문甘文'이란 제목으로 실려 있다.

서른 명 용맹한 병사를 크게 동원하여　　三十雄兵曾大發
달팽이 뿔 위에서 치열하게 싸웠다나　　蝸牛角上鬪千場

하지만 또한 아득해서 상고할 수가 없다. 올봄에 그 고을 어떤 유생이 장 부인의 무덤 옆에다 무덤을 쓰려고 했는데, 고을 수령이 고적古蹟을 훼손한다는 이유로 금하였다. 그 유생이 서울로 달려와 궐 밖에서 격쟁하여 하소연하기를 "장獐(노루)이란 성씨를 가진 사람이 있다는 소리는 들어 보지 못했습니다."라고 하며 마침내 장 부인을 업신여기고 멸시하는 말을 해 대니, 근무하던 관원들이 보고는 모두 포복절도했다. 장씨붙이에 대거리해서 욕하는 자가 없었으니, 슬프다 감문국이여!

도깨비의 우리글 실력
鬼諺文

중국 소설에 계선[21]이 흔히 등장하듯 우리나라에는 도깨비가 있다. 방方 아무개는 여항 사람이다. 어쩌다 도깨비가 붙었는데 괴상하여 형용할 수 없고, 형체도 소리도 없이 대낮에 집안사람과 서로 뒤섞여 있었다. 아이가 떡을 먹으려 하면 도깨비가 먼저 씹어서 이빨 자국을 셀 수 있었다. 아이가 쳐다보고 욕하면 곧바로 똥을 아이의 입에 발라 버리곤 했다. 가장 기이한 것은 다락을 열면 책 만 권이 서가에 꽂혀서 제첨題籤이 찬란하며 경서고 역사서고 패관 서적이고 없는 것이 없었는데, 만져 보면 벽뿐이고 물러서면 다시 나타났다. 집을 옮기면 그림자처럼 따라와서 어쩔 수가 없었다.

엄嚴 아무개는 관동 사람이었다. 서울에서 객지살이하고 있었는데 칼을 짚고 우보[22]하며 부적으로 귀신을 쫓을 수 있었다. 방 아무

---

21 계선乩仙 : 점占을 칠 때 소원을 청탁하는 귀신으로, 청나라 때 소설가인 포송령蒲松齡의 《요재지이聊齋志異》에 보인다.

22 우보禹步 : 도사들이 술법을 부릴 때 쓰는 걸음법이다. 《오주연문장전산고》 〈경사편 도장류〉의 〈도교선서도경변증설道教仙書道經辨證說〉에 "우禹는 짐승 이름으로, 비틀비틀 걸으며 귀신을 잡아먹기 때문에 귀신들이 두려워하였는데 도가가 그 걸음을 흉내 내었다. 일설에는 하우씨가 홍수를 다스릴 때에 걸음을 절룩거리니 귀신들이 두려워하여 복종했기 때문에 우보라 하게 되었다 한다."라고 실려 있다.

개가 의논하고 부르려 하자 벽 위에 갑자기 한글이 나타다.

“네가 엄생을 불러 나를 쫓아내려 하다니 가소롭구나. 나는 아홉 형제가 있는데 네가 다 쫓아낼 수 있을까? 모년 모월 모일에 도깨비가 알리노라.”

글자의 행간이 바르고 솜씨가 있어서 마치 부인의 글씨 같았다. 방 아무개가 크게 놀라서 결국 엄생을 부르지 못했다.

중국의 계선은 시에 능하고 우리나라 도깨비는 제법 언문을 아니, 신선과 귀신이 이렇듯 괴이하다. 남양南陽 바닷가에서도 본 사람이 있는데 꼭 이렇지는 않았다 하니 신선의 시든 귀신의 필적이든 신기루든 간에 아마도 보는 사람에 따라서 모습을 드러내는 듯하다.

책문 밖은 호랑이 소굴
柵外猛虎

책문 밖은 호랑이 소굴이다. 세간에는 호랑이가 사람을 잡아먹으려고 할 적에 먼저 그 넋을 빼는 것이 마치 무엇이 잡아끄는 듯하다고들 하는데, 지난날 연경에서 돌아 올 때 무변武弁 이덕봉[23]의 일이 정말 그런 경우다.

이 무변은 부사副使의 선래 군관先來軍官인데 길에서 성내며 꾸짖다가 슬피 우는 등 행동이 평소와 달라서 동행한 사람들이 괴이하게 여겼다. 책문에서 압록강까지는 120리 길이다. 사신 일행 가운데 선두로 먼저 오는 자들은 으레 새벽에 책문을 나와선 쉬지 않고 말을 달려 그날 하루 안에 압록강을 건너는데, 호랑이를 두려워하기 때문이다. 그때도 전례대로 새벽에 책문을 나섰고, 게다가 만주 사람 사병士兵 둘을 고용하여 조총을 메고 따르게 하였다. 길을 반쯤 갔을 때, 이 무변이 갑자기 말에서 내리더니 나무 아래에 앉으며 말하였다.

"잠시 쉬세."

동행하는 자들이 극구 안 된다고 하자 이 무변은 성을 냈다.

"자네들은 먼저 가게. 나는 좀 쉬겠네."

---

23 이덕봉李德鳳 :《일성록》 정조 5~19년(1781~1795)에 사알, 사약 등으로 재직한 기록이 나올 뿐 자세한 이력은 알려지지 않았다.

사람들이 마지못해 반 식경을 같이 앉아 쉬고 구련성[24]에 도착하자 날이 이미 깜깜했다. 의주부의 장교 한 사람이 일행 뒤쪽에서 말을 타고 있었는데 이 무변이 부르더니 말을 달려 앞쪽으로 가게 했다. 장교가 물었다.

"무슨 까닭입니까?"

"자네 말이 앞에 가면, 우리 말이 따라서 빨리 갈 수 있다."

만주 사람 하나가 횃불을 들고 뒤에 있었는데 또 불러서 앞서가게 하기에 물었다.

"무슨 까닭입니까?"

"불빛이 뒤에 있으니까 번뜩번뜩해서 싫다."

사람들이 우리말로 만류하였다.

"밤길에는 뒤쪽에 사람이 있는 편이 훨씬 나으니 앞서가도록 하지 마오."

이 무변은 듣지 않았고, 그의 뒤에는 아무도 없게 되었다. 잠시 지나서 급히 부르짖는 소리가 들려 돌아보니, 큰 호랑이가 나는 듯이 뛰어올라 이 무변을 잡아채서는 땅 위에 내려놓았다. 건장한 만주 장정이 조총으로 호랑이를 때리고 사람들이 고함을 지르자, 호랑이는 뛰어 물러나 10여 보 되는 곳에 웅크려 앉아 포효했다. 사람들이 이 무변을 빙 둘러서서 살펴보니 기절했다가 겨우 깨어났다. 호랑이는 느린 걸음으로 주위를 돌다가 크게 포효하고 돌진해 들어오려고 했다. 상방 군관上房軍官 및 선래 군관과 역관 및 장교, 만주 사람 둘

24 구련성九連城 : 요령성 단동丹東 동북쪽에 있던 취락이다. 명·청 시기에 국경을 건널 때 양국 사절이 꼭 거쳐야 하는 조선과의 통상 요지였다.

과 마부까지 모두 아홉 사람이 말안장을 부수어 불을 피우고 유삼油衫과 삿갓으로 불길을 이어서 밤새도록 고함을 지르며 지켰지만 호랑이는 끝내 물러가지 않았다. 사람들이 서로 의논하여 이 무변의 말고삐를 풀뿌리에 묶어 두고 이 무변을 부축해 조금 물러나자 호랑이가 뛰어올라 말의 목을 물고 가니, 날이 이미 밝았다. 한 사람이 달려가 강을 건너 의주부에 알려서 병졸과 들것이 도착했다. 어깨와 넓적다리를 다쳤는데 술은 마실 수 있었고 그다지 아프지는 않다고 했는데 다음날 죽었다.

사신 행렬이 통원보通遠堡를 지날 때 의주부에서 소식을 알려 와 상황을 전해 주었으니 매우 참담하였다. 의주부 장교의 말에 책문 밖의 이 호랑이는 매우 사나워서 근년에 의주 부근에 왕래하던 사람이며 가축이 죽거나 다친 경우가 줄을 이었지만 선래 군관이 피해를 입기는 예로부터 드문 일이라고 하였다. 사신 행렬이 책문을 나와 노숙할 때 의주부에서 건장한 장교를 많이 보내 창군槍軍을 거느리고 대오를 지어 경비를 서게 했다. 사신도 명을 내려서 의주의 사상私商이나 구종驅從 중 뒤처져서 늦게까지 장사하는 자는 엄히 곤棍을 쳐서 처벌했다. 하지만 주책없는 의주 상인이 기어코 이익을 탐내어 밤중이 되어서야 돌아오다가 무리 중 하나가 갑자기 목이 마르다며 시내로 내려가서 엎드려 물을 마셨는데, 호랑이가 수풀 속에서 갑자기 뛰쳐나와 물어 갔다. 의주 사람이 "바로 이 무변을 상하게 한 호랑이다."라고 하였다. 어떻게 하면 이 비장군[25] 같은 이를

25 이 비장군李飛將軍 : 이광李廣이다. 한漢나라의 명장으로, 흉노와의 전투에서 공을 여러 번 세우자 흉노가 그를 두려워하여 '한나라 비장군'이라고 불렀다. 활

얻어서 이 호랑이를 쏘아 죽일까. 기록해서 연경에 가려고 책문을 지나는 사람들의 경계로 삼는다.

실력이 뛰어나 호랑이를 손수 활로 쏘아 잡곤 했다고 한다.

꽃이 사랑스러운 까닭
花無情故可愛

한두 해 전부터 나는 꽃나무 심기를 좋아하여 서재 앞에 울긋불긋하게 대략을 구비하였다. 퇴근하고 나서는 관복을 벗자마자 꽃나무 주위를 돌며 읊조리느라 혹 손님이 와도 알지 못했다. 무관懋官(이덕무)이 괴이하게 여겨 물었다.

"꽃이 뭐가 그리 좋은가?"

내가 말했다.

"반평생을 정 때문에 시달렸지요. 내가 좋아하건 남이 좋아하건 간에 얽매여 벗어날 수가 없었답니다. 새와 짐승도 먹여서 길을 들이고 나면 반드시 그 주인을 사랑하지요. 꽃은 그렇지 않습니다. 내가 사랑을 주어도 저들은 덤덤하니 정이라고는 없지요. 그래서 좋답니다."

무관은 잠자코 있다가 다음날 이문원摛文院에 동료들이 다 모였을 때 비로소 내 말을 언급하고는 찬탄해 마지않았다. 아마 밤중에 깊이 생각해 본 듯하다.

귀가 입는 옷
耳衣

우리나라의 물건 이름은 서리胥吏들의 등록謄錄 중에서 나온 것이 많아서 글자와 뜻이 맞지 않으니, 이 역시 물명이 바르지 못하고 말이 순조롭지 못한 사례라고 할 것이다. '휘항揮項',[26] '휘건揮巾',[27] '휘장揮帳'이라는 것이 있다. 그 글자를 보는 사람은 반드시 "휘항이란 쇠가 있는 종의 상투를 쥐고 그 '목[項]'을 빙빙 '휘돌리는[揮]' 것이고, 휘건과 휘장이란 깃발처럼 공중에 '휘날리는[揮]' 것이다."라고 할 것이다. 그러나 여기에는 사실 '막아 가린다[圍]'는 뜻이 있으니, 마땅히 '위항圍項'이니 '위건圍巾'이니 '위장圍帳'이라고 해야 한다. '위항'이라는 말이 우아하지 않다면 당나라 사람의 〈변새곡邊塞曲〉에 "쇠 장식이라 요대가 무겁고, 솜으로 지어 귀 옷 차갑네.[金裝腰帶重 綿縫耳衣寒]"[28]라고 했으니, 귀 옷[耳衣]이라는 이름이 아주 좋다.

---

26 휘항 : 겨울에 머리에 쓰던 방한구로 목덜미와 뺨까지 쌀 수 있게 만들었다.

27 휘건 : 세수할 때나 식사할 때 앞에 두르는 일종의 행주치마이다.

28 쇠……차갑네 : 이곽李廓의 〈진무 장군을 전송함[送振武將軍]〉이라는 시의 제2연이다. 《全唐詩 卷479》

아미달이 황하의 근원을 찾다
阿彌達窮河源

《건륭어제집乾隆御製集》에 말하였다.

"태학사 아계[29]의 아들인 건청문 시위乾淸門侍衛 아미달阿彌達이 무술년(1778, 건륭43)에 사신의 명을 받들고 청해青海에 가서 황하의 근원을 찾아 성수해星宿海 서남쪽 아륵탄곽륵阿勒坦郭勒에 이르렀다. 몽고어로 아륵탄은 황금이고 곽륵은 강이다. 그 물빛이 누렇고 삼백여 리를 돌아 성수해로 들어간다. 아륵탄곽륵의 서쪽에 거대한 암석이 있어서 높이가 몇 길이나 되는데, 그 이름이 아륵탄갈달소제로阿勒坦噶達素齊老다. 몽고어로 갈달소는 북극성이고 제로는 돌이다. 그 암벽은 황적색이다. 암벽 위에는 못이 있는데 못물이 뿜어져 솟아올라 백여 줄기로 나뉘며 모두 황금색이다. 아륵탄곽륵으로 들어가니, 진실로 황하의 근원이다."

이것은 한나라 장건이나 원나라 도실[30]도 이르지 못한 곳이니, 아

---

29 아계阿桂 : 장가아계章佳阿桂(1717~1797)이다. 자는 광정廣庭, 만주 사람으로, 건륭제 때의 유능한 관료이자 장수이다. 신강新疆 등 서북쪽 변경을 개척하고 안정시키는 데 크게 공헌하였다.

30 한나라 장건이나 원나라 도실 : 장건張騫(?~기원전 114)은 황하의 근원이 총령蔥嶺(파미르고원)의 밖에 있다고 하였는데 중간의 흐름을 찾지 못하여 지하로 잠복해서 흐른다고 하였다. 도실都實은 원나라 순제 때 성수해를 찾아서 18세기에

미달이라는 자는 필시 강하고 굳센 사람일 것이다. 내가 연경에 있을 때 아계의 아들 공부 시랑 아필달阿必達을 자주 만나서 이야기를 나누었지만 아미달은 만나지 못했다.

황하의 근원을 찾아낸 사람으로 알려져 있다.

가행체 시의 운
歌行韻迭用四聲

우리나라 시집에서 가행체歌行體 시운을 붙일 때 사성四聲을 번갈아 사용한 예를 본 적이 없다. 선배들이 애초 가행체에서 사성을 번갈아 쓰는 작법을 강구하지 않은 것일까, 아니면 가행체에서는 꼭 그럴 것까지 없다고 여긴 것일까? 《일지록日知錄》에 말하였다.

"부평富平의 이천생[31]이 논하기를 '오언과 칠언 근체시의 경우 당나라의 훌륭한 시인들은 그 운을 달 때 성모聲母를 같이하는 운자를 연용連用하지 않았는데,[32] 일반 사람들도 그렇게 하였다. 1, 3, 5, 7구의 끝 자에는 측성자인 상성, 거성, 입성의 세 가지 성조를 썼다. 소

---

31 이천생李天生 : 이인독李因篤(1632~1692)이다. 자는 자덕子德, 호는 천생이다. 섬서성 부평 동향東鄉 사람으로 주희를 종주로 삼고 이옹李顒, 고염무顧炎武 등과 교유하였다. 고염무가 산동에서 모함에 걸려 어려움에 처했을 때 3000리를 달려와 구호하기도 하였다. 저서로 《수기당집受祺堂集》이 있다.

32 오언과……않았는데 : 근체시 율시에서 운자는 짝수 구의 마지막 자, 즉 제2, 4, 6, 8구의 끝 자와 제1구의 끝 자에 놓이는 것이 원칙이다. 운자는 대개 초성인 성모와 중성, 종성인 운모韻母 가운데 운모가 같은 글자들이다. "성모를 같이하는 글자를 연용하지 않는다."는 말은 예를 들어 상평성 동운東韻의 경우라면, 동東, 동同, 동銅, 동童, 동瞳처럼 성모 'ㄷ'을 같이 하는 글자를 연용하지 않는다는 것이다. 동운에서는 이를테면 동東, 숭崇, 융戎, 종終, 풍風처럼 성모가 각기 다르면서도 같은 동운에 속하는 글자들로 시 한 편의 운을 구성하게 된다.

릉少陵(두보)은 운을 붙이는 짝수 구와 그렇지 않은 홀수 구를 반드시 각각 분리해서 사용하여 중첩되는 일이 없었는데, 다른 사람은 그렇게 하지 못 했다.' 하였다."

이는 이전 사람이 밝혀내지 못한 것을 밝혀냈다고 할 수 있으니 그 안목이 얼마나 명석한가. 노 신도盧新都(노조린)의 〈장안고의〉[33]나 백향산白香山(백거이)의 〈비파행琵琶行〉 같은 작품을 우리나라 사람은 7, 8세부터 머리가 희어질 때까지 외워 읊조리면서도 그 운자 사용의 오묘함조차 깨닫지 못하니 그 안목이 또 얼마나 어두운가. 심지어 입성 '옥屋'부터 '흡洽'까지 17개 운을 같은 운이라고 혼동하여 통용하는 것은 아무 근거가 없으니 매우 옳지 않은 일이다. 무릇 시를 짓자면 성운을 좀 연구해야 한다.

33 장안고의長安古意 : 노조린의 작품으로, 초당 시기 대표적인 가행체 작품이다.

탐라는 섬나라다
耽羅者島國

《북사》에 "백제 남쪽으로 바닷길을 가면 탐모라국耽牟羅國이 있는데, 노루와 사슴이 많이 나고 백제의 부용국이다." 하였다. 또 말하기를 "고구려 사신 예실불芮悉弗이 위魏나라 선무제에게 '황금은 부여에서 나고 옥은 섭라涉羅에서 생산됩니다. 지금 부여는 물길勿吉에게 쫓겨났고 섭라는 백제에 병합되었습니다. 두 물품을 왕부王府에 올릴 수 없는 것은 진실로 두 적의 소행입니다.'라 하였다."[34] 하였다.

《당서》에서 "용삭 초에 담라儋羅란 나라가 있었는데, 그 왕 유리도라儒李都羅가 사신을 보내 조공을 해 왔다. 그 나라는 신라의 무주武州 남쪽 섬에 있다. 풍속은 질박하고 촌스럽다. 큰 돼지가죽을 옷으로 입으며 여름에는 짐승 가죽으로 만든 집에, 겨울에는 토굴집에 산다. 처음에 백제에 부속되었다가 후에 신라에 부속되었다."[35] 하였다.

살펴보건대 이것은 모두 탐라耽羅를 가리킨다. 우리나라 방언에 해도海島를 일러 '섬剡'이라 하고 국가를 '나라羅羅'라 한다. 탐耽,

34 고구려……하였다 : 위수의 《위서》 〈고구려열전〉에 정시 연간(504~508) 세종이 고구려 사신 예실불을 동당東堂에서 접견했다는 기록 중에 실려 있다.

35 용삭……부속되었다 : 용삭龍朔은 당나라 고종 12~14년(661~663)의 연호이다. 《신당서》 〈동이열전〉에 보인다.

섭涉, 담儋 세 글자는 그 소리가 모두 '섬'과 비슷하니, 탐라는 아마도 섬나라를 이른 말일 것이다. 고기古記에 "처음 탐진[36]에 배를 대고 신라에 조공했기 때문에 탐라라고 했다."라고 한 것은 견강부회한 말이다. 또 《삼국지》에 "주호州胡는 마한馬韓 서쪽 바다 가운데 큰 섬에 있다. 그 사람들은 왜소하고 언어는 중국과 같지 않으며 모두 머리를 삭발한 것이 선비족鮮卑族과 같다. 단지 가죽을 두르고 소와 돼지를 잘 길러서 배를 타고 왕래하며 마한에 내다 판다." 하니, 이것도 탐라를 가리킨 듯하다.

36 탐진耽津 : 지금의 전라남도 강진군이다.

동명과 주몽
東明朱蒙

《후한서》〈부여전〉에 말하였다.

"과거에 북이北夷 색리국[37]의 왕이 순행을 나섰는데, 그 궁녀가 왕이 출행한 뒤에 임신을 하자 왕이 돌아와 궁녀를 죽이려 하였다. 궁녀가 '지난번에 하늘에 마치 달걀 같은 기운이 있어 제게로 내려오는 것을 보았습니다. 그러고는 임신이 되었습니다.' 하였다. 왕은 여자를 가두어 버렸다. 마침내 사내아이가 태어나 이름을 동명東明이라고 했다. 동명은 자라서 활을 잘 쏘았는데, 왕이 그 용맹을 시기하여 죽이려고 했다. 동명이 달아나 남쪽으로 엄사수淹㴲水에 이르러 활로 물을 치니 물고기와 자라가 모두 물 위에 떠올랐다. 동명은 무사히 강을 건너 부여에 이르러 왕이 되었다."

《위서》〈고구려열전〉에 말하였다.

"고구려는 부여에서 나왔다. 스스로 말하기를 선조는 주몽朱蒙이고 주몽의 어머니는 하백河伯의 딸이라 하였다. 부여의 왕이 그녀를 방 안에 가두었는데, 햇빛이 그녀의 몸을 비추어 피했지만 햇빛이

37 색리국索離國 : 탁리왕橐離王, 고리왕槀離王으로 표기하기도 한다. 이병도는 이것이 고려, 혹은 고구려를 달리 표기한 것이라고 하였다.《韓國學基礎資料選集 古代篇, 한국정신문화연구원, 1987, 217쪽》

또 따라와서 임신이 되었고 알 하나를 낳았다. 크기가 닷 되들이만 하였는데 물건으로 싸서 따뜻한 곳에 두자 한 사내아이가 껍데기를 깨고 나왔다. 장성하자 '주몽'이라고 불렀다. 그 나라 속언에 '주몽' 이란 활을 잘 쏜다는 의미다. 부여의 신하들이 그를 죽이려고 하니, 주몽은 동남쪽으로 달아나다가 큰 강[38]을 만났는데 건너려고 했지만 다리가 없었다. 부여 사람이 바짝 쫓아오자 주몽이 강물에다 '나는 태양의 자식이요, 하백의 외손이다. 오늘 달아나는데 추격하는 병사가 거의 따라잡을 듯하니 어찌하면 건널 수 있겠는가?' 하였다. 이에 물고기와 자라가 모두 떠올라 다리를 이루어서 주몽이 건널 수 있었다. 흘승골성紇升骨城에 이르러 자리를 잡고 '고구려'라 이름 하였다."

대개 난을 피해 달아나다가 강을 건널 때 물고기와 자라가 다리를 만들어 준 일이 서로 비슷한데 동명은 본래 부여의 임금이고 주몽은 본래 고구려의 임금이다. 《삼국사기》 〈고구려본기〉에 "시조 동명성왕은 성이 고씨, 이름이 주몽이다." 하여 처음으로 '동명'과 '주몽'을 합쳐서 한 사람으로 만들어 버려서, 우리나라 사람들은 부여에 '동명'이 있었다는 것을 전혀 모른다.

---

38 큰 강 : 〈광개토대왕릉비〉에는 주몽이 북부여 출신이며 남쪽으로 도망치다가 엄리대수奄利大水를 만나 건넜다고 하는데 엄리는 큰물이라는 뜻인 '엄내'로서 지금의 송화강松花江 또는 송화강 상류의 휘발하輝發河를 지칭한 것이라고 한다. 《이병도, 韓國古代史研究, 박영사, 1976, 217쪽》 이규보의 《동국이상국집》 권3 〈동명왕편〉에는 현 압록강 동북쪽인 엄체수淹滯水라고 기록되어 있다.

개소문은 연씨이다
蓋蘇文姓淵

《당서》에 "개소문蓋蘇文은 성이 천씨泉氏인데, 스스로 물속에서 태어났다고 해서 사람들을 현혹시켰다."라고 하고, 또 "소문의 아우 정토淨土가 땅을 떼어 주며 항복을 청해 왔다." 하였다.

《삼국사기》에는 "신라 문무왕 10년에 고구려 수림성水臨城 사람 모잠牟岑 대형大兄이 유민을 수습해서 가다가 서해의 사야도史冶島에 이르러 고구려 대신 연정토淵淨土의 아들을 만났다. 안승安勝이 그를 맞이하여 한성漢城에 두고 받들어서 임금으로 삼았다." 하였다.

이 기록들로 보면 개소문의 성은 연淵인데, 당나라가 고조의 이름 글자[39]를 피해서 천泉이라고 했을 뿐이다.

---

39 고조의 이름 글자 : 당 고조의 휘가 이연李淵이다.

오국성
五國城

《청일통지淸一統志》〈영고탑[40] 고적寧古塔古蹟〉의 기록이다.

"오국두성五國頭城은 성의 동북쪽에 있다. 《거란국지契丹國志》에 '여진은 동북쪽으로 오국과 이웃해 있고 오국은 동쪽으로 큰 바다와 접해 있다. 이곳에서 좋은 매가 나는데 해동에서 나는 매를 해동청海東靑이라고 부른다. 요나라 사람들이 이 매를 매우 좋아해서 해마다 여진에 요구하였는데, 여진은 오국성까지 가서 전쟁을 하고서야 얻어 오므로 그 괴로움을 감당하기 힘들었다.' 하였다.

《대금국지大金國志》에는 '천회 8년(1130) 송나라의 두 황제[41]가 한주韓州에서 오국성으로 갔다. 성은 금나라 도읍에서 동북쪽으로 1000리 되는 곳에 있다.' 하였다.

《명일통지明一統志》에는 '이곳부터 동쪽으로는 나누어져서 오국이 되었으므로 그렇게 이름을 붙인 것이다. 옛 기록에 송나라 휘종이 여기에 안장되었다고 한다.' 하였다.

《호종록扈從錄》에는 '영고탑에서 동쪽으로 600리 가면 강돌리갈

---

40 영고탑寧古塔 : 지금의 흑룡강성 영안현성寧安縣城의 청나라 때 지명이다.

41 송나라의 두 황제 : 휘종徽宗과 흠종欽宗 부자를 말한다. 1126년 정강靖康의 변으로 금나라에 붙잡혀서 오국성에 구금되었다가 그곳에서 죽었다고 한다.

상姜突哩噶尙이라는 곳이 있는데 송화강과 흑룡강이 이곳에서 합류한다. 큰 토성이 있는데 혹 오국성이라고 한다.' 하였다."

살펴보건대 《청일통지》가 인용한 책 가운데 《거란국지》의 설이 옳다. 후세 사람들은 금나라가 도읍한 곳이 상경 회령부上京會寧府인 줄만 알고 마침내 오국성을 그 동북쪽 1000리 혹은 600리 거리에 있는 송화강과 흑룡강의 합류 지점 등으로 짐작하였다. 그러나 실제로는 거란이 매를 요구해 왔을 때 금나라 경조 오고내와 목종 영가[42]는 바야흐로 갈라전曷懶甸에 있으면서 오국의 포섭蒲聶, 몰연沒撚 등의 부족과 힘들게 싸워 매를 잡아오는 길을 열었다.

갈라전이란 《고려사》 〈지리지〉와 〈윤관열전尹瓘列傳〉 및 《금세통金世統》을 참고하여 보건대 우리나라 함흥, 단천, 길주 등의 지역이 틀림없으니, 오국성이 갈라전의 동북쪽에 있어야 옳지 상경의 동북쪽에 있어서는 안 된다. 지금 우리 조선의 회령부는 바로 함흥, 단천, 길주 등지의 동북쪽에 있다. 그리고 회령부의 보을하진甫乙下鎭 서쪽에 큰 무덤이 있는데 예로부터 황제총皇帝冢이라고 칭하고, 겹겹이 둘러싼 작은 무덤들을 시신총侍臣冢이라고 칭하였다. 지금까지도 밭을 경작하는 이가 가끔 숭녕崇寧 시대 동전을 발견하기도 하니 이곳이 어쩌면 휘종을 장사 지낸 곳이 아니겠는가? 그렇다면 우리나라 회령부가 바로 예전의 오국성이다.

---

42 경조 오고내와 목종 영가 : 경조 오고내景祖烏古迺는 완안 오고내完顏烏古迺(1021~1074), 목종 영가穆宗盈歌는 완안 영가完顏盈歌(1053~1074)로 금나라 건국 전 여진을 통치했던 인물들이며 사후에 황제로 추존되었다. 각각 금 태조의 조부, 숙부이다.

금나라 천회 8년(1130) 7월에 혼덕공과 중혼후를 골리개로鶻里改路로 옮겼고[43] 금나라 희종 즉위년(1135) 4월 병인에 혼덕공 조길趙佶(휘종)이 죽었는데, 골리개는 바로 호리개胡里改이다. 금나라 지역이던 호리개로[44]에 우리 조선이 국초에 만호를 두었으니, 아마도 본디 오국 지역인데 금나라가 초기에 노路를 설치하고 호리개라 불렀을 것이다. 송나라 휘종이 옮겨지고 졸하고 장사 지내진 곳이 모두 여기에 있으니, 그렇다면 조선의 회령부가 또 바로 호리개로이다.

---

43 금나라……옮겼고 : 본서에는 천회 8년으로 되어 있으나 《동사강목》, 《고려사절요》 등에는 천회 6년(1128)으로 되어 있다. 혼덕공昏德公은 사로잡힌 송나라 휘종을 강봉한 작위이고, 중혼후重昏侯는 흠종을 강봉한 작위이다.

44 호리개로胡里改路 : 《해동역사》 〈지리고10〉 고려 조에 따르면 호리개로는 영고탑 동쪽 지역으로 남쪽 경계가 회령에 미친다.

철 화로와 무소뿔 술잔[45]

鐵爐犀爵

윤광신尹光莘이 북병사로 있을 때이다. 고령 첨사 아무개가 변장들과 함께 밤에 술을 마셨다. 가랑비가 내려 음산하고 깜깜하던 차에 서로 말하였다.

"황제총에 말을 달려가 기를 꽂고 돌아올 수 있는 자가 있겠는가?"

그러자 한 사람이 술에 취해 응하였다.

"내가 하지."

말을 타고 15리를 내달리다가 멀리 바라보니 불빛이 하늘에 뻗쳐 있고 생황과 퉁소 소리가 아득하게 들려왔다. 마침내 말을 채찍질해서 나아가자 불이 꺼지고 음악이 그쳤는데, 말발굽에 쟁그랑 부딪는 소리가 났다. 말에서 내려 화로 하나와 잔 하나를 주웠는데, 화로는 철로 만든 네모반듯한 모양이었고 잔은 무소뿔 바탕에 전서篆書로 글자가 둘려 있었다. 두 물건이 모두 예스럽고 고아한 것이 진실로 선화[46] 연간의 물건이었다. 윤광신이 듣고서 그것을 가져왔는데,

---

45 철……술잔 : 비슷한 내용이 성대중의 《청성잡기靑城雜記》 권4와 성해응의 《연경재전집硏經齋全集》 외집 권61 〈선화 연간 화로와 술잔[宣和鑪爵]〉에 실려 있다.

46 선화宣和 : 송나라 휘종 19~25년(1119~1125)의 연호이다.

훗날 윤광신의 첩이 참의 이해중李海重에게 팔았고, 끝내는 단릉丹陵 이윤영[47]의 소장이 되었다. 회령부가 오국성이라는 것과 황제총이 송나라 휘종의 무덤이라는 것은 의심할 여지가 없다.

살펴보건대 금나라 희종 황통 2년(1142)에 천수군왕天水郡王의 상喪을 강남江南으로 돌려보냈으니, 천수군왕은 바로 혼덕공昏德公(휘종)이다. 돌려보냈다는 그 상은 썩은 나무토막 하나뿐이었을 테고, 천년의 외로운 혼은 아직도 외딴 변방에 머물러 있으니 슬프도다, 그와 더불어 대작하고 풍악을 울린 자는 또 누구였을까.

---

47 이윤영李胤永 : 1714~1759. 단릉산인丹陵山人이라 불린 문인 화가이다. 산수화뿐 아니라 예서와 전서에도 뛰어났으며 고기물古器物 완상을 즐겼다. 저서로 《단릉유고丹陵遺稿》, 《단릉산인유집丹陵山人遺集》이 있다.

조선 초기 함경도 개척
北關沿革

함경도는 옛날 옥저 땅이다. 《삼국지》에 "옥저는 고구려 개마대산蓋馬大山의 동쪽에 있으며 큰 바다를 끼고 자리 잡고 있다. 그 지형이 동북쪽은 좁고 서남쪽으로는 길어서 1000리쯤 된다. 북쪽으로는 읍루挹婁, 부여와 접해 있고, 남쪽으로는 예맥穢貊과 접해 있다."라고 하였다. 한 무제가 현도[48]의 치소治所를 옥저의 도성에 두었는데, 뒤에 이맥夷貊에게 침략당해 현도의 치소를 구려현句驪縣 -지금의 홍경興京이다.- 으로 옮겼고, 옥저 땅은 낙랑동부도위樂浪東部都尉에 소속시켰다. 광무제 6년(30)에 도위都尉를 없애고 그 수장을 봉하여 옥저후沃沮侯로 삼았으나 얼마 안 되어서 고구려에 병합되었다. 위魏나라 현도 태수 왕기王頎는 고구려 왕 궁[49]을 뒤쫓다가 옥저 땅 천여

---

48 현도玄菟 : 한漢나라 사군四郡의 하나다. 그 위치에 관해서는 여러 가지 설이 있다. 대개 혼하渾河 유역, 압록강 상류, 동가강佟佳江 유역, 함경도 일대 등인데, 사군 중 현도가 가장 북방에 있던 것으로 알려져 있다. 고구려 미천왕 14년(313)에 고구려에 병합되었다.

49 고구려 왕 궁 : 동천왕東川王(재위 227~248)을 말한다. 고구려의 제11대 군주로, 동양왕東襄王으로도 불린다. 이름은 우위거憂位居 또는 위궁位宮이다.

리를 지나 숙신씨[50]의 남쪽 경계에까지 이르렀다.[51] 이 뒤로는 중국이 이 땅을 엿본 적이 없었다.

발해의 대씨大氏는 책성柵城과 남해南海 등의 부府를 두었는데, 여진이 차지해서 갈라전—지금의 함흥, 단천, 길주 등지이다.—이라고 불렀다. 신라의 북쪽 경계는 천정군[52]—지금의 덕원부德源府이다.—에 이르렀고, 고려의 북쪽 경계 역시 도린포[53]를 넘지 못하였다. 원나라는 땅을 넓히기를 좋아해서 개원開元,—지금의 개원현開原縣이다.— 휼품恤品—지금의 갑산, 삼수 등지이다.—에서부터 뻗어가 갈라의 옛 땅에 합란부合蘭府—지금의 함흥부이다.—를 두고 쌍성雙城—지금의 영흥부永興府이다.—을 지켜 경계로 삼았다. 원나라가 쇠퇴해서 망할 때 쌍성이 먼저 격파되었다. 그리고 우리 소선이 북방에서 일이나 대조 강헌대왕이 하늘이 내신 신무神武의 재능으로 영토를 넓혔고, 세종 장헌대왕이 장수에게 명하여 군대를 내어 야인을 정벌하고 육진을 설치한 뒤에

50 숙신씨肅愼氏 : 숙신은 만주에 거주하던 퉁구스계 민족으로 후대에는 여진족을 지칭하기도 했다. 또 이 민족이 살던 지역의 명칭이 되었는데, 식신息愼 또는 직신稷愼이라고도 표기한다.

51 위나라……이르렀다 : 삼국 시대 위魏나라 관구검毌丘儉이 고구려를 침략했을 때의 일이다. 현도 태수 왕기는 관구검의 명을 받아 동천왕을 추격해 숙신씨 남쪽 경계까지 진출하여 바위에 공적을 새겨 두고 돌아갔다.《資治通鑑 卷7 魏紀》

52 천정군泉井郡 : 함경남도 문천, 원산의 옛 지명이다. 고구려에서는 천정군 또는 날매[於乙買]라고 불렀는데, 문무왕 때 신라에 편입되었다. 고려 초기에는 용주湧州라 하였고, 뒤에 의주宜州라 개칭하였다. 조선 태종 때 의천宜川, 세종 때 덕원으로 고치고 군郡이 되었다.

53 도린포都鱗浦 : 도련포都連浦 또는 광포호廣浦湖라고도 한다. 함경남도 정평군과 함주군에 걸쳐 있는 호수이다.

야 두만강 이남이 모두 우리 영토로 편입되었다. 나라를 위한 큰 계책과 아름다운 업적이 이전 어느 시대보다도 훨씬 뛰어났으니 매우 성대하다.

이때 명나라는 갓 천하를 차지하여 염려하는 것은 달단韃靼 뿐이고 동북쪽에 대해서는 그다지 주의를 기울이지 않았다. 비록 건주위建州衛, 모린위毛隣衛 등을 두기는 했지만 다만 견제를 하는 것일 뿐이었고, 한 차례 쌍성 지역을 요구한 적은 있으나 후에 결국 불문에 부쳤다. 이 때문에 우리나라가 군비를 갖추어 북벌을 해서 날마다 백 리씩 영토를 넓히고 성읍城邑을 둘 수 있었으니, 이는 정말로 천하의 일대 기회였다. 육진 땅은 동북쪽으로 쑥 들어가 두만강을 경계로 삼고 있어서 백두산이 서남쪽에 있는 것과 견주어 보면 서북쪽으로 영고탑과의 거리가 600리에 불과하였다. 그렇다면 갈라를 지나면 호리개 땅이고,[54] 옥저를 지나면 읍루 땅인 것이다.

금나라 세종이 말하기를 "속빈速頻과 호리개 사람은 모두 용맹하다." 하였다. 내가 육진에서 수령을 지낸 사람들에게 들으니, 그곳 사람은 눈 속에서 홑베옷만 입고도 춥다고 하지 않고, 기장밥 한 덩이를 옷깃에 싸서 하루에 백여 리를 달려도 배고프다고 하지 않으며, 심한 곤장 수십 대를 맞아도 아프다고 하지 않는다고 한다. 또 질박해서 딴마음을 먹지 않아 은혜를 입으면 그를 위해 죽고, 원한이 있으면 반드시 갚는다 하니 아마 그 옛 풍속이 그러했을 것이다. 남녘 사람들과 크게 다르니, 잘 보살펴 기른다면 어찌 그들이 만주의 건아만 못하겠는가.

---

54 갈라를……땅이고 : 갈라전과 호리개로에 대해서는 115~117쪽 〈오국성〉 참조.

개마산이 백두산이다
蓋馬山卽白頭山

《후한서》에 "동옥저는 고구려 개마대산 동쪽에 있다." 하였고, 개마산에 대해 논쟁하는 선배들은 대부분 백두산 남쪽 갈래로 1000리에 뻗쳐 있는 산이라고들 하였다. 박차수朴次修(박제가)가 말하기를 "굳이 남쪽 갈래라고 할 것 없이 개마산이 바로 백두산이다." 하였다. 중국어 '개蓋'는 우리말 '백白'과 비슷하고, 만주어 '마馬'는 우리말 '두頭'와 비슷하니, 개마산이 백두산인 줄을 알 수 있다. 백두산을 중국에서는 장백산長白山이라 하고 또 백산白山이라고도 하는데, 산 정상의 바위 색깔이 희기 때문이다. 옛 이름은 불함산不咸山인데, 불함不咸을 중국어로 읽으면 역시 우리말로 '희다'는 뜻이다.

러시아
車漢

북우후北虞候 신유[55]의 《차한기략》[56]에 말하였다.

"차한車漢은 나선羅禪이다. 이전에 왈개曰介, 개부락介夫落, 퍅개愎介 세 나라가 조공을 바치지 않자 청나라가 죄를 물으려 하니 세 나라가 '차한의 침략을 받아 난리를 구제하기에도 부족하기 때문입니다.' 하였다. 청나라가 이에 해마다 군대를 내어 차한을 토벌하였으나 번번이 패하였다.

효종 5년 갑오년(1654)에 청나라가 우리나라에 군사를 요구하였다. 우리나라는 북우후 변급[57]에게 총수銃手 100명과 기수旗手와 고

---

55 신유申瀏 : 1619~1680. 1656년 혜산진 첨절제사로 나갔다가 이듬해 함경북도 병마우후가 되었다. 1658년 나선 정벌에 참가하였고 저서로 이때의 일을 기록한 《북정일기北征日記》가 있다.

56 차한기략車漢記略 : '차한기車漢記' 또는 '차한기략車漢記略'이라는 제목의 책은 확인되지 않는다. 차한車漢은 악라사鄂羅斯, 나선羅禪, 아라사俄羅斯 등과 함께 러시아를 가리키는 말인데, 유득공이 러시아에 대한 기록이라는 의미로 인용한 것인지, 직접 열람한 책의 이름을 쓴 것인지는 분명하지 않다. 같은 내용이 《성호사설》 권8 〈차한일기車漢日記〉에 보인다.

57 변급邊岋 : 조선 효종 때의 무관으로, 나선 정벌 때의 지휘관이다. 1654년 함경도 병마우후로 있다가 나선 정벌에 출전, 영고탑에서 청군과 합류하여 흑룡강에 이르러 러시아군을 맞아 큰 전과를 올리고 개선하였다.

수鼓手 48명을 거느리고 후통강[58]에 나아가 싸우게 했는데, 적 중 많은 수가 총탄에 맞아 죽었으나 변급은 군대를 보전하여 돌아왔다. 효종 9년 무술년(1658)에 청이 또 군사를 요구하자, 신유가 혜산 첨사惠山僉使에서 북우후로 옮겨 임명되어 북쪽 변경의 총수 200명과 표하標下, 기수旗手, 고수鼓手, 화정火丁 60명을 뽑아 3개월의 군량을 가지고 갔다. 이해 3월 1일에 두만강을 건너 19일에 영고탑에 도달하고 6월 10일에 흑룡강에 이르렀다. 강은 너비가 20여 리나 되는 데다 깊이를 헤아릴 수 없고 강물 색깔이 칠흑 같았는데, 물고기와 강가의 짐승들도 모두 검은색이었다. 적은 흑룡강 하류에서 왔는데 그들의 배는 모두 자작나무 껍질을 겹씌운 것이었다. 우리나라 부장部將 배시황裵是鎤과 유응천劉應天 등이 적선에 불화살을 쏘아 붙이자 일시에 불이 번져 모두 잿더미가 되었다. 적은 키가 10척이나 되고 깊숙한 눈에 머리카락이 붉었으며 드리운 수염이 어깨를 덮었다. 그들의 화포는 도화선을 쓰지 않고 산호석珊瑚石을 화문火門에 붙여 놓고, 또 용두龍頭의 위에 금수[59]를 달아 놓아서 용두를 떨구면 불이 일어나 탄환이 발사되었다. 그 배의 쇠닻은 열 명이서도 들어 올릴 수 없었는데, 포로로 잡은 적은 마치 지푸라기를 집듯 한 번에 들어 올렸다. 우리 군대는 전사자가 8명이고 부상자도 몇 명 있었다.

7월 10일에 승전보를 올리고 회군하여 9월 27일에 영고탑에 이르렀다. 청나라 장수가 배시황을 초청해 자기 집으로 가서 세 아내를 보였는데, 세 아내는 한 팔을 올리고 한 팔을 내려 예를 하고서 나아

---

58 후통강厚通江 : 지금의 송화강이다.

59 금수金燧 : 화경火鏡의 일종으로 햇빛을 모아 불을 일으키는 도구이다.

와 얼굴을 마주하고 음식을 차려 대접했다. 11월 18일에 영고탑을 떠나 12월 15일에 다시 두만강을 건넜다. 다음 해 청나라는 전사자의 집에는 은 30냥씩, 부상자 25인에게는 은을 다섯 등급으로 나누어 조선으로 돌아오는 사신 편에 부쳐 보냈다."

《청일통지》에 말하였다.

"흑룡강에는 국초에 색륜[60]과 타호이打虎爾 두 부족이 있었는데 결국 태종 문황제[61]에게 복속했다. 악라사鄂羅斯(러시아) 사람 나찰羅刹이 아극살[62] 지역에 성을 쌓고 색륜과 타호이를 침략하였으므로, 강희 22년(1683)에 장군과 부도통副都統을 두어 성을 쌓고 지키게 하였다. 25년에 나찰을 쳐서 그 성을 함락하였고, 28년에 격이필제하[63]에 대신을 보내 강가에 비석을 세워 경계로 삼았다."

살펴보건대 신유가 기록한 "차한은 나선이다."라고 한 것은 나찰을 가리킨 듯하고, 왈개, 개부락, 퍅개 부류는 색륜과 타호이인 듯하다. 우리 효종 9년(1658)은 청나라 순치 15년이다. 생각건대 그 당시 나찰이 흑룡강 지역을 침범하여 괴롭히자 청의 요청으로 군대를 징발하여 토벌한 사건이 있었고, 강희 연간이 되어서야 비로소 평정되었다. 우리나라 사람이 흑룡강까지 가서 악라사와 싸운 것 또한 초유의 일이었다.

---

60 색륜索倫 : 남방 퉁구스족의 일파로 아무르강의 남방에 분포한다.

61 태종 문황제太宗文皇帝 : 재위 1636~1643. 청나라 제2대 황제로, 청 태조의 여덟째 아들이다.

62 아극살雅克薩 : 지금의 러시아 알바진 지역, 흑룡강 유역이다.

63 격이필제하格爾必齊河 : 흑룡강으로 흘러 들어가는 오륜목하烏倫穆河 부근의 강이다.

유구국의 연대[64]

琉球年代

청나라 한림 시강翰林侍講 주황周煌의 《유구국기략》[65]은 그 나라의 세계를 다음과 같이 기록하고 있다.

"천손씨天孫氏는 1만 7802년 만에 망했다. 순천舜天은 일본 인황人皇의 후예로 송나라 순희 연간에 즉위했다. 순마순희舜馬順熙는 순천의 장자다. 의본義本은 순마순희의 장자다. 영조英祖는 천손씨의 후예로 송나라 경정 원년(1260)에 의본에게서 선양을 받았다. 대성大成은 영조의 세자다. 영자英慈는 대성의 차자다. 옥성玉成은 영자의 넷째 아들이다. 서위西威는 옥성의 장자다. 찰도察度는 원나라 지정 10년(1350)에 나라 사람들이 서위의 세자를 폐위시키고 세운 인물이다.[66]

64 유구국의 연대 : 유구국琉球國은 오키나와에 1429년부터 1879년까지 450년간 존속한 나라이다. 1879년 일본이 왕국 체제를 폐지하고 오키나와현을 설치하여 유구국을 멸망시켰다. 비슷한 내용이 이덕무의 《청장관전서青莊館全書》 권26 〈기년아람보편紀年兒覽補編〉에도 실려 있다.

65 유구국기략琉球國記略 : 지금 전하는 책은 《유구국지략琉球國志略》으로 되어 있다.

66 찰도는……인물이다 : 1349년 서위가 죽었을 때 세자는 5세였는데, 모비母妃가 섭정으로 정사를 어지럽히자 원나라 지정 10년에 나라 사람들이 세자를 폐하고 찰도를 세웠다. 명나라 홍무 28년(1395)에 죽으니, 재위한 지 46년이었고 나이는 상고할 수 없다. 아들 무령이 자리를 이었다. 《琉球國志略 國統》

무령武寧은 찰도의 세자다. 상사소[67]의 아들 상파지尙巴志는 산남왕山南王, 산북왕山北王, 중산왕中山王을 멸하고 사소를 봉하여 왕으로 삼았다. 상파지는 영락 20년(1422)에 즉위했다. 상충尙忠은 상파지의 차자다. 상사달尙思達은 상충의 아들이다. 상금복尙金福은 상파지의 여섯째 아들이다. 상태구尙泰久는 상금복의 장자다. 상덕尙德은 상태구의 셋째 아들이다. 상원尙圓은 그 선조를 알 수 없는데, 나라 사람들이 상덕의 아들을 폐위시키고 상원을 세웠다. 상선위尙宣威는 상원의 아우다. 상진尙眞은 상원의 세자다. 상청尙淸은 상진의 아들이다. 상원尙元은 상청의 차자다. 상영尙永은 상원의 차자다. 상녕尙寧은 상진의 손자다. 상풍尙豐은 상영의 아우다. 상현尙賢은 상풍의 셋째 아들이다. 상질尙質은 상현의 아우니 순치 5년(1648)에 즉위했다. 상정尙貞은 상질의 아들이다. 상익尙益은 상정의 세자다. 상경尙敬은 상익의 세자다. 상목尙穆은 상경의 세자인데 건륭 17년(1752)에 즉위할 때 나이가 14세였다."

또 이렇게 기록하고 있다.

"유구국의 시조는 처음에 남녀 1인이 대황大荒에서 태어나 저절로 부부가 되었으니 아마미구阿摩美久다. 3남 2녀를 낳았는데 장남은 천손씨로 개국시주開國始主고, 차남은 제후의 시조가 되었고, 삼남은 백성의 시조가 되었다. 장녀인 군군君君과 차녀인 축축祝祝은 나라의 수호신이 되었는데, 하나는 천신天神이 되고 다른 하나는 해신海神이 되었다. 지금 사원에 머리가 세 개 팔이 여섯 개인 여신이

---

67 상사소尙思紹 : 재위 1406~1421. 유구국 상씨尙氏 왕통의 제1대 왕이다. 아들인 상파지의 능력으로 군주가 되어 16년간 재위했다.《琉球國志略 國統》

일월日月을 잡고 있는데, 이름을 천만대자재천신天滿大自在天神이라 한다. 《왕록汪錄》에는 이름을 변과천辨戈天이라고 하였다."

무술년(1778, 정조2)에 이무관李懋官(이덕무)이 연경에 가서 이 책을 구입해 왔다. 내가 열하에 있을 때 남방의 여러 나라 사람을 많이 보았는데 섬라暹羅와 유구 사람은 보지 못했다. 유구국은 또한 일찍이 우리나라와 교통한 나라인데 소식이 막힌 지 수백 년이다. 그러나 제주와 거리가 그리 멀지 않아서 저쪽과 우리나라 사람들이 혹 서로 표류해 정박하기도 하니 그 대략을 몰라서는 안 된다.

김은열의 묘지
金殷說墓誌

을사년(1785, 정조9)에 장단부長湍府 사람이 산골짜기에서 비석 한 조각을 발견했는데, 이렇게 새겨 있었다.

"신라 경순왕 김부金溥의 넷째 아들인 시중시랑 고려 평장사侍中侍郞高麗平章事 김은열金殷說이 무진년(968, 고려 광종19) 3월 4일 기축일에 졸해서 도성 북쪽 10리 되는 종암鍾巖 아래 오룡산五龍山 남쪽 산록의 쌍룡이 어우러진 임좌壬坐의 언덕에 장사 지냈다. 형은 김일金鎰, 다음은 김황金湟, 그다음은 김명종金鳴鍾이며, 아우는 김중석金重錫, 김건金鍵, 김겸金鎌, 김추金錘이고, 아들은 강릉군江陵君 김태화金泰華다. 훗날 그 자손 된 자가 혹 조상을 알고자 하는 뜻이 있다면 묘 주변 정북방 다섯 걸음 되는 곳에서 묘지墓誌를 캐내면 된다."

글자는 모두 102자인데, 글씨체가 단정하고 돌 빛깔이 옥 같은 것이 거의 천 년이나 된 물건이다. 이조 판서 김공[68]은 김은열의 후손인데, 장단의 그 백성에게서 그 지석誌石을 얻어 탁본을 떠서 한 부를 간직하고 돌은 무덤에 도로 묻었다.

---

68 김공 : 김사목金思穆(1740~1829)으로, 자는 백심伯深, 호는 운소雲巢이다.

남양 바다 속의 기둥
南陽海中柱

남양[69]의 바다 가운데 기둥이 있는데 우뚝 서서 높고 장엄하며 멀리서 바라보면 검은색이라 구리 기둥인지 돌기둥인지 분간할 수가 없다. 기둥에는 '연초燕初'라는 두 글자가 예서로 크게 새겨져 있다. 바닷물이 북쪽에서 흘러와 이 기둥 때문에 갈라지며 흰 물결이 마치 하얀 솜같이 일어난다. 뱃사람들이 그곳을 지날 때는 벌벌 떨며 기둥의 동쪽을 따라가는데 기둥 서쪽으로 나가면 표류하게 된다고 한다.

살펴보건대 '연초'란 연나라 초기 혹은 연나라 초입이라는 말인 듯하다. 하지만 춘추 시대의 연나라나 노관의 연나라,[70] 모용의 연나라[71]가 여기까지 그 영토를 넓혔던 적은 없으니 이상한 일이다. 진사 김안기金安基가 이 기둥을 보고 나에게 말해 주었다.

---

69 남양南陽 : 지금의 경기도 화성시 소재지이다. 유득공은 어렸을 때 외가에서 잠시 자란 적이 있는데 그의 외가가 여기에 있었다. 《泠齋集 卷6 先妣行狀》

70 노관의 연나라 : 노관盧綰은 한漢 고조와 한동네에서 한날 태어나 아주 가깝게 지낸 사람이다. 한 고조를 따라 천하를 통일하고 연왕燕王에 봉해졌으나, 후에 유씨劉氏 아닌 제후들이 차례로 제거되자 한나라를 배반하고 흉노로 망명하여 동호로왕東胡盧王이 되었다. 《史記 盧綰列傳》

71 모용의 연나라 : 오호십육국 중 모용황慕容皝이 세운 전연前燕을 말한다. 후에 전진前秦의 왕인 부견苻堅의 침입으로 멸망하였다.

당나라가 백제를 평정하고 세운 비석
大唐平百濟國碑銘

"무릇 황제가 모든 나라에 조회를 받고 온갖 생령을 다스리며, 사해 안팎을 맑게 하고 천하 질서를 잘 유지하며, 광대한 천지 가운데 자리를 잡아 경계를 넓혀 간 바를 살펴보건대, 칠덕[72]을 드날려 머나먼 지역을 통치하고 오병[73]을 번득여 변방을 조용하게 만들지 않은 적이 없었다. 비록 질과 문[74]이 궤도가 다르고 걷기도 하고 달리기도 하여 길이 다르더라도 읍양[75]과 전쟁, 수종[76]과 혁명의 어느 경우든 모두 신묘한 무용武勇을 써서 병기를 거두지 않았다. 이는 홍수에서

72 칠덕七德 : 《춘추좌씨전》 선공 12년 조에 "무릇 무武란 금포禁暴, 집병戢兵, 보대保大, 정공定功, 안민安民, 화중和衆, 풍재豊財를 도모하는 것이다."라고 했는데, 두예杜預의 주에 "이것이 무의 칠덕이다."라고 하였다.

73 오병五兵 : 다섯 가지 병기를 말하는데 여러 가지 설이 있다. 《주례》 〈하관사마夏官司馬〉의 〈사병司兵〉 주에 오병은 과戈, 수殳, 극戟, 추모酋矛, 이모夷矛라고 하였는데 이것은 병거兵車의 오병이며, 같은 책 〈사우司右〉의 주에는 궁시弓矢, 수殳, 모矛, 과戈, 극戟이라고 하였는데 이것은 보졸步卒의 오병이다. 《춘추곡량전》 장공 25년 조의 주에는 모矛, 극戟, 월鉞, 순楯, 궁시라고 하였다.

74 질과 문 : 질質은 내면의 소박한 본성이고 문文은 외면의 세련된 언행이다.

75 읍양揖讓 : 현자에게 선위禪位하는 것을 말하는데, 여기서는 요, 순, 우가 모두 천자의 자리를 현자에게 선양한 것을 이른 말이다.

76 수종受終 : 제위를 물려받는 것이다.

재앙을 끼치다가 구영이 마침내 주륙당하고[77] 동정호에서 반역을 일으켰다가 삼묘가 주살된 데에서[78] 알 수 있다.

천년을 살피고 만고를 회상해 보니, 당도고는 한나라를 대신하고[79] 사마씨는 조씨의 위나라를 계승[80]하였다. 착문[81]의 임무를 중하게 여기고 추곡[82]의 예를 높인 경우로는, 마 복파가 교지국에 구리 기둥을 주조해 세우고[83] 두 거기가 연연산의 돌에다 공을 새겼

---

77 흉수에서……주륙당하고 : 흉수凶水는 고대 중국의 물 이름이다.《회남자淮南子》〈본경훈本經訓〉에 "요 임금이 예羿를 시켜……구영九嬰을 흉수 가에서 죽였다."라고 하였다. 구영은 사람을 잡아먹는 괴수의 이름이다.

78 동정호에서……데에서 : 삼묘三苗는 요 임금 때에 있었던 사흉四凶의 하나로, 동정호洞庭湖와 팽려호彭蠡湖 사이에서 자주 난을 일으켰던 자이다.

79 당도고는 한나라를 대신하고 : 당고도當塗高는 한漢나라를 멸망시킨 삼국 시대의 위魏나라를 가리킨다. 한나라 때 참서讖書에 "한나라를 대신할 자는 당도고當塗高이다."라는 말이 나오는데, 이에 대한 이현李賢의 주에 "당도고란 위이다."라고 하였다.《後漢書 袁術列傳》

80 사마씨는……계승 : 사마의의 손자인 사마염司馬炎이 조조의 후예인 조환曹奐으로부터 위나라를 넘겨받아 진晉을 세운 일을 말한다.

81 착문鑿門 : 장군이 출전할 때 행하던 여러 가지 엄숙한 의식과 행사의 하나이다.《회남자》〈병략훈兵略訓〉에 "흉문凶門을 뚫고[鑿] 나간다."라고 했는데, 그 주에 "흉문은 북문이다. 장군이 출전할 때 상례喪禮로 하는 것은 죽음을 각오하기 때문이다."라고 하였다.

82 추곡推轂 : 출정하는 장수를 전송할 때 임금이 수레바퀴를 손수 밀어 주면서[推轂] "곤내閫內는 과인이 처리할 테니 곤외閫外는 장군이 알아서 하라."라고 말한 데에서 유래한 것으로 임금의 극진한 예우를 뜻한다.《史記 馮唐列傳》

83 마 복파가……세우고 : 마 복파馬伏波는 후한의 마원馬援(기원전 14~49)을 가리킨다. 마원은 복파장군에 임명되어 지금의 북베트남에 있던 교지국交阯國을 평정하고 구리 기둥을 세워 국경을 표시하였다.

다.[84] 그러나 끝내 제해에서 날뛰는 고래를 뒤집어엎지 못하였고[85] 낭산에서 치달리는 큰 돼지[86]를 끊어 없애지 못하였다. 하물며 구수[87]는 닳아 없어져 명성은 적막하고 원정은 전하지 않아[88] 역사서에 기록할 것이 없음에랴.

어리석은 이 오랑캐는 섬에서 황제의 명을 훔쳐 구이九夷를 요새로 삼고 만 리 멀리 떨어져 험난한 지세를 믿고 감히 천상天常을 어지럽혔다. 동쪽으로는 친한 이웃을 쳤고 최근에는 황제의 밝은 조서를 위반하였으며, 북으로는 반역자들과[89] 연합하여 멀리 사나운 소리에 호응하였다. 게다가 밖으로는 직언하는 신하를 버리고 안으로는 요망한 부녀를 믿어, 형률과 처벌은 오직 충성스럽고 어진 신하에게 내리고 총애와 신임은 반드시 아첨하고 알랑대는 신하에게 먼저 가해져 노처녀는 원망이 맺히고 길쌈하는 부녀자는 슬픔을 품었다.

---

84 두 거기가……새겼다 : 두 거기竇車騎는 한漢나라의 거기장군 두헌竇憲(?~92)이다. 두헌이 흉노를 정벌하고 반고班固에게 명하여 연연산燕然山의 돌에다 공을 기록하게 하였다.

85 제해에서……못하였고 : 제해鯷海는 제잠鯷岑의 바다라는 말로, 동해 즉 발해渤海를 가리킨다. 날뛰는 고래는 우리나라를 가리키는바, 소정방이 백제 정벌 후 끝내 고구려를 정벌하지 못하였기 때문에 이른 말이다.

86 낭산에서……돼지 : 낭산狼山은 하북성 청원현靑苑縣의 서북쪽에 있는 산 이름이고, 큰 돼지는 사나운 사람을 말하는데 여기서는 돌궐을 가리키는바, 소정방이 백제를 정벌하기에 앞서 돌궐을 정벌하였기 때문에 이른 말이다.

87 구수丘樹 : 구목丘木으로, 묘지 곁에 심어 묘역을 보호하는 나무를 말한다.

88 원정은 전하지 않아 : 원정圓鼎은 둥근 솥으로, 예전에 공적을 솥에 새겨 기록했기에 역사가 전하지 않음을 이렇게 비유했다.

89 오랑캐는……반역자들과 : 오랑캐는 백제, 이웃은 신라, 반역자는 고구려를 가리킨다.

우리 황제께서는 성현을 체득해서 존귀한 자리에 오르시고 세 가지 일[90]에 능통하여 표준을 세우셨으며, 성현의 상을 지녀 훌륭한 자손을 낳고 제왕의 상에 광채가 빛나셨다. 그리고 오서[91]를 거두어 백신百神에게 조회하고 만물을 신묘하게 하여 육변六辨을 타서 서북쪽에서는 하늘 기둥을 바르게 하고 동남쪽에서는 땅의 끈[92]을 돌리셨다. 용도를 펼치고 봉기를 모으며[93] 금경을 매달고 옥촉을 가지런히 한[94] 것은 수레바퀴 자국에 고인 물에서 죽어 가던 물고기를 구해 주듯, 기울어진 둥지에서 위태롭던 새알을 건져 주듯 하셨다. 이 유민을 불쌍히 여기고 이 흉악한 무리에게 분노하시어, 이에 백성을 위로하고 죄지은 군주를 치는 일을 직접 하지 않고 먼저 장수

---

90 세 가지 일 : 사람을 가려 뽑고, 백성의 뜻을 따르며, 시대에 따르는 것을 말한다.

91 오서五瑞 : 천자가 제후에게 반사頒賜한 5등급의 서옥瑞玉이다. 공公에게는 환규桓圭, 후侯에게는 신규信圭, 백伯에게는 궁규躬圭, 자子에게는 곡벽穀璧, 남男에게는 포벽蒲璧을 하사했다.

92 하늘……끈 : 하늘 기둥은 고대 신화에 나오는 하늘을 떠받치고 있다는 기둥을, 땅의 끈은 대지를 지탱하는 밧줄 혹은 대지의 네 모퉁이를 지칭한다. 《열자列子》 〈탕문湯問〉에 "공공씨가 전욱씨와 서로 제왕이 되려고 겨루다가 노하여 부주산을 들이받아서 하늘을 괴고 있던 기둥이 부러지고, 대지를 유지하던 동아줄이 끊어졌다."라고 하였다.

93 용도를……모으며 : 용도龍圖는 복희씨 때 황하에서 용마龍馬가 등에 지고 나왔다는 하도河圖로서 하늘이 부여한 통치권을 가리키고, 봉기鳳紀는 역수曆數와 정삭正朔을 의미하며 당나라 황실의 음덕陰德을 말하니 곧 황위에 올라 선대를 이어 통치함을 비유한 말이다.

94 금경을……한 : 금경金鏡은 공명정대한 도를 비유하는 말이고, 옥촉玉燭은 사시四時의 기운을 조화롭게 한다는 것으로, 임금이 나라를 잘 다스려 태평성대를 연다는 뜻이다.

에게 명하셨다.

사지절使持節 신구·우이·마한·웅진 등 일십사도 대총관神丘嵎夷馬韓熊津等一十四道大摠管 좌무위대장군左武衛大將軍 상주국上柱國 형국공邢國公 소정방蘇定方은 증성[95]에서 깊은 모함을 여러 번 받았고 위수[96]에서 긴 파란을 일으켰으며, 무장에서 뛰어난 계략을 조정하였고 문창에서 빼어난 기를 드러내었다.[97] 이릉李陵과 곽거병霍去病을 능가하여 쫓아오지 못하게 하였고 팽월彭越과 한신韓信을 굽어보아 높이 바라보도록 하였다. 온몸에 담력이 넘치던 조운趙雲처럼 용맹이 삼군에 으뜸이었고, 만 명을 대적하는 관우처럼 그 명성이 백대에 제일이었다. 몸을 던져 나라를 위해 목숨을 바칠 뜻은 쏟아지는 화살을 무릅써 더욱 견고하였고, 삶을 가볍게 여기고 의를 중시하는 마음은 선봉을 맡아 빼앗기기 어려웠다. 마음에 거울이 달려 있어 귀신도 그 모습을 감출 수 없었고 자질은 소나무와 대나무보다 뛰어나 바람과 서리도 그 본색을 바꿀 수 없었다. 사졸을 길러 변방을 다스릴 때는 사지를 삼가고 삼혹을 제거하였다.[98] 얼음 같은 샘물을

95 증성曾城 : 곤륜산崑崙山에 있다고 하는 성이다.

96 위수委水 : 사수娑水의 잘못인 듯하다. 《구당서》 〈소정방열전蘇定方列傳〉에 "전군총관前軍摠管이 되어 응사천鷹娑川에 이르렀는데, 돌궐의 군사 2만 명이 와서 항거하였다."라고 하였다.

97 무장에서……드러내었다 : 문무로 모두 뛰어난 재주를 발휘하였다는 의미이다. 당나라 낙빈왕駱賓王의 〈주석편疇昔篇〉에, "창을 휘두르면서 무장武帳에 나가고, 붓을 메고서 문창文昌으로 들어간다."라고 하였다.

98 사지를……제거하였다 : 사지四知는 하늘이 알고 땅이 알고 내가 알고 상대가 아는 것을 말하고, 삼혹三惑은 사람을 미혹시키는 세 가지로 술과 여색과 재물을 말한다.

돌아보아 고결함을 드러내고 서리 맞은 측백을 품어 곧은 절개를 굳게 하였다. 말을 하지 않아도 시서詩書와 부합하였고 행하지 않아도 법도에 딱 맞았다. 흰 구름을 거느려 상쾌함을 함께하였고 푸른 소나무와 더불어 고고함을 다투었으니, 멀리 이전의 사람을 생각건대 모두 부끄러운 마음이 들 법하였다.

부대총관副大摠管 관군대장군冠軍大將軍 좌효위장군左驍衛將軍 상주국 하박공下博公 유백영劉伯英은 위로는 ―원문 5, 6자 결락― 낭묘廊廟의 재주를 자부하고 장상將相의 기량을 품었다. 말은 다른 사람의 모범이 되고 행동은 군사의 법칙이 되었으며, 말은 베와 비단처럼 따스하고 기상은 지초와 난초처럼 향기로웠다. 공적은 기상[99]에 드러나고 격조는 종률鍾律에 잘 어울렸다. 평소의 생활을 만절晩節보다 중히 여겼고 한 자의 옥을 촌음寸陰보다 가볍게 여겼다. 외효의 진흙[100]을 깨트린 공훈을 세우고도 항상 부족하게 여겼고 조趙를 평정한 계책을 세우고도 입에 올린 적이 없었다.

부대총관副大摠管 사지절 농주제군사隴州諸軍事 농주자사隴州刺史 상주국 안이공安夷公 동보량董寶亮은 ―원문 1, 2자 결락― 뜻을 드날리고 웅대한 포부를 우뚝 세웠다. 재주는 책략을 겸하였고 계책은 ―원

99 기상旗常 : 기는 교룡蛟龍을 그린 깃발, 상은 일월日月을 그린 깃발로, 주나라에서 공훈이 있는 신하의 이름을 여기에 기록하였다.

100 외효의 진흙 : 험고한 데 웅거하여 굳게 지키고 있는 군사를 말한다. 외효隗囂는 후한 때 사람으로, 왕망王莽의 신新나라 말기에 농서隴西에서 기병하여 한나라에 호응하였다가 뒤에 공손술公孫述에게 붙어서 한나라에 대항하였다. 외효의 장수였던 왕원王元이 외효에게 "제가 대왕을 위하여 한 덩이의 진흙으로써 동쪽으로 함곡관을 봉쇄하겠습니다."라고 하였다. 《東觀漢記 隗囂載記》

문 2, 3자 결락— 움직였다. —원문 2, 3자 결락— 매실을 생각하게 하여 위나라 군사로 하여금 갈증을 멎게 하였고,[101] 솜을 두는 수고로움 없이도 마침내 초나라 군사들로 하여금 추위를 잊게 하였다.[102]

부대총관副大摠管 좌령군장군左領軍將軍 김인문金仁問은 기품과 도량이 온아하고 기국과 식견이 침착하고 굳세었다. 소인의 자잘한 행위는 없었고 군자의 고고한 풍모를 지녔으며, 무략은 전쟁을 그치게 하였고 문치는 역시 먼 지방 사람까지 회유하였다.

행군장사行軍長史 중서사인中書舍人 양행의梁行儀는 구름이 수려한 모습을 토해내고 태양이 밝은 빛을 드날리듯 풍모는 벼슬아치를 제압하고 도는 아름다운 풍속을 비추었으며 감식안은 허소許劭와 곽태郭泰보다 뛰어나고 명망은 순숙荀淑과 배도裴度보다 무거웠다. 변설은 파도를 올라타 학문의 바다에서 구류九流를 장악하고, 문장은 예리함을 드러내어 문단에서 칠택을 차지했다.[103] —원문 1, 2자 결락— 태부太傅의 심오한 계책으로도 말고삐를 잡는 것조차 감당할 수 없을 터인데, 두 진남[104]의 원대한 계략이라 해서 수레바퀴를 밀

101 매실을……하였고 : 위나라 무제가 목마른 군사들에게 앞에 매화나무 숲이 있으니 그곳까지 가면 갈증을 풀 수 있을 것이라고 속이고 군사들을 전진하게 한 고사에서 나온 말로, 임기응변의 계책을 말한다.《世說新語 假譎》

102 솜을……하였다 : 초나라가 겨울에 소蕭를 정벌할 적에 초왕이 삼군을 순시하며 군사들을 격려하자, 삼군의 군사들이 모두 솜옷을 입은 것처럼 여겨 추위를 잊었다고 하는 고사로, 임금이 물품을 하사하거나 은혜를 내리는 것을 말한다.《春秋左氏傳 宣公12年》

103 칠택을 차지했다 : 칠택七澤은 초나라에 있다는 일곱 군데의 거대한 소택沼澤을 지칭한다. 여기서는 곧 문장이 아주 풍부하고 화려함을 비유하였다.

104 두 진남杜鎭南 : 진晉나라 진남 대장군鎭南大將軍 두예杜預를 가리킨다. 두예는

수 있겠는가. 잠시 봉지[105]에서 노닐며 고래가 날뛰는 바다를 맑게 하였다.

형국공은 비책을 운용하고 굳센 용맹을 뽐내어, 음우陰羽는 언월偃月의 계획을 열고 양문陽文은 샛별의 기운을 머금었다. 〈용도〉와 〈표도〉는 반드시 마음에서 드러나고[106] 현녀와 황공이 모두 신묘한 운용에 모였다.[107] 하물며 하늘에 닿도록 개미처럼 모여들고 땅을 빙 둘러 벌 떼처럼 날아드는 것이 단호[108]가 모래를 머금은 것과 유사하고 장사[109]가 안개를 토해 내는 것과 비슷하여, 군영을 연결하면 시랑[110]이 길에 꽉 차고 진을 치면 효경[111]이 산에 가득함에 있어서랴. 이런 까

양호羊祜의 뒤를 이어 군대를 맡고서는 양호가 한 것처럼 갑옷을 입지 않은 채 항상 가벼운 옷을 입고 허리띠를 느슨히 풀어 놓고 있었다. 그런데도 군사들이 정제整齊되어 오나라를 평정하였다.《晉書 杜預列傳》

105 봉지鳳池 : 흔히 중서성中書省의 별칭으로 쓰이나, 우리나라나 일본을 지칭할 때 쓰이기도 한다. 여기서는 백제를 가리키는 듯하다.

106 용도와……드러나고 : 용도龍韜와 표도豹韜는 주나라의 태공망이 지었다고 하는《육도六韜》의 편명으로, 병법에 조예가 깊음을 의미한다.

107 현녀와……모였다 : 현녀玄女는 일찍이 황제에게 병법을 주어 치우를 제압하게 하였다는 천상의 선녀이고, 황공黃公은 진秦나라 말기에 장량에게 병법서를 준 황석공으로, 이들처럼 전략 전술에 뛰어난 막료가 모여들었다는 뜻이다.

108 단호短狐 : 고대 전설에 나오는 괴물인 물여우를 말한다. 물여우가 물속에 숨어 있다가 사람 그림자가 어른거리면 모래를 뿜어 사람을 쏘는데, 그 모래에 맞은 사람은 곧바로 병이 들어 죽는다고 한다.《搜神記 卷12》

109 장사長蛇 : 긴 뱀으로, 잔인하고 탐욕스러운 구적寇賊을 비유한다.

110 시랑豺狼 : 승냥이와 이리로, 잔인하고 무정한 자 또는 큰 해독을 끼치는 간악한 자를 비유한다.

111 효경梟獍 : 효파경梟破獍이다. 효梟는 어미 새를 잡아먹는 올빼미이고, 파경破獍은 제 아비를 잡아먹는 짐승으로 모두 악인을 비유한다.

닭으로 흉악한 무리들이 이 궁벽하고 험한 곳을 지켜서, 매달린 줄이 거의 끊어지려는데 천균을 매달아 떨어뜨리고 포갠 바둑돌이 이미 위태로운데 구정九鼎으로 짓누르는 격인 줄을 알지 못하였다. 이에 가을 풀이 시들어 차가운 산이 고요하고 싸늘한 폭풍이 몰아쳐서 살기가 사나워졌다. 군사들의 날랜 발걸음은 번갯불과 다투어 날고, 둥둥 울리는 북소리는 세찬 우레와 다투어 진동하였다. 풍륭豐隆(우레)에게 명하여 뒤쪽에 서게 하고, 열결列缺(번개)에게 명하여 선봉이 되게 하였다. 요사한 기운과 요망한 기운을 창으로 쓸어버리고, 높은 성과 가파른 성가퀴를 충붕[112]으로 부수었다.

좌장군총관左將軍摠管 우둔위낭장右屯衛郎將 상주국 축아사祝阿師와 우일군총관右一軍摠管 사지절使持節 치주자사淄州刺史 상주국 우원사于元嗣는 지역은 관하關河를 차지하였고, 재주는 문무를 포괄하였다. 산서山西의 건장한 기운을 지니고 기북冀北의 뜬구름을 타 올라서, 호흡을 하면 강과 바다가 파도를 멈추고 호통을 치면 바람과 번개 소리가 끊겼다.

우이도부총관嵎夷道副摠管 우무후중랑장右武侯中郎將 상주국 조계숙曹繼叔은 오랫동안 나라의 큰일에 참여하여 온갖 어려움을 다 맛보았는데, 억지로 밥 먹던 염파[113]와 다르고 원로 신하였던 조충

---

112 충붕衝棚 : 적의 성을 돌파하는 망루가 있는 병거兵車이다.

113 억지로……염파 : 염파廉頗는 조趙나라의 명장이다. 조나라가 진秦나라에 자주 패하자, 조왕이 당시 늙어서 세력을 잃고 양梁으로 물러나 있던 염파에게 사자使者를 보내 염파가 아직 쓸 만한지 살펴보게 하였다. 염파는 한 말의 쌀밥과 고기 10근을 먹고 갑옷을 입고 말에 타 아직도 건장하다는 것을 과시하였는데, 조왕은 그가 늙었다고 여기고 소환하지 않았다. 《史記 廉頗列傳》

국[114]과 같았다.

행군장사行軍長史 기주사마岐州司馬 두상杜爽은 자질은 아름다운 봉우리에서 빛났고 화려한 명성은 계수나무 동산에 널리 퍼졌다. 바람을 따르고 번개를 쫓아서 서해에서 빠른 말을 타고 질주했으며, 구름을 밀치고 물을 박차 남명南溟에서 굳센 날갯죽지를 치니, 천리마의 발이 힘껏 치달아 백제를 빼앗을 만하였다.

우일군총관右一軍摠管 선위장군宣威將軍 행좌효위낭장行左驍衛郎將 상주국 유인원劉仁願은 효성을 바탕으로 충을 행하고 집에서 시작해서 나라에 모범이 되었다. 어려서는 주공과 공자의 가르침을 듣고 만년에는 손자와 오자의 병서를 익혀서 이미 영특하고 용맹한 재주를 지녔을 뿐만 아니라 문관의 도를 겸비하였다. 형국공이 성지聖旨를 받들어 법규를 공포하고 시행하는 일을 맡긴즉 황금을 한낱 낟알처럼, 귀한 말도 값싼 양처럼 여기게끔 하는 것이었다.

우무위중랑장右武衛中郎將 김양도金良圖와 좌일군총관左一軍摠管 사지절 기주자사沂州刺史 상주국 마연경馬延卿은 모두 철석같은 마음을 품고서 각자 새매 같은 맹렬한 뜻을 가다듬었으며, 삼하의 억센 군사[115]를 거느리고 육군의 좋은 집안 자제[116]를 거느렸다.

---

114 조충국趙充國 : 한나라 때의 명장이다. 선제 때 서강西羌이 반란을 일으키자, 조충국은 70세의 나이로 나아가 싸워서 이를 평정한 다음 둔전을 설치하고 군사를 정돈하여 돌아왔다. 《漢書 趙充國傳》

115 삼하의 억센 군사 : 하내河內, 하남河南, 하동河東의 세 군을 말한다.

116 육군……자제 : 한漢나라 때의 농서隴西, 천수天水, 안정安定, 북지北地, 상군上郡, 서하西河의 여섯 군을 말한다. 이 지방은 융적戎狄들과 가까이 있는 탓에 사람들이 무예를 숭상하였다고 한다.

형국공은 위로는 신묘한 계책을 받들고 아래로는 군대 지휘에 전념하였다. 중권[117]을 이끌고 적진을 함락하기도 하고 후경[118]을 이끌고 선봉에 서기도 하여, 하늘로 솟구치고 땅으로 들어가는 기묘한 계책은 천변만화하였고, 멀리까지 이르고 깊은 데까지 파고드는 신묘한 계략은 번개처럼 일어나고 바람처럼 내달렸다. —원문 1, 2자 결락— 세월이 바뀌어도 영용한 명성이 도로에 가득하였다. 형국공은 어질기가 전선轉扇과 같고 은혜는 투료[119]보다 깊었다. 명을 어기는 자는 가을 서리와 같은 위엄으로 엄하게 처리하였고, 귀순하는 자는 봄 이슬과 같은 은택으로 포용하였다. 한 번 출병하여 구이를 평정하고, 두 번 출병하여 삼한을 평정하였다. 유홍의 서신을 내리자[120] 천 개의 성이 그 덕을 우러러보고, 노중련의 화살을 쏘자[121] 만 리가 모두 그 은혜에 감사하였다. 백제의 왕 부여의자扶餘義慈와 태자 융

---

117 중권中權 : 상上·중中·하下 삼군 가운데 중앙의 군대인 중군中軍으로, 주장主將이 거느리는 정예군이다.

118 후경後勁 : 본대의 가장 뒤에 처져 있는 정예병을 말한다.

119 투료投醪 : 장수가 군사들과 함께 동고동락하는 것을 말한다. 월왕越王 구천句踐이 회계會稽의 치욕을 갚고자 하여 아래로 백성들을 길렀는데, 술이 있으면 혼자 마시지 않고 강물에 풀어서 군사들과 함께 마셨다. 《呂氏春秋 季秋紀 順民》

120 유홍의 서신을 내리자 : 유홍劉弘은 진晉나라 사람으로, 혜제 때 정사를 처리하며 직접 서신을 써서 지방관에게 보내 상세하게 지시해 주었으므로 사람들이 모두 감동하여 "유공의 서신 한 장이 십부종사十部從事보다도 낫다."라고 하였다. 《晉書 劉弘列傳》

121 노중련의 화살을 쏘자 : 노중련魯仲連은 전국시대 제나라 은사隱士이다. 제나라 요성聊城이 연나라에 함락된 지 오래였는데, 노중련이 편지를 화살에 묶어 성 안으로 날리자 연나라 장수가 그 편지를 받아 읽고 자살함으로써 비로소 요성을 탈환할 수 있었다. 《史記 魯仲連列傳》

隆 외에 부여효[122] 등 13인이 대수령大首領 대좌평大佐平인 사타천복,[123] 국변성國辯成 이하 700여 명과 함께 깊은 궁중에 있다가 모두 포로로 잡혔다.[124] 말가죽을 씌우고 소가 끄는 수레에 실어 사훈[125]에 올리고 삼가 청묘淸廟(종묘)에 바쳤다. 이에 사나운 풍속을 바꾸어 현묘한 통치에 젖어 들게 하였다.

휘장을 걷고 면복冕服을 보일 사람[126]은 먼저 진실되고 성실한 자

---

122 부여효扶餘孝 : 부여효는 의자왕의 아들로, 나당 연합군의 침공 때 의자왕과 함께 사로잡혀 당나라에 붙잡혀 가서 그곳에서 일생을 마쳤다.

123 사타천복沙吒千福 : 《삼국사기》 〈백제본기 제6〉 의자왕 조에 "흑치상지黑齒常之가 별부장別部長 사타상여沙吒相如와 함께 험한 곳에 웅거하였다."라고 하였고, 〈신라본기〉 태종무열왕 조에는 "제감弟監 천복天福을 당나라에 보내어 전공戰功을 고하였다."라고 하였으니, 백제 귀족인 듯하다.

124 백제의……잡혔다 : 이 부분은 《삼국사기》 내용과 차이가 있다. 《삼국사기》의 위의 글에 따르면, 이때 당나라 군사가 쳐들어오자 의자왕은 태자 효와 함께 북쪽 변경으로 달아났고, 의자왕의 둘째 아들 태泰가 스스로 왕이 되어 병사를 거느리고 굳게 지켰다. 그러나 태자 효의 아들 문사文思가 측근들을 데리고 성을 빠져 나가자 백성들도 모두 그의 뒤를 따랐다. 소정방이 군사들을 시켜 성곽에 올라 당나라 깃발을 세우게 하자, 태는 성문을 열고 살려 주기를 청하였고, 이때 의자왕 및 태자 효가 여러 성과 함께 모두 항복하였다. 소정방은 의자왕 및 태자 효, 왕자 태·융隆·연演 및 대신과 장병 88명, 주민 1만 2807명을 당나라 서울로 압송하였다.

125 사훈司勳 : 하관夏官에 속하는 관직으로, 공상功賞에 관한 일을 주관한다.

126 휘장을……사람 : 한나라 때 곽하郭賀가 형주 자사荊州刺史가 되어 잘 다스렸다. 명제明帝가 남양南陽 지방을 순시하다가 이곳에 이르러서는 삼공三公의 의복을 하사한 다음 칙명을 내려 함께 지방을 순시하였는데, 그때 "수레의 휘장을 벗겨서 백성들로 하여금 면복을 입은 모습을 보게 하라."라고 하여 덕이 있음을 드러내고, 총애하는 뜻을 표하였다. 《後漢書 郭賀列傳》

를 택하고, 생선을 삶고 비단옷을 지을 사람[127]은 반드시 어질고 착한 사람으로 선발해야 한다. 그래야 거의 제후로 하여금 공적이 공수와 황패보다 훨씬 뛰어나게 하고, 수령으로 하여금 명성이 탁무와 노공보다[128] 높게 할 수 있는 것이다. 무릇 5도독, 37주, 250현을 두었으며, 74만 호 620만 구口를 각각 편호編戶로 정리하여 모두 오랑캐의 풍속을 바꾸게 하였다.

무릇 동관[129]에 쓰고 남궁[130]에 기록하는 것은 그 선을 드러내기 위해서이고, 이정彝鼎에 새기고 경종景鍾에 새기는 것은 그 공을 나타내기 위해서이다. 능주장사 판병조陵州長史判兵曹 하수량賀遂亮은 외람되이 용렬한 재주로 문한의 직임을 잘못 맡았다. 학문은 조두俎豆를 가벼이 여기고 기운은 풍운을 중하게 여겼다. 직함을 장군으로 불러 염파와 나란하기를 원했고 벼슬은 박사로 불려 부끄럽게도 가

---

127 생선을……사람 : 생선을 삶는다는 것은 나라를 다스리고 백성을 편하게 하는 방도를 말한다. 《노자老子》에 "큰 나라를 다스리는 것은 작은 생선을 삶는 것과 같이 한다."라고 하였다. 비단옷을 만든다는 것은 지방의 수령을 임명하는 법을 말한다. 《춘추좌씨전》 양공 31년 조에 정나라 사람 자피子皮가 나이 적은 윤하尹何를 시켜 읍을 다스리게 하려고 하자, 자산子産이 말하기를 "그대에게 아름다운 비단이 있으면 그것으로 초보자에게 옷을 만들도록 하지는 않을 것이다. 큰 벼슬과 큰 고을은 백성의 몸을 감싸 주는 것인데 초보자에게 다스리게 한단 말인가. 이는 비중으로 말하면 아름다운 비단보다 더 중요하지 않겠는가."라고 하였다.

128 공수와……노공보다 : 공수龔遂, 황패黃霸, 탁무卓茂, 노공魯恭은 모두 한漢나라 때의 순리循吏로서 훌륭한 수령의 대명사이다.

129 동관東觀 : 동한 때 낙양의 남궁 안에 있던 관의 이름으로, 반고班固 등이 이곳에서 《동관한기東觀漢記》를 수찬하였다. 후대에는 국사를 수찬하는 곳을 말한다.

130 남궁南宮 : 상서성尙書省의 별칭이다. 상서성이 열수列宿의 남궁에 속하므로 그렇게 칭하는 것이다.

의賈誼와 우열을 다투었다. 쇠약한 용모라 여기지 않고 오히려 씩씩한 절개를 품고 해외에서 창을 들고 조금이나마 보답하기 위해 -원문 1, 2자 결락- 적들 속에서 아홉 번 도적을 물리쳤다. 윤옹귀[131] 같은 인물을 세움에 치우침이 없게 하기 위해 쓸데없는 말을 버리고 삼가 직필을 휘둘러 단지 이룬 일만 쓰고 부화한 말은 취하지 않았다. 그러므로 바다가 뽕나무 밭으로 변하도록 천지의 영원함과 함께하고 모래톱이 우거진 섬으로 변하도록 일월과 함께 장구하리라.

그 명銘은 다음과 같다.

아득하고 아득한 아주 먼 옛날	悠悠邃古
망망하고 망망했던 그 처음에	茫茫厥初
인륜은 혼돈하여 어두웠으나	人倫草昧
천지 자연 이치는 시작되었네	造化權輿
여름에 움집 살고 겨울 굴 살이	夏巢冬穴
새들처럼 떠돌며 살아왔다네	鷇飲鶉居
결승과 계목[132]으로 의사 통하고	以結以刻
짐승을 사냥하고 고기 잡았네	或畋或漁
순박한 원시의 때 이미 지나고	淳源既往
자연의 도 몰락하여 없어졌다네	大道淪胥

131 윤옹귀尹翁歸 : 자는 자황子況으로, 한나라 선제 때 동해 태수東海太守를 지내고 뒤에 우부풍右扶風을 지켜 청렴하기로 이름이 높았다. 《漢書 尹翁歸傳》

132 결승과 계목 : 결승結繩은 새끼를 매듭지어서 그 모양과 숫자로써 의사 소통하는 것을 말하고, 계목鍥木은 나무에 표식을 새겨서 소통하는 것을 말한다.

이윽고 삼황오제 시대 되자 爰及三五
대대로 한 주인이 아니었다네 代非一主
요 임금과 순 임금은 선위하였고 揖讓唐虞
탕 임금과 무왕은 혁명하였네 革命湯武
위로는 칠정[133]을 바르게 하고 上齊七政
아래로는 구토[134]를 고르게 했네 下均九土
여러 차례 무기 들고 전쟁하였고 屢擾干戈
이로써 온 천하를 맑게 하였네 式淸區宇
그러나 서쪽 담을 못 적셨으니 未漸西液
그 어찌 동쪽 집에 미치었겠나 豈覃東戶
아, 우리 거룩하신 황제께서는 粤我聖皇
지니신 도 하늘과 딱 맞았다네 道叶穹蒼
몇 번이나 천고를 거울 삼아 幾鏡千古
사방의 뭇 왕을 통합했던가 牢籠百王
아득하니 멀고 먼 변방 나라와 邈矣遠徼
까마득히 멀리 있는 대황[135] 지역이 遐哉大荒
모두 와서 정삭을 받아서 갔고 咸稟正朔
아울러 봉강에서 왕래하였네 竝通封疆

133 칠정七政 : 일, 월, 금성, 목성, 수성, 화성, 토성을 가리키기도 하고, 천天, 지地, 인人, 춘春, 하夏, 추秋, 동冬을 가리키기도 한다.

134 구토九土 : 구주九州로, 천하를 가리킨다.

135 대황大荒 : 중국에서 아주 먼 지역을 말한다. 《산해경山海經》〈대황동경大荒東經〉에 "동해의 밖, 대황의 안에 대언大言이란 산이 있는데, 해와 달이 나오는 곳이다."라고 하였다.

준동하는 아홉 종족	蠢□九種
저 혼자만 삼광[136]을 막아 두고서	獨隔三光
은혜 베푼 나라에 배반을 하고	叛換澤國
수향에서 깔보아 능멸하였네	憑陵水鄕
하늘이 날랜 장수 보내 주시자	天降飛將
날랜 군사 한꺼번에 일어났다네	豹蔚龍驤
활에는 달그림자 머금어 있고	弓含月影
검에서는 별빛이 번쩍였다네	劍動星芒
표범처럼 날랜 백만 군대가	貔貅百萬
번개처럼 바람처럼 일어났다네	電擧風揚
앞에서는 반목[137]을 이미 베었고	前誅蟠木
물러나선 부상[138]을 베어 버렸네	却翦扶桑
얼음은 여름 해에 녹아 흐르고	氷銷夏日
잎은 가을 서리에 부서지는 법	葉碎秋霜
헌걸차고 씩씩할사 오영 군사여	赳赳五營
밝고도 밝을사 삼령이라네	明明三令
위로는 묘당 계략 들어맞았고	仰叶廟略
아래로는 군정을 바르게 했네	俯齊軍政

136 삼광三光 : 해, 달, 별의 빛을 말한다.

137 반목蟠木 : 전설 속에 나오는 산 이름으로, 동해 속에 있다고 한다. 일설에는 부상扶桑과 같은 뜻이라 한다.

138 부상扶桑 : 해가 뜨는 곳에 있다는 나무 이름으로, 해가 뜨는 곳 즉 우리나라를 가리킨다.

바람 엄해 초목은 시들어졌고	風嚴草衰
날씨 차서 강물은 깨끗해졌네	日寒江淨
서릿발 창은 밤에 움직이고	霜戈夜動
구름 깃발 새벽에 휘날렸다네	雲旗曉映
월나라 창이 앞장을 서고	越戟前驅
오나라 갈고리가 뒤를 막누나	吳鉤後勁
교활한 우두머리 머리 바치고	巨猾授首
도망쳤던 자들은 목숨 청하네	逋誅請命
위엄과 은혜로 한번 임하자	威惠一臨
변방 땅이 벌써 다 평정되었네	邊隅已定
아름다운 나무를 베지 않으매	嘉樹不翦
감당[139]에는 노랫소리 울리는구나	甘棠在詠
화대에서 하늘 뜬 달 바라다보니	花臺望月
패전[140]이 허공중에 솟아 있구나	貝殿浮空
성긴 종소리 밤을 울리고	疏鍾夜鏗
맑은 범패가 새벽을 여나니	淸梵晨通
이 보찰에 빗돌을 깎아 세워서	刊龜寶刹
거기에다 특별한 공 기록하나니	用紀殊功

139 감당甘棠 : 팥배나무로, 여기서는 당나라의 파견관들이 정사를 잘한다는 뜻으로 쓰였다. 주周나라 때 소공이 북연에 봉해져서 감당나무 아래에서 어진 정사를 펼쳤는데, 소공이 죽은 뒤에 백성들이 소공을 그리워하여 감당나무를 감히 베지 못하고 〈감당〉 시를 지어 기렸다.《史記 燕召公世家》

140 패전貝殿 : 조개로 장식한 궁궐인 패궐貝闕로, 하백이 사는 용궁을 가리킨다.

하늘 문을 가로막아 영구히 남고 拒天關以永固
땅의 축을 가로질러 무궁하리라 橫地軸以無窮

현경顯慶 5년 경신년(660) 8월 기사삭己巳朔 15일 계미에 세우다. 낙주洛州 하남河南의 권회소權懷素가 쓰다."

호서의 부여현扶餘縣은 백제의 옛 도읍이다. 고을 남쪽 2리에 빙 둘러 글을 새긴 석탑이 있는데, 사람들은 평제탑平濟塔이라 부른다. 글이 웅혼하고 필체가 힘차서 당나라 비석 중에서도 으뜸이다. 이는 서안부西安府에서 두루 찾아봐도 얻기 어려운데, 어찌 해외에 있는 것과 비교할 수 있겠는가. 고을 북쪽 3리에 또 유인원의 공적을 기념하는 비석이 있다.

소주 칠자[141]

蘇州七子

순천 부윤順天府尹 오성흠[142]이 지은 〈호부 주사 조문철[143] 묘비戶部主事趙文哲墓碑〉에 있는 말이다.

"광록光祿 왕명성,[144] 사인舍人 오태래,[145] 고공考功 왕창,[146] 사유司

---

141 소주 칠자蘇州七子 : 흔히 오중 칠자吳中七子로도 불린다. 소주와 상해 일대 즉 오중吳中에서 활동한 청대의 문인을 합칭한 말인데, 심덕잠沈德潛이 《오중칠자시吳中七子詩》를 편찬했기 때문에 이런 명칭이 붙었다.

142 오성흠吳省欽 : 1729~1803. 자는 충지冲之, 호는 백화白華, 강소성 사람으로, 청나라 조정의 권신인 화신和珅의 스승이었다. 왕사정王士禎과 주이존朱彝尊의 시를 배워 시로 유명했다. 저서로 《백화초고白華初稿》가 있다.

143 조문철趙文哲 : 1725~1773. 자는 손지損之, 호는 박함朴函이며, 시문과 글씨로 저명했다.

144 왕명성王鳴盛 : 1722~1798? 자는 봉개鳳喈, 호는 예당禮堂·서장西庄·서지西沚이다. 진사에 합격하여 예부 시랑, 광록 경光祿卿 등을 지냈다. 시문과 경학, 역사에 두루 뛰어났다. 시문집 40권과 《십칠사상각十七史商榷》 등의 저서가 있다.

145 오태래吳泰來 : ?~1788. 자는 기진企晉, 호는 죽서竹嶼이다. 진사에 합격하여 내각 중서사인을 지냈다. 시는 왕사정王士禎을 배웠다. 저서로 《연산당집硯山堂集》, 《정명헌집淨名軒集》 등이 있다.

146 왕창王昶 : 1725~1806. 자는 덕보德甫, 호는 술암述庵·난천蘭泉이다. 시문과 역사, 금석에 뛰어났다. 《금석췌편金石萃編》, 《명사종明詞綜》, 《국조사종國朝詞綜》 등을 편찬하였고, 저서로 《춘융당집春融堂集》이 있다.

諭 황문련,[147] 첨사詹事 전대흔,[148] 중윤中允 조인호[149]는 소주蘇州에서 공公과 더불어 칠자七子로 꼽혔다. 시가 일본에 전해져서 그 나라 재상인 고병[150]이 칠언 율시로 한 사람에 한 수씩 증시를 짓고 장삿배 편에 부쳐 전달하니 사람들의 부러움을 샀다."

근년의 '소주 칠자蘇州七子'라는 이름을 일본 사람들이 벌써 알고서 시를 보냈으니, 장기長碕(나가사키)의 선박들이 계속 이어지고 있음을 알 수 있다. '그 나라 재상'이라고 한 것은 아마도 각 도島의 태수太守나 재판裁判, 위마두衛馬頭 따위를 모칭冒稱한 것인 듯하다.

---

147 황문련黃文蓮 : 자는 유장維章 또는 방정芳亭이며 시인이자 경학가였다. 저서로 《청우루시고聽雨樓詩稿》, 《노자도덕경주老子道德經注》 등이 있다.

148 전대흔錢大昕 : 1728~1804. 자는 효징曉徵 또는 급지及之, 호는 신미辛楣 또는 죽정竹汀·잠연노인潛研老人이다. 《대청일통지大淸一統志》, 《속문헌통고續文獻通考》, 《속통지續通志》의 편수에 참여했고, 고음古音을 연구하여 오파吳派 고증학의 최고봉을 이루었다. 저서로 《이십이사고이二十二史考異》, 《잠연당문집潛研堂文集》 등이 있다.

149 조인호曹仁虎 : 1731~1787. 자는 내은來殷, 호는 습암習庵이다. 《속문헌통고》 편집에 참여했고, 저서로 《육서전주고의고六書轉注古義考》 등이 있다.

150 고병高棅 : 1718~1766. 본명은 고이高彝, 자는 군병君秉, 호는 양곡暘谷이다. 지금의 나가사키에 살았던 지식인으로 한시문에 능했다.

전겸익의 손자 금성
錢虞山孫錦城

전금성錢錦城은 자字가 경선鏡先이고 강남 상숙常熟 사람으로 목재 종백[151]의 손자다. 오훤[152]의 《명가절구名家絶句》에 경선의 시 〈귤을 읊다〉[153] 한 수가 전한다.

붉은 열매 주렁주렁 푸른 숲 사이	丹實離離間碧林
천 그루 값어치는 남금[154]을 넘네	千頭聲價重南金
회수 건너 본디 성질 달라진다면	踰淮若改平生質

151 목재 종백牧齋宗伯 : 전겸익錢謙益(1582~1664)으로, 자는 수지受之, 호는 목재牧齋·우산虞山이며 명·청 두 조정에서 예부 시랑을 지냈다. 명청 교체기에 보인 이중적인 행태로 비난받았는데, 건륭제는 그를 훼절자로 보아 그의 저작을 없애고 금지하기까지 했다. 유득공은 손자인 전금성이 조부의 행태를 미처 알지 못하고 이 시를 지었으리라 짐작한 듯하다.

152 오훤吳煊 : 1748~? 호는 퇴암退庵으로, 청나라 때 시인이자 화가이다. 저서에 《채향서옥시초菜香書屋詩草》 6권이 있고, 왕사정王士禎이 편집한 《당현삼매집唐賢三昧集》에 주석을 붙인 《당현삼매집전주唐賢三昧集箋注》가 있다.

153 귤을 읊다[詠橘] : 이 시는 심덕잠沈德潛의 《청시별재집淸詩別裁集》 권26에 실려 있다.

154 남금南金 : 중국 형주荊州와 양주揚州 지방에서 나는 황금으로, 품질이 좋아 다른 금보다 값을 높게 쳐준다.

〈귤송〉 짓던 당시 마음 저버리는 것[155] 孤負當年作頌心

목재의 저술은 모두 훼멸되었는데 그 손자는 시를 지을 때 사물에 뜻을 담아 비유하기를 즐긴 모양이다.

155 회수……것 : 회수를 건너면 귤이 탱자가 된다고 하는데, 이는 주위 환경에 지배되어 본질이 바뀌는 것을 말한다. 이민족인 청나라의 지배를 받더라도 명나라에 대한 지조를 버려서는 안 된다는 취지를 말하기 위해 다음 구에서 굴원의 지조를 이와 대비시켰다. 〈귤송橘頌〉은 《초사楚辭》 〈구장九章〉의 편명으로, 초나라의 굴원이 강남으로 쫓겨난 후 자신의 고결하고 변하지 않는 지절을 귤나무에 빗대어 읊었다.

소학 조흘강[156]

小學照訖

신해년(1791, 정조15) 가을 감시監試의 초시를 치를 때 글을 대신 지어 주거나 글씨를 써 주는 습속을 엄금하되 먼저 《소학》 조흘강에서부터 그 강규를 엄하게 하라는 하교가 있었다. 그런데도 시골구석의 노둔한 무리들이 법을 어기며 과거를 보려고 하였다. 쇄소灑掃를 '여소麗掃'로, 목인睦婣을 '육연陸淵'으로, 모은毋嚚을 '무효毋囂'로, 무광毋誑을 '무임毋任'으로 읽고, 내칙內則의 '칙'을 연즉然則의 '즉'으로 읽으며, 자최齊衰를 제로齊魯의 '제'와 성쇠盛衰의 '쇠'로 읽었다. 부집父執[157]이 무슨 말이냐고 묻자 "그 아버지를 손으로 잡는 것이다." 하고, 명도明道 선생이 누구냐고 묻자 "자세하지 않지만 도학을 밝힌 선생인 듯하다." 하였다. 모두 낙강落講하고 정거停擧의 처벌을 받았다. 도성 사람들이 말을 옮기며 웃음거리로 삼았다.

---

156 소학 조흘강 : 과거의 부정에 대해 비평한 글로, 유득공의 《영재집》에 실려 있는 〈과폐책科弊策〉과 관련된 내용이다.

157 부집父執 : 아버지의 친구를 가리킨다.

일지홍의 시[158]
一枝紅詩

성천부成川府의 기생 일지홍一枝紅은 시를 잘 짓기로 관서 지방에 이름이 났다. 승지 이강산李薑山(이서구)이 영변 부사寧邊府使로 있다가 해임되어 돌아왔는데, 그가 일지홍의 시를 초록하여 소장하고 있다는 말을 들었다. 내가 무관懋官(이덕무), 차수次修(박제가)와 규장각에 같이 있으면서 하인을 보내 보여 달라고 요구하니, 강산이 답장을 보내 왔다.

"일지홍은 《모시》〈국풍〉을 잘 암송한답니다. 그가 지은 〈평양부 연정平壤府蓮亭〉이란 시에 '수면으로 나온 붉은 연꽃 아직 피지 않았는데, 미인들 다투어 꺾느라 배 더디다 탓하네.[出水紅英猶未綻 群娥爭折罵船遲]'라 하였습니다. 제게 준 시에는 '뜨락의 정향나무 곱기도 하지, 지난해와 같은 모습 꽃을 피우네.[可憐庭除丁香樹 花發猶能似昔時]'라고 했는데, 모두 아름다운 시구지요. 그녀가 종이를 펴고 붓을 잡고 있던 모습이 아련히 생각나는군요. 일지홍의 시집 한 권이 행

158 일지홍의 시 : 일지홍은 조선 후기 성천부의 기녀로, 시에 뛰어나 심염조沈念祖, 신광수申光洙 등과 시를 주고받았다. 일지홍에 대한 일화는 이덕무의 《청장관전서》 권35 〈일지홍〉과 성해응의 《연경재전집》 권55 〈시화詩話〉 등에도 실려 있어 당시 그의 시가 널리 회자되었음을 알 수 있다.

장 속에 있었는데 홀연 사라져 버렸으니 몹시 애석합니다."

강산 승지의 풍류가 또한 이와 같다.

옥패에 쓰인 시[159]
玉佩詩

승지 서오여[160]가 성천 부사로서 휴가를 얻어 돌아왔다. 내가 그를 찾아갔더니 사방 한 치쯤 되는 옥돌 하나를 꺼내 보여 주었다. 반질반질하고 뽀얀 흰색에 두 마리 교룡蛟龍의 머리 모양을 하고 있었는데, 한쪽 면에는 산수山水를 새겨 평교平橋, 고기잡이 배, 먼 곳의 탑이 작지만 분간할 만하였고, 또 한 면에는 다음과 같은 시가 새겨져 있었다.

푸른 봄풀 하얀 돌 강가에 가득하고　　綠莎白石滿河洲
아스라이 모래사장에 얕은 물 흐르네　　渺渺平沙帶淺流

159 옥패에 쓰인 시 : 이 조항의 내용과 관련된 기사가 서형수의 《명고전집明皐全集》 권2 〈흘골성에서 나온 옥패에 차운함[次紇骨城玉佩詩韻]〉, 성해응의 《연경재전집》 외집 권55 〈시화詩話〉의 〈성천방옥成川方玉〉, 이유원의 《임하필기林下筆記》 〈화동옥삼편華東玉糝編〉 등에 실려 있다. 특히 성해응은 《영재서종泠齋書種》을 출전으로 기록하여 지금은 낙질이 된 이 책을 당시 열람했음을 알 수 있다.

160 서오여徐五如 : 서형수徐瀅修(1749~1824)이다. 자는 오여·유청幼淸, 호는 명고明皐로, 서명응의 아들이다. 1791년 성천 부사가 되었다. 1799년 청나라에 다녀왔고, 1806년 벽파 계열인 김달순 등이 사사될 때 연루되어 전라도 흥양현興陽縣 등지에서 18년 동안 유배 생활을 하다가 1824년 임피현臨陂縣에서 죽었다. 저서로 《명고전집》 등이 있다.

붉은 나무 푸른 산은 들어갈 길 없어　　紅樹靑山無路入
봄놀이하며 다리 가에 고깃배 찾아보네　　行春橋畔覓漁舟

또 "자강"[161]이라는 작은 인문印文도 찍혀 있었다. 내가 물었다.

"이것을 어디서 구하셨습니까?"

"근년에 고을 백성이 밭을 갈다가 주워서 고을에 바쳤는데, 부사의 아들이 기생 일지홍을 사랑해서 그에게 주어 패용하게 하였답니다. 뒤에 고을의 어떤 사람 차지가 되었기에 비싼 값을 치르고 구했지요."

시정詩情과 그림의 의미가 모두 극히 고상하고 새긴 솜씨 또한 오묘하니 필시 중국에서 만든 물건일 것이다. 다만 '자강'이 어느 시대 사람인지는 모르겠으니, 뒷날 알아볼 일이다.

161 자강子剛 : 명나라 가정~만력 연간의 인물로, 성은 육씨陸氏이고 옥을 연마한 명장名匠으로 알려져 있다. 명나라 문인 서위徐渭(1521~1593)와 동시대 사람이다.

신대[162]
神杆

우리나라 풍속은 만주와 왕왕 유사하다. 여자 무당이 신에게 제사를 드릴 때 빈간賓杆이라는 것이 있으니, 여기서 '빈賓'이란 신에 대한 존칭이다. 잎이 달린 떡갈나무 가지를 신상神床 위에 세우거나 혹은 주인집 딸에게 그것을 잡게 하고, 춤을 추어서 신이 내려오게 한다.

《청회전淸會典》에 이렇게 적고 있다.

"당자[163]는 천신을 편히 모시는 곳이다. 매년 봄가을에 신대를 세워 두고 당자에서 제사를 지낸다. 소나무 한 그루를 써서 나무 끝의 가지와 잎을 13층으로 남겨 두고 나머지는 모두 베어 버리는데 길이는 두 길이다. 황자皇子의 신대는 앞쪽 첫 줄에 두고, 그다음 친왕親王, 군왕郡王, 패륵貝勒, 패자貝子의 신대를 각각 차례에 따라 배열한다."

---

162 신대 : 무당이 신을 내릴 때 쓰는 막대기나 나뭇가지를 말하는데, 신간, 빈간, 신장봉神將棒이라고도 한다. 신비한 존재나 인력이 미치지 못하는 대상을 '손님[賓]'이라고 부르는 예가 많은데, 신대를 '손대[賓竿]'라고 하는 것도 그런 사례의 하나이다.

163 당자堂子 : 청나라 황실에서 신에게 제사를 지내던 장소이다.

홍양길의 칠초
洪稚存七招

양호陽湖의 홍양길[164]은 《칠초七招》 제6장과 제7장에서 천하의 뛰어난 학자를 다음과 같이 일일이 기술하였다.

"강좌江左의 징군徵君 혜정우[165]는 《구경고의九經古義》, 《주역술周易述》, 《역한학易漢學》, 《역례易例》, 《좌전보주左傳補注》 등 여러 책을 저술하였다. 길사吉士 대진[166]은 《대대례교정大戴禮校正》, 《구고할원》,[167] 《수경주수지기》[168]를 지었고, 양웅揚雄의 《방언方言》을 교

---

164 홍양길洪亮吉 : 1746~1809. 청나라의 학자이자 문인으로, 자는 군직君直·치존稚存, 호는 북강北江·갱생거사更生居士이다. 지금의 강소성 상주常州인 양호 출신이다. 변려문과 지리학에 뛰어났다. 《권시각시문집卷施閣詩文集》, 《북강시화北江詩話》, 《춘추좌전고春秋左傳詁》 등의 저작이 있다.

165 혜정우惠定宇 : 혜동惠棟(1697~1758)으로, 자는 정우, 호는 송애松崖이며, 강소성 오현吳縣 사람이다. 오파吳派의 대표적인 학자로, 조부 혜주척惠周惕과 부친 혜사기惠士奇를 이어 3대가 《주역》을 전공하였는데 평생 관직에 나아가지 않고 향리에서 저작에 전념하였다.

166 대진戴震 : 1724~1777. 자는 동원東原·신수愼修, 호는 고계杲溪이다. 음운, 문자, 역산曆算, 지리, 사상 등에 두루 정통했던 문인이자 학자이다. 말년에 사고전서 찬수관으로 있었으며 한림원 서길사翰林院庶吉士에 임명되었다.

167 구고할원句股割圓 : 지금은 《구고할원기句股割圓記》로 불리는 수학서이다.

168 수경주수지기水經注水地記 : 대진은 《수경주》의 교정에 탁월한 업적을 남겼고, 그것은 보통 《대씨수경주戴氏水經注》라고 불린다. 《수경주수지기》라는 제목의

정하였다. 오吳의 포의布衣 강성[169]은 60년간 《상서尙書》를 연구하다가 근년에야 비로소 소전小篆으로 손수 목판에다 베껴 써서 간행하였다.

대흥[170]의 학사學士 주균朱筠은 수장한 금석문이 5000종에 이르렀는데 미처 편집 교정을 하지 못한 채 죽었다. 일찍이 안휘 학사安徽學使 재임 시 석경石經을 간행할 것과 《영락대전永樂大典》을 교정할 것을 주청하였다.[171] 문민文敏 전유성[172]의 《다산집茶山集》, 편수編修를 지낸 근포董浦 항세준[173]의 《도고당집道古堂集》, 상숙常熟의 편수 소재도[174]의 《옥지당집玉芝堂集》, 수수秀水의 찬선贊善 정호문[175]의

저작이 따로 있었는지는 분명하지 않다.

169 강성江聲 : 1721~1799. 자는 경도鯨濤·숙영叔瀛, 호는 간정艮庭·악도鱷濤이다. 평생 관직에 나아가지 않았고, 중년에 오파吳派의 저명한 학자 혜동惠棟을 사사하였다. 경학과 문자학에 뛰어났다. 《상서집주음소尙書集注音疏》 등의 저작이 있다.

170 대흥大興 : 지금의 북경을 말한다.

171 영락대전을……주청하였다 : 주균은 《영락대전》에서 빠진 책을 모아서 완전한 총서를 만들 것을 1772년에 건의하였고, 이듬해 《사고전서四庫全書》 편찬 사업이 시작되었다.

172 전유성錢維城 : 1720~1772. 자는 종반宗磐, 호는 인암紉庵으로, 청나라의 화가이자 관료이다. 강소성 무진武進 사람이다. 형부 시랑을 지냈고 시호가 문민이다.

173 항세준杭世駿 : 1695~1773. 자는 대종大宗, 호는 근포, 당호는 도고당으로, 문인이자 화가이다. 한림원 편수翰林院編修를 지냈다.

174 소재도邵齋燾 : 1718~1769. 자는 순자荀慈, 호는 숙산叔山으로, 강소성 상숙 사람이다.

175 정호문鄭虎文 : 1714~1784. 자는 병야炳也, 호는 성재, 절강성 수수 사람이다. 저서로 《탄송각집呑松閣集》이 있다.

《성재집誠齋集》, 연산鉛山의 편수 장사전[176]의 《청용집淸容集》, 흡주歙州의 교리校理 정진방[177]의 《면행당집勉行堂集》은 모두 거의 백 권에 가까운 책이다.

문민이 고주의 묘향요를 평정할 때[178] 일을 아뢴 것이 수십 권에 이르렀다. 길사 원매袁枚는 웅대한 기략이 수없이 많았다.[179] 현승縣丞을 지낸 전당錢塘의 왕창림[180]은 불교에 빠졌는데, 명경明經 손성연[181]이 일찍이 그를 깨우쳐 주었지만 억지로 변론을 하며 종일토록 굽히지 않았다. 명경 왕중[182]이 천여 자나 되는 글을 지어 《도덕경》은 노래자老萊子가 지은 것이지 주하사柱下史인 노자가 지은 것이 아님을 증명하였는데, 그에 대해 힐난하는 사람이 있으면 성을 내어

---

176 장사전蔣士銓 : 1725~1785. 자는 심여心餘, 호는 장원藏園, 강서성 연산 사람으로, 원매袁枚, 조익趙翼과 함께 강우 삼대가江右三大家로 일컬어졌다.

177 정진방程晉芳 : 1718~1784. 자는 어문魚門, 호는 즙원蕺園, 안휘성 흡현歙縣 사람으로, 경학자이다.

178 문민이……평정할 때 : 《청사고淸史稿》〈전유성열전錢維城列傳〉에 건륭 35년(1770) 고주古州의 묘향요苗香要가 반란을 일으켰는데 전유성이 평정했다는 기록이 있다.

179 원매는……많았다 : 이 글은 본래 장문인데 본래의 내용을 많이 축약한 것이라 앞뒤 문맥이 순조롭게 연결되지 않는 부분이 많다.

180 왕창림汪蒼霖 : 자는 이당易堂이다. 강령江寧의 수령을 지냈고, 원매와 교분이 있었다.

181 손성연孫星衍 : 1753~1818. 자는 연여淵如, 호는 백연伯淵, 강소성 양호陽湖 사람으로, 저명한 장서가이자 서예가, 경학가이다. 홍양길과 어린 시절부터 교분이 있었다.

182 왕중汪中 : 1744~1794. 자는 용보容甫, 지금의 강소성 양주揚州인 강도江都 사람이다. 완원阮元, 초순焦循과 함께 양주학파의 걸출한 학자이다.

다투곤 했다. 고을 원을 지낸 전점[183]은 손성연과 함께 서안西安에 머물면서 웅이산熊耳山이 어디 있는지를 두고 논변을 해서 수십 일 동안 결론을 짓지 못했는데 지금 논변한 초고가 두 사람의 책 상자 속에 남아 있다.

대령[184]을 지낸 동리同里의 전유교[185]와 학정學正을 지낸 의진儀眞의 왕단광汪端光은 청담으로 피로를 잊었고, 대령 조표조趙彪詔와 대령을 지낸 그의 재종손 사인舍人 조회옥趙懷玉은 모두 선대의 옛일을 잘 말하였다. 시어侍御를 지낸 장화령蔣和寧 선생과 그 아우로서 명경을 지낸 장형蔣衡은 모두 주인主人 ―치존穉存(홍양길)이 자신을 일컬은 말이다.―의 외숙이 따라 배운 분들이다. 여요餘姚의 교리 소진함邵晉涵과 급간給諫을 지낸 동리의 관간진[186]과 민부民部 관세명[187]은 고사를 잘 말했고, 동리의 수재秀才 항삼項森과 포의 공孔 아무개는 모두 추보推步의 학문에 능했다. 전인린錢人麟 선생은 곧 문민의 부친인데, 대령 허방형許方亨과 함께 향리의 씨족과 이름난 성씨를 말하는 것이 두 사람 모두 마치 손바닥을 가리키듯 환하였다. 현승 황

183 전점錢坫 : 1744~1806. 자는 헌지獻之, 호는 십란十蘭, 강소성 가정嘉定 사람으로, 서화가이다. '소주 칠자'의 한 사람인 전대흔의 조카이다.

184 대령大令 : 현縣의 책임자를 말하니, 즉 고을 원에 대한 경칭이다.

185 전유교錢維喬 : 1739~1806. 자는 계목季木, 호는 서천曙川 등이다. 문인이자 희곡가이며 전유성의 아우이다.

186 관간진管幹珍 : 1734~1798. 자는 양복陽復, 호는 송애松崖, 꽃과 새를 잘 그린 화가였다. 저서로 《송애집》이 있다.

187 관세명管世銘 : 1738~1798. 자는 함약緘若, 호는 온산韞山, 강소성 양호 사람으로, 호부 주사戶部主事 등을 지냈다. 《홍양길집洪亮吉集》 제2책에 〈관민부세명管民部世銘〉이라는 제목의 시가 있다.

경인黃景仁은 기어綺語를 잘하였고 상사上舍 장청요蔣青耀는 해학을 잘하였다."

경술년(1790, 정조14)에 차수次修(박제가)가 두 번째로 연경에 갔을 때 그의 《권시각문집卷施閣文集》 한 권을 얻어 돌아왔는데 연주문連珠文과 칠체시七體詩가 극히 웅장하면서도 아름다웠다.

다리를 만드는 물고기
達發哈魚

강희제康熙帝가 지은 《기가격물편幾暇格物編》에 이렇게 말하였다.

"달발합어達發哈魚는 흑룡강, 영고탑寧古塔 등지에서 난다. 해마다 가을이면 바다에서 올라오는데 꼬리에 꼬리를 물고 전진하기만 하고 물러날 줄은 모른다. 강과 시내에 가득 쌓여 사람들이 그 물고기 등짝을 밟고 물을 건너기도 한다."

살펴보건대 《위서》에서 "고구려 선조 주몽이 부여에서 동남쪽으로 달아나다가 큰 강물을 만났는데 물고기와 자라가 다리를 만들어 주어 건널 수 있었다."라고 하였다. 아마도 주몽이 이 달발합어를 밟고 건넜던 듯한데, 우리나라 사람들이 그 일을 신기하게 말한 것일 뿐이다.

풍홍의 무덤[188]
馮弘冢

성용연成龍淵(성대중)은 운산 군수雲山郡守를 지냈다. 그가 해 준 말이다.

"고을에 큰 무덤이 있는데 황제총皇帝冢이라고 하네. 돌을 쌓아 만든 것인데, 한쪽 모퉁이가 무너져 내렸기에 들여다보니 움푹하게 속이 텅 비었더군. 사람들은 황제란 곧 위만衛滿이라 하는데, 어떤 이는 풍홍馮弘이라고도 하네."

살펴보건대 위만은 황제를 칭한 적이 없다. 풍홍은 고구려에 맞아들여져 평곽平郭에서 살다가 얼마 후 북풍北豐으로 옮겨졌다. 장수왕이 장군 손수孫漱와 고구高仇 등을 보내 북풍에 있는 풍홍을 죽였다. 시호는 소성昭成이다. 운산이 바로 고구려의 북풍이다.

188 풍홍의 무덤 : 풍홍馮弘(?~438)은 십육국 시기 북연의 군주이다. 북연의 문성제 풍발馮跋의 아우로, 형이 죽자 그 조카를 죽이고 찬탈해서 6년간 재위하였다. 437년 북위의 침략으로 쫓겨나 고구려로 도망했다가 장수왕에게 죽임을 당했다. 당시 풍홍의 무덤은 위만의 무덤이라고 알려져 있었다. 성대중의 《청성잡기》 권4에도 이에 대한 기록이 실려 있다.

가체를 금하다
禁髢

《북사》〈백제열전〉에 "백제 여인은 머리를 땋아 뒤쪽으로 늘어뜨리고, 혼인한 뒤에는 양 갈래로 땋아서 머리 위에 얹는다."라고 하였는데, 지금 풍속도 그러하다. 어떤 이는 "고려가 몽고에서 배운 것이다."라고 한다. 내가 몽고 여인을 보니 과연 모습이 같았다. 그러나 원래 백제의 풍속이라면 우리나라에서 따라 한 지 오래이니 몽고가 고려의 몸치장을 배운 것이 아니겠는가.

내가 연경에 있을 때 나양봉[189]의 집에서 한황[190]의 〈회홀무녀도回鶻舞女圖〉를 보았는데, 머리카락을 땋아서 머리에 빙 두른 것이 또한 우리나라 부녀자들과 비슷했다. 회홀回鶻(위구르)이란 지금의 회회回回다. 나는 또 회회의 여인을 본 적이 있는데, 머리에 뾰족한 모자를 쓰고 두 갈래로 땋은 머리를 어깨 뒤로 늘어뜨린 것이 마치 남과 경쟁하다가 추월당해 쪽 찐 머리가 흘러내린 것 같았다. 대개 머리를 땋는 것은 중국 제도는 아니다.

189 나양봉羅兩峯 : 나빙羅聘(1733~1799)으로, 자는 돈부遯夫, 호는 양봉이다. 청나라의 화가로, 양주팔괴揚州八怪의 한 사람인 금농金農의 제자이다.

190 한황韓滉 : 723~787. 당나라 때 화가이자 서예가이다. 인물 및 농촌 풍경과 함께 소, 양 등의 동물을 특히 잘 그렸다.

요즈음 풍성한 가체를 좋아해서 구름을 포갠 듯 안개를 두른 듯이 하느라 걸핏하면 천금을 들인다. 나이 어린 부녀자들은 목이 약해서 감당하지 못하는데도 가체가 작은 것을 싫어하니, 영조 때는 이 풍속을 금지하기도 했다. 금상(정조) 12년(1788)에 《신금사목》[191]을 반포하고 나서야 비로소 부녀자들이 쪽을 찌고 족두리를 쓰게 되었다. 천한 자들은 여전히 옛 풍속을 따르지만 가체를 크게 하지는 못한다.

191 신금사목申禁事目 : 《가체신금사목加髢申禁事目》을 말한다. 영·정조 시기 부녀자들의 가체가 성행하고 이로 인해 사치하는 풍속이 심해졌다. 이에 1788년 이 사목을 제정 및 반포하여 사대부 부인을 비롯한 각 계층 부녀자의 머리 양식을 규정하고 가체를 금하였다. 1책으로 뒤에 한글 번역이 붙어 있었다.

서양 사람
西洋番人

효종 4년(1653) 서양 선박이 표류하여 제주도 대정현大靜縣에 정박했다. 서양 사람은 모두 푸른 눈, 붉은 수염에 코가 높고 키가 컸으며 머리카락은 밀거나 혹은 잘라 어깨까지 늘어뜨렸다. 양모 전립氈笠을 쓰고 가죽신을 신고 여러 가지 색깔로 된 옷을 입었는데 길이는 허벅지까지 내려왔다. 옷깃과 소매는 모두 끈으로 매어서 한번 당기면 모든 끈이 일제히 벗겨졌다. 양말은 무릎까지 올라오도록 길었고 바지 안쪽에 매었다.

절을 할 때는 모자와 신을 벗고 두 손으로 바닥을 짚은 채 꿇어앉아 머리를 숙였다. 노래는 중국 곡조와 비슷했고, 울기는 했지만 곡哭을 하는 일은 없었다. 밥 먹을 줄은 모르고 오직 술과 고기, 면과 떡만 먹었다. 기름 전병을 아주 좋아했고, 뱀도 먹을 줄 알았다.

그 나라 문자는 가로쓰기를 하며 왼쪽에서 시작했다. 숫자는 해당 수만큼 획을 긋는데, 다만 10년은 X로, 5는 V로 썼고, 6부터 그 이상은 V 아래에 숫자대로 획을 더했다. 말이나 글자가 모두 통하지 않았다. 시험 삼아 일본어로 '서양 길리시단吉利是段(크리스천)'이라고 하자 모두 기뻐하며 "야야"라고 했다. '야야'란 '맞아, 맞아'라는 말이다.

그들에게 각각 이름을 쓰게 하고 한글로 옮기게 하니, 우두머리의 이름은 '백계야음 사이은'[192]이고, 나머지 사람들의 이름에도 사이은斯伊隱이라는 말이 많았다. 목사 이원진李元鎭이 이를 조정에 아뢰어 비변사가 역관 박연朴延을 보내 심리하게 하였다. 박연 역시 서양 사람으로 10여 년 전에 표류해 와서 훈국에 소속되었는데, 본명인 호탄만胡呑萬을 박연으로 바꾸었다. 박연이 서양 사람을 만날 때 먼저 말을 건네지 말고 그들이 하는 양을 살피도록 하였는데, 서양 사람들은 박연을 뚫어져라 보더니 "이 사람은 우리와 형제 같은 자다." 하고는 비로소 말을 나누고 서로 바라보며 눈물을 떨구었다. 서양 사람들이 말하였다.

"우리나라 상선이 일본에 많이 모이니, 만약 우리를 일본으로 보내 주면 기회를 얻어 귀국할 수 있을 것입니다."

박연이 말하였다.

"일본이 낭가삭기郞可朔岐(나가사키)만은 개시開市하고 있기는 하지만 몰려드는 상선이 으레 상륙은 하지 못하고 모두 선박 안에서 교역을 하고 떠납니다. 게다가 일본의 법은 비록 자기 나라 사람이라도 다른 나라에서 표류했다가 돌아온 자는 번번이 죽입니다. 게다가 근년에 예수교도들이 조선 땅으로 뒤섞여 들어오기에 잡아서 대마도주對馬島主에게 보냈는데 모두 죽이고 물건을 탈취하기까지 했습니다. 지금 일본으로 보내지면 온전할 리가 만무합니다. 또한 나는 이 나라에 와서 도감都監에 소속되어 몸이 편안하고 의식이 넉넉

192 백계야음 사이은白鷄也音斯伊隱 : 번역 대본인 버클리대학본의 이 부분에는 이전 소장자인 일본인 아사미의 것으로 짐작되는 두주頭註가 있는데, '파쿠케이야움스움パクケイヤウムスウム'이라고 쓰여 있다.

합니다. 당신들도 나를 따라 서울에 가서 도감에 소속되는 것이 좋지 않겠습니까?"

서양 사람들은 이 말을 듣고 마침내 복속할 마음을 먹었다. 다음 해에 압송해 와서 서울과 지방의 여러 군영에 소속시켰다.

서양 사람은 기술이 많아 의술에 정통하고 역법에 밝으며 물건 만드는 데 솜씨가 있고 철물 주조에 뛰어난데, 그런 재주와 능력이 있는 자는 배가 난파될 때 대부분 죽고 살아남은 이는 성력星曆 1인, 권법拳法 2인, 조총 잘 다루는 이 1인, 대포를 담당하는 이 10여 인이었다. 그들은 대포를 쏠 때 반드시 수레 위에 안치해서 발사하여, 낮추고 높이거나 옆으로 돌리기에 대단히 편리했다. 또 대포를 발사할 때는 수레바퀴가 저절로 뒤로 놀아서, 뒤로 쏠리는 충격을 덜어주어 포신이 갈라지는 것을 방지했다. 화약을 장전하는 법은 대포는 8근, 중포는 6근, 그다음 중포는 4근, 조총은 9돈이었다. 그들의 조총은 주척周尺으로 재서 길이가 5자 7치, 본체 둘레 6치, 초梢 4치, 구경口徑 1치, 이耳는 너비 1치 5푼, 길이 2치이다. 총탄의 무게는 8돈으로 철사로 2, 3개 탄환을 이어 묶어서 쏘는데, 맞으면 곧 구멍이 뚫렸다. 검은 길이가 일본 칼과 비슷했고, 창 자루는 오동보다 가볍지만 질겨서 부러지지 않는데 무슨 나무인지 알 수 없었다. 병기는 모두 본영 무기고로 옮겨 갔다.

부서진 배에서 나온 물건은 모두 50여 종이었는데 화물貨物과 기이한 물건이 많았다. 용뇌 수십 근, 왜은倭銀 600냥, 유리로 된 모래시계 하나, 구리로 만든 측구의測晷儀와 측구척測晷尺 각 하나, 망원경 하나, 또 유리 거울과 운모창雲母窓 등의 물건이 있었고, 다른 기물도 구리와 주석, 백철 등으로 주조된 것이 많았다. 배가 부서지고 거기서 수습한 철이 1만여 근이나 되었다. 돛의 베는 너비가 46심尋이나 되었으니, 그 배의 엄청난 크기를 상상해 볼 수 있다. 서양 사람들 모두 장정이었지만 10여 세 되는 아이도 둘 있었다. 그들은 행상으로 중국에 이른 적이 세 번, 일본에 이른 적이 일곱 번 있다고 했다.

이 일은 《보감별고寶鑑別考》, 《내각초본內閣抄本》에 기재되어 있는데 이는 비장祕藏된 서적이다. 서양 사람으로서 향산오香山嶴(마카오)에 왕래하는 자를 중국은 번인番人이라고 하고, 장기도長碕島(나가사키)에 정박하는 자를 일본은 길리시단이라고 부른다.

古芸堂筆記

고운당필기 제3권

가락국
駕洛國

임자년(1792, 정조16) 2월 25일에 상이 영릉永陵을 참배하고 돌아오는데 가락국 수로왕의 후예 김 아무개가 제위답을 고을 사람에게 침탈당하였다고 호소하였다. 상은 곧바로 경상 감사에게 살펴 시정하도록 분부하고, 또 각신을 보내 수로왕릉에 제사를 올리도록 하였으니, 거룩한 은전恩典이었다.

살펴보건대 《북사》에 "신라는 가라국迦羅國의 부용국이다." 하였고, 《남제서》에 "건원 원년(479)에 가라국加羅國 하지왕荷知王이 사신을 보내 조공을 바쳐 오자 보국장군 본국왕輔國將軍本國王에 제수하였다." 하였다. 상고해 보건대 가라迦羅와 가라加羅는 모두 가락駕洛을 이르는 말이다. 제나라 고제 건원 원년은 신라 소지마립간[1] 원년으로, 가락국 질지왕銍知王[2] 29년이다. '하지荷知'와 '질지銍知'의 글자에 다름이 있는 것은 옛 방언이니 알 수 없다.

가락은 독자적으로 중국과 교통하였고 신라가 그 부용이었으니 삼한의 큰 나라였다. 그런데도 우리나라 사람들은 단지 고려의 승려

1 소지마립간炤知麻立干 : 재위 479~500. 신라의 제21대 왕이다.

2 질지왕銍知王 : 재위 451~492. 금관가야의 제8대 왕이다.

가 지은 고기古記[3] 만을 보고 더 이상 다른 사서들을 고증해 보지 않았다. 이 때문에 삼한 이전은 모두 미개한 시대로 되어 버렸으니 한탄할 노릇이다.

《위서》에 "고구려의 선조 주몽은 큰 알에서 태어났다."라고 하였으니, 이것도 너무나 허황하고 기괴하여 믿을 것이 못 된다. 고기에서는 마침내 "신라의 시조 박혁거세도 큰 알에서 태어났고, 육가야의 왕들도 금빛 나는 여섯 개의 알에서 태어났다."[4] 라고 하였다. 무릇 "제비의 알을 삼키고 설을 낳았다."[5]라거나 "거인의 발자국을 밟은 뒤 후직을 낳았다."[6] 라는 따위는 아득한 옛날의 일이니 혹 있었을는지도 모른다. 그러나 박혁거세가 즉위한 것은 한漢나라 선제 오봉 원년(기원전 57)이라 하고, 육가야의 왕이 탄생한 것은 광무제 건무 연간이라 하였으니, 이때가 과연 어느 시대인데 진한, 변한 사람들이 그때까지도 알에서 태어나고 있었단 말인가.

《북사》〈신라열전〉에서는 "그 왕은 본디 백제 사람인데 바다를 통해 신라로 들어와서 드디어 그 나라의 왕이 되었다."라고 했으니, 양산楊山 기슭 나정蘿井 곁에서 말이 우는 것을 보고 가서 얻은 자

---

3 고려의……고기 : 일연이 지은《삼국유사》를 말한다.

4 신라의……태어났다 : 《삼국유사》 권1 〈기이紀異〉의 '오가야五伽倻' 및 '신라시조 혁거세왕新羅始祖赫居世王' 조항에 관련 기록이 실려 있다.

5 제비의……낳았다 : 은나라를 세운 탕의 선조가 설契인데, 그의 어머니 유융씨有娀氏는 제비가 떨어뜨린 알을 삼키고 설을 낳았다 한다.

6 거인의……낳았다 : 주周나라 무왕의 선조가 후직后稷인데, 그 어머니 강원姜嫄이 들판에 나갔다가 거인의 발자국을 보고 이를 밟았다가 임신하여 후직을 낳았다 한다.

주색 알을 쪼개자 혁거세가 나왔다는 설과는 다르다. 게다가 가야伽倻란 불가의 말이다. 가락과 가야의 발음이 서로 비슷하여 어리석은 승려가 드디어 가락을 가야로 바꾸어 버린 것이니, 그의 대가야, 소가야, 벽진가야碧珍伽倻, 아라가야阿那伽倻, 고령가야古寧伽倻 등의 설은 허황하고 괴이하기가 더욱 심각하다.

털이 듬성듬성한 범
淺毛虎

공회公會에서 여러 관사의 낭관들이 범 이야기를 하였다. 사복시 판관 한대유[7]가 다음과 같은 경험담을 들려 주었다.

"범은 털이 듬성듬성한 놈이 제일 포악합니다. 제가 함흥 판관으로 있을 때 이런 범이 있었는데, 백주 대낮에 들에 사람과 가축이 있으면 꼭 가축은 가만두고 사람만 잡아갔지요. 40명이나 되는 포수를 동원했지만 잡을 수가 없었습니다. 북관의 풍속이 지붕을 널빤지로 이어 매우 튼튼하게 만드는데, 그 범이 부수고 들어가다가 어금니 한 개가 부러져서 널빤지에 박혔었지요. 그것을 그 집 주인이 관청에다 바치기에 기필코 어금니 빠진 범을 잡아들이라고 명령을 내어 여러 마리를 잡았지만 다 아니었어요.

북청부에 김 파총金把摠이라 불리는 이름난 포수가 있다는 소문을 듣고 공문을 보내 불러왔습니다. 포수 40명을 거느리고 달포나 사냥하며 번번이 '아직 보지 못했습니다.'라고만 대답하는데, 사람을 물었다는 보고는 연이어 들어와 전후로 죽거나 다친 사람을 헤아려 보니 400여 명이나 되었습니다. 분통을 참지 못해서 포수 40명

---

7 한대유韓大裕 : 《정조실록》 13년(1789)과 21년(1797)에 한대유가 사복시 판관으로 재임하였다는 기록이 있다.

을 잡아다 각각 곤棍 30대씩을 때리고, 김 포수는 잡아다 꾸짖었습니다.

'범에 물려 죽거나 다친 사람이 400명이나 된다. 너는 이름난 포수라면서 총 한 방 쏘지 않고 보지 못했다고만 둘러대니, 이는 네가 400명을 죽인 것이다. 내 너를 죽여 버리겠다.'

그러고는 팔 힘이 센 군뢰 둘을 불러 사정을 두지 말고 마주서서 곤을 치게 했습니다. 그러자 김 포수가 울면서 대답하였습니다.

'제가 사실 보기는 했습지요. 제가 젊어서 총 쏘기를 배워 대략 70여 마리 범을 잡았습니다만 이토록 포악한 놈은 처음입니다. 탄환 한두 방으로는 죽일 수 없을 듯한데, 제가 비록 먼저 쏘아 맞힌다 하더라도 누가 이어서 쏘려 하겠습니까. 부자간이나 형제간이라면 혹 짝을 이루어 번갈아 쏠 수도 있겠지만 함흥부의 포수는 설령 400명이라도 믿을 것이 못 됩니다. 곤에 죽으나 범에 죽으나 마찬가지입지요. 제 자식 놈도 총 쏘기를 잘하니 4, 5일 말미를 주시면 불러다 해 볼 수 있을 듯합니다.'

그래서 마침내 허락했지요. 얼마 있다가 김 포수가 과연 그 아들과 함께 왔는데 씩씩한 사내였습니다. 부자가 총을 메고 산으로 들어갈 때 포수 40명에게 도와주라 명했더니, 김 포수는 도움이 안 된다고 거절하더군요. 그래도 따라가서 모두들 나무에 올라가 구경을 했답니다. 김 포수 부자가 모두 풀빛 옷을 입은 채 총을 끼고 서로 짝을 이루어 풀숲에 엎드렸습니다. 범이 계곡을 따라 천천히 걸어 내려오자 아버지가 먼저 총을 쏘았지요. 범이 포효하면서 총소리가 난 쪽으로 달려오며 두리번거리자 그 아들이 이어서 총을 쏘았습니다. 범이 다시 펄쩍 뛰어오르며 총소리가 난 쪽으로 내닫자 이

번에는 아버지가 또 총을 쏘았습니다. 산골짝이 쾅쾅 울리더니 이렇게 하기를 반식경이 지나서야 범이 비로소 죽었답니다. 40명의 포수들은 모두 다리가 후들거리고 넋이 나갔다가 그제야 나무에서 내려와 범을 떠메고 고을로 들어왔습니다. 김 포수 부자가 뒤따라 들어와 꿇어앉아 아뢰더군요.

'저희 부자가 모두 열일곱 방을 쏘았습니다.'

그 범을 살펴보았더니 암컷에 어금니 하나가 없고 부스럼 앓는 소처럼 털이 듬성듬성했습니다. 가죽을 벗기자 구멍이 열여섯이었으니, 한 방만 잘못 쏜 것이지요.

함흥부에서 호환을 당해 과부나 고아가 된 이들이 몰려들어 그 고기를 씹었답니다. 돈 4만 냥을 거두어 김 포수에게 주었지만 김 포수는 받지 않고 돌아갔고, 고을 백성들이 소를 잡아 전송했습니다. 이래서 김 파총의 명성이 북관에 진동했지요. 이 범이 새끼 세 마리를 데리고 다녔는데, 당시 함흥부의 백성들이 포위하여 때려잡고 보니 역시 모두 털이 듬성듬성했습니다. 아마 이런 종자가 있나 봅니다."

살펴보건대《이아爾雅》에 "범 가운데 털이 듬성듬성한 것을 '잔묘'라고 부른다.[虎竊毛謂之虥貓]" 하였다. 절竊은 '듬성듬성하다'는 뜻이고, 잔虥의 음은 '잔棧'이다.

짚
藁

나라와 민생에 중요하게 쓰이는 것이 짚이다. 군자창과 광흥창은 짚을 담당하는 공인貢人을 두기까지 하고, 조회와 사향祀享 때에 모두 진배進排 –갖추어 대비한다는 말이다.– 해 두었다가 뜰에 펴면 백관이 그 위에서 꿇어 엎드려 절하니, 중요하다 이를 만하다. 지붕을 이고 자리를 엮기도 하며, 삼태기를 짜고 신을 삼기도 하며, 말과 소를 먹이기도 한다. 짚으로 새끼를 꼬면 크게는 그네를 매고 무거운 물건을 끌어당기고 닻을 내리는 일에서, 작게는 여러 가지 묶고 매는 일들에 잠시라도 없어서는 안 된다. 짚으로 섬을 짜면 세곡을 서울까지 육로나 수로로 실어 나르거나 주현에서 저치미를 보관할 때, 군향미를 내고 거두어들이는 등의 일에서 일체 공곡公穀과 사곡私穀 수십 수백만 섬의 곡식이 모두 여기에 담긴다.

곡식이 담기지 않은 빈 섬을 '공석空石'이라 부르는데 그 쓰임새가 더더욱 절실해서 그저 담장을 덮거나 터진 곳을 막을 뿐만이 아니니, 길례와 흉례에 이것이 없으면 안 된다. 지극히 귀한 사람이라 할지라도 태어날 때에는 공석에 받고, 자라서 장가들 때에는 하마석下馬石을 반드시 공석에 흙을 채운 것으로 대신한다. 독서하여 과거 공부를 익혀 과거 보러 갈 때에 옆구리에 끼는 것도 공석이다. 늙어서 죽을 때에는 공석이 많으면 많을수록 좋으니, 여막을 지을 때는 땅바닥에 깔고, 말아서 상주의 베개로 삼는다. 장례를 치를 때는 제각祭閣을 세우거나 여막을 만드는 것이며 흙을 지어다가 봉분을 만들거나 보토補土하는 것이 모두 공석이다. 극히 가난한 자는 다만 공석으로 싸서 매장해도 안 될 것이 없다. 대개 이러하므로 창조倉曹의 낭관은 공석을 행하行下 —지급한다는 뜻이다.—하는 것이 제일 번거로운 일이고, 주현州縣에 있는 자는 영문營門에서 공문을 보내 가져다 쓰려고 하거나 고을 백성들이 소장을 올려 요구하는 것에 응접하느라 겨를이 없다.

생각해 보면 사람이 짚을 떠나 살 수 없음은 마치 물고기가 물을 떠날 수 없는 것과 마찬가지다. 높직한 집 으리으리한 건물의 깨끗한 창문이며 고요한 안석에는 마치 짚 따위는 없을 듯하다. 하지만 기와 아래의 산목散木과 사방 바람벽의 골격은 모두 짚으로 새끼를 꼬아 묶은 것이다. 모든 방에 바른 진흙은 바로 마시馬矢를 섞은 것이니, 마시란 짚이 썩은 것이다. 문석紋席 바닥에도 반드시 짚을 짠 것이 있고, 수놓은 베개 속에도 또한 자른 짚이 있다. 사람의 상하 사방 잠자고 생활하는 곳이 모두 짚이다. 우리나라 사람들은 어저귀[8]를 거의 심지 않는 데다 종려나무도 없으므로 짚의 쓰임새가 더욱 요긴하다.

8 어저귀[䔡麻] : 아욱과의 일년초로, 줄기에 섬유질이 많아 새끼 따위를 꼬는 데 쓰인다.

화랑
花郎

《고려사》에 나오는 이야기다.[9]

"충숙왕이 원나라에 머물러 있을 때 박인평[10]을 보내어 재상들에게 말하였다.

'옛날에 난쟁이 광대廣大가 키다리 광대들을 따라 물을 건너려는데 배가 없었소. 그가 여러 키다리 광대에게 말하였나오. 「나는 키가 작아서 물의 깊이를 알기 어렵네. 그대들은 키가 크니 의당 먼저 수심을 재어 보아야지.」 모두 그렇다고 말하고 물에 들어갔다가 죄다 빠져 죽었다오.'[11]

우리나라 말에 가면을 쓰고 놀이하는 자를 '광대'라고 한다."

살펴보건대 지금도 소리하고 놀이하는 사람을 광대라 부르는데, 진사 급제 후의 유가[12]에서 누런 초립에 꽃을 꽂고 비단옷을 입는

9 고려사에 나오는 이야기다 : 《고려사》 〈폐행열전嬖幸列傳〉의 전영보全英甫 조에 실려 있다.

10 박인평朴仁平 : 충숙왕 때의 내시인데 왕의 총애를 받아 대호군大護軍이 되었다.

11 옛날에……죽었다오 : 난쟁이 광대와 키다리 광대는 바로 전영보와 박허중朴虛中 두 소인배의 간교함을 비유한 것이다.

12 유가遊街 : 과거 급제자가 하던 일종의 시가행진으로, 광대를 앞세우고 풍악을 울리며 거리를 돌면서 좌주座主, 선배 급제자, 친척 등을 방문하였다.

자들이다. 광대로서 무당의 서방이 된 이를 화랑花郞이라 부르고, 화랑이 가면을 착용하고 고깔을 쓰고서 구걸하러 다니면 이를 초란[13]이라 부른다. 사람의 볼 양쪽에 튀어나온 뼈를 광대뼈라고 부르는데, 광대들이 쓰는 가면과 비슷해서 붙여진 이름이다. 초란의 의미는 알 수 없다.

화랑에 대해 영호징의 《신라국기》[14]에서는 "귀족들 자제 가운데 잘생긴 자를 화장시키고 단장하여 화랑이라 불렀다."라고 하였다. 광대를 두고 화랑이라 모칭冒稱하는 것은 아마 꽃을 꽂은 초립에 비단옷을 입었기 때문일 것이다. 신라의 고귀한 신분으로는 화랑보다 더한 것이 없었다. 따르는 무리가 구름처럼 모여 산수에서 놀며 즐기어 그들을 향도香徒라 불렀다. 지금 상여를 메는 상두꾼은 사람들이 천박하게 여기는데 역시 향도라고 함부로 부른다. 귀천이 어찌 고정불변한 것이겠는가.

13 초란哨卵 : 광대의 일종으로 '招亂', '俏亂' 등으로도 썼는데 초라니를 음차해 표기한 것이다. 탈을 쓰고 경솔하게 행동하는 방정맞은 역할을 한다.

14 영호징의 신라국기 : 영호징令狐澄은 당나라 때 학자로 중서 사인中書舍人까지 지낸 인물이다. 《삼국사기》에서 그가 지은 《신라국기新羅國記》의 내용을 인용한 이후 《해동역사》 등에서도 인용서로 잡혀 있으나 《신당서》 〈예문지〉에는 《신라국기》가 그의 저서로 보이지 않는다. 유득공도 《신라국기》의 내용을 《삼국사기》에서 인용했을 것으로 짐작된다.

잡보귀
雜寶龜

경력經歷 이만운[15]은 우리나라의 전고典故, 관청의 연혁, 씨족의 세계世系와 문벌에 대한 지식이 많아서 묻기만 하면 척척 대답하였다. 자잘한 글씨로 베껴 간직한 글이 늘 번번이 상자에 가득했는데, 지금 일흔 남짓인데도 여전히 부지런히 기록하기를 그만두지 않는다.

내가 일찍이 승지 상산畺山(이서구)과 이무관李懋官(이덕무)과 함께 교서관에서 책을 편찬하는데, 마침 《경상 감사 제명록慶尙監司題名錄》을 열람하다가 고려 때까지 거슬러 올라가니 잡보귀雜寶龜라는 이름이 있기에 기이한 것을 찾아냈다 싶어 으쓱하였다. 잠시 뒤 이 경력이 왔다는 통지가 와서 책을 덮고 맞이하여 앉은 다음 넌지시 물었다.

"우리나라에 잡씨雜氏라는 성씨가 있는지요?"

그가 말하였다.

"고려 때 잡보귀라는 사람이 있어 경상 감사를 지냈다네."

자리에 있던 사람들이 모두 크게 웃었다.

---

15 이만운李萬運 : 1723~1797. 자는 원춘元春, 호는 묵헌默軒이다. 이덕무 등 실학자들과 교유하였으며, 1790년 강화 경력에 임명되었다. 전고에 밝아 정조 때 서유구와 함께 《증보문헌비고》 편찬에 참여하였다.

평양 수혈
平壤隧穴

《삼국지》〈고구려전〉에 "고구려 동쪽 지방에 큰 구멍이 있는데 '수혈隧穴'이라 부른다. 10월이면 나라 안 사람들이 많이 모여 수신隧神을 맞이한다." 하였다. 지금 평양부의 성 동쪽 모란봉 아래에 가로로 뚫린 굴이 있는데 깊고 캄캄하여 깊이를 알 수가 없고 그 안에 박쥐가 많이 서식하고 있다. 세상에 전하기를 동명왕이 기린마를 기른 곳이라 하여 기린굴[16]이라 부른다. 그러나 동명왕은 평양에 도읍한 적이 없고, 기린마의 전설은 황당해서 믿을 수 없다. 이 굴은 바로 《삼국지》에서 말한 '수혈'이다.

또 《삼국지》〈읍루전〉에는 "마을마다 대인大人이 있어 산속 숲에 자리 잡고 항상 굴에서 생활하는데, 큰 집은 깊어서 아홉 길이나 되는 사다리를 놓아야 한다." 하였다. 평양부의 고적古迹에 구제궁[17]이 있는데, 아마도 고구려가 읍루를 본떠서 만든 듯하다.

---

16 기린굴麒麟窟 : 《신증동국여지승람》〈평안도〉에 "산 밑에 부벽루가 또한 강에 의지해 있고, 아래에 기린굴이 있는데 동명왕이 말을 기르던 곳이다. 또 조천석朝天石이 있으니 세상에 전하기를 왕이 여기서 말을 타고 하늘에 조회하였다 한다." 하였다.

17 구제궁九梯宮 : 《연려실기술》 별집 권16 〈지리전고地理典故〉에 평양 영명사永明寺에 동명왕의 구제궁이 있었으며 기린굴과 조천석 또한 있다는 내용이 실려 있다.

옥저의 민며느리제
沃沮豫婦

《위략》[18]에 "동옥저의 혼인 풍속은 여자 나이 열 살만 되면 벌써 서로 허혼하고 남자 집에서 데려다 길러 며느리로 삼는다." 하였다.

지금까지도 백성들 풍속에 이것이 남아 있으니 '민며느리[豫婦]'라 부른다. 민며느리에는 세 가지가 있는데 남자와 여자가 다 어린 경우, 여자는 어리고 남자는 장성한 경우, 남자는 어리고 여자는 장성한 경우이니, 이 모두를 민며느리라 한다. 그중 여자가 장성한 경우 여자 쪽이 종종 시름하고 한탄하여 오래 기다리지 못한다. 함경도가 옛 옥저 땅이니, 지금 이 풍속은 필시 함경도에서 시작되었을 것이다.

---

18 위략魏略 : 서진 무제 태강 연간(280~289)에 위魏 나라의 낭중이었던 어환魚豢이 지은 책으로, 삼국 시대 위나라의 역사를 기록한 것이다. 원본은 전하지 않고, 청나라의 장붕일張鵬一이 일문逸文을 집성한《위략집본魏略輯本》25권이 있다.

마한 토실
馬韓土室

《삼국지》〈한전韓傳〉에 "마한의 풍속은 거처로 띳집에 토실을 짓는데 모양이 무덤 같다. 출입구는 위에 있고 온 가족이 그 안에서 함께 지낸다." 하였는데, 이것이 바로 움집이다. 지금도 곳곳에 있다. 서울에서는 갖바치들이 움집에 살기를 좋아하니, 따뜻하고 햇볕이 잘 들기 때문이다.

양호 풍속
兩湖風俗

《북사》〈백제열전〉에 "풍속은 말타기와 활쏘기를 중시하고 겸하여 책도 좋아한다. 그래서 뛰어난 사람은 제법 글을 지을 줄 알고, 이사吏事에도 능하다. 또 의약과 점술 및 관상과 음양오행법을 알고, 장기와 바둑을 매우 즐겨한다." 하였다.

살펴보건대 지금 호서와 호남은 나 옛 백제 땅이다. 말타기와 활쏘기는 이제 중시하지 않지만 그 나머지에는 과연 모두 능하여, 호남 사람들은 점술과 관상 및 오행술을 가장 좋아하고 바둑에 국수國手가 많다. 풍속이 오랜 세월에도 변하지 않음이 이와 같다.

팔도 군사 수
八道軍摠

팔도의 군사는 모두 57만 4742명이다. 기병騎兵이 6만 411명, 보병步兵이 34만 3521명, 수첩군守堞軍이 9만 4466명, 수군水軍이 4만 8582명, 봉군烽軍이 2만 6238명, 승군僧軍이 1524명이다.

주지
書紙

왕어양의 《지북우담》[19]에 "육과[20]에 내리는 윤음綸音을 기록한 책자를 만첩晩帖이라 부르는데, 저녁때가 되어서야 그 내용을 알 수 있고 다음 날 저보邸報에 등재되기 때문에 만첩이라 하는 것이다." 하였다.

우리나라 양사兩司의 주지[21]와 같은 것이나.

19 왕어양의 지북우담 : 왕어양은 왕사정王士禎(1634~1711)으로, 자는 이상貽上, 호는 어양산인漁洋山人 등이다. 청나라 때의 뛰어난 시인으로 사람들이 그를 칭송해 '일대정종一代正宗'이라 일컬었다. 《지북우담池北偶談》은 왕사정의 수필집으로 총 26권이며 청나라 법제와 인물, 시문, 고사 등을 담고 있다.

20 육과六科 : 육과 급사중六科給事中의 약칭이다. 시종侍從, 규간規諫, 보궐補闕, 습유拾遺 등을 관장하며 이·호·예·병·형·공 육부六部의 일을 감찰하였다. 조선시대 사헌부, 사간원에 해당한다.

21 주지書紙 : 승정원에서 전날 처리된 일을 매일 아침 기록하여 반포하던 일종의 관보官報를 조보朝報라 하였는데 유득공에 따르면 양사에서 전날 이를 먼저 보며 주지라 칭했다 한다. 226쪽 〈내각이 임금을 대신해 일성록을 엮다〉 참조.

심양일기
瀋陽日記

임자년(1792, 정조16) 봄, 내각의 서고西庫에 있던 서적을 분류하여 서가에 꽂았다. 내가 그 일을 감독했는데, 《초본 심양일기抄本瀋陽日記》 아홉 권이 있었다. 소현세자가 심양관[22]에 있을 때 궁관이 기록한 것이다. 이역의 외로운 심양관에서의 일이 승후[23]와 진강進講을 제외하면 대부분 참혹하였지만 이는 또한 명·청 사이의 사료이기도 하다. 이미 비본秘本이 되었으므로 본 사람이 세상에 드물 터이기에 열람하는 대로 베껴서 57조목을 얻었다.

정축년(1637, 인조15) 1월 30일

왕세자가 대가大駕를 따라서 남한산성 서문을 나와 망원정望遠亭의 청나라 구왕[24] 군영에 머물렀다.

---

22 심양관瀋陽館 : 병자호란 이듬해인 1637년 청나라에 볼모로 끌려간 소현세자는 심양에서 우선 조선 사신을 접대하는 객관인 동관東館에 머물다가, 5월 7일 청나라 황제가 세자를 위하여 새로 지은 관소인 신관으로 옮겼다. 이 관소를 심양관 또는 심관瀋館이라고 했고, 세자는 이곳에 8년을 머물렀다.

23 승후承候 : 임금의 기거와 안부를 묻는 일로, 여기서는 심양관에 함께 있던 조선의 신하들이 소현세자를 보살핀 일을 이른다.

24 구왕九王 : 다이곤多爾袞(도르곤)으로, 청 태조의 14번째 아들이다. 청 태종 때에

2월 8일

서울을 떠나 심양으로 향하였다.

무인년(1638) 1월 1일

청나라 여러 왕이 소현세자와 봉림대군을 위해 별관에서 잔치를 열고 백희百戱를 마련하였다. 우리나라에서 잡혀온 기녀와 광대들이 앞에서 연기하였는데, 눈길 닿는 대로 마음이 아팠다. 기녀 무리 중에도 눈물을 훔치며 노래하는 자가 있었다.

5월 26일

용골대와 마부대[25] 두 장수가 서관[26]에 들어와서 우리 일행이 지니고 있던 남초南草(담배)를 찾아내 뜰에서 모두 불태웠다. 청나라는 남초를 금지하는 것이 극히 엄하여 남초 반입 금지령을 어겼다가 참수당한 자가 있기까지 하다.

중용되어 예친왕睿親王으로 봉해졌고, 태종이 죽고 세조가 어린 나이로 즉위하자 보정왕輔政王이 되었다. 구왕이란 아홉 번째로 왕작을 받았다는 뜻이다. 병자호란 때 이복형인 태종을 도와 조선의 왕족과 대신의 가족들이 피신해 있던 강화도를 점령했다.

25 용골대와 마부대 : 용골대龍骨大와 마부대馬夫大는 모두 만주족 사람이며, 청나라 초기 조선에 자주 사신으로 파견되었던 인물이다. 자세한 내용은 48쪽 주60, 주61 참조.

26 서관西館 : 청나라 초 수도였던 심양성 서쪽에 둔 외국 사신 전용 숙소이다.

6월 30일

청나라 황제가 세자와 대군에게 잔치를 베풀었다. 잠시 뒤에 한 부인이 여인들의 옹위를 받으며 곧장 황제의 자리로 올라가 포옹의 예[27]를 행하고, 내려와 여러 왕과 차례로 서로 포옹하고는 이내 안으로 들어갔다. 이 여인은 청나라 황제의 딸로 차흘라遮訖羅 왕자의 처인데, 이날 남편과 함께 귀녕歸寧 온 것이라고 한다.

8월 21일

우리나라의 내관 백대규白大圭가 시녀 10명을 데리고 와서 청나라 황제에게 바쳤다.[28] 평양의 장옥張玉, 용강의 영이英伊, 삼화의 업생業生, 청주의 막춘莫春 네 사람은 황제의 궁궐에 남겼다. 문천의 문옥文玉은 대왕大王의 집으로 보냈다. 북청의 향일香一은 질가왕[29]의 집에 보냈다. 안악의 생이生伊는 구왕의 집에 보냈다. 당진의 모란牧丹, 양양의 영개英介, 창원의 귀절歸節은 다른 곳에 두었다.

---

27 포옹의 예 : 청나라에는 어버이나 친구를 이별한 후 다시 만나면 허리를 안아 서로 잡고 어깨를 기울여 절을 하는 예가 있었다.

28 우리나라의……바쳤다 : 《인조실록》 16년 7월 8일 기사에 "각 관사의 여종으로 여러 도에 있던 자 10명을 가려서 심양으로 들여보냈는데, 이는 청나라가 일찍이 시녀를 요청했기 때문이다."라고 하였다.

29 질가왕質可王 : 제이합랑濟爾哈朗(지르갈랑, 1599~1655)이다. 청나라의 여러 왕 중 한 사람으로, 청 태조의 아우인 서이합제舒爾哈齊(슈르하치)의 여섯째 아들이다. 1652년 정친왕鄭親王에 봉해졌다.

기묘년(1639) 1월 4일

소현세자의 탄신일이다. 회은군[30]의 딸이 와서 세자를 배알하였다. 이보다 앞서 회은군의 딸이 청나라 황제의 후궁에 들어갔는데, 1년 남짓 만에 피파박씨皮破博氏에게 하가되었다.[31]

3월 17일

팔문[32]에서 북을 쳤다. 청나라 병사들이 서쪽 명나라를 침범하여 대승을 거두었다고 한다.

4월 14일

청나라 황제가 회군하였다. 세자가 가서 만났는데 청나라 황제는 참담해하며 즐거워하지 않고 마루에 누워 있었다. 요토와 마저가 서쪽 출정에서 전사했다고 한다. 요토와 마저는 귀영개의 아들이다.[33]

---

30 회은군懷恩君 : 이덕인李德仁(?~1644)이다. 성종의 후손으로 회은군에 봉해졌는데, 당시 사은 부사謝恩副使로 심양에 가서 붙잡혀 간 종실 사람들의 송환을 교섭하였다.

31 회은군의……하가되었다 : 《인조실록》 17년 1월 30일 기사에 "회은군 덕인의 딸이 나이 겨우 15세에 강도江都에서 포로가 되었는데, 청나라 한汗이 시녀로 삼았습니다. 그 뒤에 피패박씨皮牌博氏가 전공이 가장 많았으므로 그녀를 상으로 주었는데, 그녀는 스스로 국족國族이라 하여 우리나라 일에 힘을 다하고 있습니다."라고 하였다. 피파皮破는 피패를 말하는 듯하다.

32 팔문八門 : 심양성 여덟 방향에 있는 성문이다.

33 요토와 마저는 귀영개의 아들이다 : 귀영개貴榮介는 대선代善(다이샨, 1583~1648)이다. 별명이 귀영가貴盈哥로, 청 태조의 둘째 아들이다. 1636년 예친왕禮親王에 봉해졌으며 태종의 형으로 대왕大王이라 불렀다. 요토要土는 귀영개의 장남 악탁嶽託(1599~1639)이다. 1620년대부터 전쟁에 참가하여 패륵이 되었으며, 귀영

7월 4일

호구왕[34]이 청나라 임금에게 술을 바쳤는데, 첨과연甜瓜宴이라고 한다. 세자와 대군이 모임에 갔다.

경진년(1640) 3월 8일

세자가 자신을 호위하는 청나라 장수 오목도烏木都를 위해 모화관에서 잔치를 베풀었다.[35] 오목도가 말하였다.

"저는 젓가락질이 서툴러 손으로 음식을 집어 먹으니 행여나 비웃지 마십시오."

그러자 세자가 말하였다.

"무슨 문제가 있겠소."

신사년(1641) 1월 8일

청나라 황제가 박씨博氏를 시켜 세자를 형부刑部로 불렀다. 재신

개에게 태종의 즉위를 건의하기도 하였다. 정묘호란에 참가했고, 1638년 명나라 정벌 도중 전사하였다. 마저馬沮는 귀영개의 여섯째 아들 마점瑪佔(1612~1638)이다.

34 호구왕護仇王 : 1609~1648. 청 태종의 장자이다. 1620년대부터 전쟁에 참가하여 패륵이 되었으며, 명과 몽고 정벌에서 공을 세우고 1636년에 숙친왕肅親王에 봉해졌으나 귀영개의 장자 요토와 함께 반역 사건에 관련되어 면직되었다가 1642년 다시 친왕에 봉해졌다.

35 세자가……베풀었다 : 당시 심양에 있던 소현세자는 인조의 병이 위중하다는 소식을 접하고, 청나라 황제의 허락을 받아 1640년 3월 7일에 오목도 등과 함께 조선으로 돌아왔다. 이때 자신을 호위하고 온 오목도 등 청나라 장수들을 위해 잔치를 베풀어 준 것을 말한다. 《仁祖實錄 18年 3月 7日》 모화관慕華館은 조선에서 중국 사신을 맞이하기 위해 서대문 바깥에 설치한 객관이다. 지금의 독립문 인근에 있었다.

宰臣과 강관講官이 모시고 가니, 용골대, 비파比巴, 가린,[36] 범문정[37] 등이 일제히 모여 있었다. 김상헌金尙憲, 신득연申得淵, 조한영曺漢英, 채이항蔡以恒 등 네 사람이 북관北館에서 압송되어 왔다. 잠시 뒤에 질가왕이 아문衙門에 앉아 김상헌에게 남한산성이 함락된 뒤 영남으로 내려간 일, 관교官敎를 받지 않은 일 등 대여섯 가지에 대해서 힐문했다.[38] 김상헌은 말투가 늠름하여 조금도 꺾이지 않았다. 질가왕이 여러 사람을 돌아보고 말하기를 "김상헌은 과연 망가望哥에 망가로다."라고 하였다. 청나라 말로 망가는 매우 어렵다는 말이다.

2월 29일

청나라 아문에서 아리강阿里江 가에 있는 한 달 갈이[一月耕] 정도의 채소밭을 주고서 우리에게 채소를 기르고 과일나무를 심고 정자를 짓게 하였다. 또 가축을 기르는 곳을 만들도록 했는데, '야판

---

36 가린加麟 : 청나라 초 내국사원 대학사內國史院大學士를 지낸 인물이다.

37 범문정范文程 : 1597~1666. 자는 헌두憲斗, 호는 휘악輝岳으로, 청 태조, 태종, 세조, 성조의 4대를 섬긴 청나라 초의 중신이다. 청나라의 통치 제제를 확립하는 데 크게 공헌하였다.

38 김상헌에게……힐문했다 : 당시 질가왕이 힐문한 내용은 "국왕이 남한산성에서 내려오던 날 따라오지 않은 것은 어째서인가? 과연 병이 위중했다면 어찌 가까운 곳으로 오지 않고 고개 너머 먼 곳으로 돌아갔는가? 병에 차도가 있으면 마땅히 서울로 왔어야 했을 터인데 끝내 왕을 뵙지 않고 낙향한 것은 어째서인가? 관작을 받지 않고 관작을 내린 교지를 돌려보낸 것은 어째서인가? 수군을 징발할 때 멋대로 비판하고 상소를 올린 것은 어째서인가? 늙고 병들어 벼슬할 수 없는데 어느 겨를에 상소를 올렸는가?" 등이다. 《역주 소현심양일기, 규장각한국학연구원 동궁일기역주팀, 민속원, 2008》

野坂'이라고 하였다.

3월 23일

용골대와 정명수[39]가 요동으로 가서 우리나라 장군 유림[40]의 군대를 음식과 상금으로 위로한 뒤에 의주[41]로 보냈다.

8월 14일

청나라 황제가 대군을 거느리고 금주[42]로 나아갔다. 작년부터 청나라 사람들이 이미 금주를 포위하였다. 금주와 송산[43]의 사이에 산이 있고 산 위에 성이 있는데, 청나라 사람들이 이곳을 차지하

---

39 정명수鄭命壽 : ?~1653. 천인賤人으로 광해군 때 강홍립을 따라 출정했다가 청나라의 포로가 되어 그곳에 눌러살면서 조선의 사정을 밀고함으로써 청나라 황제의 신임을 받았다. 병자호란 때는 용골대의 통역으로 나와 청나라가 조선을 침략하는 데 앞잡이 노릇을 하였고, 청나라의 힘을 믿고 조선 조정을 압박하여 영중추부사에까지 올랐으며 갖은 악행을 저질렀다.

40 유림柳琳 : 1518~1643. 본관은 진주晉州, 자는 여온汝溫이다. 1641년(인조19)에 청나라가 명나라를 칠 때 병사를 요청해 오자 왕명을 받아 금주錦州로 출정했다. 하지만 명나라와의 의리를 생각해 참전을 회피하고 소극적으로 싸워 청나라의 문책을 받았다.

41 의주義州 : 요령성 의현義縣 일대로, 서북쪽으로 대릉하大凌河가 흘러 바다로 들어간다.

42 금주錦州 : 요령성 금주 일대로, 《심양일기》에서 금주위錦州衛라고 한 것은 명나라 때 광녕위廣寧衛의 다른 이름인 듯하다.

43 송산松山 : 요령성 금주 남쪽을 흐르는 소릉하小凌河의 서쪽 15리 지점에 있는 산이다. 명나라 때 이 산 서쪽 지역에 송산보松山堡가 설치되었다.

고서 송산과 금주를 내려다보았다. 명나라의 군문軍門 홍승주[44]가 보병과 기병 10여만 명과 참장參將과 유격遊擊 이하 200여 명을 거느리고 송산에 이르러서 군사를 나누어 산을 올라 산성을 다투며 금주의 포위를 풀려고 하였다. 청나라 병사가 여러 번 패하였기에 청나라 황제가 청나라 병사와 몽고 병사를 모두 일으켜 구원하러 갔다.

8월 15일

소현세자와 봉림대군이 원역員役 111명과 말 88필, 낙타 11마리를 이끌고 심양 북문을 나가서 뒤늦게 청나라 군대가 주둔하고 있는 곳에 나아갔다.

8월 19일

의주성義州城 북문으로 들어가서 남문으로 나왔다.

8월 20일

가로로 뻗은 한 언덕을 올라가서 멀리 금주성錦州城을 바라보았다. 세자를 호위하던 청나라 사람이 말하였다.

---

44 홍승주洪承疇 : 1593~1665. 명나라 말엽의 장수로 여러 차례 이자성李自成, 고영상高迎祥 등을 격파하여 많은 전공을 세웠으나 1641년에 행산杏山, 송산 등지에서 청군과 싸우다가 크게 패하고 영원성寧遠城에 6개월간 포위되어 있던 끝에 결국 성이 함락되자 청나라에 항복하였다. 이후 청나라를 위해서도 많은 전공을 세워 뒤에 태보, 병부 상서 등을 역임하였다.

"명나라 장수 조대수[45]가 성을 견고하게 지키고, 자성[46] 밖에 화포를 많이 묻어 두어 사람들이 감히 가까이 갈 수 없습니다. 그래서 청나라 병사들은 성에서 5리 정도 떨어진 곳에 협성[47]을 쌓아 포위하고 있고, 유림의 군대는 그 동쪽 모퉁이에 주둔하고 있습니다."

협성 서남쪽을 지나서 두 개의 내를 건너자 청나라 사람과 몽고 병사들이 산 위에 줄지어 진을 치고 있는 것이 보였는데, 10여 리나 뻗어 있었다. 세자를 호위하던 박씨가 청나라 황제에게 들어가서 말하자, 청나라 황제가 세자 일행에게 청나라 군대가 주둔하고 있는 뒤편 언덕에서 대기하라고 하였다.

8월 21일

명나라 군사가 송산에서 청나라 진지로 진격하여 교전을 하다가 곧장 달아났다. 청나라 기병이 이들을 추격하여 산골짜기로 들어가다가 복병을 만나 물러났다. 갑자기 명나라 기병 수천이 산 뒤편에서 행산[48]으로 치달렸다. 청나라 병사들이 추격했으나 미치지 못하였다.

---

45 조대수祖大壽 : 1579~1656. 명나라 무장으로, 총병이 되어 1631년 대릉하에 성을 쌓고 항전했으나 청 태종에게 포위당하여 항복하였다. 이윽고 모반하여 금주성을 지키며 청나라와 싸웠으나, 1642년 3월 송산이 함락된 뒤에 청나라에 다시 투항하여 총병 벼슬을 받았다.

46 자성子城 : 본성本城에 딸린 작은 성을 일컫는다.

47 협성夾城 : 적을 포위할 목적으로 적의 성을 에워싸고 쌓는 보루 등을 말한다.

48 행산杏山 : 행아산杏兒山이라고도 한다. 금현錦縣 서남쪽 40리 되는 곳에 있다. 《大淸一統志 卷43 錦州府》

8월 22일

청나라 황제가 진지를 옮겨 송산으로 접근하자, 세자 역시 송산 서남쪽 5리 지점으로 막사를 옮겼다. 초경初更에 명나라 군사가 청나라 진지를 습격하고는 행산으로 달아났다. 청나라 사람들이 추격하여 서로 살상이 있었다. 혼란에 빠진 병사들이 막사 밖에서 시끄럽게 떠들어 대 새벽까지 소란스러웠다.

8월 25일

명나라 군사들이 밤마다 나와서 행산과 탑산塔山으로 가려고 하였다. 청나라 병사들이 이들을 기다렸다가 공격하여 보병과 기병 수만을 해구海口로 몰아넣었다. 밀물이 들어 수위가 높아지자 명나라 군사들이 그들의 장수를 옹위한 채 물속에 서서 팔을 뻗어 화살을 막았는데, 죽은 뒤에야 그만두었다. 명나라 군사 중 산골짜기에 숨어 있던 자들은 청나라 사람들이 사흘 내내 찾아내 죽였다. 마침내 청군이 송산을 포위하고 구덩이를 파서 지켰다. 밖으로 나간 병사들이 영원[49]에 이르러 나무꾼과 양치기를 사로잡고 말과 가축을 노략질하여 돌아왔다. 청군이 간혹 송산, 행산, 탑산 등의 여러 성을 향해 대포를 쏘아 댔고, 성 안에서도 응수하여 대포를 쏘아 대니 소리가 우레와 벼락 같았다. 송산에서 쏜 포탄은 거위 알보다 컸는데 자주 막사 밖에 떨어져, 두께 한 길에 높이 두 길인 흙 담장을 쌓아서 막았다. 여러 주둔지에서 낙타와 말을 무리 지어 방목했는데, 며칠 안 되어서 반나절 거리의 땅이 모두

49 영원寧遠 : 산해관 밖, 지금 요령성 서남부 지대에 위치한 흥성興城 지역이다.

벌거숭이가 되었다. 몽고인들이 간혹 먼 지역에서 풀을 베어 낙타로 실어 와서 팔았는데, 풀잎 하나가 금싸라기였다.

9월 13일

청나라 황제가 돌연 심양으로 돌아갔다. 둘째 부지夫支 -부지는 황후이다.-의 병환이 위중하기 때문이라고 하였다. 세자 역시 심양관으로 돌아갔다.

9월 18일

부지가 죽어서 상화지霜華紙 100권, 백면지白綿紙 1000권, 백지白紙 2000권, 단목丹木 200근을 부의하였다.

9월 29일

청나라 황제가 북문 밖 부지의 빈소에 갔는데, 세자와 대군도 함께 갔다. 들판 가운데 장막을 설치하고, 대자리를 둘러쳐 담을 만들었으며 종이 집[50]과 종이 탑을 만들었다. 또 오색지五色紙로 깃발, 술통, 돈, 꽃을 만들었는데, 극히 화려하고 사치스러웠다. 승려와 무당이 시끌벅적하게 모여 기도하고 있었다. 청나라 황제가 비통해하여 돌아오는 길에 끊임없이 소리 내어 슬피 울었다.

50 종이 집 : 김창업金昌業의 《노가재연행일기老稼齋燕行日記》 계사년(1653, 효종4) 조에 "초상 때 사용하는 물건으로, 장례를 마치고 나면 불살라 버린다."라고 하였다.

10월 13일

청나라 황제가 300여 기騎와 매사냥하는 군사 10여 기를 거느리고 심양성 북문 밖으로 나가서 이로伊魯의 땅에서 사냥을 하였다. 세자와 대군도 따라갔다. 부지 두 사람이 누런 장막을 두른 수레를 한 필의 말에 채워 타고 청나라 황제 뒤에 있는 것이 보였다. 또 두 명의 젊은 여인이 말을 타고 이들을 따르고 있었다. 부지는 간혹 수레를 두고 말을 타기도 하였다. 또 겨우 10여 세가량의 어린 여자아이 둘이 담비 가죽으로 만든 옷을 입고 말을 타고 있었는데, 청나라 황제의 딸이라고 하였다. 5일 만에 돌아왔다.

12월 2일

청나라 황제가 아진어阿眞魚 두 마리와 아랑주阿郎酒 두 병을 우리나라에 보냈다.-아진어는 큰 물고기이고, 아랑주는 낙소주[51]이다.-

12월 12일

아문에서 정명수를 보내 청나라 황제의 뜻을 심양관에 이렇게 전하였다.

"내년 봄부터 팔고산[52]의 농토 1000일 갈이[日耕]를 줄 것이오. 여러 신하와 질자質子(볼모) 이하는 사람 수를 헤아려 농사를 짓

51 낙소주酪燒酒 : 소, 양, 말 등의 젖을 발효시켜 만든 술이다.

52 팔고산八固山 : 팔기병八旗兵을 이른다. 팔기병은 병졸 300인이 하나의 우록牛彔을 이루고, 다섯 우록이 하나의 갑라甲喇를 이루고, 다섯 갑라가 하나의 고산固山을 이루어 모두 여덟 고산이 된다.

되 농부는 본국에서 징발해서 데려오시오. 가을 추수부터는 심양관에 급료 지급을 중지할 것이오."

뒤에 심양 동남쪽 교외의 땅, 이름하여 노가새老家塞와 철령위[53] 등지에서 농토를 받았다.

임오년(1642) 2월 3일

청나라 황제가 사냥을 나갔다. 세자와 대군이 따라갔다.

2월 5일

의로성[54]에 도착하였다. 성 북쪽에 대명大明 태조의 칙명으로 세운 태안신묘泰安神廟가 있었고, 또 범하성汎河城이라는 성도 있었다. 성 남쪽 물 건너에 성남보城南堡라는 성이 하나 더 있었다. 북쪽으로 30리를 가 철령위에 다다랐다. 동서 두 개의 성이 합해져 하나의 구역을 이루었다. 성 안에는 영원백[55] 집의 옛터가 있었고, 성 북쪽에는 신묘神廟가 있는데 신묘 아래에 이씨 집안 누대의 유허가 있었다.

---

53 철령위鐵嶺衛 : 명나라에서 원나라 개원로開元路에 설치한 위소衛所다. 1388년에 명나라는 함경도와 강원도의 접경 지역에 철령위를 설치하려 했으나, 고려에서 요동 정벌군을 일으키는 바람에 후퇴하여 강계江界의 황성黃城에 설치하였고, 뒤이어 봉집현奉集縣으로 옮겼으며, 1393년에 만주 철령으로 옮겼다.

54 의로성懿路城 : 의로는 심양 북쪽 철령위와의 경계 지역으로 추정된다.

55 영원백寧遠伯 : 이성량李成梁(1526~1615)이다. 조선인 이영李英의 후손으로 철령위 지휘첨사指揮僉事를 세습하였다. 만력 초에는 요동 좌도독을 역임하였다. 변방 수비에 공을 세웠으며, 그의 아들 이여송李如松과 이여백李如栢 등은 임진왜란 때 조선에 출병하기도 하였다. 《明史 李成梁列傳》

2월 7일

북쪽으로 가자 장성長城이 있었다. 성 밖은 여허汝許 지방이다.

2월 8일

장성을 나가 북쪽으로 가자 들판에 동서의 성이 각각 있었다. 동쪽은 벽돌 성으로 김타실金他實이 예전에 살던 집이고, 서쪽은 나무 성으로 백양고[56]가 예전에 살던 집이다. 지금은 무너져 사람이 없고, 성 밖엔 쑥대가 하늘에 닿을 듯하였다.

2월 13일

사냥하러 서남쪽 큰 들판을 향했다. 서북쪽은 끝없이 트였으니, 바로 대막大漠이다. 종일 세찬 바람이 불어 대고 모래가 날리며 돌이 나뒹굴었다.

2월 16일

동남쪽으로 가서 장성長城으로 들어갔다.

2월 17일

개원성[57] 남문 밖에서 잤다. 성과 해자가 요양遼陽보다 장엄했지

56 백양고白羊高 : 양고리楊古利(1572~1637)로, 백양고라白羊高羅, 백양회白羊會, 양고리楊古里 등으로도 불린다. 청나라 태조의 사위이자 청 태종의 매부로, 병자호란 때 우리나라를 침략하여 광교산에서 전라 병사 김준룡金俊龍 부대와 맞붙어 싸우다가 죽었다.

57 개원성開元城 : 이익의 《성호사설》 권2 〈옥저읍루〉에 "《일통지一統志》에 '개원

만, 무너진 성벽과 부서진 성가퀴는 사람을 참담하게 하였다. 백탑사[58]와 현제묘玄帝廟가 있고, 거주하는 사람은 수십 호에 불과하였다.

2월 22일

심양관으로 돌아왔다. 청나라 황제가 여러 곳의 연대[59]에서 천연두가 크게 번졌다는 말을 듣고 직로直路로 오지 않고 서남쪽으로 둘러서 돌아왔다.

4월 1일

범문정이 청나라 황제의 명으로 와서 왜국의 군신, 부자, 상하의 구분과 남녀의 의복, 음식, 토지, 생산물 등을 묻고 갔다.

10월 24일

청나라 황제의 궁궐에서 깃발을 펼쳐 두었다. 기마병 200여 명이 어떤 사람은 붉은 옷을 입고, 어떤 사람은 갑옷과 투구를 쓰고서

성은 삼만위三萬衛 서문西門 밖에 있다.'라고 하였고, 《원지元志》에는 '개원 서남쪽을 영원현寧遠縣이라 하고, 또 서남쪽을 남경南京이라 하며, 또 남쪽을 합란부哈蘭府라 하고, 또 남쪽을 쌍성雙城이라 한다.' 하였다."라고 되어 있다.

58 백탑사白塔寺 : 홍대용의 《담헌서》 외집 권10 〈사관寺觀〉에 "요동성 서쪽에 광우사廣祐寺가 있는데 심히 웅장하고 화려하며 절 앞에 있는 백탑白塔의 높이가 천 길이나 되었다. 백탑사라고도 하는데 남쪽으로 천산千山을 바라보니 5, 6십 리쯤 되었다."라고 하였다.

59 연대煙臺 : 명나라 척계광戚繼光이 만든 제도이다. 10리마다 벽돌로 높은 대를 만들고 100여 명의 군사를 주둔시켰으며, 대포로 통신하였다.

몽고의 승려와 서로 뒤섞여 북을 두드리고 악기를 연주하며 불경을 외우고 돌아다녔다. 안장을 얹은 청나라 황제의 말로 앞에서 그들을 인도했는데, 동문 밖에 이르러서야 파했다. 대개 청나라 황제를 위하여 재앙을 물리치는 것이라고 하였다.

계미년(1643, 인조21) 8월 10일

밤에 청나라 황제[60]가 갑자기 죽었다.

8월 26일

새로운 황제[61]가 즉위하였다.

갑신년(1644) 4월 9일

구왕九王(도르곤)이 대군을 이끌고 서쪽 명나라를 쳤는데, 세자도 따라 갔다. 강원講院과 약방藥房을 제외하고 배종陪從한 원역員役이 70인, 쇄마 구인刷馬驅人이 111명, 쇄마刷馬가 208필, 사마私馬가 22필이었다. 수레와 말이 죽 이어지고 바람과 모래가 자욱하였다. 철기병鐵騎兵이 넓은 들을 마음껏 내달리다가 꿩 한 마리와 토끼 한 마리를 보고 말을 달리며 활을 쏘니, 날고 뛰어도 벗어날 수 없었다.

---

60 청나라 황제 : 청 태종(재위 1626~1643)을 가리킨다. 연호를 좇아 숭덕제崇德帝라고도 불리며, 시호는 문황제文皇帝이다.

61 새로운 황제 : 청 세조(재위 1643~1661), 즉 순치제順治帝를 가리킨다.

4월 14일

책문을 나갔다.

4월 15일

구왕이 병력을 주둔한 채 나아가지 않았다. 명나라 사람을 사로잡았다는 말을 듣고 역관 서상현徐尙賢에게 탐문하도록 했더니, 범문정이 은밀히 이렇게 말하였다.

"산해관 총병山海關摠兵 오삼계[62]가 유적[63]에게 핍박을 받자, 총병 한 사람과 유격 한 사람을 보내 도움을 청하면서 관문을 열어 청나라 군사를 맞아들이겠다고 약속했습니다."

구왕은 허실을 알 수 없어서 처남 배연拜然에게 명나라 장수 한 명과 함께 산해관으로 달려가도록 하는 한편, 명나라 장수 한 명은 군중에 남겨두었다고 한다. 저녁에 아역衙譯(청나라 통역관)이 와서 구왕의 말을 전하였다.

"내일부터 하루에 이틀 길을 갈 테니, 세자 일행은 잘 달릴 수 있는 인마人馬를 선발해서 기다리도록 하라."

---

62 오삼계吳三桂 : 1612~1678. 명나라 장수로, 총병관으로 산해관을 지켰다. 1644년 이자성이 북경을 함락하자 청병淸兵을 불러들여 이자성을 격파하였다. 뒤에 중국 서남 지역을 근거로 반역하여 스스로 주제周帝라 칭하였으나 병사하고 그 군대는 청군에 패몰했다. 《淸史稿 吳三桂列傳》

63 유적流賊 : 이자성李自成(1606~1645)을 말한다. 농민 반란군의 괴수로 틈왕闖王이라 자칭하였는데, 1643년에 서안西安을 점거하고, 이듬해 북경을 함락하여 명나라를 멸망시켰다. 그러나 곧 청군에게 밀려나 하남, 섬서 등지에서 전투를 벌이다가 구궁산九宮山에서 피살당하였다. 《明史 李自成列傳》

4월 19일

금주성에 입성했다.

4월 20일

연산역[64]에 도착했다. 오삼계가 또 장관將官을 파견해서 병사를 보내 줄 것을 독촉하였다. 구왕이 즉시 출발하였고, 세자는 날랜 기병만을 데리고 뒤따라갔다. 일행이 허겁지겁 달려가자 누런 먼지가 하늘에 가득하여 사람들이 눈을 뜰 수가 없었다. 밤에 영원성 아래를 지날 때 성가퀴가 구분되지 않았는데, 허공의 불빛을 보고서야 성이 있다는 것을 알았다.

4월 21일

산해관의 관문 밖 15리 지점에 이르러 병사를 주둔시켰다. 하루 밤낮으로 200리를 행군한 것이다. 청나라 병사들은 갑옷을 입고 엄중히 경계하다가 한밤중에 주둔지를 옮겼는데, 갑옷 입은 기병들끼리 부대끼는 쇳소리가 사방에서 일어났다. 산해관 문 위에서 대포 소리가 끊이지 않았다.

4월 22일

청나라 병사들이 산해관 문밖 5리쯤 접근하자, 연기와 먼지 속에서 쏘아 대는 대포 소리가 크게 진동하였다. 잠시 뒤에 오삼계가

---

64 연산역連山驛 : 요령성 금서현錦西縣 동남쪽 60리에 있던 역 이름이다.

장수 십수 명과 기병 수백 명을 이끌고 성을 나와 항복하였다. 구왕이 배례를 받고 병사를 이끌고 성 아래로 나아가 말에서 내려와 앉았다. 명나라 사람과 청나라 사람이 빈번히 왕래하였다. 좌익과 우익의 청나라 병사들이 한꺼번에 관문으로 달려 들어가서 성 위에 백기를 꽂자, 구왕이 이에 관문으로 들어갔다. 아마도 이때 오삼계가 한창 유적流賊과 교전을 벌이다가 성을 나온 듯하다. 청과 유적이 성안 몇 리에서 치열하게 전투를 벌여 묘당 앞에서 성문으로 탄환을 어지럽게 쏘아 댔다. 세자는 성 밑에 있는 채소밭에서 담벼락에 의치한 채 앉아 있었는데, 구왕이 주둔한 곳과 서로 가까웠다. 구왕이 세자에게 함께 전장으로 가자고 청하는 바람에 세자가 갑옷을 입고 따라갔다. 청나라 병사들이 호각을 세 번 불고 고함을 세 번 내지르고서 일제히 적진으로 돌격하여 화살을 세 발 쏜 뒤에 칼날의 빛이 번쩍이고, 바람이 크게 일어났다. 한바탕 누런 먼지가 가까웠다가 멀어지니 적이 패퇴하는 것을 알 수 있었다. 한 식경이 지나자 전장은 텅 비고 널브러진 시체가 들판에 가득하였다. 패주하는 적의 기병을 추격하여 성 동쪽 해구海口에 이르러 모조리 참살하였는데 물에 빠져 죽은 자도 부지기수였다. 초경初更에 구왕이 산해관의 문 안에서 환진還陣하였고, 세자도 뒤따라 진중으로 돌아왔다. 우리나라 포수 130명이 영원寧遠에서 왔는데, 전투가 벌어졌을 때는 쓰지 않았다.

4월 23일

구왕은 섭정왕攝政王이라 칭하고 명을 내려 군민軍民에게 유고諭告하였다. 오삼계 이하 여러 장수가 모두 청나라식으로 머리를 깎았다. 오삼계가 수만의 기병을 거느리고 청나라 병사와 함께 적을 추격하였다. 세자는 구왕을 따라 행군하였다.

5월 2일

황성皇城 30리 지점에 도착하자 대포 소리가 원근에서 들려왔다. 대개 청나라 병사들이 이미 황성에 들어가서 성 위의 대포를 소리만 나도록 쏘는 것이었다. 도성의 백성들은 곳곳에 모여 있었는데, 어떤 이는 명첩을 들고 와서 바치기도 하고, 어떤 이는 대문 밖에 꽃병을 설치하고 향을 피워 맞이하기도 하였다. 구왕은 조양문朝陽門으로 들어가 연輦을 타고 무영전武英殿 어탑御榻에 가 앉아서 명나라 대소 신료들의 하례를 받았다. 세자는 대자궁 앞 성문星門 밖의 문연각[65] 동쪽 관아에 거처하였다.

5월 11일

청나라 사람들이 세자의 숙소를 광인가廣仁街 서쪽 명나라 신종神宗의 부마 만위萬煒의 아들 집으로 옮겼다.

5월 13일

다시 세자의 숙소를 명나라 목종穆宗의 부마 후씨가侯氏家 사람의

---

65 문연각文淵閣 : 명나라 때 궁중의 장서각 이름으로, 황제가 강독하는 장소로도 쓰였다. 태조가 남경의 봉천문奉天門 동쪽에 처음 설치했고, 성조 때 북경으로 천도한 뒤에 새로 건립하였다. 청대에는 자금성 안에 또 다른 문연각을 설치하여 오로지 《사고전서》만을 소장하기도 하였다. 《淸文獻通考 卷80 職官考4 文淵閣》

집으로 옮겼는데, 역시 광인가 서쪽에 있었다.

5월 18일

세자를 모시고 호위한 포수 134명과 영장領將이 거느린 600명에게 구왕이 차등 있게 상을 내렸다. 영장에게는 채단綵緞 100필, 편장編將에게는 40필, 군병에게는 각각 20필이 주어졌고, 또 각각에게 돈 6꿰미가 주어졌다.

5월 24일

세자가 연경을 출발하였다.

5월 28일

준화현[66]에 이르러 산둔영山屯營에서 잤으니, 바로 희봉구[67]로 가는 빠른 길이다.

5월 29일

난하[68]의 상류를 건넜다.

66 준화현遵化縣 : 북경 동쪽 하북성 준화현 일대에 둔 명대의 현이다.

67 희봉구喜峰口 : 하북성 천안현遷安縣에서 서북쪽으로 170리 떨어진 곳에 있는 만리장성의 관문 중 하나이다.

68 난하灤河 : 내몽고의 찰합이察哈爾에서 발원하여 열하熱河와 하북성 희봉구를 거쳐 노룡현盧龍縣으로 흘러 발해로 들어가는 강이다.

6월 1일

건창성[69]을 지나 냉구[70]를 나갔는데, 동쪽으로 산해관과의 거리가 180리라고 하였다. 큰 내가 있는데, 몽고 지방에서부터 남쪽으로 흐른다. 산의 모습은 가파르게 치솟다가 가운데가 갈라져 문과 같았다. 동쪽과 서쪽에는 연대煙臺와 포루砲樓가 있는데, 서쪽을 최승대最勝臺라고 한다.

6월 9일

대릉하[71] 상류를 건넜다.

6월 14일

비로소 의주와 금주의 큰길로 나갔다.

6월 18일

심양관으로 돌아왔다.

8월 18일

세자가 여러 왕을 따라서 청나라의 이전 황제들의 무덤에 가서

69 건창성建昌城 : 하북성 천안현에서 동북쪽으로 40리 떨어진 곳에 있다.

70 냉구冷口 : 하북성 천안현에서 동북쪽으로 70리 떨어진 곳에 있는 만리장성의 관문 중 하나이다.

71 대릉하大凌河 : 요령성 능원현凌源縣에서 발원하여 금현錦縣 동쪽을 흘러 발해만 북쪽으로 흘러드는 강으로, 길이가 약 400킬로미터이다.

절하고 돌아왔다. 이튿날 온 나라가 서쪽으로 떠나기 때문에 작별을 고한 것이라고 한다.

가삼
家蔘

근년 들어 약방에서 가삼家蔘(인삼)을 많이 파는데, 영남 사람이 재배한 것이다. 산삼에 비해 효과가 조금 느리지만 값은 3분의 2나 싸서 약을 복용하는 사람들이 편리하게 여긴다. 충주의 심의沈鐿라는 노인이 와서 하는 말이 충주 사람들도 이를 배워서 재배한다고 한다.

그 방법은 이러하다. 곡우 무렵에 응달진 산골짝의 낙엽 썩은 검은 흙을 가져다가 체로 곱게 쳐서 분盆 속에 볼록하게 채우고 객수客水가 흘러들지 못하게 한다. 분의 크기에 따라 가삼 뿌리 서너 개를 심는데, 반드시 반은 눕히고 반은 세워야 싹이 잘 나온다. 분은 담 그늘이나 나무 밑 등 햇볕이 많이 들지 않는 곳에 두고, 흙에 반쯤 묻는다. 분의 옆구리에 구멍 두세 개를 뚫어 주면 더욱 좋은데, 흙 기운이 사방에서 모이기 때문이다. 제일 조심해야 하는 것은 쥐가 삼을 알아채고 오는 일이다. 쥐는 삼을 극히 좋아해서 삼이 있는 곳을 알면 땅을 파고 와서 남김없이 먹어 치우므로 대와 나무를 엮어 촘촘하게 둘러쳐서 쥐를 막는다. 풍속에는 부녀자가 엿보는 것, 상가喪家에 다녀오는 것도 꺼리지만 이는 꼭 그럴 필요는 없다. 봄에 한 돈쭝짜리를 심으면 가을에 두세 돈쭝짜리를 얻는다. 꽃이 피고 열매가 열리면 그 씨를 받아 뿌려도 싹이 나는데, 한 해에 바늘만큼 자란다. 산삼에서 종자를 옮겨 온 것은 3년이 지난 뒤에야 자라는데, 이것도 '가삼'이라 부른다. 영남 사람들은 밭에다 씨를 뿌려 채소와 다름없이 키우니, 대개 토질에 적합하기 때문이다. 이문이 생기는 것은 사람들이 다투어 따라 하기 마련이라 소 팔고 논밭 팔아 삼으로 바꾸어 재배하는데, 종종 부유해진 이도 있다. 이 풍조가 조령을 넘어 충주까지 이른 것이다.

삼은 외교에서 중요한 물품이어서, 강계江界 백성들은 삼을 캐어 바치느라 곤궁해져서 도망가 떠돌이가 되어 버린 자가 태반이다. 성상(정조)께서는 밤낮 관서 지방을 염려하여 누차 대신과 비국 당상에게 바로잡을 방책을 강구하라 분부하셨다. 그래서 세금을 감하고 삼의 가격을 올려 주니, 살뜰한 배려 덕분에 강계 백성들이 다시 살아나게 되었다. 대개 삼이 산에서만 자라는 것이 아니고 재배하여 얻을 수도 있으며 또 사람들이 즐겨 심는 것이니, 머지않아 전국에 퍼지지 않겠는가. 나라 안에 삼이 충분해지면 강계 백성들은 절로 곤란을 당하지 않을 터이니, 어찌 다행이 아니겠는가. 내가 이 때문에 그 재배법을 기록해 두니, 뜻이 있는 사람은 살펴보기 바란다.

유구와 안남과 면전의 사신
琉球安南緬甸使

임자년(1792, 정조16)에 연경에 갔던 수역首譯 홍명복[72]의 별단別單에 다음과 같이 말하였다.

“금년에는 유구琉球(오키나와), 안남安南(베트남), 면전緬甸(미얀마)의 세 나라가 조공하였습니다. 유구는 정사正使 마계모馬繼謨, 부사副使 진천룡陳天龍이었고, 안남은 정사 완문전阮文琠, 부사 완진阮璡이었으며, 면전은 정사 아찰각소啞札覺蘇, 부사 득만각得滿覺이었습니다.

유구는 유황硫黃 1만 2600근, 홍동紅銅 3000근, 백강석白剛錫 1000근을 공물로 바쳤고, 안남은 옥여의玉如意 1쌍, 은분銀盆 1쌍, 은봉분銀蓬盆 1쌍, 은수대銀水臺 1쌍, 은등수銀燈樹 1쌍, 은으로 만든 학鶴 1쌍, 은 향로 1개, 토산물인 견絹과 환紈 각 200필, 육계肉桂 10근, 무소뿔 5쌍, 상아 2쌍을 공물로 바쳤으며 면전은 불상 1좌, 홍색과 황색 단향檀香 40개, 대홍니大紅呢 3판, 면포緬布 80필, 공작 꼬리 20병屛을 공물로 바쳤습니다. 상원上元 응제應制에서 유구와 안

72 홍명복洪命福 : 역관으로, 1765년 홍대용, 1778년 심염조沈念祖, 1780년 박지원, 1785년 박명원朴明源, 1790년 서호수徐浩修, 1792년 김정중金正中과 함께 연행을 했다. 1778년 연행에는 이덕무와 박제가도 동행했다.

남의 정사와 부사는 각각 칠언 율시 한 수씩을 지어 바쳤으나, 면전 사신은 한자를 몰라서 지어 바치지 못하였습니다."

고시와 배율을 지어 바치다
製進古詩排律

임자년(1792, 정조16) 4월 23일 성지를 받들어 시임 검서관과 전임 검서관이 글을 지어 올렸다. 본조 성균관과 사학의 응제 유생들이 상이 대궐 뜰에서 음식을 하사한 것에 대해 감사하여 〈경림에 봄비 내리는 날 유생들에게 잔치를 베풀다[春雨瓊林讌綠袍]〉라는 제목으로 어제御製에 화답하는 것을 상상한 선문箋文이었다. 상이 하교하셨다.

"사륙문은 검서관들이 모두 마음에 들게 짓지 못하였다. 〈성시전도城市全圖〉 백운白韻 고시古詩를 각신, 승지, 한림, 주서 및 병조의 당상과 낭청이 함께 지어 바치라."

29일에는 또 〈금강산 일만이천봉〉 칠언 오십운 배율排律로 시험하였고, 윤4월 1일에는 또 〈유하정행〉[73] 칠언 고시로 시험하였다. 병조

73 유하정행流霞亭行 : 유하정은 한강 두모포豆毛浦에 있던 정자인데, 정조 때 규장각에 예속시켜 각신들의 독서당으로 쓰였다. 《일성록》 정조 16년 4월 29일에 "〈유하정행〉으로 장편의 시제를 삼아 응제에서 이하二下 이상을 맞은 사람과 초계 문신으로서 차상次上 이상을 맞은 사람을 다시 시취하라고 명하였다."라는 기사가 실려 있다.

좌랑 신광하,[74] 우부승지 윤필병,[75] 검서관 박제가 및 유득공이 연달아 높은 등급을 받았다. 상으로 계사지啓辭紙 2권, 백면지白綿紙 1권, 황모필黃毛筆 5자루, 한림풍월묵翰林風月墨 2정丁을 받았으니, 모두 대내大內에서 내려 주신 것이다.

---

74 신광하申光河 : 1729~1796. 자는 문초文初, 호는 진택震澤이다. 일생 시문을 좋아하여 전국을 유람하며 시와 기행문을 남겼고, 목만중·이헌경·정범조와 함께 당대 사문장四文章으로 꼽혔다. 저서로 《진택선생문집震澤先生文集》이 있다.

75 윤필병尹弼秉 : 1730~1810. 자는 이중彝仲, 호는 무호암無號庵이다. 글씨와 시문에 뛰어났다. 정조 사후 관직에 나아가지 않았다.

아들 본학이 유 빈객의 시를 필사해서 바치다
學兒寫進劉賓客詩

임자년(1792, 정조16) 여름 상이 내각에 명하기를 "역대의 시를 선정하여 한漢, 위魏로부터 청나라까지 고체古體와 금체今體를 모아 분류하고, 호남과 영남에서 생산되는 백추지白硾紙에 정서하되 각신의 자제들 가운데 글씨를 잘 쓰는 자들을 모두 참여하게 하라." 하셨다. 대내에서 아들 본학本學의 이름을 써서 내리며 유 빈객[76]의 오언 율시 한 권을 필사해 바치라 하셨다. 이어 장용영에 명하여 쌀 1섬과 웅어 100마리를 상으로 내리시어 고지기가 장용영의 말에 실어 오니, 영예가 이웃 마을에까지 떨쳤다.

나는 그릇되게도 보잘것없는 재주로 내각에서 봉직한 지 10여 년 이래 하사받은 물건이 표리表裏, 마필馬匹, 활집과 살통, 활, 귀마개, 표피, 수달피, 서화, 지필묵, 향약香藥, 단오선, 해자낭,[77] 귤배橘杯, 왜연배倭煙杯, 물고기와 게, 감귤, 곶감[柹餠], 황률, 생강, 후추, 쌀, 땔감

---

76 유 빈객劉賓客 : 유우석劉禹錫(772~842)이다. 중당中唐의 대표적인 시인으로, 자는 몽득夢得이고, 생애 마지막 벼슬이 태자 빈객太子賓客이었다. 저서로 《유몽득문집劉夢得文集》, 《유빈객집劉賓客集》 등이 있다.

77 해자낭亥子囊 : 정조 때 시행한 궁중 고사古事로, 풍년을 기원하는 뜻에서 곡식 종자를 담아 정월 첫 해일亥日과 자일子日에 신하들에게 나누어 준 주머니다. 성종 때 행하다가 중단되었는데 정조 즉위 후에 다시 시행하였다.

그리고 꿩·닭·소·양·사슴·돼지의 고기 등으로, 물건을 기록한 표지標紙가 상자에 가득하다. 가끔 점검을 해 보고 만에 하나도 보답할 수 없음을 한탄하곤 한다. 미욱한 아들이 나이 겨우 스물 남짓에 이름이 지존께 알려지고 또 특별한 은총을 입으니, 온 가족이 영예롭게 여기고 감격해서 머리를 땅에 조아렸다.

길림 풍속
吉林風俗

《건륭어제시乾隆御製詩》 2집에 〈길림토풍잡영吉林土風雜咏 12수〉가 있다.

첫 수는 위호威呼를 읊은 것이다. 큰 통나무의 속을 파서 배를 만드는데, 큰 것은 5, 6명, 작은 것은 2, 3명이 탈 수 있다. 나무의 양쪽 끝을 깎아 상앗대를 만들어 한 사람이 잡고 좌우로 노를 젓는데 나는 듯이 빠르다. 와집[78] 가운데에는 산과 계곡이 섞여 있으므로 산삼을 캐거나 담비를 잡는 자가 위호를 가지고 다니다 물을 만나면 타고 건넌다.

제2수는 호란呼蘭을 읊었다. 속이 빈 나무를 속을 깎아 곧게 통하게 한 다음 잘라서 외기둥 마냥 만들어 처마 바깥에 세워 구들의 연기를 빼내는데, 위에는 가시나무로 엮은 덮개를 덮는다.

제3수는 법라法喇를 읊었다. 수레 비슷하지만 바퀴가 없고, 의자 비슷하지만 다리가 없다. 자리를 덮어 감실처럼 해서 말 몰듯이 끈으로 잡아당기는데 얼음과 눈 위를 다니기 편리하다. 민간에서는 '배리扒犁'라 부른다.

78 와집窩集 : 흑룡강과 길림 일대에서 대규모의 원시림을 이르는 말이다.

제4수는 비란斐蘭을 읊었다. 아이들이 느릅나무와 버드나무로 만든 활을 비란이라 하고, 가시나무와 쑥대를 깎아 화살을 만들고 그 화살에 꿩이나 닭의 깃털을 잘라 깃을 붙인 것을 '유감鈕勘'이라 한다.

제5수는 새비賽斐를 읊었다. 나라의 풍속에 음식을 먹을 때 예전에는 나무 숟가락을 사용했는데, 길이가 4치가량으로 굽은 자루에 끝은 둥글넓적하고 크다.

제6수는 액림額林을 읊었다. 가로 판자를 문미와 마룻대 사이에 시렁처럼 얹고 경대, 병 등 여러 살림 도구를 얹어 둔다.

제7수는 시함施函을 읊었다. 나무를 깎아 통을 만들어서 물을 담거나 술을 빚는 데 두루 사용한다.

제8수는 납합拉哈을 읊었다. 흙벽이나 흙담을 쌓을 때 삼풀을 엮어 아래로 드리우고, 가장자리를 따라 흙손질을 한다.

제9수는 하붕霞繃을 읊었다. 쑥대와 가시나무로 뼈대를 만들고 여기에 곡식의 겨를 찧어 기름과 반죽하여 붙여서 촛불을 대신하는데, 새파란 불빛이 형형하고 연기가 구름처럼 맺힌다.

제10수는 활산豁山을 읊었다. 늦여름부터 초가을 무렵에 낡은 모시와 닥나무의 솜을 찧어 물에 담가 불려서 부드러운 섬유질을 만든 다음 갈대발로 걸러 고르게 펼치고 볕에 말려 종이를 만드는데, 굳세고 질기기가 꼭 가죽 같다.

제11수는 나단羅丹을 읊었으니 나단이란 사슴의 발과 다리뼈다. 손 가는 대로 던져서 놀이를 하는데, 엎어지는지 뒤집어지는지 혹은 가로인지 세로인지를 보아 승부를 결정한다. 작은 것은 노루 뼈로 만들고 큰 것은 사슴 뼈로 만들며 옥처럼 반질반질하다. 아이들과 부녀자들이 모여 앉아 그것을 던지며 논다. 대개 다리뼈 하나에 네 면이 각각 다른 색이니 네 개를 잡고 던져 모두 같은 색이 나오면 사색전四色全이 되는데, 대략 이렇게 해서 승부를 가른다. 얇고 둥근 돌로 치는 것은 '파격帕格'이라 한다.

제12수는 주비周斐를 읊었다. 자작나무의 용도는 껍질에 있으니, 두께가 한 치가 되면 벗겨다가 집을 짓는다. 위에 덮으면 기와가 되고 옆에 쓰면 벽이나 문이 된다. 몸체가 가볍고 다루기 쉬어 짐승을 좇아 자주 옮긴다.

살펴보건대 만주는 우리나라 서북쪽 변경과 땅이 닿아 있으므로 열두 가지 풍속 가운데 서로 같은 것이 여덟 내지 아홉이다. 위호威呼란 자피者皮이고 법라法喇란 발고撥庫이고 액림額林이란 현판懸版이다. 호란呼蘭, 비란斐蘭, 유감鈕勘, 시함施函, 하붕霞绷 따위도 역시 모두 있다. 또 서울의 어린이들이 소 다리뼈를 던지며 노는 것을 '거독去毒'이라 하는데, 이것도 나단羅丹과 같은 종류다.

내각이 임금을 대신해 일성록을 엮다
內閣代撰日省錄

상이 명령하는 것으로는 전교傳敎, 탑교榻敎, 윤음綸音, 비망기備忘記, 비답批答, 판부判付, 교서敎書, 유서諭書, 반교문頒敎文 등이 있고, 여러 신하가 왕에게 아뢰는 것으로는 상소上疏, 차자箚子, 전문箋文, 계사啓辭, 초기草記, 장계狀啓, 계목啓目, 서계書啓, 별단別單, 거조擧條 등이 있다. 신민들이 왕의 은혜로운 처분을 바라면서 올리는 것으로는 상언上言이 있고, 죄수가 아뢰는 것으로는 원정原情과 구공口供이 있다.

매일 승정원의 병방 승지가 심정審定해서 배포하면 양사兩司의 서리胥吏들이 제일 먼저 베껴 쓰고, 그다음 여러 관청의 서리들이 차례로 전해서 베낀다. 쪽지로 단락마다 즉시 알리는 것을 분발分撥이라 하고, 한 통에 모아 다음 날 아침에 알리는 것을 조보朝報 또는 기별奇別이라고 한다. 양사에서 당일에 조금 늦게 먼저 기별을 보는데, 이것을 주지晝紙라 한다.[79]

한림이 서술하는 시정기時政記는 기밀로 감히 누설할 수가 없고

---

79 쪽지로……한다 : 유득공은 분발과 주지를 구분한 반면 성해응은 "양사에서는 분발을 주지라고 한다."라고 하여 분발과 주지가 같은 것이라고 하였다. 《研經齋全集 外集 卷53 故事類 唐制攷 轉帖街遞》

서울의 사고史庫 및 정족산, 태백산, 오대산, 적상산 네 산성의 사고에 간직된다. 주서가 기록하는 것을 연화筵話라 하여 역시 기밀로 취급하는데, 혹 특지特旨로 반포되기도 한다. 정령政令에 관한 문서와 마찬가지로 주서가 관장하여 날짜별로 편차한 것을 《정원일기政院日記》라 한다. 성상이 즉위한 이후 내각이 《일성록》을 대신 엮었는데, 매일 입직 검서관이 승정원의 문서를 가져다가 강綱과 목目으로 정리하여 문장은 간결히 하되 사건은 빠짐없이 서술한다. 그러면 각신이 다듬고 5일치 기록을 한 권씩으로 묶어 정리하고 필사하여 올렸다. 어제御製로서 역사 기록을 겸한 것이니, 그 일이 특별히 중요하다.

칠월 칠일 대책
七月七日對策

임자년(1792. 정조16) 7월 7일, 상이 책문策問을 내어서 칠석에 대해 질문하고, 내각, 승정원, 홍문관, 한림원, 병조의 여러 신하에게 대책을 지어 올리라 명하였다. 각신은 서영보徐榮輔, 승지는 임제원林濟遠, 이가환李家煥, 조상진趙尙鎭, 옥당玉堂은 김희조金熙朝, 검서관은 나 득공과 이덕무, 박제가가 뽑혀서 차등 있게 상을 받았다.[80]

80 검서관은……받았다 : 유득공의 《영재집泠齋集》 권11에 〈칠석책七夕策〉이, 박제가의 《정유문집貞蕤文集》 권2에 〈칠칠책七七策〉이 실려 있다.

어사 고풍
御射古風

임자년(1792) 10월 30일, 상이 춘당대에 나아가 유엽전柳葉箭 50발을 쏘아서 49발을 맞혔다. 고풍古風 -상을 줌을 말한다.-을 내각과 승지, 사관 등 여러 신하에게 하사하였다. 신 득공은 붓 세 자루와 먹 하나를 하사받았다.

거룩하신 우리 태조 강헌대왕은 활솜씨로 북쪽 오랑캐를 습복慴伏시키고 남쪽 왜구를 섬멸하여 동방의 이 나라를 차지하셨다. 큰 활과 긴 화살이 지금까지 함흥의 옛 궁궐에 간직되어 있으니, 마치 한漢나라의 참사검[81]과 같은 경우이다.

우리 성상은 이를 이어 조술하여 각신들에게 하교하기를 "활쏘기는 우리 왕실의 가법家法이니, 감히 힘쓰지 않을 수 없다." 하셨으니, 아하, 거룩하시다. 내가 우리 성상의 활쏘기를 지켜본 바로는 그다지 애쓰지 않고 활을 한번 당겨 곧장 쏘면 벌써 정곡에 맞았다. 위대하신 성상의 자신을 바루는 공부가 천고의 제왕 가운데 탁월하다.

---

81 참사검斬蛇劍 : 한 고조 유방의 보검을 말한다. 유방이 미천하던 때에 술에 취해 소택을 지나가다 큰 뱀이 길을 가로막고 있는 것을 보고는 칼을 뽑아서 그 뱀을 베었다. 그날 밤중 한 노파가 그곳에 와서 울면서 "내 아들은 백제자白帝子로 뱀으로 변신하여 길에 있었는데, 지금 적제자赤帝子가 내 아들을 베어 죽였다."라고 하였다. 칼을 역대로 서경西京의 무기고에 간직하였다고 한다. 《史記 高祖本紀》

공자 후손에게 집을 하사하다
先聖裔孫賜第

임자년(1792) 8월, 상이 이문원摛文院에서 재계하면서 성균관 유생을 불러보고 강講을 시험하였는데, 기재생寄齋生 공윤항孔胤恒이라는 자가 있었다. 상이 하순下詢하여 그가 기묘명현인 대사헌 공서린[82]의 9대손인 줄을 아셨다. 공서린의 5대조는 이름이 소紹로 공자의 53대손이 되고 그가 원나라 말 노국장공주魯國長公主를 따라 우리나라에 왔으니, 계보가 대단히 상세하였다.

상이 감탄하고 기특히 여겨 대신大臣과 경재 및 삼사에 명하여 연성공[83]의 전례에 비추어 관작을 세습하게 하거나 집을 하사할 것을 의논하라 하셨다. 그러나 성균관의 의론이 일치되지 못하여, 마침내 공서린의 직계인 공윤동孔允東, 공윤태孔允泰 등을 찾아 차례로 능참봉에 임명하였다. 이해 10월 공윤항이 《시경》으로 강에 응시하여 집을 하사받으니, 모두 거룩한 은전恩典이었다.

82 공서린孔瑞麟 : 1483~1541. 자는 희성希聖, 응성應聖, 호는 휴암休巖이다. 기묘명현이란 1519년(중종14) 기묘사화로 화를 입은 조광조를 비롯한 사림을 일컫는 말인데, 공서린 또한 이 사화로 투옥되었다가 풀려난 일이 있다.

83 연성공衍聖公 : 송 인종 때 공자의 자손에게 내린 세습의 작호이다.

왜를 예라 부르다
呼倭爲濊

예濊란 동이의 옛 이름이다. 《삼국사기》에 "북명北溟 사람이 밭을 갈다가 예왕濊王의 도장을 얻었다."[84]라고 하고, 《삼국지》에는 "부여의 국왕 도장에 '예왕의 도장[濊王之印]'이라는 글귀가 새겨져 있다." 라고 하였다. 아마도 줄여서 발음하면 예가 되고 늘여서 발음하면 부여가 되는 것일 터이니, 그 실상은 같다. 뒷날 무릇 포여로蒲與路니 복여위福餘衛니 하는 것도 모두 부여에서 발음이 바뀐 것이다.

예의 옛 도읍은 우리나라 강릉부에 있고, 부여의 옛 도읍은 지금 개원현開原縣에 있으며, 포여로는 길림 이북에 있고, 복여위는 심양 동쪽에 있으며, 백제의 옛 도읍인 부여는 우리나라 호서에 있으니, 이 모두 예濊이다. 우리나라 사람들이 왜倭를 예濊라 부르는 것은 어떤 근거에서인지 알 수 없다. 왜 역시 동이이므로 뒤섞어서 부르는 것일까?

---

84 북명……얻었다 : 《삼국사기》〈신라본기 제1〉 남해차차웅南解次次雄 16년 조에 보인다.

우리나라 벼루
東硯

김도산金道山이라는 자는 홍주의 아전이다. 벼루 만드는 솜씨가 뛰어나 서울에 떠돌며 살 때 사대부들이 다투어 불러 갔으니, 평생 만든 벼루가 아마도 수천 개는 넘을 것이다. 나도 그에게 검은 벼루와 푸른 벼루 두 개를 만들게 하였다. 김도산이 벼루 만드는 석재를 품평하여 이렇게 말하였다.

"남포석藍浦石이 가장 유명하지만 너무 검고 어두운 것이 애석하고 화초 무늬도 그다지 뛰어나지 못합니다. 위원석渭原石은 그 청색은 흡주석歙州石 같고 자주색은 단계석端溪石 같아 상품에 속합니다. 허나 은은한 청색에 흰색을 띠고서 두드리면 맑은 소리가 나고 옥처럼 온윤하며 발묵이 잘 되는 종성鐘城의 치란석雉卵石만은 못합니다. 평창의 자석紫石과 고령의 현석玄石도 좋습니다. 단천의 황석黃石은 너무 단단하고, 풍천豐川의 청석靑石은 너무 거칠며, 안동의 마간석馬肝石이 가장 열악하니 벼루로 사용할 수 없습니다."

이를 기록하여 《동연보》[85]를 보충한다.

---

85 동연보東硯譜 : 실제의 책이 확인되지는 않으나 조선의 벼루를 주제로 한 유득공의 저술로 추측된다. 유득공의 《경도잡지》 〈풍속〉에서도 벼루의 재료로 남포의 오석연烏石硯, 위원의 자석연紫石硯 등을 언급하고 있다.

속자
俗字

임자년(1792, 정조16) 가을《규장전운奎章全韻》교정을 담당한 여러 신하[86]에게 상이 '육서六書'를 책문에 출제하여 여러 신하가 모두 대책對策을 지어 올렸다. 대신大臣과 문임文任이 각각 청색·황색·녹색 먹으로 비평한 연후에 상이 주묵朱墨으로 비점을 찍었으니, 성대한 일이었다. 내가 올린 대책에 우리나라 속자俗字의 폐단을 다음과 같이 말하였다.

"수전水田을 답畓이라 하고 대두大豆를 태太라 하는 것을 마치 《삼창》[87]처럼 받들고, 선박을 갉아먹는 좀벌레를 소螦라 하고 소의 위장을 양䑋이라 하는 것을 마치 《이아》에 나오는 듯이 여깁니다. 공령문功令文과 표전表箋에 '하도何圖'를 '하비何啚'라 써서, 이같이

86 여러 신하 : 본디는 이름을 썼다가 나중에 지웠다. 지워진 이름은 다음과 같다. "원임 직각 윤행임尹行任, 검교 직각 서영보, 직각 남공철南公轍, 승지 이가환李家煥, 전 승지 이서구, 교리 성대중成大中, 겸검서관 이덕무, 유득공, 검서관 박제가."

87 삼창三倉 : 한漢나라 때에 편찬된 사전 이름이다. 《창힐편蒼頡篇》, 《원력편爰歷篇》, 《박학편博學篇》의 3편으로 이루어졌다. 후에 이 3편을 합하여 맨 앞의 편명을 따서 《창힐편》이라 하고, 이를 '세 편으로 이루어진 창힐편'이란 의미로 《삼창》이라 하였다.

쓰지 않으면 규식에 어긋난다고 여깁니다. '비啚'란 '비루하다[鄙]'는 뜻입니다. '하비何鄙'라니, 이 무슨 말입니까."[88]

대책이란 근엄한 글이므로 일일이 거론하지 못하였을 뿐이지 우리나라의 속자가 이 다섯 글자만 있는 것은 아니다. 이를테면 '탈을 잡는다'고 할 때의 탈頉은 그 의미가 허물[釁]과 같고 '생을 뽑는다'고 할 때의 생栍은 그 의미가 제비[籤]와 같은데, 공사公私 문서에서 가장 즐겨 사용하는 속자이다. 또 안부를 묻거나 물건을 보내는 편지에서 '소주燒酒 몇 선'의 선鐥이란 이匜이다.[89] 여자의 남자 형제는 남娚이라 하여 곧잘 남매娚妹니 처남妻娚이니 부른다. 더욱 가소로운 것은 조曺와 조曹를 다르게 사용하여, 성씨일 때는 조曹를 쓰고, 관청 이름에는 조曺를 쓰는 것이다.[90] 심지어는 담비[貂]를 돈獤이라 하고, 족제비[黃鼠]를 광獷이라 한다. 이와 같은 종류가 매우 많으니, 소학小學(문자학)을 공부하는 자는 자세히 살피지 않으면 안 된다.

---

88 수전을……말입니까 : 이 부분은 유득공의 《영재집》 권11 〈육서책六書策〉에 실려 있다.

89 선이란 이이다 : 이덕무에 따르면 선鐥(복자)은 술을 담는 그릇의 단위인 듯하다. "우리나라에서는 술 네 잔들이 그릇을 한 대야大也라 하는데, 야也 자는 혹 이匜 자의 착오가 아닐지? 한 대야는 또 한 선鐥이라고도 칭하는데, '선鐥' 자는 자서에는 없다.……고려 때부터 이미 '선鐥' 자를 썼고 민간에서도 세수 그릇을 대야라 칭했는데, 술그릇과 명칭은 같지만 크기에는 현격한 차이가 있다." 하였다. 《靑莊館全書 卷55 鐥》

90 성씨일……것이다 : 근대 이후로 우리나라에서는 이와 반대로 성씨일 때는 조曺를, 관청 이름에는 조曹를 써서 엄격히 구별했지만, 예전에는 서로 혼용하였다.

사마귀가 개구리로 화하다
螳螂化蠅

《본초강목本草綱目》에 "당랑螳螂은 일명 거부拒斧이고, 또 불과不過나 식우食肬라고도 한다." 하였다. 우리나라에서는 '연가시[軟棘]'라 부르는데, 호남 사람들은 '버마재비[虎叔]'라고 한다.

사옹원 봉사 이기원[91]은 나와 친숙한데, 그가 이렇게 말하였다.

"내가 본 어떤 사람이 몸에 검정 사마귀가 난 것이 싫어서 그걸 사마귀에게 먹이려고 잡아서 자루에 담아 갔네. 한데 시끌벅적 떠들썩한 것이 너무 심해서 자루를 열어 보니, 한 마리 조그만 청개구리로 변해 있더라고 하더군."

91 이기원李箕元 : 1745~? 자는 자범子範, 호는 홍애洪厓이다. 서얼 출신 문인으로, 박제가와 가까워서 함께 연행을 갔으며 유득공, 이덕무와도 친밀하게 교유했다. 특히 이덕무는 만년에 이기원의 시집에 관주와 비점을 가하고 고평했다. 저서에 《홍애집》이 있다.

주계가 뱀으로 화하다
珠鷄化蛇

얼룩무늬가 있는 흰 닭을 주계珠鷄라 하는데 늙으면 뱀으로 화한다. 하지만 이를 본 사람은 없었다. 나의 이종사촌 아우 심민수沈民秀가 충주에 사는데, 그가 다음과 같이 말하였다.

"수년 동안 키우던 주계를 어느 날 갑자기 잃어버렸습니다. 우연히 벼 난가리를 허물다가 털이 다 빠져 듬성듬성한 주계가 나와서 '살쾡이한테 물어뜯겼나?' 여겼지요. 그런데 자세히 살펴보니 뱀으로 화해서 꿈틀거리고 있었는데 두 발과 꼬리는 아직도 닭이었습니다. 마을 사람들이 빼곡히 모여 살펴보았는데, 해수병을 앓던 꼬부랑 늙은이가 절을 하며 말하였습니다.

'이는 하늘의 도움이오. 의원의 말이 이것을 먹으면 해수가 그친다 하였는데, 지금 다행히 구했구려.'

사람들이 모두 나무라며 먹으면 죽을 것이라고 하였습니다. 하지만 병자는 죽어도 한이 없다며 싸 가지고 가서 삶아 먹었고 병이 깨끗이 나았다고 합니다."

초목과 충어
草木蟲魚

서울의 시속이 뜰에 노송나무를 심고서 붕자棚子를 얽고 문을 매단 다음 그 나머지 가지를 당겨서 호로산葫蘆傘을 만들기를 즐긴다. 대개 비상하는 학鶴의 형상인데, 이를 이름하여 '취병翠屛'이라 한다. 하지만 노송나무가 어떤 나무인지 물으면 그것이 바로 전나무임을 아는 이는 드물다. 시를 읊을 때는 이른 봄 영춘迎春(개나리)이 갓 핀 것을 신이辛夷라 하고, 한여름 매괴[92]가 일제히 핀 것을 해당海棠이라 모칭冒稱한다. 솔씨를 잣이라 하고 빈과蘋果를 사과查果라 하고서도 더 이상 분별하여 따져 보지 않는다. 고羔란 새끼 양인데 고력羖䍽(산양)을 고羔라 하고, 준치[鰣]는 가시가 가장 많은 물고기라 하여 곧 늑어勒魚(밴댕이)를 일러 준치라고 하니, 초목과 충어에 대한 학문이 형편없다.

초목과 충어를 알지 못할 뿐만이 아니다. 지금 사람들은 머리를 깎고 특이한 복장을 한 자를 보면 만주인이건 몽고인이건 따지지 않고 모두 오랑캐라고 부르고, 서번西番은 서방 오랑캐, 남만南蠻은 남방 오랑캐라 부른다. 이는 사람조차도 알지 못하는 것이다.

---

92 매괴玫瑰 : 장미과의 낙엽 관목으로 해변에 자생하며 홍자색 꽃이 핀다. 꽃은 향수의 원료로 쓰인다. 때찔레, 배회화徘徊花라고도 한다.

곰 이야기
說熊

곰은 힘이 세지만 미련해서 호랑이와 싸울 때 나무를 꺾어 호랑이를 치되 두 번 사용하지 않는다. 그러므로 힘이 먼저 빠져 호랑이에게 제압당한다. 산골 사람이 곰을 길들여 비가 내리면 벼 말리는 자리를 걷게 하였다. 밤에 비가 내리자 곰이 울타리를 모조리 걷어서 처마 밑에 쌓아 두었다.

북관 사람들은 눈이 내리면 곰을 잡는데, 도끼 한 자루와 새끼줄 두 개를 갖고 산에 들어간다. 곰은 흔히 속이 빈 큰 나무 안에 살기에 도끼로 나무를 울린다. 곰이 화가 났대도 성이 났는지 나지 않았는지는 사람으로선 실로 알 수 없다. 하지만 곰이 성이 났다면 도끼로 그 나무에 구멍을 냈을 때 한쪽 팔을 내밀어 도끼를 뺏으려 든다. 이때 새끼줄로 곰의 팔을 다른 나무에 잡아 묶는다. 또 구멍을 내면 다른 한쪽 팔을 또 내민다. 그러면 또 다른 나무에 잡아 묶는다. 이렇게 하면 사로잡게 된다.

지평砥平의 나무꾼이 산에 들어가 곰이 벌집을 쳐다보는 것을 발견하고 달려가 염탐하였다. 곰이 바위 사이에 앉아 꿀이 저장된 벌집을 찾아 손가락으로 더듬어 맛을 보다가 주위를 둘러보며 달렸다. 나무꾼은 곰이 새끼를 데리러 가는 것이라고 생각하고, 먼저 그 꿀을 다 비우고 벌집에 오물을 뿌려 가득 채운 다음 나무에 올라가 다시 살펴보았다.

곰이 과연 새끼 세 마리를 데리고 벌집 앞에 와 나란히 앉더니 나뭇가지로 휘저어서 새끼의 입에 넣어 주었다. 새끼가 머리를 내저으며 싫어하자, 곰이 성이 나서 발바닥으로 새끼의 빰을 때렸다. 차례로 다른 새끼에게 먹였으나 싫다고 하지 않는 놈이 없으니 그때마다 빰을 때렸다. 마침내 크게 휘저어서 스스로 먹어 보더니 얼른 그 나뭇가지를 던져 버리고는 다시 주저앉아 성을 내었다. 나무꾼이 킥킥 웃자 곰이 크게 울부짖더니 나무 아래로 달려와 나무를 흔들기도 하고 밑동을 파기도 하다가 타고 올라오려고 하였다. 나무꾼이 "사람 살려" 하고 크게 외치자, 같이 갔던 사람들이 다 몰려와 쫓고서야 겨우 화를 면하였다.

이무관(이덕무)이 사근도 찰방이 되어 가끔 지리산의 절을 찾았는데 절의 승려가 다음과 같이 말했다고 한다.

"곰이 장醬을 잘 훔쳐 먹어서 승려들에게 미움을 받았습니다. 누가 계책을 내어 곰이 장독대에 다가가는 것을 보고도 짐짓 모른 체 하고선 도끼로 큰 나무를 쪼개 윗부분 절반을 벌려 나무토막을 꽂고는, 승려들이 차례대로 그 나무에 걸터앉아 나무토막을 잡아당기면서 견고해서 뽑을 수 없는 양하며 왁자하니 떠들고 웃고 하였답니다. 곰은 장은 잊어버린 채 뚫어져라 바라보았지요. 승려들은 하나씩 흩어져 숨어서 엿보았답니다. 곰이 천천히 걸어가서 나무에 걸터앉으니, 그 모습이 흡사 갈라진 틈에 끼인 것 같았습니다. 곰이 단번에 나무토막을 뽑아 버리자 나무가 도로 딱 붙어 자물쇠로 잠근 꼴이 되었고, 곰은 눈만 멀뚱멀뚱할 뿐 움직이지를 못하였습니다. 그러자 승려들이 나가서 결박하였답니다."

임자년(1792, 정조16) 11월 19일 조정에서 퇴근해 조금 한가한 여가에 손님과 함께 곰 이야기를 하고, 아이들에게 일러 기록하게 하였다.

전문을 올리다
進箋

임자년(1792, 정조16) 12월 16일 상이 상재上齋의 유생들을 불러 시험하였다. 제술이 격식에 맞지 않는 유생이 많아 분부를 내려 엄히 꾸짖게 하고, 다음 날 새벽에 와서 대령하라 하고 다시는 불러 접견하지 않으니, 유생들이 두려워하며 인정문仁政門 밖에 서 있었다. 신패申牌(신시) 뒤에 비로소 명하여 이문원에 나아가 응시하게 하되 "문밖에 눈이 석 자 깊이로 내렸다.[門外雪深三尺]"를 배율排律의 제목으로 하고, "돌아보면서 너희들이 아직도 있었더냐 하시다.[顧曰汝輩尙在乎]"를 부賦의 제목으로 하라 하였다. 또 유생들의 답안을 비교해서 밤을 새워 시권試券을 올리게 하였다.

이날 밤 마침 큰 눈이 내려서 글제의 뜻과 부합하였다. 또 부의 제목으로, "아침에 일어나 살펴보니, 이른바 눈 깊이 석 자가 정말이로다.[朝起視之 眞所謂雪深三尺]"를 내리고, 승지와 사관, 반당泮堂·옥당·병조의 입직 당상과 낭관, 여러 검서관, 외각의 교리에게 지어 올리게 하였다. 어비御批를 가해서 하사하고 우등을 차지한 6인에게는 차등 있게 상을 주었는데, 그 가운데 교서관 교리 성대중에게는 특별히 외삼품직外三品職을 제수하였다.[93] 6인이 연명聯名으로 전문箋

93 성대중에게는……제수하였다 : 이때 성대중은 함경도 북청 부사北靑府使로 발탁

文을 올리게 하였으니, 전문은 다음과 같다.[94]

"가선대부 행 승정원좌승지 겸 경연참찬관 춘추관수찬관 임제원林濟遠, 통훈대부 행 교서관 교리 성대중, 통정대부 승정원동부승지 겸 경연참찬관 춘추관수찬관 지제교 정치순鄭致淳, 통훈대부 행 제용감판관 규장각겸검서관 유득공, 봉훈랑 홍문관교리 지제교 겸 경연시독관 춘추관기주관 남학교수 김희순金羲淳, 조산대부 행 병조좌랑 박효성朴孝成 등은 건륭 57년(1792) 12월 18일에 글을 지어 올리라는 왕명을 공경히 받들어서 글을 지어 올려, 모두 성상의 크나큰 칭찬을 들었습니다. 포상이 잇달아 내려오고 성상의 하유가 정중하였습니다. 삼가 전문을 올려 칭하드립니다.

임제원 등은 진실로 기뻐 손뼉을 치며 머리를 조아리고 말씀 올립니다. 삼가 생각건대 금중禁中에서 숙직하며 거친 글로 눈[雪]을 읊어 합격의 총광寵光을 입은 것은 하늘이 내린 은총이고, 여섯 사람이 동시에 입은 영예는 천 년에 한 번 만날 특별한 성은입니다.

삼가 생각건대 신들은 벼슬길에 발을 들여놓았지만 문장 솜씨가 형편없습니다. 그럼에도 은대와 옥당에서는 일월같이 밝은 성덕이 남김없이 비추어 주시는 성은에 의지하였고, 병조와 내각에서는 우로雨露같이 차별 없이 적셔 주시는 거룩한 은혜를 입었습니다. 이번에 궁에서 선비를 시험하고 나서 궁궐의 근신들도 응제하라는 명에 모두 응하였습니다. 유초와 양시의 고사가 정자程子의 문정門庭에

되었다.

94 전문은 다음과 같다 : 이하의 전문은 《통색촬요通塞撮要》 권4에도 들어 있다.

서 뜻을 취한 것을 따랐지만,[95] 사마상여와 매승 같은 웅대한 문장력으로 양원[96]에서 부賦를 읊은 재주에는 부족합니다.[97] 빙설같이 유약한 저희는 애초 재상 될 자질이 아니고, 철새와 후충候蟲처럼 미천한 저희가 감히 국가의 융성을 노래할 수 있겠습니까. 뜻밖에 친히 발탁한 성상의 안목으로 갑자기 우등으로 선발되는 특별한 영광을 내려 주시니, 찬란한 성상의 평가는 맨 앞의 신하들을 특별히 포장하고, 누차 내린 은총은 말단의 신하까지 빠뜨리지 않고 미쳤습니다. 한직에 있는 정건鄭虔의 처지를 애석히 여기셔서 지방 장관에 특별히 제수하셨고, 소식蘇軾의 기재奇才를 발견하여 다시 내직으로 옮겨 주시니, 하늘 같은 은혜를 갚을 길이 없습니다.

이에 대개 엎드려 생각건대, 주상 전하는 동방의 성인으로서 문文을 높이는 정치를 하십니다. 규장각의 도서는 숙유宿儒를 기다려서 윤색을 하고 벽옹辟雍의 현관絃管은 많은 선비를 인재로 양성하였습니다. 마침내 노둔한 자질을 지닌 저희도 크나큰 은혜를 입게 되었으니, 신등이 감히 명을 듣지 않겠습니까. 모두 함께 영예를 입어 감격이 더합니다. 가까이 모셔서 뜻을 편 것은 성상께 너무나도 큰

---

95 유초와……따랐지만 : 송나라 유초游酢와 양시楊時가 처음 정이천程伊川을 뵈었을 때 그는 바야흐로 명상에 잠겨 앉아 있었다. 두 사람이 시립하여 기다리니, 이천이 명상에서 깨어났을 때 문밖에 눈이 한 자나 내렸다고 하였다.

96 양원梁苑 : 한漢나라 때 양 효왕梁孝王이 지은 궁실 내의 정원으로, 양원梁園 또는 토원兔園이라고도 한다.

97 매승……부족합니다. : 매승枚乘은 한나라 회음淮陰 사람으로, 오왕吳王 유비劉濞를 섬겨 낭중郎中이 되었다. 그러나 반란을 일으키려는 것을 간한 말이 받아들여지지 않자 떠나서 양 효왕을 섬겼다. 양 효왕의 빈객들이 모두 사부辭賦를 잘 지었으나 매승이 가장 뛰어났다. 작품으로 〈칠발七發〉이 있다.

은혜를 입은 것이니, 흩어진 서적을 수습하여 부처님 같은 큰 은혜를 갚겠습니다. 신은 하늘 같은 성상을 우러러 감격과 황송함을 감당하지 못하겠습니다. 삼가 전문을 받들어 하례를 드립니다."

이날 도목정사 때에 상이 희정당熙政堂에 나아가니, 이비와 병비, 승지와 사관 및 각신이 모두 합문에 나아갔다. 우등을 차지한 6인은 흑단령을 갖추고서 향용정香龍亭과 고취악鼓吹樂을 받들어 예에 맞는 의식을 거행하였다. 찬인贊引이 방차榜次대로 인도하여 줄을 지어서 사배四拜하고 상을 받고서 물러 나왔으니, 예로부터 없던 영예라 할 것이다.

나는 평소 과문科文의 부체賦體에 익숙하지 않아서 옛사람을 따라 모방하기만 하였다. 제2구에 "아마도 하늘이 옥으로 만드시려는 것이니, 그 사람 완연히 석거각石渠閣에 계시네.[天其或者玉汝 人宛在於石渠]" 하였는데, 이문원의 여러 사람이 그 대구對句가 잘 되었다고들 하였다.

열하일기
熱河日記

상이 요즈음의 문체가 비속하고 낮다 하여 여러 차례 윤음을 내려 사신詞臣을 꾸짖고 패관 소설을 엄금하였으며 또한 여러 검서관은 신기新奇를 힘써 숭상하지 말라 신칙하였다. 북청 부사 성대중이 홀로 법도를 좇았기에 매양 그에게 포상을 더하였는데, 내각에 명하여 술자리를 열어 시를 읊어서 그의 출발에 총영寵榮을 내렸다. 서영보·남공철南公轍 두 직각과 강산薑山 이 승지(이서구)가 그 자리에 있었으니 모두 당대 시문의 대가들이다. 검서관은 나와 이무관(이덕무)이 참석하였으니, 지극한 영예라 이를 만하다. 이날 남 직각은 성상의 뜻으로 편지를 써서 안의 현감 박지원에게 다음과 같이 유시諭示하였다.

"《열하일기熱河日記》는 내가 이미 읽어보았다. 다시 아정雅正한 글을 짓되 편질이 《열하일기》와 비슷하고 《열하일기》처럼 회자될 수 있으면 괜찮겠지만 그렇지 못하면 벌을 내릴 것이다."

연암은 약관에 글을 잘 지어 이름이 서울에 떠들썩하였다. 이윽고 불우하여 과거에 급제하지 못한 채 연경에 사신 가는 족형 금성도위錦城都尉를 따라 열하에 갔다 돌아와서 《열하일기》 20권을 지었는데, 탄식과 웃음, 노여움과 꾸짖음에다 우언寓言이 버무려져 있었다. 그 가운데 〈상기象記〉, 〈호질虎叱〉, 〈야출고북구기夜出古北口記〉, 〈일

야구도하기一夜九渡河記〉 등의 글은 극히 걸출하고 기이하여 당대의 사대부들이 전하여 베끼고 빌려 보는 것이 여러 해가 되도록 그치지 않았다. 이 책이 마침내 대궐에까지 들어가서 이런 분부가 있게 된 것이다.

연암은 우리들이 평소 친하게 종유하던 분이다. 그는《열하일기》를 짓고 나서 그 이전에 쓴 글을 모두 없애 버리고, "이《열하일기》만 있으면 나머지 글은 후세에 전할 것 없다."라고 하였다. 지금 시골에서 고을살이를 하는 터에 글 상자에는 단 한 장도 예전 원고가 없을 텐데 갑자기 장중한 글을 쓰려 한들 무슨 수로 스무 권이나 되는 양을 채우겠는가. 장중한 글이란 또 사람들에게 널리 읽히기 쉽지 않으니, 불후의 작품으로 자부하는 것이라 한들 악시의 표본[98]처럼 되고 말 것이니 천하에 낭패스러운 사람으로 연암만 한 이가 없다. 나와 무관은 그저 흉내나 내는 사람이다.

---

98 악시의 표본 : 역대 문인들이 황제에게 시문을 올려 자신의 재주를 알리던 관례에 따라 당 덕종 때에 회남淮南의 최숙崔叔이 청시淸詩 100편을 올렸다. 덕종이 보고서 "이따위 조악한 시를 무엇하러 올렸느냐?[此惡詩何用進?]"라고 하자, 당시에 최숙의 시를 두고 '악시惡詩의 표본'이라고 하였다.《太平廣記》

춘첩 대련
春帖對聯

나는 기유년(1789, 정조13) 입춘에 부름을 받고 장용영에 나아가 장용영 건물에 붙일 춘첩春帖 대련對聯을 다음과 같이 지어 올렸다.

장용영에 붙이는 춘첩자 밝은 시대 만났으니	羽林章句逢昭代
표미[99]와 구진[100]처럼 군영을 보호하리	豹尾鉤陳護老營
무수한 날랜 준걸 천 기나 모여서	霧列星馳千騎合
천형진, 지축진[101]에 팔진도를 펼치네	天衡地軸八圖開
화극[102] 세운 연침에 맑은 향 어리었고	畫戟淸香凝燕寢

99 표미豹尾 : 옛날 장수 깃발 위의 장식이다. 표범 꼬리를 달거나 깃발 위쪽에 표범 무늬를 그려 넣은 것이다.

100 구진鉤陳 : 양웅揚雄의 〈감천부甘泉賦〉에 "복구진사당병伏鉤陳使當兵"이라는 구절이 있는데, 이선李善의 주에 "구진은 신神의 이름인데, 자미궁紫微宮 밖의 영진성營陳星이다."라고 하였다.

101 천형진, 지축진 : 당나라 단성식段成式의 《유양잡조酉陽雜俎》에 진陣의 이름으로 보인다.

102 화극畫戟 : 화려하게 색칠한 목창木槍으로, 관부의 문을 지킬 때 병졸들이 쥐고

동호 설치한 주려[103]에 물소리 들리네 銅壺玉漏警周廬

삼짇날이라 말에다 푸른 고삐 매었고 青絲遊騎重三節
꽃바람[104] 부는 도성에 화각 소리 들리네 畫角春城廿四風

서리 내린 갑옷은 흰 비단을 두른 듯하고 萬甲凝霜回素練
전해 온 오신채[105]는 푸른 실을 쪼갠 듯 五辛傳菜劈青絲

넓디넓은 장용영에 봄꽃은 바다 같고 漠漠春營花似海
드높은 북소리에 봄날은 길고 기네 聲聲晝鼓晝如年

천록각 도서를 막부로 옮기었고[106] 天祿圖書移幕府

호위하는 것이다. 중당 시인 위응물韋應物의 시 〈군재우중여제문사연집郡齋雨中與諸文士燕集〉에 "호위하는 병사들의 화려한 창 삼엄한데, 편히 쉬는 방에 맑은 그 향기 어렸네.[兵衛森畫戟, 宴寢凝淸香.]"라는 명구가 있어 회자되었다.

103 주려周廬 : 궁중의 사방을 지키는 경비 초소로, 선전관의 집무소를 말한다.

104 꽃바람 : 소한에서부터 곡우까지 여덟 개의 절기 동안에 한 절기마다 세 번의 바람이 불어서 모두 스물네 번 부는 화신풍花信風을 이른다. 화신풍이 한 번 불 때마다 한 가지씩 꽃이 피는데, 가장 먼저 매화가 피고 가장 늦게 연화楝花가 핀다고 한다.

105 오신채五辛菜 : 입춘에 먹는 파, 마늘, 생강, 겨자, 후추 등 다섯 가지 매운 맛 나는 채소다. 이를 오신반五辛盤이라는 소반에 담아서 새해를 축하하며 오장五臟의 기운을 돋우기 위해 먹던 풍습이 있었다.

106 천록각……옮기었고 : 천록각天祿閣은 한대漢代에 궁중의 비서祕書를 보관하던 기관인데, 그와 같은 기능을 하는 규장각을 두었음을 가리킨 말이다.

소림사 창봉술을 구정에서 연출하네[107] 少林槍棒演毬庭

뿌연 먼지 속 봄날에 병마 조련하고 軟紅塵裏春調馬
술자리 뒤 밤 깊도록 병서를 읽네 大白杯餘夜讀兵

조충국의 둔전책을 자세히 연구하고[108] 細看充國屯田奏
장자의 〈설검〉을 한가히 펼쳐 보네 閒閱莊生說劍篇

기문[109]의 날랜 기병은 새로 연 병영이요 期門越騎新開府
기보의 상병[110] 모두가 둔전병일세 畿輔廂兵揔寓農

장양궁[111] 사냥 뒤에 삼통고 소리 長楊獵後三通鼓

---

107 소림사……연출하네 : 장용영 무관들이 장용영 마당에서 창술과 검술 등의 무예를 연출하였다는 뜻이다. 구정毬庭은 흔히 대궐의 마당을 말하는데, 여기서는 장용영의 마당을 가리킨다.

108 조충국의……연구하고 : 조충국趙充國의 둔전을 모방하여 장용영의 운용 비용을 둔전을 통해 마련하였기 때문에 이렇게 읊은 것이다. 조충국은 자가 옹손翁孫으로 용기와 지략이 있었고 사이四夷의 일에 능통하여 한 선제 때에 장군에 올랐다. 선제가 흉노를 방비할 계책을 물으니, 금성에 가서 살핀 후에 기병을 없애고 요해처에 보병 수만을 주둔시키자는 취지로 둔전의 열두 가지 편리한 점을 아뢰었다.《漢書 趙充國傳》

109 기문期門 : 한 무제 때 설치한 황제의 시종관이다. 평제 때 호분랑虎賁郎으로 이름이 바뀌었다.

110 상병廂兵 : 송나라 때 각종 잡역을 부담하던 군대인데, 북송 때 각 지방의 정예병을 중앙으로 뽑아 가고 남은 노약자들로 조직한 군대이다.

111 장양궁長楊宮 : 한 성제의 궁궐이다. 성제는 온갖 사나운 짐승들을 장양궁의 사웅

세류영[112] 영문 안에 빽빽한 깃발 細柳營中一簇旗

석거각 누대에는 옥 같은 인재 그득하니 石渠臺榭圍琪樹
철기와 궁편을 서총대에서 시험하네 鐵騎弓鞭試瑞葱

새벽녘 깃발과 갑옷에 별똥별 떨어지고 五夜旗鎧星隕雨
군영의 피리와 북 소리에 달빛은 새하얗네 千營簫鼓月凝霜

활시위 팽팽히 당겨 쏘니 벼락 소리 들리고 滿月弓開聞霹靂
기병들 유성처럼 빨리 모여 풍운[113]을 옹위하네 流星騎合擁風雲

구문에서 심사 검법[114] 연출하고 毬門演出尋蛇勢
순비[115]에 먹을 갈아 의마문을 이루네 盾鼻磨成倚馬文

관射熊館에 넣어 두고 호인胡人들을 시켜 손으로 때려잡게 하고 구경하곤 했는데, 양웅이 〈장양부長楊賦〉를 지어서 풍간했다고 한다. 장용영의 훈련은 주로 창경궁 춘당대에서 이루어진 것으로 보아 여기서는 창경궁을 가리킨 것으로 보인다.

112 세류영細柳營 : 한 문제 때 세류에 설치된 주아부周亞夫의 군영이다. 문제가 시찰을 왔을 때도 군사들이 장군의 명령만 따라서 황제를 제지한 고사로 유명하다.

113 풍운風雲 : 《주역》 〈건괘乾卦〉의 〈문언文言〉에 "구름은 용을 따르고 바람은 범을 좇는다.[雲從龍, 風從虎.]"라는 구절을 가리키는 것으로, 군신君臣을 말한다.

114 심사 검법尋蛇劍法 : 조선의 전통적인 검법 가운데 하나로 발초심사拔草尋蛇의 줄임말이다. 검날로 지면을 수평으로 베어 나가는 동작이다.

115 순비盾鼻 : 방패 자루이다. 순제荀濟라는 인물이 방패 자루에 먹을 갈아 격문을 썼다는 '순비마묵盾鼻磨墨'이란 고사에서 온 말이다. 《北史 荀濟列傳》

《무예도보》 새로 엮어 병략을 탐구하고	武藝新編推虎略
작은 부대 지휘하여 봉둔진 연출하네	形名小隊演蜂屯
밤중에 서적 교정하는 중루[116]는 고요하고	淸夜讎書中壘靜
봄날에 사냥 훈련하는 상림은 한가롭네	新春校獵上林閒
봄날 금원에는 새그물 그림자 지고	春晴禁籞罘罳影
따스한 봄 교외에는 고첩[117]이 향기롭네	風暖芳郊袴褶香
기장의 봄날 군영은 붉은 옥과 같고	騎將春營紅玉似
원융의 막부는 벽유처럼 깊네	元戎蓮幕碧油深
짙은 버드나무 그늘 아래 자백마[118] 울고	楊柳陰濃嘶赭白
겹겹의 누대 가운데 단청이 솟았네	樓臺重疊聳丹靑

이때 갓 양근 군수에서 해임되어 양근의 옛날 속현인 미원迷原에서 장용영의 우중사右中司와 중초군中哨軍을 초정抄定하고 인하여 둔전을 설치했으니, 내가 왕명을 받들어 거행한 일이었다. 이덕무

116 중루中壘 : 한漢나라 때 중루 교위中壘校尉를 지낸 유향劉向을 가리키는 말이다. 유향이 천록각에서 교서校書를 하였다.

117 고첩袴褶 : 말을 탈 때 편리하도록 만든 옷인데, 고첩은 무릎까지 덮이고, 요첩腰褶은 허리까지 덮이는 옷이었다. 이 구절은 바지에 꽃향기가 배어서 향기롭다는 의미다.

118 자백마赭白馬 : 도화桃花의 색깔을 띤 말로, 준마를 뜻한다.

와 박제가가 바야흐로 장용영에 있으면서 《무예도보武藝圖譜》를 편찬했는데, 온갖 서적을 널리 참고하고 날마다 많은 교사敎師를 불러 창봉槍棒과 도패刀牌 등 여러 기예의 모습을 연출하였으니, 이 때문에 실상을 기록한 말이 많다.

계축년(1793) 입춘에 나는 휴가를 얻어 집에 있었다. 서 직각[119]이 하례下隷를 보내 장용영 건물에 붙일 입춘 첩자 50연聯을 요구하면서 하룻밤 안에 지어 달라고 하였다. 서공은 당세의 거장으로 지금 승지의 직책에 있어 몹시 바쁘므로 내게 대신 지어 달라고 한 것이다. 부득이 본학, 본예 두 아이에게 붓을 쥐고 부르는 대로 받아쓰게 하여 50연을 채우고 마쳤다. 술을 데워 몇 잔을 마시고 쓰러져 잠이 들었는데, 동녘이 채 밝기도 전에 각례閣隷가 찾아와서 받아 갔다. 장용영의 고사로 보충해 둘 만한 일이므로 다음과 같이 대략 기록해 둔다.

---

119 서 직각 : 서영보徐榮輔(1759~1816)로, 본관은 달성達城, 자는 경세景世, 호는 죽석竹石, 시호는 문헌文憲이다. 고조에서 조부에 이르는 3대가 정승을 지낸 명문 태생으로, 또 부친을 이어 자신과 아들까지 3대가 대제학을 지냈다. 1789년(정조 13) 식년 문과에서 정약용을 누르고 장원하였고, 홍문관 수찬을 시작으로 이조판서, 대제학 등에 올랐다. 문장과 필법이 아울러 뛰어났으며, 저서로 아들 서기순徐箕淳이 편집한 《죽석관유집竹石館遺集》, 《죽석관시초竹石館詩抄》, 《죽석봉교서첩竹石奉敎書帖》이 전한다. 서영보가 규장각 직각에 임명된 것은 1790년 9월이다.

쌍일[120]의 입직에서 표은을 보겠으니[121] 雙日直中看豹隱

오색구름 짙은 이곳 용도각일세 五雲多處是龍圖

줄 그어진 전지箋紙에 왕의 시문 정리하고 絲欄玉版編宸翰

왕의 문집인 《홍재전서》를 각신들이 엮었다.

화려한 누각에서 어진을 배알하네 彩仗瓊樓拜御眞

어진을 규장각 주합루宙合樓에 삼가 봉안하였는데 매달 5일에 봉심하고 네 계절의 첫 달 초하루에는 대봉심한다.

두 가지 시험으로 문신을 훈련하고 教習文林分二課

매월 초하루마다 초계 문신[122]에게 강講과 시험을 부과하는데 각신이 그 시험을 주관한다.

세 반으로 나뉘어 성상 하례했네 起居香案備三班

탄신일과 정조 및 동지와 하지에 조정 관원은 인정문仁政門 안에서 문안을 드리고, 승정원은 연영문延英門 안에서 문안드리고, 규장각은 협양문協陽門 안에서 문안드린다.

---

120 쌍일雙日 : 쌍일은 십간 중에서 을乙, 정丁, 기己, 신辛, 계癸가 들어가는 날로서 유일柔日이라고도 하는데, 결국 격일이라는 뜻으로 쓰인다.

121 표은을 보겠으니 : 근신이 입직하는 것을 표직豹直이라 하기 때문에 이렇게 표현한 것이다. 당나라 때 명절이면 모든 관원이 휴가를 받아 관청을 비우는데 어사御史 혼자서만 웅크린 표범처럼 쭈그려 앉아서 수직한 데서 생긴 말로, 복표伏豹라고도 한다. 《封氏聞見記 豹直》 훌륭한 군자가 자신을 숨기고 말직의 근신으로 있다는 뜻으로 읊은 구절이다.

122 초계 문신抄啓文臣 : 37세 이하 당하관 중 선발하여 규장각에 소속시켜 40세 이전까지 학문과 문장 연마에 전념하도록 한 문신을 말한다.

태평 시대 문치 숭상해 천하가 평안하고　　昭代右文方海晏
동쪽 전각 좌개[123]에 봄이 또 돌아왔네　　青陽左个又春回

대유재의 장서엔 옥축이 삼엄하고　　大酉藏書森玉軸

직원直院 북쪽에 건물이 있는데 이름이 대유재다.

상신일上辛日엔 어가 모시며 아패[124]를 드네　　上辛陪駕引牙牌

해마다 상신일에 상이 태사太社(사직)에서 풍년을 빌었는데, 대신하도록 시키지 않았다. 이때 왕의 수레를 모시고 따르는 각신들은 아패를 들고 앞장을 섰다.

새해 초에 농사 권유 윤음을 내리시고　　漢家恩澤方春詔

정초에 해마다 농사를 권장하는 윤음을 내렸다.

시의에 맞는 의장과 역법 쓰시네　　殷輅儀章又夏正

---

123 동쪽 전각 좌개 : 청양青陽은 동쪽 전각이고, 좌개左个는 그 전각의 왼편에 있는 방이다. 고대에는 초봄이 되면 천자가 청양의 좌개에 거처한다고 하였다. 《禮記 月令》

124 아패牙牌 : 이유원의 《임하필기》 권17 〈아패牙牌〉에 "정종조에 규장각의 아패에 세 가지가 있었다. 하나는 한 면에 '규장각' 석 자 및 어서御署를 전각하고 한 면에는 명命 자를 전각하였으니, 송조宋朝에서 전각학사殿閣學士를 아패로 불러 만나 보는 예에 의거하여 불러 만나 볼 일이 있을 때마다 직각에 있던 신하가 내주기를 청하는 것이다. 다른 하나는 '내부서적명입패內府書籍命入牌'라고 전각하여 대내大內에 두었던 것이다. 또 다른 하나는 '내부서적청출패內府書籍請出牌'라고 전각하여 본원本院에 두었던 것이다. 무릇 서적을 들여오라는 명이 있거나 내주기를 청할 때에는 반드시 그 책 이름을 써넣되, 내주기를 청할 때에는 반드시 내주기를 청하는 각신의 이름을 써야 했다." 하였다.

검은 비단 새 주머니 해자낭亥子囊을 하사하고　　黑錦新囊頒亥子

상해일과 상자일에 횃불을 피워 곡식 종자를 구워서 돼지와 쥐를 물리치는 푸닥거리를 하고 재신과 근신에게 주머니를 하사했다.[125] 해낭亥囊은 둥글고 자낭子囊은 길쭉하다.

푸른 비단옷으로 숙직하며 경신일 밤을 지새네[126]　　青綾直被守庚申

문마다 춘첩자는 비백체[127]를 재촉하고　　千門帖子催飛白
사방의 교외에는 유람객들 다투어 답청 가네　　四野遊人競踏青

전각 앞 버들 솜은 영화류[128] 같고　　殿前晴絮靈和柳
동산 밖 봄기운은 대미산[129] 같네　　苑外春嵐大米山

---

125 상해일과……하사했다 : 정월의 첫 돼지날[上亥日]과 첫 쥐날[上子日] 궁중의 젊은 하급 관리 수백 명이 횃불로 땅을 그을리며 "돼지를 그슬리자, 쥐를 그슬리자." 하며 돌아다녔다고 한다. 임금은 구운 곡식을 주머니에 넣어 재상과 근시에게 나누어 주며 풍년을 기원했다고 한다.《京都雜誌 卷2 亥子巳日》

126 푸른……지새네 : 한漢나라 때 상서랑이 건례문建禮門에서 숙직할 때에는 푸른 비단 잠옷을 지급받았다고 한다. 또 사람 몸속에 시충尸蟲이라는 벌레가 있어서 사람의 잘못을 일일이 기억해 두었다가 경신일마다 천제에게 고자질한다고 하여 이때가 되면 밤새도록 조용히 앉아서 재계를 하거나 모여서 시를 지으면서 잠을 자지 않는 풍습이 있었는데, 이를 수경신守庚申이라고 하였다.

127 비백체飛白體 : 채옹蔡邕이 창안했다고 전하는 일종의 특수한 서법이다. 비백서飛白書 혹은 초전草篆이라고도 한다.

128 영화류靈和柳 : 남조 송의 유전劉悛이 익주益州를 다스릴 때 촉류蜀柳 몇 그루를 바쳤는데 무제가 영화전靈和殿 앞에다 심어 두고 늘 완상했다고 한다.《南史 張裕列傳》

129 대미산大米山 : 미불米芾(1051~1107)이 그린 산수화라는 말이다. 북송을 대표하

바람 앞에 채승[130]은 붉은 꽃술을 나부끼고　　風前彩勝翻紅蘂
봄이 온 뒤 조복은 푸른 연잎보다 푸르네　　春後朝衫賽綠荷

화전[131]에 날이 길어 궁궐로 달리고　　花甎日永趨金馬
천지에 봄이 와서 토우[132]를 내어 놓네　　蒼陸春回出土牛

긴 밤에 글 읽는 소리 나는 군옥부[133]요　　永夜書聲群玉府
봄바람에 벽제 소리는 네 개의 금패로다　　春風呵導四金牌

직제학 둘과 직각, 대교 각 하나는 금패로 앞을 인도하는데, 그 패에는 '규장각 학사의 패'라고 쓰였다.

푸른 비단 돛배는 화조의 저물녘에 돌아오고　　綠錦帆廻花釣晚

송나라 조정에서 봄꽃을 감상하며 낚시하던 일을 본받아, 주합루宙合樓

는 산수 화가로 미불과 미우인米友仁 부자가 있는데, 미불을 대미大米, 미우인을 소미小米라고 한다. 선으로 선명하게 그리지 않고 미점준米點皴이라는 독특한 기법으로 안개나 아지랑이 또는 원경을 묘사하는 것에 특장이 있었다.

130 채승彩勝 : 부인의 머리에 장식하는 조화인데, 주로 입춘일이면 이것을 머리에 꽂았다.

131 화전花甎 : 꽃무늬 벽돌이라는 뜻으로, 학사원學士院을 가리킨다. 당나라 때 학사가 근무하는 내각 북청北廳의 앞 섬돌에 화전이 있었던 데에서 유래한 것이다.

132 토우土牛 : 《고려사》 권3 〈성종세가成宗世家〉 7년 2월 임자 조에 "농사 시기를 놓치지 않도록 입춘 전날에 흙으로 빚은 소[土牛]를 길거리에 세워 놓았다."라는 기록이 있다.

133 군옥부群玉府 : 군옥산群玉山으로, 서왕모가 살았다는 전설상의 선산仙山 이름인데 뒤에 제왕의 장서각을 뜻하는 말로 쓰이게 되었다. 《穆天子傳 卷2 註》

앞쪽 네모진 연못에 놀잇배를 띄우고 비단 돛을 펼쳤는데, 비단 돛에 수놓인 글자는 "뱃노래 한 곡조에 산수가 푸르네.[款乃一聲山水綠]"라는 일곱 자였다. 각신들은 낚싯대를 나누어 줄을 드리웠다.

검은 깁의 오사모 수양버들 바람에 기우네　烏紗帽仄柳絲風

꽃 흐드러진 교외에 가랑비 오는 삼짇날이요　芳郊雨細三三節

매화 그린 전각에 추위 녹이는 〈구구도〉[134]일세　梅閣寒消九九圖

바람 따스해져 작은 연못에 고운 물결 일고　風暄細浪回方沼

옛날 이문원 석거문石渠門 밖에 태액지[135]의 물안개 자욱한 승경勝景이 있었다.

비가 개자 겹겹의 담장 너머 산봉우리 드러나네　雲霽群巒出繚垣

주합루에서 타락산駝駱山 여러 봉우리를 바라보면 푸른 아지랑이가 맑고 아름답다.

잣나무에 봄은 깊어 주의가 인도하고　春深栢影朱衣導

원院의 서쪽 길에 한 쌍의 잣나무가 빽빽하여 수십 길이나 된다. 각신

134 구구도九九圖 : 〈구구소한도九九消寒圖〉를 말한다. 이전에 동짓날이 되면 하얀 매화꽃 81송이를 그려 벽이나 창문에 붙여 놓고 하루에 한 송이씩 빨간색을 칠하는 풍속이 있었다. 동짓날로부터 81일째 되는 날, 즉 매화꽃이 모두 다 붉게 그려진 날에 창문을 열면 어느새 봄을 알리는 매화가 뜰 앞에서 꽃을 피웠다고 한다.

135 태액지太液池 : 한漢나라 때 궁궐 안에 있던 못인데 여기서는 창경궁의 연못을 가리킨 듯하다.

들이 원에 나아갈 때는 주의리[136]가 앞을 인도한다.

뜨락에 달 떠오르자 흰 학이 멈춰 서네 月到庭心皓鶴停

원에 학 한 쌍이 있는데, 양식 비용을 공금에서 지출하였다.

방관[137]을 쓰고 앉아 선진 서적 마주하고 方冠坐對先秦籍

각신에게는 궁궐에서 갓 쓰는 것을 허락하였다.

높다란 누각에서 영락의 종 때로 듣네 高閣時聞永樂鍾

장악원에 이전부터 영락 때의 특종特鐘 하나가 있었는데 지금 규장각에 하사하였다.

단비가 처음으로 측우기를 채우고 時雨初盈銅測器

원의 뜰에 있는 측우기는 고 직제학 초재蕉齋 심공沈公(심염조)이 제작하고 글을 새겼다.

봄밤 깊어질 때 여섯 옥등 불이 밝네 春宵將半玉懸燈

원에 옥등 여섯 개가 있는데 학사의 숫자에 맞춘 것이다.

섬돌 감도는 맑은 물은 봄 골짝에서 오고 環堦碧淨來春澗

---

136 주의리朱衣吏 : 붉은 옷을 입은 하리下吏로, 송나라 제도에 의하면 학사學士 이상에 대해서는 주의리 한 사람이 말을 끌었고, 중서성과 추밀원의 관원에 대해서는 주의리 두 사람이 말을 끌었다고 한다.

137 방관方冠 : 조선 시대 사대부들이 평상시에 착용한 사각의 건이다. 형태는 네모난 상자 모양으로 네 면이 편평하며 정수리 부분이 터져 있다. 말총을 엮어 만들었는데 사방이 평평하여 각건角巾이라고도 하였다. 태조 때부터 착용하기 시작한 대표적인 건이다.《문화원형용어사전》

북악의 여러 골짜기 물을 수문을 설치해 끌어들여 원의 동쪽 계단을 휘돌아 금천교禁川橋를 경유하여 상의원 수각문水閣門으로 나가게 하였다.

온 땅에 서리서리 엉긴 건 오랜 전나무라네　滿地盤拏有古樅

원은 곧 촌은村隱 유희경劉希慶의 옛 집터인데, 북쪽 뜰에 촌은이 손수 심은 전나무가 있어 늙은 가지가 휘감겨 있고 푸른 잎이 빽빽하게 여러 무畝 넓이의 터에 그늘을 드리우고 있다.

풍년 조짐 세 차례 눈을 다투어 기뻐하고　上瑞爭欣三度雪
맑은 직함 한 조각 얼음[138]을 오래 지녔네　淸銜長帶一條氷

퇴근 시각 궁궐에서 재촉해 외칠 때　漏箭催呼金闕裏

매일 신시가 되기 1각 전에 숙위 병졸 하나가 "1각 간다!"라고 큰소리를 지르니, 이는 퇴근 시간을 알리는 것이다.

서등은 멀리 옥당 서쪽에 비치네　書燈遙映玉堂西

규장각은 서쪽에 있고 홍문관은 동쪽에 있어서 물을 사이로 서로 바라본다.

내구마內廏馬 저벅저벅 타고 와서는　騎來蹀躞天閒馬

각신은 내구마를 탄다.

비부에 빼곡한 책 다 읽는다네　讀盡森羅秘府書

---

138 한 조각 얼음 : 송나라 진팽년陳彭年이 한림에 있으면서 10여 개 직책을 겸했는데 모두 문한을 맡아보는 청요직이었다. 당시 사람들이 그가 문서에 서명한 긴 관함官銜을 일러 '한 조각 얼음[一條氷]'이라고 했다.

특별히 향관에 뽑히다
特差享官

검서관은 다른 실직實職이 있으면 본디 업무를 제외해 주었고 모든 공회公會에는 참여하지 않고 오로지 규장각의 업무에 전념하였다. 왕의 특별한 지시가 있은 뒤에야 이조가 향관享官으로 차임할 수 있었다.

나는 임자년(1792, 정조16) 설에 영릉永陵의 찬자贊者에 차임되고, 추석에는 헌릉獻陵의 찬자에 차임되고, 납향 때는 종묘 제5실의 봉조관捧俎官으로 차임되고, 계축년(1793) 설에는 목릉穆陵의 찬자로 차임되었다.

폐지된 네 개의 군
廢四郡

첫째, 여연부閭延府이다. 본래 함경도 갑산부의 여연촌이었다. 태종 16년(1416)에 소훈두小薰豆 서쪽 땅을 분할해서 군을 설치하여 평안도에 예속시켰다. 세종 17년(1435)에 도호부로 승격시켰다. 세조 원년(1455)에 폐하였다.

둘째, 무창군茂昌郡이다. 본래 여연부의 상무로보上無路堡였다. 세종 22년(1440)에 출합出哈, 손량孫梁, 후주厚州, 보산甫山 등의 땅을 아울러 현을 두고, 24년에 군으로 승격시켰다. 세조 원년에 폐하였다.

셋째, 우예군虞芮郡이다. 본래 여연부의 우예보虞芮堡였는데 세종 25년(1443)에 유파楡坡, 조명간趙明干, 소우예小虞芮 및 자성군慈城郡의 태일泰日 등의 땅을 아울러 군을 설치하였다. 세조 원년에 폐하였다.

넷째, 자성군이다. 본래 여연부 시번강時番江 자작리慈作里였다. 세종 14년(1432) 파저강婆猪江의 야인들이 시번강과 장항책獐項柵을 침략했는데 여연과 강계江界 두 부府가 거리가 멀어서 미처 구할 수 없었다. 15년에 두 부의 중간인 자작리에 성을 쌓고 군을 설치하였다. 세조조에 폐하였다.

사군四郡 지방은 지리적으로 무창은 갑산 서쪽에 있고 북으로 압록강과 2리 거리며, 여연은 무창 서쪽에 있고 북으로 압록강과 4리

거리며, 우예는 여연 서쪽에 있고 서쪽으로 압록강과 1리 거리며, 자성은 우예 남쪽에 있고 서쪽으로 강계와 접하여 구불구불 연이어 자리를 잡아 압록강 상류를 차지하고 있다. 이 지역은 한漢나라 때는 현도군玄菟郡 서쪽 개마현蓋馬縣에 속하고, 발해에서는 압록부 신주神州에 속했을 것이다.

옛 역사를 두루 살펴보면 한나라는 옥저에 현도군을 설치하였고, 위魏나라 현도 태수 왕기王頎가 고구려 국왕 궁宮을 쫓아 옥저 땅 천여 리를 지나 숙신씨肅愼氏 남쪽까지 이르렀으며, 원나라는 갈라전曷懶甸에 합란부合蘭府를 설치하였으니, 모두 개원開原과 건주建州 지방으로부터 비스듬히 압록강을 건너 강계, 폐사군廢四郡, 갑산 등지를 거쳐 남관과 북관으로 들어와 경략한 것이다. 사군이 함경도의 요충지가 됨이 이와 같으니, 이야말로 반드시 지켜야 하는 땅이다.

옛날 잡다한 종족들이 침략해 올 때 군자는 백성을 기르는 토지를 지키느라 백성을 해치는 일을 하지 않았으니, 또한 세조 때 사군을 포기한 뜻이었다. 지금은 그렇지 않아서 압록강 일대에 전쟁의 위험이 없으니 자기 영토 안에 군을 두고 현을 두는 일이 왜 안 될 일이겠는가. 사군을 회복하자는 논의에 대해서는 여러 가지 말들이 많지만, 어렵다고 여기는 자들의 이유는 "삼蔘이 나는 지역이라 경작해서는 안 된다." 하는 것이 고작이다. 삼과 토지 중에 어느 쪽이 중하고 어느 것이 하찮은가. 한마디로 결정할 수 있을 것이다.

계축년(1793, 정조17) 1월 3일 전임 강계 부사 권엄權欕이 입시하여 아뢰었다.

"만포진滿浦鎭 옥동玉洞과 상토진上土鎭 마전령麻田嶺 사이는 땅이 비옥하여 경작을 원하는 백성이 많습니다. 옛날에 나무나 돌로 만든 출입 금지 푯말을 설치했는데, 폐군廢郡의 경계를 정했던 것입니다. 변경 지역은 경계가 엄중하므로 감영이나 고을에서 함부로 허락할 수 없습니다. 만일 옥동 북쪽 수십 리와 마전령 남쪽 7리에다 자성 경계까지로 한정해서 푯말을 설치하여 경작을 허락한다면 삼을 캐는 데도 방해되지 않고 곡식 생산에도 큰 도움이 될 것입니다."

상이 함경도 관찰사를 지낸 호조 판서 심이지沈頤之에게 물으니 그 또한 경작을 허락하는 것이 좋다고 하였다. 상이 마침내 관서에 공문을 보내 알리라고 명을 내리시어 올해부터 개간하여 토지를 넓히고 백성을 모으는 효과가 있게 하되 연한을 두어 절대로 세금을 거두지 말도록 했다. 또 관찰사에게 금년 겨울에 백성을 모은 실제 숫자와 경작을 권한 현황을 보고하게 하였다. 《시경》에 "날로 백 리씩 나라 땅을 넓힌다.[日闢國百里]" 하였으니, 훌륭하다! 《시경》에서 말한 뜻을 여기서 볼 수 있다.

귀마개
耳掩

당상관은 담비 가죽 귀마개를, 당하관은 쥐 가죽 귀마개를 한다. 귀마개는 난모煖帽라고도 한다. 양식은 겉은 털이고 속은 솜을 넣어 불룩한 덮개를 양쪽으로 붙여 두 귀를 덮는데 홑끈을 뒤쪽으로 늘어뜨린다. 초겨울부터 초봄까지 쓴다. 십수 년 전에는 당하 음관은 그다지 쓰지 않았고, 오직 호조와 선혜청의 낭관 및 묘유사관[139]만 간혹 썼는데 쓴 사람이 고작 여섯 명에 불과해 조정 동료들이 '여섯 귀마개'라고 놀리곤 했다. 그런데 지금은 참외參外 유품流品까지도 쓰지 않는 이가 없으니, 귀를 아껴서가 아니라 남과 같지 않음을 부끄럽게 여겨서인가 싶다.

하지만 귀마개란 물건은 옛 도서를 살펴보아도 보이지 않는다. 또 삿갓 귀마개[笠耳掩]가 있는데 모양이 편평하여 삿갓 아래에는 쓸 수 있지만 모자 위에는 쓸 수 없다. 사람들은 '이마 가리개[額掩]'라고 부르며 예전에는 사대부도 이것을 썼지만 지금은 전혀 보이지 않는다. 하사받은 것이라야 간혹 쓰는 자가 있을 뿐, 오로지 서리들이 쓰는 물건이 되었다.

---

139 묘유사관卯酉仕官 : 묘시에 출근하고 유시에 퇴근하는 것은 조선조 관리들의 복무 형태였는데, 여기서는 낮은 직급의 관리를 이른 말인 듯하다.

또 휘항揮項이 있으니 편한 복장에 쓰는 것이다. 여러 관청의 아전들이 사사로이 휘항을 착용했다가 길에서 관장官長을 만나면 주저앉아 벗어서 소매 속에 넣는다. 겨울철 군행軍行 때 모구毛具를 갖추라는 명이 내리면 본병本兵의 총부摠府와 시위하는 장신將臣, 장관將官, 금군이 모두 만선滿扇 휘항을 입는다. 만선이란 담비 가죽으로 가장자리에 선襈을 두른 것인데 반드시 머리 뒤쪽을 열어 접기에 앞모습을 보면 이마 가리개 같은 모양이 되니, 휘항이 사사로운 복장이요 관복에는 맞지 않는다는 것을 알 수 있다. 《지봉유설芝峯類說》에 "귀마개는 예전에 피견披肩이라고 불렀으니 《정토록》[140]에 '성종조에 피견 2000개를 만들어서 사졸들에게 나누어 주었다.'라고 한 것이 바로 이것이다. 중국에서는 난이煖耳라고 하는데 아무리 한겨울이라도 반드시 어지御旨가 내린 다음에야 백관들이 비로소 쓸 수 있었다." 하였다.

살펴보건대 피견이란 어깨까지 덮는 것을 이른 말이니 필시 휘항일 것이다. 중국 난이의 생김새가 어떤지 또 자세히 알 수 없지만 고로故老들의 말에 "삿갓 귀마개는 휘항에서 나왔는데 휘항이 아래로 드리워져 불편하기에 말아 올려 감아서 삿갓 귀마개 모양이 만들어진 것이다."라고 한다. 《지봉유설》에 '귀마개는 예전에 피견이라고 불렀다.'라고 말한 것은 이 때문일 것이다. 아마도 지봉 때의 귀마개

140 정토록征討錄 : 《국조정토록國朝征討錄》이다. 사본의 형태로 유포되던 것을 광해군 6년(1614) 이후 활자로 인출하였다. 세종조 대마도 정벌, 여진 정벌부터 중종조의 삼포왜란 정벌까지 일곱 차례의 대외 파병사를 정리한 것으로, 전쟁의 원인, 출정 과정, 군대 편성, 전과, 포상까지 상세히 기록되어 있다.

는 단지 얇고 넓적한 것이 모자에 적합하고 삿갓에 적합했는데, 뒤에 점차 바뀌어서 모자 귀마개와 삿갓 귀마개의 구별이 생긴 것일 듯하다. 또 한 가지, 단지 머리만 가리는 것이 있는데 풍차風遮라고 한다. 부인들은 자줏빛 비단에 양가죽으로 볼에 맞는 가리개를 지으니, 곧 풍령, 뇌포, 피마호[141] 같은 것들이다.

141 풍령, 뇌포, 피마호 : 풍령風領은 정수리 부분은 트여 있으며 뒤는 긴데, 작은 것은 뒤통수와 목을 두르고 큰 것은 어깨와 등도 덮을 수 있다. 앞쪽에 끈을 달아 앞가슴에서 여미도록 되어 있다. 담비 가죽이나 족제비 가죽으로 만든다. 휘항揮項, 호항護項, 휘양이라고도 한다. 뇌포腦包는 이엄耳掩이다. 피마호皮馬虎는 풍령과 비슷한 방한 모자의 하나인 듯하다. 이규경은 피마호를 한글로 '볼끼'라고 설명하였다.《五洲衍文長箋散稿 人事篇 衣服裁縫辨證說》

절풍건
折風

《삼국지》에 "고구려의 대가大加와 주부主簿는 책幘을 쓰고 소가小加는 절풍折風을 쓰는데 모양이 고깔 같다." 하였다.

《남제서》에 말하였다.

"고구려는 절풍을 관으로 쓴다. 고구려 사신이 중국에 와서 수도에 머물렀는데 중서랑 왕융[142]이 놀리며 말하기를 '옷이 몸에 맞지 않는 것은 몸의 재앙이지요. 머리 위에 쓴 것은 대체 어떤 물건인가요?' 하였다. 고구려 사신이 대답하기를 '이는 곧 고변古弁의 남은 형상입니다.' 하였다."[143]

《지봉유설》에 말하였다.

"나제립羅濟笠은 아마도 신라, 백제에서 나온 듯하다. 고려 우왕 원년(1375)에 여러 관청의 서리들에게 흰색 방립方笠을 쓰게 하였다고 했는데 바로 이것을 가리킨다. 우리 조선에서는 지방의 아전들이

142 왕융王融 : 467~493. 자는 원장元長이다. 남조 제나라의 저명한 문인으로 경릉팔우竟陵八友의 한 사람이다.

143 고구려는……하였다 : 《남제서》 〈만동남이열전蠻東南夷列傳〉에 보이는데 "고려 풍속은 궁고窮袴를 입고 절풍 1량梁을 머리에 쓰는데, 이를 책幘이라 한다."라고 하여, 《삼국지》 〈동이전〉과는 차이가 있다. 양梁은 모자의 세로 주름을 말한다.

쓰는데 검은색으로 만들었다. 임진왜란 이후 오래도록 폐지되어 다시 쓰지 않다가 최유원[144]이 경기 감사가 되어 제일 먼저 감영의 아전들에게 예전처럼 나제립을 쓰게 하였는데 아전들이 몹시 불편해하여 얼마 지나지 않아 도로 폐지하였다."

살펴보건대 나제립이 아마도 바로 고구려의 절풍건인 듯하니, 그 모양이 고깔과 비슷하다. 또 왕융이 "머리 위에 쓴 것은 대체 어떤 물건인가요?"라고 말한 것은 불룩하여 괴상하기 때문이니 이것도 나제립이 아니겠는가.

고려와 우리 조선 초기에 서리들이 절풍을 쓴 것은 곧 소가의 유풍이었다. 이 삿갓은 바람을 맞으면 능히 막아 낼 수 있으므로 옛날에 절풍이라 불렀고, 신라와 백제는 고구려를 본떠서 썼기에 나제립이라고 이름한 듯하다. 지금은 이것을 흰색으로 만들어서 효관孝冠(효건孝巾)으로 사용한다. 서리들은 더 이상 그들이 쓰던 관인 줄을 모르고 고정립高頂笠을 일러 절풍건이라고 하니 잘못이다.

---

144 최유원崔有源 : 1561~1614. 자는 백진伯進, 호는 추봉秋峰 또는 화암花巖, 시호는 충간忠簡이다. 율곡의 문인이다.

군복
軍服

우립羽笠에 철릭[帖裏]을 입는 것을 융복戎服이라 하고, 전립氈笠에 협수夾袖를 입는 것을 군복軍服이라 한다. 우립은 움직일 때마다 걸리적거리고 철릭은 소매가 헐렁하고 폭이 펑퍼짐해서 말을 달리기에 불편하므로, 가뿐하기는 군복만 한 것이 없다. 당하 문신 중에 겸선전관 및 군문 종사관은 군복을 입고, 음관으로서 장용영의 군향색 낭청[145]이 된 자와 사복시에서 벼슬하는 자도 근년에는 군복을 입는다. 계축년(1793, 정조17) 1월 12일 어가가 현륭원에 행차할 때 병조의 낭관, 고훤 도사,[146] 위내 검서관[147]에게 모두 군복을 입도록 명하였다.

---

145 군향색 낭청軍餉色郎廳 : 《홍재전서》 권33 〈호부와 전령패를 만들어 지급하라는 하교[虎符傳令牌造給敎]〉에 "장용영의 군기軍器와 군량은……출납하고 담당할 사람이 있어야 하겠다……음관의 자리로 만들어 군향색 낭청이라 부르도록 하라."라고 한 정조의 명령이 있다.

146 고훤 도사考喧都事 : 고훤은 임금이나 왕비가 거둥할 때 잡인들이 시끄럽게 떠드는 것을 살펴 금하는 것, 또는 그 일을 맡은 사람을 말한다.

147 위내 검서관衛內檢書官 : 위내는 임금의 거둥 때에 위병衛兵이 호위하고 있는 수레의 전후좌우를 가리킨다. 따라서 왕이 출타할 때 곁에 두는 검서관을 이른 말인 듯하다.

조문민의 글씨
趙文敏書

내각 서고西庫에 조문민[148]이 행서行書로 쓴 〈서명西銘〉, 〈동명東銘〉, 〈극기명克己銘〉의 탑본搨本이 간직되어 있는데 표제에 "이상 선현의 세 가지 명銘은 후학 오흥吳興 사람 조맹부趙孟頫가 삼가 부마국 왕駙馬國王을 위해 썼으니, 바라건대 왕은 곁에 두소서."라고 쓰여 있다. 때로는 예서隸書로 쓰기도 했고 겸하여 난초며 댓잎도 있으니, 아마도 최고의 득의작인 듯하다. 부마국 왕이란 고려 충선왕이다. 충선왕은 원나라 보탑실련공주寶塔實憐公主(계국대장공주)에게 장가들어 태위太尉의 작위를 받고 연경에 머무르며 만권당萬卷堂을 짓고 서적을 모아 즐겼다. 조문민이 일찍이 충선왕 문하에 노닐었기 때문에 그의 필적이 우리나라에 전해 온 것이 매우 많으니, 이를테면 그가 쓴 〈홍범洪範〉, 《천자문》, 〈적벽부〉 같은 작품은 사람들이 다투어 베껴 쓴다. 하지만 이 서첩만큼 훌륭한 것은 없다.

계축년(1793, 정조17) 1월 16일 원院에 숙직하면서 서 학사(서영보)와 함께 열람하였다. 부총관 조공曺公이 들렀다가 일찍이 본 적이 없는 것이라고 찬탄하였다.

---

148 조문민趙文敏 : 조맹부趙孟頫(1254~1322)이다. 자는 자앙子昻, 호는 송설도인松雪道人, 시호는 문민文敏이며, 절강성 오흥吳興 출신이다.

위좌사체
韋左司體

계축년(1793, 정조17) 정월 대보름 다음 날 강산薑山 이 승지(이서구)가 남 승지(남공철)와 함께 은대銀臺에서 당직을 서면서 시를 지어 내각에서 당직을 서고 있던 서 학사(서영보)에게 부쳤다.

휘영청 밝은 정월 보름달	皎皎新年月
금성에 비추네	流光入禁省
숲과 나무엔 흩어지는 빛	林木散淸華
궁중 건물에는 텅 빈 고요	殿宇生虛靚
동료이자 벗이랑 함께	携我同舍友
이 좋은 밤경치 아까워하네	惜玆良夜景
얼음같이 깨끗한 보름달처럼	願將氷壺潔
결백한 이 마음 굳게 지키리	聊比素心耿

서공이 화답하고 나서, 또 내게 화답하라 권했다. 내가 말하였다.
"이공께서 평소 위좌사체[149]를 배웠으니, 내 본떠 지으리다."

149 위좌사체韋左司體 : 위응물韋應物(737~792)의 시체詩體를 말한다. 위응물은 당나라 시인으로, 전원산림의 고요한 정취를 소재로 한 작품을 많이 썼다.

마침내 그의 운을 차운하여 지었다.

지난날 지녔던 결백한 진심	夙昔秉素衷
맑은 밤 내각에 깃들었네	淸夜棲華省
하얀 달 어느새 돋아 오니	心知皓月生
봄밤의 숲은 고요도 해라	坐對春林靚
어둑한 회랑에 달빛 처음 비치자	陰廊展初輝
높은 궁궐에는 남은 빛이 걸렸네	層城挂餘景
마음 서로 같음을 허여하신다면	沖襟許相似
간절한 이 마음을 보내고 싶어라[150]	願言寄寸耿

서 학사가 이공에게 편지로 말하였다.

"이 시는 무슨 체體인지 모르겠습니다."

이공이 답하였다.

"내 시는 본디 나의 시일 뿐 위 좌사를 본뜬 적이 없답니다. 한데 유군柳君은 어쩌면 그렇게도 미리 알아 요량하기를 귀신같이 할까요?"

서 학사가 크게 웃었다. 내가 집에 돌아가서 아이들에게 이 일을 말해 주자 본학이 화답하는 시를 지었다.

---

150 지난날……싶어라 : 유득공의 《영재집》 권5에 〈대보름 이틀 뒤에 남학사와 이승지가 은대에서 함께 숙직하며 지은 시운에 차운하다[上元後二日次南學士李承旨銀臺伴直韻]〉라는 제목으로 실려 있다.

이 동네의 맑고 그윽함을 사랑하노니	玆巷愛淸幽
옛 비서성 있던 곳의 책 향기라네	書香舊秘省
단아한 거처는 좋은 때 만났고	端居値良辰
밝은 달은 고요한 숲에 돋았네	朗月依林靚
거문고 타니 태허에 울리고	鳴琴響太虛
휘장은 비어 달빛 넘실대네	空幃泛素景
만물을 바라보매 가는 세월 느꺼워	覽物感時邁
그리운 마음 언제나 간절하네	懷思恒爲耿

그저 모양만 흉내 내었을 뿐이다.

대방군에서 왜까지
自帶方郡至倭

《삼국지》에 이렇게 말하였다.

"전한 때 한韓은 낙랑군樂浪郡에 속하였다.……후한 말기 환제와 영제 때 한韓과 예濊가 강성해져서 군현이 다스려지지 않사 한국韓國으로 유입되는 백성들이 많아졌다. 건안 연간에 공손강公孫康이 군대를 나누고 현을 두면서 낙랑군 남쪽 황무한 지역을 차지해 대방군帶方郡으로 만들었다. 공손모公孫模, 장창張敞 등을 보내 군대를 일으켜 한과 예를 치니, 이전에 살던 백성들이 차츰 쫓겨났고 이 뒤로 왜倭와 한韓이 마침내 대방에 속하게 되었다."

또 이렇게 말하였다.

"왜인은 대방에서 동남쪽 큰 바다 가운데 있다. 대방군에서 왜에까지 이르는 길은 이렇다. 해안을 따라 바닷길로 가다가 한국韓國을 지나 남동쪽으로 가면 그 북쪽 해안의 구야한국狗邪韓國에 이른다. 7000여 리를 가서 비로소 바다 하나를 건너고, 다시 1000여 리를 더 가면 대마국對馬國에 이른다. 대마국의 대관大官은 비구卑狗라 하고, 부관副官은 비노모리卑奴母離라고 한다. 거주하는 절도絶島는 사방 400여 리쯤 되는데, 토지는 산이 험하여 깊은 숲이 많으며 도로는 새나 사슴이 다니는 길처럼 좁다. 1000여 호가 있는데 좋은 농토는 없고 해산물을 먹고 살아가며, 배를 타고 남북으로 다니며 물건을 사고판다. 대마국에서 다시 남쪽으로 바다 하나를 더 건너 천여 리를 가면 일지국一支國에 이르는데, 관장은 역시 비구라고 하고 부관은 비노모리라고 하며 사방 300리가량 된다."

살펴보건대 낙랑은 평양부이고, 대방은 해서와 경기 지역이고, 한국은 호남이고, 구야한국은 가라국加羅國인 듯하다. 우리말에 구狗를 일러 '가이加伊'라 하고, 가라란 가락駕洛이니 지금의 김해부다. 대마국은 지금 대마도, 일지국은 지금 일기도一岐島니 하나하나 상고할 수 있다. 다만 뱃길의 거리를 기록한 것은 옛날과 지금의 차이나 곧바로 가고 둘러 가는 차이가 있으므로 그대로 따를 수 없다.

후한 말기에 공손씨公孫氏가 요동을 차지해서 우리나라를 침략한 것이 3대에 걸쳐 50년간이었는데 사마의司馬懿에게 멸망당했다. 아마도 하나의 오래된 문헌이 있어서 진수陳壽가 얻어 볼 수 있었기에 《삼국지》에 해동海東의 여러 나라에 대한 기록이 특별히 상세한 듯하다. ―이 조목을 기록하면서 깨달은 것인데, 한韓이란 대방 이남의 이국夷國에 대한 오랜 이름이지만 한漢나라 사람들은 그중에 큰 나라는 마한馬韓, 작은 나라는 구한狗韓이라고 불렀다.―

속어를 고치다
俗語改正

벌꿀보다 탁한 것이 없는데도 '청淸'이라 부르니 청탁淸濁을 알지 못하는 것이고, 이미 죽은 꿩인데도 '생치生雉'라 하니 생사生死를 모르는 것이다. 전복이 애초 이지러진 데가 없는데도 '전복全鰒'이라 하니 군더더기 말이요, 기름과 꿀을 묻혀 튀긴 밀가루 반죽을 '약과藥果'라 하니 본디 약도 아니고 그렇다고 과일도 아니다. 꿀에 담근 과일을 '정과正果'라 하는데 그렇다면 꿀에 담그지 않은 것은 사과邪果인가? 문을 잠그는 자물쇠를 '쇠[金]'라고 하는데 그렇다면 무엇인들 쇠가 아니겠는가. 불에 달군 낫도 '철鐵'이라 하고 말발굽에 박는 징도 '철'이라 하고 지남철도 '철'이라 하는데 그렇다면 무엇인들 철이 아니겠는가. 밀랍으로 만든 초를 '황촉黃燭'이라 하는 것은 재질을 두고 말한 것이 아니라 색깔을 지적해 말한 것이니 딱 들어맞지는 않는다. 동물 기름으로 만든 초를 '육촉肉燭'이라 하는데 기름이 비록 고기에서 나오기는 하지만 '육肉'이라고 할 수는 없다. 두꺼운 종이를 '장지壯紙'라 하는데 두꺼운 것일 뿐 건장한 것은 아니다. 기름을 먹인 종이를 '유둔油芚'이라고 하는데 이 또한 뜻이 닿지 않는다.

소고기를 '황육黃肉'이라 하는데 고기의 색으로 말하자면 노랗지 않고 소의 색으로 말하자면 검은 소도 있다. 해조류를 '곽藿'이라고

만 하는데 여곽藜藿·규곽葵藿의 곽인가, 곽향藿香의 곽인가, 음양곽淫羊藿의 곽인가? 깃발을 다는 장대를 '깃대[旗竹]'라고 하고 창 자루를 창대[槍竹]라고 하는데 나무로 만드는데도 '대[竹]'라고 하니 옳지 않다. 면으로 짠 베를 '목木'이라 하는데 우리나라에서 심는 면화는 초면草綿인데 목면木綿으로 오인한 것이니 벌써 잘못이고, 또 달랑 '목木'이라고만 하니 누가 그것이 면으로 짠 베를 가리키는 말인 줄을 알겠는가. 밀가루를 '진말眞末(참가루)'이라 하고 참깨 기름을 '진유眞油(참기름)'라 하고 준치를 '진어眞魚(참치)'라 하는데 무엇이 거짓 가루며 무엇이 거짓 기름이며 무엇이 거짓 고기일까?

속어를 이루 다 바룰 수 없는 것이 이와 같다. 학사 대부들이 애초 명물名物에 관심을 두지 않고 모두 서리에게 맡겨 장부에 적게 하고 결국에는 편지에서까지 그 이름을 사용하니, 물건에서 바른 이름을 볼 수가 없다.

古芸堂筆記

고운당필기 제4권

서수라나무
西水羅木

《시경》에 "저 한산旱山 기슭 바라보노니, 진榛나무와 호楛나무 우거져 있네."[1]라고 하였는데, 《언해물명》[2]에 이르기를 "호楛는 서수라나무다."[3]라고 하였다.

살펴보건대 서수라보西水羅堡는 경흥부慶興府 남쪽 57리에 있으니 옛 숙신씨肅愼氏 지역이다. 이 보堡가 그런 이름을 얻은 것은 서수라나무가 나기 때문일 것이다.

---

1 저……있네 : 《시경》 〈한록旱麓〉에 보인다.

2 언해물명諺解物名 : 조선 중후기에 널리 읽힌 《시경언해詩經諺解》는 그 앞부분에 《시경언해물명詩經諺解物名》이 따로 붙어 있는 책이 많았는데, 이는 《시경》의 각 편에 나오는 사물이나 동물, 식물, 기구 등의 용어를 각 시의 제목별로 분류하여 한국어 음과 뜻을 써 놓은 것이었다.

3 호는 서수라나무다 : 《파경물명葩經物名》 권18의 〈한록〉에 "楛 호 서슈라나모"라고 되어 있다. 하지만 《시경언해》에는 "楛 호 니슈라나무"로 되어 있어, '서'가 모두 '니'로 바뀌어 있다.

만주와 몽고와 일본
滿蒙倭

백여 년 간 만주 자제들은 글씨와 그림을 배우고 시와 문장을 서로 주고받아 왔으며, 몽고는 장막 속에 고동古董을 놓아두고 향을 사르고 차를 마셨으며, 왜인들은 학문을 강론하여 심성心性이니 이기理氣를 말하였다. 이것이 만국이 태평한 이유일 것이다.

금강산
金剛山

우리나라 군현과 산천은 그 이름이 이미 이전의 역사서에 실려 있더라도, 혹 옛 시인이 언급한 뒤에야 시어로 사용할 수 있다. 이를테면 낙랑樂浪, 현도玄菟, 임둔臨芚, 대방帶方, 불내不耐, 점선粘蟬, 웅진熊津, 합란合蘭, 불함不咸, 개마蓋馬, 단단대령,[4] 압수鴨水, 패수浿水, 양화도楊花渡와 같은 것이 이런 유이니, 깊이 생각하여 옛일을 회상하는 뜻이 있기 때문이다. 비록 이런 이름들만은 못하더라도, 마땅히 우리 지명에서 묘한 이름들을 가려 뽑아서 시에 사용해야 하지만 붓을 들기가 쉽지 않다.

마침 《회양부[5]지淮陽府志》를 보았더니 "금강산은 다섯 가지 이름

---

4 단단대령單單大嶺 : 단단대령의 위치에 대해서는 여러 가지 설이 있다. 안정복은 "단대령은 지금의 철령 안팎에서 대관령에 이르는 한 가닥 산령山嶺이 바로 그것이다. 《여지승람》에서 대관령을 또한 대령大嶺이라고 칭했으니 아마 옛 이름이 없어지지 않았던가 보다."라고 하였다. 《東史綱目 附卷下 四郡考》 역사학자 이병도는 "《위지魏志》에서 말한 단단대령은 지금의 대관령이 아니라 지금의 함경도와 평안도 양도의 경계를 이루고 있는 분수령을 지칭하는 것이다."라고 하였다. 《이병도, 韓國古代史研究, 박영사, 1976, 192쪽》 북한의 이지린은 《고조선연구》에서 "단단대령이란 영은 요동반도를 좌우로 나누는 산맥의 최고산인 현 마천령이다."라고 하였다.

5 회양부 : 회양부는 지금의 강원도 북동쪽에 있던 군이다. 태백산맥 북부의 산악

이 있는데, 첫째 금강金剛, 둘째 개골皆骨, 셋째 열반涅槃, 넷째 풍악楓岳, 다섯째 기달怾怛이고, 그 제일 높은 봉우리는 비로봉毗盧峯이다."라고 하였는데, 태반이 승려들의 말이다. 안타깝도다! 금강산은 승려들에 의해 못쓰게 되었다.

금강산 유람기는 펼치는 족족 그 첫 줄에 반드시 "중국 사람의 시에 '고려에 태어나 금강산 한번 보았으면'이란 구절이 있다."라고 되어 있다. 그런데 그 중국 사람이 어느 시대 사람이고 성명은 누구인지는 알지 못한다. 생각하건대 원나라 조정에서 향을 내리느라[6] 역마가 끊이지 않았는데, 이때 다루가치[7]였던 불화첩목아[8]라는 거칠고 경솔한 사람이 이처럼 볼품없는 시구를 읊어 우리나라 사람이 으레 쓰는 말이 되었다. 안타깝도다, 금강산은 두 번째로 속객俗客 때문에 못쓰게 되었다.

살이 50개나 되는 단오대선[9]에 내외 금강산 일만이천봉을 그려서 죽순을 묶은 듯이 빽빽한데, 말 위에서 얼굴을 가리는 허랑한 물건

지대로 동부에는 금강산을 비롯한 높은 산들이 솟아 있다.

6 향을 내리느라 : 산천의 여러 신에게 제사하기 위해 군주가 향을 내리는 것을 가리킨다.

7 다루가치[達魯花赤] : 점령 지역 내의 민정民政을 감시하기 위해 설치한 원나라의 관직으로, 진수자鎭守者, 단사관斷事官, 지방 장관 등을 뜻한다.

8 불화첩목아不花帖木兒 : 《고려사절요》 충렬왕 29년 7월 조에 "원나라에서 단사관 첩목아불화帖木兒不花(테무르부카)와 한림 이 학사李學士 등을 보내어 왔다."라는 기록이 보인다.

9 단오대선端午大扇 : 홍석모의 《동국세시기》에 의하면 왕이 하사한 부채 중에는 흰 댓살이 4, 5십 개나 되는 매우 큰 것이 있는데 백첩선白貼扇이라고 일컫는다. 이것을 받은 사람들은 대개 금강산을 그려 넣는다고 한다.

으로 쓰인다. 안타깝도다, 금강산은 세 번째로 화가들에 의해 못쓰게 되었다.

과거에 낙방하거나 벼슬에서 물러나는 사람들은 매양 말하기를 "동쪽으로 가서 금강산이나 유람해야지."라고 하며, 억지로 미련 없이 세상을 버릴 뜻을 세워 사람들로 하여금 냉소를 짓게 한다. 예전 훌륭한 분 중에서 이를 마땅찮게 여긴 이가 있었는데, 평생 금강산을 보지 않겠다고 맹세하였다. 그가 관동의 관찰사가 되어 아래 고을들에 순시를 나갈 때 객이 말하였다.

"금강산을 두고 어찌 의연할 수 있을까요."

그러자 그가 영리營吏에게 명하였다.

"이 산이 멀리 시야에 보이기 시작할 때와 다 지나갔을 때에 반드시 아뢰어라."

이윽고 출발했는데, 영리가 그 말대로 외쳤다.

"금강산이 나타났습니다!"

그러자마자 그는 부채를 펼쳐서 금강산을 가렸다. 며칠 동안 몇 개의 군을 지난 후 영리가 외쳤다.

"금강산이 사라졌습니다!"

그가 그제야 부채를 거두며 말하였다.

"이제 됐다."

사람들이 모두 웃었다. '풍류가 없는 곳이 도리어 풍류[不風流處也風流]'[10]라고 할 만하지만, 그러나 또한 지나치다. 사람이 제 스스로

10 풍류가……풍류 : 《대지도론大智度論》에 있는 말이다.

속될 뿐이지 산이 무슨 상관이 있겠는가.

금강산은 진실로 해동 제일의 명산이다. 다만 그 다섯 개의 이름이 범속하고 천근한 데다 선미禪味가 많아서 시에 넣어도 도무지 생색이 나지 않는 것이 한스러우니, 이 또한 신라와 고려 때 불교를 숭상한 폐단이다.

입직하여 필사하는 일을 면제받다
恩旨許免入直抄寫

계축년(1793, 정조17) 1월 28일에 성지聖旨를 받드니 "유득공은 매우 수고했으니, 입직하여 필사하는 것을 면제한다."라고 하였다. 대개 내가 규장각에서 근무한 것이 만 15년을 채웠기 때문이다. 몇 년 전 이래로 머리카락은 벌써 듬성듬성하고 안경을 사용해야 겨우 잔 글자를 베낄 수 있었다. 주상의 깊은 마음은 작은 일도 모두 훤히 알아서 특별히 은혜로운 분부를 내려 주셨으니, 영광과 감동에 머리를 조아렸다. 내가 맡고 있는 본래 직책은 제용감 판관인데 장관長官이라 한 달에 규정된 숙직이 4일에 불과하니, 지금부터는 거의 한가로이 자유로운 상태에서 주상의 은혜를 노래할 수 있게 되었다. 그러나 한스러운 것은 이무관李懋官(이덕무)이 벌써 아득히 세상을 떠나 주상이 내려 주신 휴가를 함께 누릴 수 없는 것이다.[11]

11 이무관이……것이다 : 이덕무는 유득공이 이 편에서 말하는 성지를 받들기 사흘 전인 1월 25일 향년 53세의 나이로 졸하였다. 《燕巖集 卷3 炯菴行狀》

서해의 여러 섬
西海諸島

계축년(1793, 정조17) 2월 20일 빈대賓對에서 한 비국 당상[12]이 아뢰었다.

"서북의 폐사군[13] 지역인 옛 후주厚州 서남쪽의 많은 해도海島는 처음에는 아마도 야인이 들어와 살거나 해적이 침략해 왔기 때문에 그 땅을 버려두었을 것입니다. 지금 이런 근심이 없어진 지 수백 년인데도 여전히 백성들에게 경작을 허락하지 않으니 매우 옳지 못한 일입니다. 고려 때 조운흘은 '대청도, 소청도 등의 섬은 모두 기름진 땅으로 어업과 제염의 이익이 있다.'라고 하였고,[14] 고 정승 유성룡

12 한 비국 당상 : 좌참찬 정민시鄭民始이다. 그의 상소는 《일성록》 정조 17년 2월 20일 기사에 보인다.

13 폐사군廢四郡 : 조선 세종 때 최윤덕 등을 보내 여진족을 토벌하고 압록강 상류에 여연閭延, 자성慈城, 무창茂昌, 우예虞芮의 4군을 설치했는데, 뒤에 그 유지 확보가 쉽지 않다는 이유로 1455년(단종3)에 우예, 무창, 여연 3개 군이 폐지되고, 1459년(세조5)에 자성군마저 폐지되었다.

14 조운흘은……하였고 : 조운흘趙云仡(1332~1404)은 나라 안에 버려져 있는 땅을 개발해야 한다고 주장하면서 "사람이 살 만한 섬으로는 대청도大靑島, 소청도小靑島, 교동도喬桐島, 강화도江華島, 진도珍島, 절영도絶影島, 남해도南海島, 거제도巨濟島 등 큰 섬이 20개나 있고 작은 섬은 이루 다 셀 수가 없습니다. 이들 섬은 모두 옥토이고 고기를 잡거나 소금을 얻을 수 있는 이익이 있는데 지금 버

柳成龍도 '신미도[15] 등의 섬은 지세가 광활하여 둔전에 알맞다.'라고 했으니, 이 어찌 본 바가 없이 그렇게 말했겠습니까? 근래에 인민이 많이 늘어나 경작할 수 있는 땅이 부족합니다. 신의 생각으로는 장연長淵의 대청도와 소청도는 본도의 수사로 하여금 가까운 비장을 보내어 자세히 살피도록 하고, 선천宣川의 신미도와 철산鐵山의 대가차리도,[16] 가도[17]는 선천 부사로 하여금 직접 자세히 살펴 조사하게 하여 아울러 지형을 지도로 그린 다음 장계로 보고하게 한 뒤에 의논해서 처리해야 합니다."

그러자 상이 허락하였다. 이때 직각 서공徐公(서영보) 또한 《사군고四郡考》를 지었는데, 《당지唐志》를 인용하여 발해의 신주神州를 비정했으니 전인들이 밝히지 못한 것을 밝혔다고 할 만하다. 대저 우리나라 지형은 동북쪽은 두만강, 서북쪽은 압록강이고, 동서남쪽 삼면은 바다로 둘러싸여 있어서 이를 '이강삼해二江三海'라고 하니, 그 안쪽은 한 치의 땅도 버려두어서는 안 된다.

려두고 이용하지 않으니 한탄스럽습니다."라고 하였다. 《高麗史 趙云仡列傳》

15 신미도身彌島 : 평안북도 선천군宣川郡에 속한 섬이다. 평안북도 서해안에서 비단섬 다음으로 큰 섬이며, 주위에는 우리도, 삼차도, 대화도, 가도 등 크고 작은 섬들이 산재해 있다.

16 대가차리도大加次里島 : 현재의 대가차도大加次島이다. 평안북도 철산반도의 산대갑山大岬 앞쪽에 있다.

17 가도椵島 : 평안북도 철산군鐵山郡에 있는 섬으로 단도椵島라고도 한다.

철령위
鐵嶺衛

《고려사》에 다음과 같이 기록하였다.

"신우 14년(1388) 설장수偰長壽가 경사京師에서 돌아와 황제의 명을 구두로 선포하기를 '철령鐵嶺 이북은 원래 원나라에 속했으니, 모두 요동에 귀속시키도록 하라.' 하였다. 이때 명나라가 철령위[18]를 세우려고 하였다.

우禑가 밀직 제학密直提學 박의중[19]을 보내어 표문表文을 올리기를 '철령 이북으로 문주文州(문천), 고주高州(고원), 화주和州(영흥), 정주定州(정평), 함주咸州(함흥) 등 여러 주를 지나 공험진公嶮鎭에 이르기까지는 본래 본국의 땅입니다. 원나라 초 몽고의 산길대왕[20]과

---

18 철령위鐵嶺衛 : 명나라에서 원나라의 개원로開元路에 설치한 위소衛所다. 1388년에 함경도와 강원도의 접경 지역에 철령위를 설치하려 하였으나 고려에서 요동 정벌군을 일으키는 바람에 후퇴하여 강계江界의 대안인 황성黃城에 설치하였고, 뒤이어 봉집현奉集縣으로 옮겼다가 1393년(태조2)에 지금의 만주 철령으로 옮겼다.

19 박의중朴宜中 : 1337~1403. 자는 자허子虛, 호는 정재貞齋이다. 1388년에 명나라에 사신으로 가 그들이 옛 영토라고 주장하면서 설치한 철령위의 철폐를 교섭하여 성취하고 돌아온 뒤에 그 공으로 창왕 때 공신에 봉해졌다.

20 산길대왕散吉大王 : 1258년 12월 몽골의 제6차 고려 침입 때 보지관인과 함께 몽골·동진東眞의 군사를 이끌고 고려의 동북 변경인 화주和州를 거쳐 명주溟州 부근까지 쳐들어 온 몽골의 관료이다.《윤용혁, 고려대몽항쟁사 연구, 일지사,

보지관인普只官人 등이 여진을 복속시킬 때 본국 정주定州의 반민叛民인 탁청과 용진현龍津縣 사람 조휘가[21] 화주 이북의 땅을 가지고 영접하여 투항하면서 금조金朝의 요동 함주로咸州路 부근인 심양에 쌍성현雙城縣이 있다는 사실을 들어 알게 되었습니다. 이에 그들은 본국의 함주 근처인 화주에 옛날 쌓았던 조그만 성 두 개가 있다는 사실에 근거하여 애매하게 주청하면서 끝내 화주를 가지고 쌍성이라고 모칭하였습니다. 삼가 바라건대 폐하께서는 부디 몇 개 고을 땅을 그대로 하국下國의 강토가 되게 해 주십시오.' 하였다.

서북면 도안무사西北面都安撫使 최원지崔元沚가 보고하기를 '요동도시[22]에서 지휘指揮 두 사람을 보내어 병사 1000여 명을 이끌고 강계江界에 가 철령위를 세우게 했는데, 황제가 미리 본위本衛와 진무鎭撫 등의 관원을 설치하도록 하여 그들이 모두 요동에 이르렀습니다. 요동에서 철령위까지 70개 참站을 설치하고 참마다 백호百戶를 두었습니다.'라고 하였다.

후군도독부後軍都督府에서 백호 왕득명王得明을 보내와서 철령위를 세우겠다고 고했으나, 끝내 실현하지 못했다."[23]

1991, 126~128쪽》

21 탁청과……조휘가 : 탁청卓青과 조휘趙暉는 고려 후기의 반역자로, 1258년 몽골이 동북 지방에 침입하자 몽골에 부역하였고 이때 동북면 병마사 신집평愼執平, 등주 부사 박인기朴仁起 등을 살해하였다. 몽골이 화주에 쌍성총관부를 설치한 후 탁청은 천호千戶, 조휘는 총관摠管이 되어 이곳을 통치하였다.

22 요동 도사遼東都司 : 요동 도지휘사사遼東都指揮使司로, 명나라에서 만주 일대의 여진족을 총괄하기 위하여 설치한 관서이다.

23 신우……못했다 : 설장수가 전한 명나라 황제의 칙령과 우왕의 표문은 《고려사》

살펴보건대 금나라는 갈라전[24]에서 일어났는데, 지금 함경남도 함흥 등지이다. 그들이 강성할 적에는 서쪽으로 압록강을 넘어 요양과 심양을 차지하였다. 원나라 때는 개원로[25]에서 지금의 흥경興京 지방을 넘고 동쪽으로 압록강을 건너 합란부合蘭府를 설치했는데, 지금의 함흥부이다. 또 화주에 쌍성총관부를 설치했는데, 지금의 영흥부이다. 그러나 요동에 함주·쌍성·철령으로 불리는 곳이 있고, 우리나라 함경남도에도 함주·쌍성·철령으로 불리는 곳이 있으니, 《여지輿地》를 살펴보는 이는 쉽사리 많은 의혹에 휩싸인다. 명나라가 화주에 철령위를 세우려 하자 고려가 글을 올려 변무한 것은 이 때문이다.

〈신우열전辛禑列傳〉 14년 2월 조에, 최원지의 보고와 후군도독부의 통지는 같은 자료 3월 조에 보인다.

24 갈라전曷懶甸 : 고려 시대 흑수여진黑水女眞이 살던 지역의 명칭이다. 갈라전의 범위에 대해서는 함흥평야 일대라는 설, 길주 이남에서 함흥 부근이라는 설, 길주 이북으로부터 두만강 유역 일대라는 설 등이 있다.

25 개원로開元路 : 요양성遼陽城에 소속된 지명으로, 원나라에서 처음 설치하였다. 《원사》〈지리지地理志〉에 "을미년(1235)에 개원 만호부開元萬戶府와 남경 만호부南京萬戶府를 설치하고 치소治所를 황룡부黃龍府에 두었다."라고 하였다. 지금의 길림성 농안農安이라고 한다.

여진평
女眞坪

교리 이명연[26]이 외직으로 단천端川의 이동 만호梨洞萬戶에 보임되었다가 돌아온 뒤 나에게 말하였다.

"본진(단천진)에서 북쪽으로 백여 리를 가면 은룡덕隱龍德 봉대烽臺가 나오는데 북방 풍속에 산꼭대기를 '덕德'이라고 합니다. 봉대에 오르면 멀리 여진평女眞坪이 보이고 아득하여 끝이 보이지 않습니다. 동북쪽으로는 무산茂山과 접하고, 서북쪽으로는 갑산甲山과 접하며 둘레는 700리라고 합니다. 서북쪽 3, 4십 리쯤에 어떤 산이 우뚝 솟아 있는데 빙 두른 것이 성과 같았습니다. 성안에는 백탑白塔이 촘촘하게 있어 그 수를 헤아릴 수 없었습니다. 진졸鎭卒에게 물었습니다.

'이것은 이름이 무엇인가?'

'만탑萬塔입니다.'

자세히 살펴보니 성과 탑은 필시 하늘이 만들어 낸 것이었습니다. 제가 물었습니다.

'너는 가본 적이 있느냐?'

---

26 이명연李明淵 : 1758~1803. 자는 여량汝亮이다. 홍원洪原, 덕원德源, 북청北青, 영흥永興 등 북쪽 변방 지역의 지방관을 역임하였다.

'없습니다.'

제가 또 물었습니다.

'너는 이 여진평을 거닌 적이 있느냐?'

'없습니다.'"

살펴보건대 여진평을 사서의 지리지에서 상고해 보니 아마도 고구려 동명왕이 도읍한 졸본천卒本川인 듯하다. 만탑은 아마도 《위서》에서 말한 흘승골성[27]이고, 졸본[28]은 솔빈率賓이다. 내가 《발해고》를 지으면서 삼수와 갑산 등지를 솔빈부[29]로 비정했었다. 이것을 힐난하는 자가 말하기를 "《당서》에서는 솔빈마率賓馬라고 했는데, 삼수와 갑산 골짝 안에 무슨 말이 있겠습니까." 하였다. 나는 이 부분을 상당한 결점이라 여겼는데, 이제야 갑산과 단천 사이에 여진평이 있고 단천에서는 좋은 말이 생산되는 줄을 알았으니 이것이 어찌 하나의 증거가 아니겠는가.

여진평은 옛날에 야인들의 소굴이었다. 이동梨洞, 쌍청雙靑, 황토

---

27 흘승골성紇升骨城 : 주몽의 고구려 건국 위치에 대하여 광개토왕릉비에는 홀본忽本으로, 《위서》 〈고구려열전〉에는 흘승골성으로 기록되어 있는데, 이는 모두 환인현桓仁縣의 혼강渾江 일대로 비정되는 동일한 곳의 지명으로 추정된다.

28 졸본卒本 : 역사학자 이병도는 《국역 삼국사기》에서 "졸본은 바로 우리말의 '솔골'을 뜻하는 졸홀卒忽, 승흘골升紇骨의 이칭으로 볼 것이며, 고구려의 최초의 수도인 만큼 저명한 곳이니, 지금의 환인桓仁으로 비정한다." 하였다.

29 솔빈부率賓府 : 발해는 전 국토에 걸쳐 5경京·15부府·62주州를 설치했는데, 솔빈부는 15부 중의 하나이다. 이 부는 솔빈의 옛 땅에 설치되었으며, 그 밑에는 화주華州·익주益州·건주建州의 3개 주를 두어 다스리도록 하였다. 솔빈부의 위치에 대해서는 대부분 우수리스크로 추정하고 있는데, 흑룡강성 동녕현東寧縣에 있는 대성자大城子의 고성古城 구조가 기존의 발해 도성과 같다는 점을 들어 이곳을 솔빈부의 터전으로 보는 설도 있다.

기黃土岐 등의 진은 야인을 방어하기 위해 설치한 것이다. 그러나 지금은 야인이 없어 여러 진장이 텅 빈 여진평만 우두커니 바라보고 있으니 매우 무의미하다. 게다가 그 땅을 버려둔 채 경작하지도 않고 가축을 기르지도 않으니 매우 애석하다. 이 교리는 다음과 같은 말도 하였다.

"진에 있을 때 유람하면서 들판 중앙을 이리 떼가 질주해 가는 것을 보기도 했고, 영양麢羊이 절벽에 뿔을 걸고 잠자는 것을 보기도 했습니다. 촌락은 영성한 데다가 여러 진장에게 가렴주구를 당하기 때문에 곤궁하여 살아갈 방도가 없었고, 또 사냥할 줄도 모른다고 했습니다."

서북 지방의 목재
西北之材

어떤 객이 장진부[30]에서 돌아온 뒤에 말하였다.

"장진부에서 새로 짓는 고을 청사가 매우 웅장하여 여러 도의 선화당宣化堂이 미칠 바가 아니니, 큰 재목이 많기 때문입니다. 온 신에 몇 아름이나 되는 소나무와 삼나무가 빽빽한데 수백 년 동안 도끼질을 당하지 않아 선 채로 저절로 마르기도 하고 땅에 쓰러져 썩기도 합니다. 만일 장진강[31]에서 재목을 띄워 압록강으로 나와서 뗏목으로 엮은 다음 물길 따라 바다를 내려오면 얼마 안 되어 강화도 입구에 도착할 것이고, 경강으로 끌어온다면 재목을 이루 다 쓸 수 없을 것입니다."

내가 말하였다.

"단지 장진강뿐만이 아닙니다. 갑산의 허천강[32], 강계의 독로강[33]

30 장진부長津府 : 현재 함경남도 북서부 지역으로, 대부분이 개마고원에 있다.

31 장진강長津江 : 함경남도 장진군의 낭림산맥에서 발원하여 북서부를 북쪽으로 흘러 압록강으로 흘러드는 강이다.

32 허천강虛川江 : 함경남도 풍산군 안수면에서 발원하여 개마고원을 지나 압록강으로 흘러드는 강이다.

33 독로강禿魯江 : 평안북도 강계군 용림면에서 발원하여 강계와 위원을 거쳐 압록강으로 흘러드는 강이다.

도 모두 압록강으로 흘러드니 이러한 수로가 있을 텐데 서북 지방의 재목이 다 썩은 채로 내버려지니 매우 탄식할 만합니다. 또 듣기로 창성昌城과 삭주朔州 지방 사람들이 '만주인들이 압록강 상류에서 벌목해서 밤낮으로 뗏목을 타고 물길 따라 내려간다.'라고 한답니다. 압록강 일대는 저들과 우리가 함께 쓰는 지역으로 저들은 압록강을 이용해서 재목을 운송하는데 우리는 하지 못하니 이런 일은 바로 알아야 합니다."

우리나라 예속
東國禮俗

우리나라의 예속은 중국과 다른 것이 매우 많다. 우리나라의 비천한 자들은 길에서 존귀한 사람을 만나면 말을 타고 있을 수 없고, 소매를 흔들 수 없으며, 부채를 펼쳐 얼굴을 가릴 수 없고, 담뱃대를 물고 담배를 피울 수 없다. 만일 서 있는 자가 있으면 꾸짖어 앉히고, 이서吏胥들은 굽실거리기까지 한다. 비가 와도 감히 유모油帽를 쓸 수 없고, 추워도 감히 귀마개를 착용할 수 없어서 모두 황망히 벗어야 한다.

중국은 소매를 흔들지 못한다거나 부채를 펼치지 못한다거나 담배를 피우지 못한다는 등의 여러 금령이 없고, 앉아 있던 사람은 일어서는 것으로 공경을 표하고 졸례卒隸처럼 매우 천한 자 외에는 말에서 내리지 않는다. 《삼국지》에 "고구려에서는 무릎을 꿇고 절을 하되 한쪽 다리를 편다."[34]라고 했고, 《주서周書》에 "백제에서는 절하고 뵙는 예를 행할 때 두 손으로 땅을 짚어 공경을 표한다."라고 하였다. 지금도 무관이 재상을 뵐 때는 여전히 이렇게 한다. 중국과 달랐기 때문에 역사서를 지은 이가 기록한 것이다.

---

34 고구려에서는……편다 : 《삼국지》 〈위서〉 중 〈고구려전〉에 보인다. 절을 하면서 한쪽 다리를 펴는 것이 부여와 다르다고 기록하고 있다.

수레 이용
用車

사람들은 모두 수레 사용의 편리함을 말하지만, 끝내 그들이 수레를 사용하는 것은 본 적이 없다. 설자說者는 "도로를 닦기가 어렵고 나루와 배에 널빤지를 깔기 어려우며, 객점에서는 문을 높이거나 마당을 넓히기가 어렵다."라고 하지만 내가 보기에 이는 한번 호령하면 될 일이니, 무슨 어려움이 있겠는가. 다만 우리나라는 체면을 매우 중시한다. 서로 2품 이상 차이 나는 문무 관료가 마주치면 그중 하급 관원이 말에서 내려야 하니, 갑자기 맞닥뜨리면 좁은 골목으로 피해 버린다. 지금 수레를 탄 사람에게 말에서 내리는 예를 요구하여 불편하게 부랴부랴 피하거나 일일이 수레에서 내리게 한다면 수레를 타지 않느니만 못할 것이니 어찌 수레를 타는 자가 있겠는가.

내가 연경을 유람할 때 보니 수레를 끌고 가는 자가 먼저 골목 어귀에 들어서면서 큰 소리로 신호를 보내면, 비록 귀한 사람이라도 반대편 입구 밖에서 수레를 멈추고 잠깐의 기다림을 아까워하지 않았으니 이는 선후의 구별이 있기 때문이다. 우리나라의 풍속은 조급하고 남을 깔보기를 좋아하여 선후를 따지지도 않고 좁은 골목 안에서 충돌하거나 말이 놀라고 굴대가 부러져 낭패를 당하고야 마니, 어찌 수레를 끌고 다니는 자가 있겠는가. 제도는 고칠 수 있지만 풍속은 급히 바꿀 수 없을 듯하다.

북어
北魚

한 곳에서 생산된 뒤에 팔도로 두루 퍼지는 것은 바로 북해北海의 명태明太이다. 이 물고기는 수가 매우 많은데 북어北魚라 불린다. 몸은 길고 비늘은 가늘며 색은 조금 검다. 얼린 것이 맛이 좋고 반半건조된 것도 좋은데 오래 건조된 것은 맛이 점점 싱거워진다. 알은 젓갈을 담글 수 있는데 명란明卵이라고 한다. 생선 장수들이 덕원德源의 원산[35]에 모여들었다가 짐바리를 남쪽 지방으로 향하는데, 철령 이남 산골짝 안에 재갈들이 나란하고 방울이 울리며 끊임없이 죽 이어지니 모두 이 물고기다. 팔도 점방의 반찬과 술안주로나 황량한 마을에서 손님을 접대하거나 푸닥거리할 때 이 물고기를 쓰지 않는 경우가 없으니 그 쓰임새가 넓다. 이 물고기는 함흥 이북에서 나니 고려인들은 그 맛을 보지 못한 듯한데 여진이 독점한 탓이다. 성조聖朝(태조)에 이르러 함경도를 개척하면서부터 백성들이 그 이로움을 누리게 되었다.

살펴보건대 《설문해자》에 "사魦, 노鱸, 패鮊, 역鱳, 국鰯, 첩鯜 등은

---

35 원산圓山 : 함경도 덕원부德源府에 있던 진명현鎭溟縣의 옛 이름이다. 지금은 원산元山이다.

낙랑樂浪에서 나오고,[36] 우어鰅魚는 낙랑의 동이東暆에서 나오고,[37] 분魵, 면鮸은 예薉의 야두국邪頭國에서 나온다."[38] 하였다. 예薉는 예濊이고, 야두국은 낙랑의 속현인 야두매邪頭昧인 듯하다. 아홉 가지 물고기가 모두 우리나라의 물고기이지만 지금 알 수 있는 것은 오직 민어民魚가 면鮸이라는 것뿐이고, 나머지는 알 수 없다. 북어는 어떤 물고기인지 모르겠다. 《이아爾雅》에 조예가 깊은 자를 기다려 볼 뿐이다.

내가 포천을 다스릴 때 내각 동료에게 부친 시에 "담뱃갑에 서초[39]

---

36 사……나오고 : 사, 노, 패, 역, 국, 첩은 각각 상어, 농어, 복어, 자주복, 쇠물돼지, 납자루에 해당한다.

37 우어는……나오고 : 《해동역사》〈물산지2〉의 어류 조에 다음과 같은 기록이 보인다. "우鰅는 《집운集韻》에, '엄우鰧鰅은 물고기 이름으로 낙랑에서 난다.' 하였고, 《초사楚辭》〈대초大招〉의 '우용鰅鱅은 단호短狐이다.'라고 한 곳의 주에는 '우용은 단호의 종류이다.' 하였고, 보주에는 '모양이 이우犂牛와 같이 생겼다.' 하였으며, 곽박郭璞은 말하기를 '우어鰅魚는 문채文彩가 있다.' 하였고, 《사군지四郡志》에는 말하기를 '지금 세속에서는 수우水牛라고 하는데, 그 가죽에는 무늬가 있어서 신발을 만들거나 말안장을 장식할 수 있다.' 하였다."

38 분……나온다 : 역시 《해동역사》의 위의 글에 다음과 같은 기록이 보인다. "분魵은 《이아》〈석어釋魚〉에 나오는 분하魵鰕의 주에 '예야국穢邪國에서 난다.' 하였고, 소疏에 '분어魵魚는 일명 하鰕라고 한다.' 하였으며, 《정자통正字通》에는 '하는 수충水蟲으로, 먹을 수가 있다.' 하였으며, 《자전字典》에는 '하는 강과 바다가 있는 곳이면 어느 곳에나 있다.' 하였다. 그러니 예야두국薉邪頭國에서만 나는 것이 아니므로, 《설문》의 말은 틀린 것이다. 그렇다면 지금의 대하大鰕의 종류이다. 면鮸은 《정자통》에 '석수어石首魚를 면이라고 한다.' 하였다. 지금 대·소 두 종류가 있다. 세속에서는 그 가운데 큰 것을 민어民魚라고 하는데, 면鮸과 민民은 음이 서로 비슷하다."

39 서초西草 : 평안도 삼등三登·성천成川 등에서 생산되던 품질이 좋은 담배이다. 《京都雜志 茶烟》

없어 부끄럽지만, 밥상에 북어 올라 기쁘네.[縱羞盒裏無西草 且喜盤中有北魚]"라고 하였다. 포천은 북로北路(함경도)의 첫 역참이기 때문에 이 물고기를 많이 매매한다. 담배는 바로 관서의 금사연金絲煙인데, 현달한 관리가 아니면 계속 피울 수 없다.-뒤에 《화한삼재도회和漢三才圖會》를 살펴보니 북어는 처음에 조鯱라는 글자로 되어 있었다. 또 들으니 북쪽 지방 사람들이 명태라고 하는 것은 여진 말이라고 한다.-

평양 사람은 대동강 물을 마신다
平壤人飮浿江

평양 사람들은 식수로 대동강 물을 마시니, 종일 물을 져서 대동문大同門으로 들어가므로 문 안쪽의 흙이 항상 젖어 있다. 풍수지리가들이 "평양은 배의 형상이니 배는 바닥을 뚫어서는 안 된다." 하므로, 우물 파기를 꺼리고 강물을 마시는 것이다.

내가 《삼국지》를 읽어 보니 "고구려는 산골짝을 따라 거주하고 계곡물을 마신다."라는 말이 있었다. 그렇다면 강물을 마시는 것은 예로부터의 습속이니, 억지로 갖다 붙인 말을 논파할 수 있다.

우리나라 서예가
海東書家

우리나라의 서예가로 신라에서는 3인을 꼽을 수 있다.

김생金生은 사서에 이름이 전하지 않는데 당나라 예종 경운 2년(711)에 태어났다. 조맹부趙孟頫는 〈동서당집 고첩[40]에 쓰다[書東書堂集古帖]〉라는 글에서 "당나라 때 신라 승려 김생이 쓴 그 나라의 〈창림사비昌林寺碑〉는 자획이 매우 법도가 있으니, 당인唐人 중 명각名刻이라도 그보다 낫지는 못할 것이다. 옛말에 이르기를 '어느 땅엔들 인재가 태어나지 않으리오.' 하였으니, 정말 그러하다."라고 하였다. 서거정은 《동국통감東國通鑑》에서 "예서, 행서, 초서가 모두 신의 경지에 들었다. 송나라 숭녕 연간에 한림 대조翰林待詔 양구楊球와 이혁李革이 김생의 글씨를 보고 크게 놀라서 '오늘 다시 왕 우군王右軍(왕희지)의 진적眞蹟을 보게 될 줄은 생각지도 못하였다.'라고 했다." 하였다.

최고운崔孤雲은 이름이 치원致遠이고 자가 고운이며 호가 해운海雲이다. 나이 18세에 당나라의 제과[41]에 합격하여 관직이 시어사侍御

---

40 동서당집 고첩 : 김생의 글자를 모은 서첩으로, 조맹부의 문집인 《송설재집松雪齋集》에 그 존재가 보인다.

41 제과制科 : 《고려사》를 통해 보건대 송대까지는 빈공과賓貢科로 칭하다가 원대

史에 이르렀고, 신라로 돌아와서는 태산太山, 부성富城 등의 태수를 지냈으며, 시호는 문창文昌이다. 만년에 가야산에 은거하였는데 어떻게 생을 마쳤는지 알지 못한다.

승려 영업靈業은 그 세계世系를 조사할 수 없다. 서거정의 《필원잡기筆苑雜記》에 "우리나라의 필법은 김생이 제일이고 영업이 그 다음이니 모두 왕 우군을 본받았다." 하였다.

고려의 명필은 4인이다.

승려 탄연坦然은 그 세계를 조사할 수 없다. 이규보의 〈서결평론〉[42]에 "글씨가 행초行草에 뛰어나니 마땅히 신품神品의 두 번째에 해당한다." 하였다.

다음은 문 시랑文侍郎이다. 고려의 문공유[43]와 그 아들 문극겸文克謙은 모두 글씨를 잘 쓴다는 명성이 있었고 관직이 다 시랑을 역임했으므로 누구라 단정 지을 수는 없지만 그 부자 가운데 한 사람이라는 것은 의문의 여지가 없다.

이행촌[44]은 이름이 암嵒이고 자가 고운古雲이며 처음 이름이 군해君侅이고 호가 행촌이다. 과거에 급제해서 관직이 문하시중門下侍中 철성부원군鐵城府院君에 이르렀다. 정인지의 《고려사》에 "예서가 당

에 들어서 제과로 명칭이 바뀌었다.

42 서결평론書訣評論 : 《동국이상국집》 후집 권11에 실려 있는데, 원제목은 〈동국제현의 글씨를 평론한 데 대한 서[東國諸賢書訣評論序]〉이다.

43 문공유文公裕 : ?~1159. 작품으로 〈묘향산 보현사 창사비명妙香山普賢寺創寺碑銘〉과 그 음기陰記가 남아 있다.

44 이행촌李杏村 : 1297~1364. 〈문수원 장경비文殊院藏經碑〉에 필적이 남아 있다.

대에 가장 절묘하였다."라고 하였다.

한유항[45]은 이름이 수脩이고 자가 맹운孟雲이며 호가 유항이다. 과거에 급제해서 관직이 청성윤淸城尹에 이르렀다. 《고려사》에 이르기를 "초서와 예서에 뛰어났다."라고 하였다.

조선에는 16인을 꼽을 수 있다.

성독곡成獨谷은 이름이 석린石璘이고 자가 자수自修, 호가 독곡이다. 고려 공민왕 때 과거에 급제하였고 조선에 들어와서 관직이 의정부 영의정에 이르렀다. 시호는 문경文景이다. 《필원잡기》에 "글씨 잘 쓰는 것으로 한 시대를 울렸다." 하였다.

신암헌[46]은 이름이 장檣이고 자가 제부濟夫, 호가 암헌이다. 관직이 공조 참판에 이르렀다. 이수광의 《지봉유설芝峯類說》에 "초서와 예서에 뛰어나고 큰 글씨를 잘 썼다." 하였다.

최 제학崔提學은 이름이 흥로興老이다. 과거에 급제해서 관직이 집현전 직제학에 이르렀다. 성현의 《용재총화慵齋叢話》에 "글씨 잘 쓰는 것으로 세상에 이름을 떨쳤는데, 오직 유익[47]만을 본받았다." 하였다.

---

45 한유항韓柳巷 : 1333~1384. 작품으로 〈노국대장공주 묘비魯國大長公主墓碑〉, 〈회암사 지공대사 탑비檜巖寺指空大師塔碑〉 등이 있다.

46 신암헌申巖軒 : 신장申檣(1382~1433)으로, 세종 때 대제학 등을 역임한 문신이자 명필이다. 《해동명적海東名蹟》에 그의 글씨가 실려 있다.

47 유익庾翼 : 305~345. 동진東晉의 정치가로, 자는 치공稚恭이다. 초서와 예서에 특히 뛰어나서 왕희지와 겨룰 만했다고 한다. 송대의 법첩法帖인 《순화각첩淳化閣帖》에 그의 〈고리첩故吏帖〉이 실려 있다.

강인재姜仁齋는 이름이 희안希顔이고 자가 경우景愚, 호가 인재다. 과거에 급제하여 관직이 인수부 윤仁壽府尹에 이르렀다. 남용익의 《기아箕雅》 소전小傳에 "글씨와 그림에 모두 뛰어났다." 하였다.

박 평양[48]은 이름이 팽년彭年, 자는 인수仁叟이다. 과거에 급제해서 관직이 형조 참판에 이르렀다. 김육의 《해동명신록海東名臣錄》에 "글씨는 반드시 종요鍾繇와 왕희지를 스승으로 삼았다." 하였다.

비해당匪懈堂은 이름이 용瑢이고 자가 청지淸之, 호가 비해당이다. 장헌대왕(세종)의 셋째 아들로 안평대군安平大君에 봉해졌다. 신숙주의 《보한당집保閑堂集》에 "중국 사신인 내한內翰 예겸倪謙과 우사右史 사마순司馬恂이 그의 글씨를 보고 입이 닳도록 칭찬하기를[49] '조자앙趙子昂을 본받았지만 기상은 그보다 뛰어나니, 진실로 예나 지금이나 거의 드문 솜씨입니다. 지금 천하에서 필법에 뛰어난 진겸陳謙 같은 부류가 적지 않지만 이와 같은 기상은 본 적이 없습니다.' 하였다."라고 하였다.

성안재成安齋는 이름이 임任, 자가 중경重卿, 호가 안재다. 과거에 급제하여 관직이 의정부 좌참찬에 이르렀고, 시호는 문안文安이다. 《해동명신록》에 "진서眞書(해서), 초서, 예서 세 가지 필법이 모두 절묘하였다." 하였다.

정동래鄭東萊는 이름이 난종蘭宗, 자가 국형國馨이다. 관직은 판서에 이르렀고 동래군東萊君에 봉해졌으며, 시호는 익혜翼惠이다. 《용

---

48 박 평양朴平陽 : 평양은 전라도 순천의 옛 이름이다. 박팽년朴彭年(1417~1456)이 순천 박씨이므로 이렇게 칭한 것이다.

49 중국……칭찬하기를 : 《세종실록》 32년 윤1월 11일 기사에 관련 내용이 실려 있다.

재총화》에 "글씨에 뛰어나 한 시대에 명성을 날렸다." 하였다.

성둔재成遯齋는 이름이 세창世昌, 자가 번중蕃仲, 호가 둔재다. 과거에 급제하여 관직이 의정부 우의정에 이르렀다. 《해동명신록》에 "필법은 신묘한 데에 이르렀고, 음률과 화법畫法에도 모두 정통하였다." 하였다.

김유연재金悠然齋는 이름이 희수希壽, 자가 몽정夢禎, 호가 유연재다. 과거에 급제해서 관직이 사헌부 대사헌에 이르렀다.

김자암金自菴은 이름이 구絿, 자가 대유大柔, 호가 자암이다. 과거에 급제해서 관직이 홍문관 부제학에 이르렀다. 《기아》 소전에 "필법으로 세상에 명성을 떨쳤다." 하였다.

성청송成聽松은 이름이 수침守琛, 자가 중옥仲玉, 호가 청송이다. 관직은 현감에 이르렀고 의정부 영의정에 추증되었으며, 시호는 문정文貞이다. 유몽인의 《어우야담於于野譚》에 "선우추[50]를 본받되 조송설趙松雪(조맹부)의 법식을 섞었으며, 구모필狗毛筆을 즐겨 사용하였다." 하였다.

황고산黃孤山은 이름이 기로耆老, 자가 태수鮐叟, 호가 고산이고 성균 진사다.

송이암宋頤菴은 이름이 인寅, 자가 명중明仲, 호가 이암이다. 공주에게 장가들어 여성위礪城尉에 봉해졌고, 시호는 문단文端이다. 신익성의 《동회집東淮集》에 "서체는 오흥[51]을 본받았지만 단정한 해서에

50 선우추鮮于樞 : 1246~1302. 조맹부와 같은 시기 원나라의 저명한 서예가이다. 자는 백기伯機, 호는 곤학산민困學山民, 기직노인寄直老人 등이다.

51 오흥吳興 : 조맹부가 절강성 오흥 출신이라 그를 지칭하는 말로 흔히 쓰였다.

더욱 뛰어났다." 하였다.[52]

양봉래楊蓬萊는 이름이 사언士彦, 자가 응빙應聘, 호가 봉래이다. 과거에 급제하여 관직이 부사府使에 이르렀다.《기아》소전에 "풍골風骨은 범속하지 않고, 필법은 빼어나고 예스럽다." 하였다.

한석봉韓石峯은 이름이 호濩, 자가 경홍景洪, 호가 석봉이다. 관직은 호조 정랑에 이르렀다. 이정귀의《월사집月沙集》에 "왕 우군이 손수 쓴 글씨를 건네주는 꿈을 두 번 꾸었는데, 그런 뒤로부터 마치 신의 도움이 있는 듯하였다. 해서로 쓴 편액과 진초眞草(해서와 초서)는 각기 그 신묘함에 이르렀다."라고 하였다.

이상 23명의 대가들이 쓴 글씨의 석각石刻은 대사헌 이강산李薑山(이서구)의 소장품이다. 강산은 각기 한 본씩 탁본을 떠서 일찍이 가숙부家叔父(유련)께 맡겨 서촉西蜀의 이우촌李雨村(이조원)에게 부쳤는데, 우촌이 매우 기뻐하였다. 그 소전 역시 강산이 지었다.

---

52 신익성의……하였다 : 신익성申翊聖의 문집은《낙전당집樂全堂集》인데, 여기서《동회집》이라 한 것은 그의 본관이 동양東陽이므로 별칭으로 부른 말인 듯하다. 인용한 부분은《낙전당집》권12〈봉헌대부 여성공 겸 오위도총부 도총관 증시문단 송공 신도비명奉憲大夫礪城君兼五衛都摠府都摠管贈諡文端宋公神道碑銘〉에 실려 있다.

고려 문집
高麗文集

고려 시대 문집으로 이름이 알려진 것은 다음과 같다.

예종睿宗의 《창화집唱和集》과 《용루창화집龍樓唱和集》[53]

강감찬姜邯贊의 《낙도교거집樂道郊居集》과 《구선집求善集》[54]

김부식金富軾의 문집文集[55]

최유청崔惟淸의 《남도집南都集》[56]

임춘林椿의 《서하집西河集》

이규보李奎報의 《이상국집李相國集》

이인로李仁老의 《은대집銀臺集》[57]

---

53 창화집과 용루창화집 : 《동국이상국집》 전집 권21 〈예종 창화집 끝에 발함[睿宗唱和集跋尾]〉에 이규보가 《예종 창화집》을 읽고 쓴 발문이 실려 있다.

54 낙도교거집과 구선집 : 《고려사》 〈강감찬열전〉에 보인다.

55 문집 : 《고려사》 〈김부식열전〉에는 "문집 20권이 있다."라고만 기록되어 있는데, 유득공은 그 기록을 따라 쓴 것으로 보인다.

56 남도집 : 《고려사》 〈최유청열전〉에 "일찍이 왕명을 받들어 《이한림집주李翰林集注》와 《유문사실柳文事實》을 찬술撰述하였는데, 왕이 보고 가상히 여겨 판목에 새겨서 전하게 하였다……저술한 문장 수백 편과 《남도집》이 있다."고 하였다.

57 은대집 : 《고려사》 〈이인로열전〉에 이인로의 저술로 《은대집》 20권, 《후집後集》 4권, 《쌍명재집雙明齋集》 3권, 《파한집破閑集》 3권을 들고 있다. 또 《신증동국

최당崔讜의 《쌍명재집雙明齋集》[58]

김양경金良鏡의 시집詩集

백비화白賁華의 《남양집南陽集》

최자崔滋의 《최상국집崔相國集》[59]

김극기金克己의 《김원외집金員外集》[60]

이승휴李承休의 《동안거사집動安居士集》

홍간洪侃의 《홍애집洪厓集》

최해崔瀣의 《졸고천백拙藁千百》

이제현李齊賢의 《익재난고益齋亂藁》

권한공權漢功의 《일재집一齋集》

민지閔漬의 《묵헌집默軒集》

유숙柳淑의 《사암집思菴集》

이인숙李仁淑의 《초은집樵隱集》

여지승람》〈인천도호부〉 조에 《은대집》, 《쌍명재집》, 《파한집》이 세상에 전한다고 기록되어 있는 것으로 보아 그때까지는 이인로의 저술이 모두 존재했던 것으로 보인다.

58 쌍명재집 : 이인로의 저술이다. 《연려실기술》에서도 《쌍명재집》을 최당의 저작으로 기록하고 있는데, 이인로와 최당이 모두 '쌍명재'를 당호로 사용한 데서 비롯된 잘못이다.

59 최상국집 : 《고려사》 〈최자열전〉에는 가집家集 10권과 《속파한집續破閑集》 3권이 있다고 하여 《최상국집》이라는 서명은 확인할 수 없는데, 가집을 지칭한 것으로 보인다.

60 김원외집 : 《동문선》, 《역옹패설》, 《용재총화》 등에서는 '김거사집金居士集', 《보한집》에서는 '김한림집金翰林集'으로 일컫고 있다. 《용재총화》 권8에 "원외랑 김극기가 《김거사집》 수십 권을 저술하였는데, 고판古板은 교서관에 있으나 반은 깎였다."라고 한 것으로 보아 조선 전기까지는 남아 있었던 것으로 보인다.

민사평閔思平 의《급암집及菴集》

이곡李穀 의《가정집稼亭集》

이색李穡 의《목은집牧隱集》

임유정林惟正 의《백가의집百家衣集》

정포鄭誧 의《운곡시고雲谷詩藁》

정추鄭樞 의《원재집圓齋集》

김구용金九容 의《척약재음집惕若齋吟集》

한수韓脩 의《유항집柳巷集》

정몽주鄭夢周 의《포은선생문집圃隱先生文集》

이숭인李崇仁 의《도은집陶隱集》

길재吉再 의《야은선생언행습유冶隱先生言行拾遺》

이방직李邦直 의《의곡집義谷集》

이혜李惠 의《단할집短豁集》

염흥방廉興邦 의《동정집東亭集》

염정수廉廷秀 의《훤정집萱庭集》

안노생安魯生 의《이재집頤齋集》

설손偰遜 의《근사재집近思齋集》

설장수偰長壽 의《운재집芸齋集》

나흥유羅興儒 의《충순당집忠順堂集》

권사복權思復 의《신촌집愼村集》

이집李集 의《둔촌집遁村集》

원천석元天錫 의《운곡유고芸谷遺藁》

최사재崔思齋 · 이자위李子威 · 고호高琥 · 강수평姜壽平 · 이직李稷 · 김제金悌 · 박인량朴寅亮 · 이위손李緯孫 · 노류盧柳 · 김화진金化珍 등의《고

려시高麗詩》 3권

이암李巖·이강李岡·이원李原의《철성연방집鐵城聯芳集》

정포鄭誧·정추鄭樞의《서원세고西原世藁》

석원감釋圓鑑의《원감집圓鑑集》[61]

석천인釋天因의《정명국사시집靜明國師詩集》

석선탄釋禪坦의《선탄집禪坦集》

무명씨의《식영암집息影菴集》

석각월釋覺月의《시평詩評》

석지눌釋知訥의《목우자시집牧牛子詩集》

석견명釋見明의《게송잡저偈頌雜著》[62]

석혼구釋混丘의《가송잡저歌頌雜著》[63]

석굉연釋宏演의《죽간집竹澗集》

석만우釋卍雨의《천봉시고千峯詩藁》

석성민釋省敏의《계정집桂庭集》

---

61 원감집 : 승려 원감의 저작인데 정확한 서명은 미상이다. 이규경의《오주연문장전산고》〈경사편 석전류〉의〈석교범서불경변증설釋敎梵書佛經辨證說〉에 원감국사圓鑑國師의 저작으로《어록語錄》을 들고 있고, 김종직의《이존록彝尊錄》부록〈외조 사재감 정 박공전外祖司宰監正朴公傳〉에서는 원감의 시집이 세상에 행행한다는 말이 보인다.

62 게송잡저 : 이규경의 위의 글에 견명의 저작으로 이외에《어록》2권,《중편조동오위重編曹洞五位》2권,《조파도祖派圖》2권,《대장수지록大藏須知錄》3권,《제승법수諸乘法數》7권,《조정사원祖庭事苑》30권,《선문염송사원禪門拈頌事苑》30권이 더 있다고 기술되어 있다.

63 가송잡저 : 이규경의 위의 글에 혼구의 저작으로《가송잡저》2권 이외에《어록》2권,《신편수륙의문新編水陸儀文》2권,《중편염송사원重編拈頌事苑》30권이 더 있다고 하였다.

석의천釋義天 의《석원사림釋苑詞林》
석지암釋智岩 의《벽송집碧松集》

시문 선집選集 으로 이름이 알려진 것은 다음과 같다.

김태현金台鉉 의《동국문감東國文鑑》
최해崔瀣 의《동인지문東人之文》
이색李穡 · 변계량卞季良 의《동인시東人詩》
고려 의종毅宗 때의《시선詩選》
조운흘趙云仡 의《삼한시귀감三韓詩龜鑑》
무명씨의《분문사회分門詞會》
김종직金宗直 의《청구풍아靑丘風雅》
서거정徐居正 등의《동문선東文選》
신용개申用漑 등의《속동문선續東文選》
성삼문成三問 등의《동문수東文粹》
유희령柳希齡 의《대동시림大東詩林》과《대동연주시격大東聯珠詩格》

우리나라 사람의 저서
東人著書

"책을 저술해서 후세에 전하는 일이 우리 같은 사람에게 무슨 상관이 있겠나. 게다가 우리나라 사람들의 저서가 꼭 후세에 전해지는 것도 아니니 말일세. 가게에서 벽을 바르는 벽지 태반이 우리나라 문집이고, 약방에서 약 싸 두는 작은 봉지도 모두 우리나라 문집들이지. 비록 어쩌다가 중국에까지 전해져서 일부 몇 편의 글이 도사, 승려, 여인의 다음이자 안남, 유구, 일본의 앞에 기록된들 무슨 영예로울 일이 있겠나."

이것은 작고한 벗 이무관(이덕무)이 일찍이 나와 나누었던 말이다. 무관이 평생 저술한 책은 쌓으면 사람의 키 높이가 될 정도로 많다. 시문 이외에 《사소절士小節》, 《예기섭》,[64] 《청비록淸脾錄》, 《앙엽기盎葉記》, 《한죽당섭필寒竹堂涉筆》 등의 저술이 모두 전대미문의 업적으로, 압록강 동쪽에서 일찍이 없었던 일이다. 한데 그런 저술을 후세에 전하기 달가워하지 않았으니, 그가 자신을 비운 마음은 따를 수가 없다.

---

64 예기섭禮記涉 : 현재 《청장관전서靑莊館全書》에는 〈예기억禮記臆〉이라는 이름으로 실려 있다.

여덟 종류의 비둘기
鵓鴿八目

서울에는 비둘기를 기르는 풍속이 있는데, 여덟 종을 귀하게 친다. 첫째는 온몸이 다 흰 것인데 전백全白이라고 한다. 둘째는 몸은 희고 꼬리는 검으며 머리 위에 검은 점을 띠고 있는 것인데 점오點烏라고 한다. 셋째는 몸은 붉고 꼬리는 흰 것인데 자단紫丹이라고 한다. 넷째는 몸은 희고 머리와 목은 검은 것인데 흑허두黑虛頭라고 한다. 다섯째는 몸은 희고 머리와 목은 자줏빛 나는 것인데 자허두紫虛頭라고 한다. 여섯째는 몸은 희고 목은 붉으면서 깃 끝에 두 층으로 붉은 점이 있는 것인데 천앙백天仰白이라고 한다. 일곱째는 몸은 검고 꼬리는 흰 것인데 흑층黑層이라고 한다. 여덟째는 털의 색깔은 발구鵓鳩 같으면서 깃 끝에 두 층으로 금빛 점이 있는 것인데 승僧이라고 한다.

검은 국화
黑菊

서울에서 이름난 국화의 종류로는 황학령黃鶴翎, 백학령白鶴翎, 홍학령紅鶴翎 그리고 금원황禁苑黃, 취양비醉楊妃가 있는데 이를 '삼학금취三鶴禁醉'라 한다. 이 밖에 또 오홍烏紅, 대설백大雪白, 소설백小雪白, 통주홍通州紅 등 여러 가지 색깔이 있다.

황해도 사람이 이르기를 "장연長淵의 대청도大青島에 검은 국화가 있는데 원나라 태자 타환첩목이[65]가 귀양살이할 때 남긴 종류라고 한다." 하였다.

65 타환첩목이妥懽帖木爾 : 원 혜종(토곤 테무르, 재위 1333~1370)이다. 첩목帖木은 '貼睦'으로도 표기된다. 그는 문종 지순 원년(1330) 고려 대청도에 와서 살다가 1년 뒤 광서성 정강靜江으로 옮겨졌다.

만주어
滿洲語

여진은 말[馬]을 '모린毛隣'이라고 하는데, 모린위毛隣衛[66]라는 이름이 여기서 나왔다. 우리말로 말을 '몰沒'이라고 하니 발음이 모린과 가깝다. 《한청문감》[67]에 "붉은 말은 절다截多, 밤색 말은 구랑句郎, 홍사마紅沙馬는 부루夫婁, 검은 말은 가라加羅, 황색 말은 공골公鶻, 꼬리와 갈기가 검은 황색 말은 고라高羅, 해류海騮는 가리온加里溫, 선검線臉은 간間이라고 한다."라고 한 것이 모두 우리말인데 또 만주어와도 거의 같다. 땅이 서로 붙어 있어서 서로 배웠기 때문이다.

66 모린위 : 만주 지역에 있던 건주위建州衛, 야인위野人衛를 비롯한 여진족의 여러 위衛 중 하나이다.

67 한청문감漢淸文鑑 : 1779년(정조3)경에 한학 검찰관漢學檢察官 이담李湛과 청학 검찰관淸學檢察官 김진하金振夏 등이 《어제증정청문감御製增訂淸文鑑》을 저본으로 삼아 펴낸 만주어 겸 한어 사전이다.

세 가지 해초
三種海草

《본초강목本草綱目》에 세 가지 해초가 실려 있다. 첫째는 곤포昆布이다. 도홍경陶弘景은 "고려에서 난다." 하였고, 《당서》 〈발해열전〉에 "남해의 곤포"라고 하였는데, 지금 함경도 바다에서 난다. 둘째는 해대海帶이다. 장우석[68]이 "동해 수중의 돌에서 난다." 하였는데, 지금 다시마[多士麻]라고 부른다. 셋째는 해조海藻이다. 진장기[69]는 "신라에서는 바닷가 어민들이 허리에 줄을 매고 잠수하여 채취한다. 5월 이후로는 사람을 해치는 거대한 물고기가 다녀서 채취할 수 없다." 하였는데, 지금 미역[藿]이라고 하는 것이다. 《이아》에서 "곤綸은 허리띠[綸] 같고 조組는 끈목[組] 같은데 동해에서 난다."라고 했으니, 아마도 이를 가리킨 듯하다.

세 가지 해초는 모두 반찬거리로 쓸 수 있고, 그중에서도 해조국(미역국)은 산후에 반드시 처방으로 써야 한다. 부인이 해산할 달이 되면 우선 이것부터 마련해 두었다가 해산을 하고 나서 국을 끓여

68 장우석掌禹錫 : 992~1068. 북송의 관료이자 학자로, 인종 가우 연간(1056~1063)에 《가우보주신농본초嘉祐補注神農本草》 20권을 편찬했다.

69 진장기陳藏器 : 687?~757. 당나라 때의 약학자로, 《본초습유本草拾遺》 10권을 편찬했다.

쌀밥을 말아 계속 이어서 먹는데 청보[70]를 할 수 있다고 한다. 곤포昆布는 곤포綸布라고도 하고, 해조는 해라海蘿라고도 하고 심薚이라고도 한다.

또 한 가지 바다에서 나는 이끼가 있는데, 시속에서 해의海衣(김)라고 부른다. 바다에서 건져 볕에 말려 종이처럼 얇게 만들어서 불에 구워 먹는데 맛이 매우 좋다. 이 모두 우리나라에서 나며 풀 종류지만 물고기나 소금에 견줄 만한 것이다. 또 하나 바다에서 나는 이끼가 있어 녹색이 되면 측리지[71]를 만들며 말려서 먹을 수도 있으니, 구종석[72]이 말한 태포苔脯이다. 지금 세속에서 파래[叵羅]라고 하는데 파래는 우리말로 푸르다는 말이다.

70 청보淸補 : 한의학에서 치료법의 하나로, 성질이 서늘한 약으로 보하는 방법이다.

71 측리지側理紙 : 해태海苔를 재료로 삼아 제조한 종이인데, 그 결이 종횡으로 비스듬하게 되었으므로 이른 말이다.

72 구종석寇宗奭 : 북송 정화 연간(1111~1117)에 의관을 지낸 약학자로, 1116년에 《본초연의本草衍義》 20권을 편찬했다.

보잘것없어 알려지지 않은 꽃
雜卉幽花

나는 보잘것없어 알려지지 않은 꽃, 이를테면 봉선화, 달개비, 메꽃처럼 울 밑에 널려 있는 것들을 좋아하는데 옛사람들이 이미 그 예쁘고 고운 점을 잘 설명해 두었다.

《본초강목》[73]에 "봉선화[鳳仙]는 일명 급성자急性子이고, 한진주旱珍珠, 금봉화金鳳花, 소도홍小桃紅, 협죽도夾竹桃, 그리고 손톱 물들이는 풀[染指甲草]이라고도 한다." 하였다. 이시진李時珍은 "그 꽃은 꽃잎, 날개, 꼬리, 꽃대가 모두 봉황처럼 빼어나다. 여인들이 꽃잎을 따서 손톱을 물들인다. 열매는 복숭아 모양인데 여물면 터져 갈라지므로 여러 가지 이름이 생겼다. 송나라 광종의 왕비인 이후李后의 이름이 봉鳳이었으므로 궁중에서는 봉선화를 호여아화好女兒花라고 불렀고, 장완구[74]는 국비菊婢라고 하고, 위거韋居는 우객羽客이라고

---

73 본초강목本草綱目 : 명나라 이시진이 여러 약서藥書를 망라하여 52권으로 편찬한 의학서로 만력 연간(1573~1619) 간행되었으며 1800종이 넘는 약물과 1만 개 이상의 약방을 기록하였다. 이하 이 편에서 인용한 이시진의 언급은 모두 《본초강목》〈초부草部〉에 실려 있는 내용이다.

74 장완구張宛丘 : 장종정張從正(1156~1228)으로, 금나라 때 4대 명의 가운데 한 사람이다. 오랜 기간 완구宛丘에서 의사로 활동했기 때문에 '장완구'라고 불렸다. 《유문사친儒門事親》 등 많은 저술을 남겼다.

불렀다." 하였다.

달개비[鴨跖草]는 일명 계설초[75], 벽죽자碧竹子, 죽계초竹鷄草, 담죽엽淡竹葉, 벽선화碧蟬花이다. 이시진은 "4, 5월에 나방 모양의 꽃이 피는데 두 쪽 꽃잎이 날개 같고 짙푸른 색이 가히 좋아할 만하다. 깍지는 뾰족하고 굽은 것이 새의 부리 같으며 솜씨 있는 장인은 그 꽃을 따다가 즙을 내서 그림 물감을 만든다."라고 하였다.

메꽃[旋花]은 일명 선복旋葍, 고자화鼓子花이다. 소공[76]은 "그 뿌리가 젓가락 같아서 일명 저근箸根이라고 한다." 하였고, 이시진은 "그 꽃은 꽃잎이 갈려 나뉘지 않고 마치 군중軍中에서 부는 나팔처럼 통으로 되어 있어 고자鼓子니 선화旋花니 하는 이름이 붙었다." 하였다.

나는 일찍 봉선화를 시로 읊어 "여름날 이슬 기운 이토록 서늘하니, 흰 봉선화 젖은 채 늘어져 있네.[一天露氣涼如許 白鳳仙花濕不飛]"[77]라고 하였고, 또 메꽃을 읊기를 "분분하게 바람 불고 이슬 내리니, 때맞추어 발그레한 메꽃 피었네.[風叢露蔓紛如積, 時放微紅鼓子花]"[78]라 하였다. 달개비는 아직 시로 읊은 것이 없다. 꽃 중에서 짙푸른 빛을 띠는 것은 오직 달개비뿐이니, 역시 기이한 꽃이다.

또 산장酸漿이라는 꽃이 있는데, 작고 흰 꽃을 피우며 열매가 사랑스럽다. 일명 등롱초鐙籠草, 피변초皮弁草, 천포초天泡草, 왕모주王

---

75 계설초鷄舌草 : 《본초강목》에는 금계설초笒鷄舌艸로 되어 있다.

76 소공蘇恭 : 599~674. 당나라 때의 약학자로, 본명은 경敬인데 송대에 피휘하여 공恭으로 썼다. 《신수본초新修本草》 편찬을 주도하였다.

77 여름날……있네 : 유득공의 《영재집泠齋集》 권2 〈하야夏夜〉에 보인다.

78 분분하게……피었네 : 《영재집》 권2 〈고청루잡영孤靑樓雜詠〉에 보인다.

母珠, 낙신주洛神珠로, 모두 그 열매에서 나온 이름이다. 양용수楊用修의 《치언巵言》에 "연경의 들에서 나는 과실 홍고랑紅姑娘(꽈리)은 밖으로 붉은 주머니가 드리워져 있고 안에는 구슬 같은 빨간 씨앗이 들어 있는데 시고 단맛이 나서 먹을 만하다. 함초롬히 섬돌에 둘러 나고 푸른 풀 향기를 띠어 역시 사랑스럽다."[79] 하였으니, 이는 바로 산장이다. 지난날 내가 연경에 갔을 때 한 여자가 손으로 산장을 갖고 놀기에 뭐냐고 물었더니 곧바로 홍고랑이라고 대답하였다. 우리 풍속에 아녀자들이 이것을 몹시 좋아해서 뾰족한 까끄라기 끝으로 속을 파낸 후 불어서 팽창시켜 입술과 이 사이에 끼고 소리를 내곤 한다.

소공이 '메꽃은 뿌리가 젓가락 같다.'라고 하였고 지금 농가에서 이것을 쪄서 먹는데 맛이 달다. 아이들은 날것으로도 먹어서 봄에 밭 갈 때 쟁기를 따라가며 다투어 줍는다.

---

79 연경의……사랑스럽다 : 역시 《본초강목》 〈초부〉에 실려 있는 내용이다. 양용수는 양신楊愼(1488~1559)으로, 자가 용수, 호가 승암升菴이다. 명나라 때의 문학가이며, 저서로 《단연총록丹鉛總錄》, 《승암집升菴集》 등이 있는데 《치언》은 어떤 책인지 확인되지 않는다. 다만 양신의 이 언급이 《승암집》 〈홍고랑紅姑娘〉에 실려 있다.

우리말에 남아 있는 옛 한자음
東方有古音

한자음 가운데는 우리 발음이 옳고 중국 쪽이 틀린 것이 있다. 지금 우리나라 사람들이 읽는 한자 발음은 어디서부터 시작되었을까? 애초 우리나라 사람이 중국에 가서 배우지 않았으면 중국 사람이 우리나라에 와서 가르친 것이다. 배웠건 가르쳤건, 요컨대 한漢나라 이전의 일일 것이다. 우리나라 사람들은 산골짝이나 바닷가 외진 곳에 살며 그 글자와 발음을 알고 나서는 그대로 따라 지켜서 지금까지 잃지 않았다. 그러나 중국은 육조六朝, 오계五季 이래로 이민족과 한족이 서로 뒤섞였으니 자음字音에 어찌 변화가 없었겠는가. 이것은 증명할 수가 있다.

《춘추공양전》에 "공公은 어찌 친히 멀리까지 가서 물고기 잡는 것을 보려고 하십니까? 잡아오게 하소서.[公曷爲遠而觀魚 登來之也]"의 주에 "제나라 사람들은 구득求得을 득래得來라고 한다. 그런데 '등래登來'라고 한 것은 그 말이 크고 급한 데다 입으로 불러 준 것이기 때문이다."[80] 하였다. 또 《관자管子》에 "동곽우東郭郵가 환공에게 대답하기를 '그날 신이 두 분 군주께서 대臺 위에 계신 것을 보았는데

80 제나라……때문이다 : 《춘추공양전》 은공 5년의 기사에 대한 하휴何休의 주를 그대로 인용한 것이다.

입을 벌리고 다물지 않으시니 이는 거莒나라 정벌을 말씀하신 것이라고 생각했습니다.'라고 하였다." 하였다.

지금 우리나라 한자음으로 '등登'과 '득得'을 읽으면 음이 서로 비슷하지만 중국 발음으로 읽으면 서로 비슷하지 않고, 우리 한자음으로 '거莒'를 읽으면 입이 열리지만 중국 발음[81]으로 읽으면 입이 열리지 않으니, 우리나라에 오히려 옛 한자음이 남아 있고 중국은 발음이 점점 변하여 차츰 옛 음을 잃어버렸다는 것을 알 수 있다. 이 문제를 가지고 고영인顧寧人(고염무)처럼 옛것을 좋아하는 분에게 질정할 수 없는 것이 아쉽다.

81 중국 발음 : '莒'의 현재 중국어 발음은 '쥐jǔ'이다.

난정회
蘭亭會

계축년(1793, 정조17) 3월 20일 상께서 내각과 은대의 여러 문신에게 명하여 왕 우군(왕희지)의 난정蘭亭의 고사를 따라 금원禁苑의 농산정籠山亭에서 시를 짓도록 하고 몸소 궁중 음식을 내리셨다. 검교직각 서공(서영보)의 시는 다음과 같다.

성명의 은택 기쁜 모임에 베풀어져	嘉會枉明渥
꽃다운 연회에서 좋은 계절 기뻐하네	芳讌欣佳節
함께 감상하며 준걸의 뒤 따르니	陪賞躡俊髦
빼어난 경치는 하나하나 맑디맑네	選境歷淸切
붉은 정자 깊은 숲에 숨어 있고	紅亭隱森邃
돌샘은 맑고 투명한 물 쏟아내네	石泉瀉皎澈
붉은 꽃은 우거진 숲에 빛나고	丹葩耀林薄
떨기나무 줄지은 바위에 빼어나네	灌木挺巖列
탁 트인 조망은 밝고 넓으며	肆眺旣昭曠
거침없는 마음 즐겁고 기쁘네	暢志亦愉悅
천년 세월 같은 날 함께 모여서	千載同一朝
잔 들고 읊으며 선철을 생각하네	觴詠緬往哲
하사받은 술로 양치하여 입안 적시고	恩私漱津潤

영예롭게 몸 씻는 의식에 참여했네　光華服修潔
몸을 살펴 한 치 정성 굳게 지녀서　循躬持寸誠
큰 복 길이 이어지길 송축드리네[82]　純嘏頌綿瓞

우승지 이공(이서구)의 시는 다음과 같다.

풀과 나무도 성상의 사랑 입고　草木承宸眷
못과 누대엔 왕의 발길 닿았네　池臺通御輦
붉은 정자 아리땁게 얌전도 하고　紅亭旣窈窕
푸른 냇물 구불구불 돌아 흐르네　碧流仍回轉
성근 비바람이 막 이르자　疏雨颮方集
산들바람 저물녘에 더욱 좋아라　微風晩更善
냇가의 꽃 분분하게 향기 피우고　澗花紛餘馥
숲의 신록 성대하게 처음 펴지네　林綠藹初展
세월 돌아 영화 시절 다시 오니　歲運回永和
계절은 바야흐로 삼월 되었네　時候屬姑洗
술잔 주고받아 옛 예를 찾아보자　飛觴徵舊禮
편지 보내 인재를 불러 모으셨네　授簡會群雋
낮은 처지라 은혜 더욱 넉넉하고　迹庳恩逾洽
지엄한 자리에 경치도 빼어나네　地嚴勝亦選

82 성명의……송축드리네 : 서영보의 문집인 《죽석관유집竹石館遺集》 책1에 〈늦은 봄에 유상곡수의 연회에서 응제시를 짓다[暮春臨讌流觴曲水應製]〉라는 제목으로 이 시가 수록되어 있다.

삼각산을 울연히 바라보고 있으니　　華嶽鬱相望
아름다운 기운 곤면에 오르는구나[83]　　佳氣上袞冕

두 작품이 모두 우아하고 깨끗하니 성당 시대의 응제應製인들 어찌 이보다 낫겠는가. 이해 봄에 서울의 사대부들은 날마다 필운대弼雲臺, 북사동北寺洞 등지의 여러 이름난 정원에서 난정회를 가졌으니, 태평한 시절의 성대한 일이다.

83 풀과……오르는구나 : 이서구의 문집 《척재집惕齋集》 권2에 〈옥류천의 모임에서 왕명을 받들어 삼가 짓다[玉溜泉侍讌承命恭賦]〉라는 제목과 함께 모임의 연유에 대한 짤막한 설명이 붙어 있다. 시는 여기에 실린 작품과 차이가 많다.

활자의 수

印三經四書

내각(규장각)의 활자는 대자大字가 10만 5638자, 소자小字가 4만 4532자이고, 외각(교서관)의 활자는 대자가 10만 2326자, 소자가 4만 441자다. 계축년(1793, 정조17) 4월 15일에 삼경과 사서 392본을 인쇄하기 시작했는데, 내각의 활자를 사용하고 외각의 소자 활자까지 사용했으며 내가 감인[84]하였다.

84 감인監印 : 인쇄물을 원고와 대조하여 틀린 글자를 바로잡는 일이다. 관련하여 433쪽 〈충무공전서를 인쇄하여 올리다〉 참조.

일본 말과 일본 문자
倭語倭字

원현천[85]의 《화국여지기和國輿地記》에 기록된 일본 말이다.

산은 야마夜麻(やま)

바다는 유미由末(ゆみ)

물은 민주民注(みず)

불은 희이噫伊(ひ)

차茶는 자이者伊(ちゃ)

종이는 가미加末(かみ)

붓은 후대侯代(ふで)

먹은 수미愁末(すみ)

벼루는 수수리水水里(すずり)

벼룻집은 박고朴古(ばこ)

좋은 소식은 예이乂伊(よい)

나쁜 소식은 왈이曰伊(わるい)

---

85 원현천元玄川 : 원중거元重擧(1719~1790)로, 호가 현천玄川이다. 1776년 장원서 주부로서 《해동읍지海東邑誌》 편찬에 참여하면서 이덕무, 성대중, 박제가, 유득공 등과 교유하였다.

좋다고 할 때는 용고사리用古沙里

좋지 않은 것은 이용고사리伊用古沙里

천천히 하는 것은 소로소로疏老疏老(そろそろ)

빨리 하는 것은 하요하요何要何要(はやはや)

멈추는 것은 맛다맛다麻叱多麻叱多(まってまって)

우산은 가이加伊(かさ)

탈것은 노리모노老里毛老(のりもの)

마부는 사이노오沙伊老五(さいのう)

천한 일에 종사하는 자는 인속고因束古(にんそく)

또 일본 문자는 다음과 같다.

殿(전) 대신과 귀족에 대한 호칭

樣(양) 존칭의 말

辻(십) 거리

峠(상) 고개

灘(탄) 큰 바다

沖(충) 바다와 물가의 먼 곳

雫(우) 물방울

杜(두) 수풀

薄(박) 흐릿하다

棽(록) '麓(록)'의 속자

藪(수) 대숲

芝(지) 작은 떨기가 무성한 것

栬(제) 가을철 단풍 든 나무

糀(화) 누룩

槇(전) 나무의 결이 단단하고 치밀한 것

柾(정) 나무의 세로결이 나란하게 곧은 것

樫(견) 나무가 견고한 것

榊(신) 결이 단단한 나무를 신에게 바치다

椹(심) 노송나무에 속함

椙(창) 삼나무에 속함

椈(국) 밤나무에 속함

梅(모) 유자나무와 유사하며 단단한 나무

杣(산) 산에 들어가서 나무를 베다

枌(분) 지붕을 이는 데 사용되는 작은 널빤지

樋(통) 도랑

梶(미) 배의 키

籾(인) '穀(곡)'의 속자

俵(표) 곡식 포대

鐺(견) '槍(창)'의 속자

縝(훈) 누에고치에서 실을 뽑다

躮(분) 아버지가 아들을 일컫는 말

伽(가) 함께 숙직하다

扨(인) 발어사

適(남) 훌륭하다

込(입) 담아서 채우다

辻(중) 생각해도 깨닫기 어렵다

慟(동) 마음과 힘을 다하다

䠰(화) 용모를 다듬다

䭝(응) 갑자기, 급히

閊(산) 막히다

乪(내) 향기

觸(촉) 고하여 알리다

掟(정) 금지 조항

拵(존) 장만하다, 새로 만들다

認(인) 서찰書札을 봉하거나 행장을 꾸리다

社(사) 식사

嘸(무) 시비를 헤아리지 않다

倩(천) 아리땁고 곱다

忝(첨) 꾸짖는 예禮

逭(정) 잊지 않다

抔(부) 따위, 등

拼(팽) 재목과 곡식 포대가 층층이 쌓이다

鰹(견) 물고기 이름, 고등어

鱈(설) 물고기 이름, 대구

鰷(조) 물고기 이름, 뱅어

鯛(조) 물고기 이름, 도미

鮭(해) 물고기 이름, 연어

鰤(사) 물고기 이름, 방어

鰑(갈) 물고기 이름, 오징어

鰯(약) 물고기 이름, 정어리

현천옹은 평소 돈독하게 뜻을 세워 학문을 하였다. 계미년(1763, 영조39) 통신사가 파견될 때 부사의 서기書記로 일본에 갔다. 저들 가운데 물쌍백[86]이라는 자가 있는데 자는 무경茂卿, 호는 조래徂徠 또는 훤원蘐園이고, 육오주陸奧州(무쓰슈, 곧 오슈) 사람이었다. 그는 왕원미王元美와 이우린李于鱗의 글을 장기長碕(나가사키)에 드나드는 상선 편으로 구해서 읽고 좋아하여 그들을 진정한 학자라고 여겼다. 마침내 왕이王李의 학문을 창도하고 정주程朱를 헐뜯어서 이르지 않은 바가 없었는데 66주州의 선비들이 쏠리듯 그를 따라서 심지어 '해동의 부자夫子'라 일컬었다고 하니 징말로 가소로운 일이다.

현천옹이 저쪽 학자들에게 조리 있고 차분하게 정주의 학설을 강론하여 밝혀 주니 저쪽 학자들이 처음에는 의심하다가 차츰 깨치게 되었다. 옹은 귀국하여 《화국여지기》 3권 및 《승사록乘槎錄》 3권을 저술하여 그 나라 풍속을 상세하게 기록하였다.

86 물쌍백物雙柏 : 오규 소라이荻生徂徠(1666~1728)로, 에도 중기의 유학자이다. 처음에는 주자학을 배우다가 나중에 고문사학古文辭學을 창도하여, 가숙家塾인 겐엔蘐園을 열었다. 그의 문하에서 다자이 슌다이太宰春台와 핫토리 난카쿠服部南郭 등이 배출되었고, 저서로 《논어징論語徵》, 《훤원수필蘐園隨筆》 등이 있다.

몽고어
蒙古語

몽고어로 하늘을 '등혁력騰革力'이라 하니 곧 《한서》〈흉노전〉에 "흉노는 하늘을 '탱리撐犁'라고 한다"는 말이 이것이다.[87] 태양을 납라納剌라 하는 것은 어렴풋이 우리말과 비슷하고, 말[馬]을 막림[88]이라 하는 것은 만주어와 같다. 고려를 쇄롱혁[89]이라 하는데 조서膆鼠(은서, 곧 족제비)도 쇄롱혁이라 하니 그 뜻을 모르겠다. 우리나라 사람들은 몽고 사람을 만나면 누린내가 난다고 싫어하고 만주 사람을 만나면 고기 비린내가 난다고 싫어한다. 아마 몽고 사람들도 우리를 만나면 비린내가 난다 할까? 우리 풍속에서 아이들 놀이로 실에 꿩 깃털을 매어 바람에 날리는 것을 고고매姑姑梅라고 하는데 몽고에서 봉황을 고고매苦苦妹라 하니 고고매姑姑梅가 곧 고고매苦苦妹임을 알겠다. 우리나라 사람들은 고려 때 몽고어를 많이 익혔다.

---

87 몽고어로……이것이다 : 몽골 민간 신앙에서 최고의 신은 천신天神인데, 몽골어로는 '텡게르'라 하고 현재 중국어로는 '腾格里'로 표기하고 '텅거리ténggélǐ'로 읽는다.

88 막림莫林 : 현재 중국어 발음은 '모린mòlín'이다. 앞의 〈만주어〉에 "여진은 말[馬]을 모린毛鄰이라고 한다." 하였는데, 이와 발음이 비슷하다.

89 쇄롱혁瑣瓏革 : 숙량합肅良合으로도 표기되었다. 현재 몽골어 발음은 '소롱고'이고, 무지개라는 의미다.

자신을 소인으로 낮추는 버릇

自稱小人

《주역》에 "나라를 열고 집안을 이을 때 소인은 쓰지 말아야 한다."라 하고, 《시경》에 "군자는 의지하는 바이고 소인은 비호받는 바이다."라고 하였으니, 소인이라는 말이 여기에 처음 보인다. 《좌전》에서 영고숙穎考叔은 "소인에게 어머니가 있는데 소인이 드리는 음식은 모두 맛을 보셨습니다만"이라고 하였다. 자신을 일러 소인이라고 한 것은 실로 여기에 처음 나타난다.

우리나라 사람들은 소인이라고 말하기를 아주 좋아해서 지체가 낮은 사람은 말할 것도 없고 조정의 관리들도 마찬가지로 그러하다. 어떤 무변武弁이 재상에게 말을 하는데 빙빙 돌려 얼버무리며 소인이라고도 하지 않고 '나'라고도 하지 않은 채 "처가 병이 났으니 약을 좀 주십시오."라고 하였다. 재상은 "누구 처라고?" 하고 물었는데, 군색하게 만든 셈이었다. 그 무변이 말하길 "자기 처니까 처라고 하지 어찌 감히 남의 처를 처라고 하겠습니까."라고 해서 세상에 웃음거리로 전한다.

살펴보건대 전세소의 《전씨사지》[90]에 말하였다.

---

90 전세소의 전씨사지 : 전세소錢世昭는 송나라 때 인물로, 《전씨사지錢氏私志》는 《설부說郛》와 《사고전서四庫全書》에 실려 있다.

"연북燕北 지방의 풍속은 사대부거나 서인이거나 간에 모두 자신을 일러 소인이라고 한다. 선화 연간(1119~1125)에 요나라 우금오위상장군右金吾衛上將軍 한정韓正이 요나라로 돌아갈 때 검교소보 절도사檢校少保節度使에 임명되었다. 그러자 그는 중간 이상의 관직에 있는 사람을 만나 말할 때는 자신을 '소인'이라 하고 그 이하에게는 '나'라고 했다. 매일 누사[91]에 나아가서는 《천동경》[92]을 외우면서 또한 '천동한테야 어찌 나라고 할 수 있겠나.' 하였다. 이에 《천동경》에서 '나'라고 한 곳을 모두 소인으로 바꾸어서 '황천皇天이 소인을 낳으시고 황지皇地는 소인을 길러 주시네. 일월日月은 소인을 비추시고 북두北斗는 소인을 도와 주시네.' 하였다."

이로써 본다면 거란 풍속 역시 소인이라고 말하기 좋아했고 이전 사람이 이를 벌써 웃음거리로 삼은 것이다.

---

91 누사漏舍 : 대루사待漏舍, 대루원待漏院, 또는 대루待漏라고도 한다. 문무백관이 새벽에 모여서 조회를 기다리던 곳이다. 당나라 때 처음 설치되었고, 송나라 때는 재상이 집무하던 곳이기도 하다.

92 천동경天童經 : 《태상태청천동호명묘경太上太淸天童護命妙經》의 약칭이다. 《도장道藏》에 들어 있는 도교 경전의 하나이다.

다식과 약과
茶食藥果

우리나라 토속 먹거리로 다식茶食이 있는데, 송화松花, 밤 가루[栗粉], 검은깨 등 여러 재료에다 벌꿀을 섞어 만든다. 꽃잎 모양으로 만들어 소반에 쌓아 올리면 볼만하다.

최근에 주석창[93]의 《일하구문》[94]을 보았더니 주린지[95]의 《해릉집》을 인용해서 "여진 풍속은 다식을 중하게 여긴다. 아고타[96]는 개국 초에 이것을 아주 높이 쳤는데, 중국의 병이餠餌처럼 수십 종이나 되었다. 큰 쟁반에 몇 자 높이로 포개 쌓아 두고 손을 대접하거나 모임에 하사하는 데 사용했다."라고 하였다. 이에 비로소 다식이 여진 풍속에서 나온 줄을 알았다. 아고타는 본래 육식을 하는 사람인데 이런 달콤한 것을 좋아했다니 이상한 일이다.

---

93 주석창朱錫鬯 : 주이존朱彝尊(1629~1709)으로, 자는 석창, 호는 죽타竹垞이다. 청나라의 시인, 학자, 장서가로서 조선 후기 문인들에게 큰 영향을 끼쳤다.

94 일하구문日下舊聞 : 일하日下란 수도, 즉 당시의 북경을 이르는 말이다. 북경에 관련된 여러 가지를 정리한 문헌으로, 모두 18문門 42권으로 구성되었다.

95 주린지周麟之 : 송 고종 소흥 연간(1131~1162) 사람으로, 자가 무진茂振이고, 해릉海陵 출신이다. 《해릉집海陵集》 23권을 남겼다.

96 아고타阿姑打 : 보통 아골타阿骨打로 표기한다. 여진족으로 금나라를 세운 태조 아구다(재위 1115~1123)이다.

또 주천의 《북원록》[97]을 살펴보니 "벌꿀을 밀가루에 섞어서 기름에 지지는데 호胡가 이것을 매우 귀하게 여긴다." 하였으니, 이는 바로 지금 약과藥果라고 하는 것이다.

---

97 북원록北轅錄 : 주천周燀(1126~1198)은 일명 주휘周煇로, 남송의 학자, 장서가인데 순희 4년(1177) 금나라에 파견된 사신을 수행하며 견문을 기록하여 《북원록》 1권을 남겼다. 이 작품은 《설부》에 서명선徐明善의 〈천남행기天南行記〉, 유욱劉郁의 〈서사기西使記〉와 함께 수록되어 있다.

홍기포 정탐
紅旗浦偵探

일찍이 내각의 서고西庫에서 책을 열람했는데《정탐일기偵探日記》 한 권이 있었다. 관북의 장교將校가 -그의 이름은 잊었다.- 두만강을 몰래 건너 등등기登登磯의 사정을 정탐한 것인데 책이 너덜너덜해서 읽을 수 없었다. 근래 서 직각(서영보)의 서재에서《홍기포 정탐기紅旗浦偵探記》한 권을 보았는데 이는 경흥부慶興府의 장교 김만빈金萬彬이 지은 것이었다. 후춘後春의 동북쪽 바다 가운데 홍기포紅旗浦가 있고 이를 홍도紅島라고도 한다. 홍기포 북쪽에 또 등등기가 있으며 역시 섬이다. 영고탑寧古塔 등지의 군민과 객지에서 떠도는 한인漢人들이 섬 안에 숨어 살며 삼을 캐고 담비를 잡았다. 우리 북방의 백성 중에도 숨어든 자가 있었다. 마침내 세력이 점점 불어나 험한 지형을 믿고 부과한 세금을 보내지 않자 청나라 사람이 군사를 일으켜서 수색하여 토벌하였다. 우리나라도 첩자를 보내어 국경의 정세와 관련된 것을 정탐하게 하였다.

김만빈은 무사라서 글이 엉성함을 면치 못했다. 게다가 중국말을 몰라서 장군을 '장준將俊'이라 하고, 우록장경[98]을 '유루장계劉累將

---

98 우록장경牛彔章京 : 이갑李坤의《연행기사燕行記事》〈문견잡기聞見雜記〉에 "우록장경은 참령參領·장관將官의 칭호이다."라고 하였다.

季'라고 하며, 발십고[99]를 '보질이甫叱耳'라고 하였다. 산 이름과 물 이름은 근거로 삼을 만한 것이 없다. 그 대략을 베껴 둔다.

"건륭 11년(1746, 영조22) 병인 6월 11일, 어사 군관御史軍官, 병영 비장, 경흥 부사慶興府使가 서수라西水羅에서 만나기로 약속하였다. 배 두 척을 마련해 양식을 싣고 장교 김만빈·박형만朴亨萬·남제극南濟極·한시휘韓始輝·김명중金鳴重, 역관 김세강金世江·이제익李齊益, 뱃사공 사노 우란牛蘭과 내노內奴 김파—중국 음이다.—회金巴回 등이 어둠을 틈타 배를 띄워 오갈암烏喝巖에 정박하였다.

12일, 두만강 어귀를 지나면서 밥을 지어 신에게 기도하였고 장자도醬子島에 정박하였다.

13일, 호라산胡羅山을 지나 슬항도瑟項島에 정박하였다.

14일 이후의 일이다. 산에 올라가 멀리 바라보기도 하였고, 상륙해서 정탐하다가 후춘 지방의 장경章京—이름은 덕을세德乙世이다.—과 발십고,—이름은 족간리足干里, 또 아이리阿伊利라고도 한다.— 영고탑의 우록 장경 등을 만나기도 하였는데 병사를 거느리고 양식을 운반하여 홍기포로 가는 자들이었다. 자주 힐문을 당했는데 그때마다 우리나라 백성 30여 명이 달아나 홍기포로 들어갔기 때문에 관령을 받들어 정탐하는 것이라고 했더니 저들은 그다지 괴이하게 여기지 않았다. 이에 종이, 붓, 먹, 부채, 벼룻집, 놋숟가락, 백미白米, 염장鹽漿 등의 물건을 저들에게 나누어 주자 저들 또한 사슴 가죽과 포막布幕(베로 만든 장막)을 답례품으로 주었다.

---

99 발십고發什庫 : 이갑의 같은 글에 "발십고는 소위 보고甫古라는 것으로 10인의 장長이다."라고 하였다.

또 그들은 자피선者皮船 –나무속을 파내어 만든 작은 배다.– 으로 양식을 운반하는데 배의 속도가 너무 느렸다. 우리가 섬 안의 사정을 살피고자 우리 큰 배에 나누어 타자고 청하니 저들이 크게 기뻐하였다. 마침내 장경 1인, 발십고 3인과 함께 우리 배를 타고 홍기포에 이르러 배를 댄 후 양식 부대를 풀어서 내렸다. 높은 곳에 올라가 멀리 바라보니 산들이 첩첩이었고, 섬의 한쪽 자락은 동북으로 구불구불 이어져 바닷속으로 들어가 마치 학의 날개와 같았다. 도망친 백성의 촌락이 있던 곳을 불태워 없앴는데, 도망친 백성이 처음에는 1만여 명이었고 지금은 자수한 사람이 반을 넘으며 붙잡힌 사람은 사백여 명이고 나머지 사람들은 깊은 산으로 달아나 숨었기에 머물러 방비하며 수색해 잡는다고 하였다. 홍기포 밖에 또 4개의 섬이 있는데, 자당이者唐伊, 강거우자江居于子, 야라野羅, 수저愁齟 등이 모두 도망친 백성들의 소굴이다. 홍기포 뒤쪽 봉우리는 고고등자高高登子이고, 홍기포 남쪽에는 또 청도靑島가 있으며, 홍기포 동쪽에 목사도木蛇島가 있다. 영고탑에서 홍기포까지는 20일 거리라고 한다.

7월 8일, 저들과 서로 이별하며 뒷날 우리나라에서 도망친 백성을 사로잡으면 후춘으로 포박하여 보내 달라고 부탁하였다. 국경에서 서로 헤어지고 드디어 배를 출발시켰다.

13일, 두만강 입구로 돌아왔다. 횃불을 들고 포를 쏘자 서수라 진장이 횃불을 들고 응사하였다."[100]

---

100 건륭……응사하였다 : 김만빈 등이 정탐한 홍기포, 등등기, 영고탑 등은 지금의 블라디보스토크 일대이다. 《영조실록》 22년 12월 9일 기사에 이 정탐에 대해 포상한 사실이 확인된다.

산도
山都

금산錦山 사는 농부가 아침에 일어나서 외양간을 보니 네댓 살 아이만 한 귀신이 벌거벗은 채 소를 타고 앉아서 털을 뽑고 있었는데 소는 벌벌 떨면서 감히 움직이지 못했다. 농부는 몽둥이를 휘둘러 때렸지만 번번이 몽둥이만 빼앗기고 털 뽑는 것은 태연자약 그대로여서 어찌해 볼 도리가 없었다.

"네가 무슨 귀신인지 모르겠다만 소털을 가지고 뭘 하려는 것이냐? 산 소의 털을 죄다 뽑으면 반드시 죽고야 만다. 내게 여러 해 모아둔 소털 한 삼태기가 있는데 그걸 네게 줄 테니 산 소의 털은 뽑지 말아라."

타이르고는 털이 담긴 삼태기를 들어다 귀신 앞에 던져 주자 귀신은 풀쩍하고 소 등을 뛰어 내려와 삼태기를 이고 산으로 들어갔다. 다음 날 아침 울타리 옆을 보니 삼태기를 도로 던져두었기에 열어 보니 모두 산삼이었다. 농부는 갑자기 부자가 되었다.

교서관의 교리 유영철柳英喆이 이 일을 말해 주었는데 이것은 바로 산도[101]다. 금산이 남녘이어서 이런 괴이한 일이 있는 것일까.

---

101 산도山都 : 사람을 닮은 원숭이의 일종으로 사람을 보면 웃는다고 한다. 《이아》 〈석수釋獸〉에서는 산도를 '비비狒狒'라고 칭하며, 곽박郭璞의 주석에는 "그 모양이 사람과 같은데 얼굴은 길고 입술은 검다."라고 되어 있다.

돌살촉
砮矢

여진은 화살에 돌살촉을 쓴다. 쇠로 된 살촉보다 더 날카롭지는 않으니 실은 쇠가 모자라기 때문이다. 어떤 사람은 "돌살촉은 살에 파고들면 곧 부러져서 뽑아내기가 어려워 이웃의 적들이 두려워한다."라고 하였는데 혹 그럴 법도 하다. 북쪽 사람들이 밭을 갈 때 종종 발견하곤 하며 길주吉州 지역에 가장 많다. 혹은 해골에 박혀 있기도 하니 옛날 갈라전[102] 전장이었음을 알 수 있다.

나는 일찍이 청색과 홍색 돌살촉 각 하나씩을 얻었는데 길이가 두 치가량 된다. 성용연成龍淵(성대중)은 북청 부사北靑府使로 나가서 돌살촉 두 개와 돌도끼 하나를 얻었다. 용연의 아들인 검서관 용여[103]가 그것을 꺼내 보이며 자랑하였다. 돌살촉은 내게 있는 것에 비해 조금 짧았고 돌도끼는 자루 구멍이 없는 것이 이상했는데 아마도 나무에 매어 사람을 친 듯하다. 나는 용여에게 돌도끼로 벼루를 만들라고 권했고, 용여는 내게 돌살촉 하나를 주었다.

---

102 갈라전曷懶甸 : 고려 때 흑수여진黑水女眞이 살던 지역의 명칭이다. 292쪽 주24 참조.

103 용여龍汝 : 성해응成海應(1760~1839)으로, 자가 용여, 호가 연경재硏經齋이다. 1788년 규장각 검서관으로 임명된 후 유득공과 이덕무, 박제가 등의 실학자들과 교유하였다.

교서관
校書館

교서관은 운관芸館이라고 하고 또 비성秘省이라고도 한다. 예전에는 남부南部의 이현泥峴(진고개)에 있었는데 금상 6년(1782) 임인에 돈화문 밖으로 옮겨 비로소 외각外閣이라 불렀고, 이전 건물은 헐려서 무 밭이 되었으니 바로 내 집의 서쪽 담장 밖이 그곳이다. 올여름부터 가을까지 온종일 외각에 가서 경서 인쇄하는 일을 감독했는데 교서관의 판교 김석여[104]가 말하였다.

"교서관이 이현에 있을 때 교리로 당직을 하다가 병으로 앓아누웠는데, 꿈에 교서관이 황폐한 빈 터가 돼서 풀이 우거졌더라고. 높은 데 올라가서 내려다보며 장탄식을 하다가 얼마 안 돼서 깼는데 기분이 나빴지. 그리고 며칠 뒤에 부엉이가 날아와서 들보 위에 자리를 잡았다가 관례官隷들에게 잡힌 거야. –들판의 새가 집에 들어오면 집주인이 그 집을 떠나게 된다는 옛말이 있다.– 그래서 더더욱 기분이 나빠져서 병이 나면 틀림없이 다시 일어나지 못하겠다고 생각을 했다네. 하지만 끝내 별 탈은 없었고, 사천 현감으로 나갔지. 임기를 마치고 돌아와서 영감께 들렀는데 교서관 자리를 보니 완연히 이전에 꿈속

104 김석여金錫汝 : 김홍운金洪運(1738~?)으로, 자가 석여이다. 1780년(정조4) 사천 현감에 제수되었고 1782년 교서관 판교가 되었다. 이덕무의 친우이기도 했다.

에서 보던 그대로더군."

관청이 서고 무너지는 것도 미리 정해진 운명이 있는 줄을 비로소 알게 되었다.

또 한 가지 이상한 일이 있다. 예전 교서관은 바로 임 충민공林忠愍公(임경업)의 고택이었다. 아전들이 부군당府君堂에다 충민공의 신위를 받들었는데, 교서관을 옮길 때 무익하다 해서 불태워 없애 버렸다. 한두 해 안에 아전들이 잇따라 죽어 나갔고, 신위를 불태워 없애 버린 사람은 심지어 온 가족이 다 죽었다. 아전들은 마침내 크게 두려워하여 지금은 다시 공의 신위를 받든다고 한다. 이 또한 외각의 고사다. 계축년(1793, 정조17) 8월 17일에 기록한다.

화호유창
花戶油窓

전방표[105]의 《순어사화》[106]에 말하였다.

"북경에서는 겨울이면 창호지를 창살에 붙이는데 그 사이에 화초와 인물을 그린 유리 조각을 끼운다. 방 안에서 밖을 보면 환하게 다 보이지만 밖에서 방 안을 보면 아무것도 보이지 않는다. 이는 구양초공[107]의 《십이월어가오사十二月漁家傲詞》에 나오는 '화호유창花戶油窓'이다. 대개 원나라 습속이 이미 그러했던 것이다."

살펴보건대 우리나라 종이는 희고 깨끗하고 질겨서 창을 바르기에 알맞다. 기름과 밀랍을 먹이면 그 빛이 흡사 이은[108]의 색을 띠는데 원나라 때도 아마 이 방법을 쓴 듯하다. 지금 우리 풍속은 방문

105 전방표錢芳標 : 본명은 정서鼎瑞, 자는 보분寶汾 또는 보분葆馚이다. 명말 청초 강남의 주요 문학 유파인 운간파雲間派의 후기 대표 작가이다. 특히 사詞에 뛰어났다.

106 순어사화蒓齾詞話 : 《요사습유遼史拾遺》와 주이존朱彝尊의 《일하구문日下舊聞》에 인용된 것이 보일 뿐, 어떤 내용의 책인지 알 수 없다. 유득공은 《일하구문》에 인용된 것을 보고 기록한 듯하다.

107 구양 초공歐陽楚公 : 구양현歐陽玄(1273~1357)으로, 자는 원공原功, 호는 규재圭齋, 초공은 봉호이다. 원나라 때 《요사》, 《금사》, 《원사》 편찬의 책임자였고, 저서로 《규재문집圭齋文集》이 있다.

108 이은泥銀 : 아교풀에 갠 은가루로, 그림의 재료로 쓰인다.

안쪽에 반드시 만卍 자 모양의 겹창을 두어서 마음대로 움직여 열고 닫으며 거기에 유리를 끼워서 밖을 내다보니, 풍속이 서로 전해져서 그대로 이어지는 것이 이와 같다.

우리나라 사람의 말타기
東人御馬

박연암의 《열하일기》에 우리나라 사람의 말 다루는 방법을 논하여 "우견右牽도 해서는 안 되는데 하물며 좌견左牽이며, 문신도 불가한데 하물며 무신이겠는가."[109] 하였으니, 참으로 명언이다.

나는 일찍이 일본 사람의 《방야도芳野圖》를 본 적이 있었다. 벚꽃이 만개한데 꽃놀이하는 부녀자들은 말을 탄 채 전전긍긍, 모두 말의 왼쪽과 오른쪽에 고삐 잡아 주는 이를 붙이고 있었다. 또 일본에 사신으로 다녀온 여러 서기書記의 말에 "남자도 좌우에 경마잡이를 세웁니다." 하였다. 우리 풍속은 불행히도 일본과 서로 비슷하니 부끄러운 일이다.

봉사奉事 이기원李箕元의 《권유집倦遊集》에도 우리나라 사람들이 중국 말을 사서 타는 것을 두고 "먹어 본 적이 없는 여물을 먹이고 얹어 본 적이 없는 안장을 얹어서, 자주 목을 꺾고 춤을 추듯 걸음을 디뎌 등에 탄 사람이 머리가 덜렁거리고 어깨가 춤을 추게 하여 흔

109 우견도……무신이겠는가 : 《열하일기》 〈막북행정록漠北行程錄〉에 "문무를 막론하고 벼슬이 높으면 반드시 좌견을 잡히니 이는 무슨 법인지, 우견이 이미 좋지 않거늘 하물며 좌견이며, 짧은 고삐도 불가한데 하물며 긴 고삐이겠는가.…… 문관도 불가한데 하물며 영문營門으로 나아가는 무장이겠는가."라고 하였다.

들흔들 마치 크게 요동하는 배에 앉은 듯하니 이 어찌 말의 성질을 따른 것이겠는가." 하였으니, 이 또한 명언이다.

나도 우리나라의 말 길들이기는 이상하다 여긴다. 질응疾鷹이니 비품飛品이니 중심中心이니 반중심半中心이니 하는 것은 경마잡이가 여러 달이나 해가 지나도록 재갈을 당기고 채찍을 울려 가르치는 것으로, 말은 거의 병이 들고 만다. 말을 잘 타기로야 만주나 중국이나 몽고 사람만 한 이들이 없는데 그들에게 이런 법이 있는 것은 보지 못했다. 중국 사람들이 일찍이 우리나라 사람에게 "너희 나라 말은 등에 한 사람을 태우고 입에도 한 사람을 물고 가니 어쩌면 그렇게 힘이 센가?" 하였다 하니, 말을 타고 경마 잡히는 일을 비웃은 것이다.

맹금의 이름
鷙鳥名

"맹금의 종류는 매우 많다. 매 중에 그해에 태어나 길들여진 것을 '보라매[甫羅鷹]'라고 하는데, 보라는 담홍색淡紅色의 우리말인즉 보라매의 깃털 색이 옅기 때문이다. 산에서 여러 해를 산 것을 '산지니[山陳]'라고 하고, 집에서 여러 해 기른 것을 '수지니[手陳]'라고 한다. 매 중에 가장 뛰어나고 털이 흰 것을 '송골松鶻'이라고 하고, 푸른 것을 '해동청海東靑'이라고 한다. 수리 중에 몸집이 작으면서 매와 흡사한 것을 '독수리[獨戌伊]'라고 하고, 수리 중에 몸집이 크면서 노루와 사슴을 잡을 수 있는 것을 '가막수리[伽漠戌伊]'라고 하는데 가막은 우리말로 검다는 뜻이다. 수리와 비슷하면서 호랑이를 잡을 수 있는 것을 '육덕위肉德威'라고 하며 모습이 웅대해서 사람을 태우고 날아간다. 호랑이를 보면 날아서 그 머리에 앉아 눈을 쪼아 댄다.

매와 흡사하지만 두 날개가 길고 날카로운 것을 '난춘蘭春'이라고 하는데, 날개로 쳐서 거위와 기러기를 베고 또 매도 죽인다. 매와 흡사하면서 눈동자가 검은 것을 '조골鵰鶻'이라고 하며, 매를 잡을 수 있다. 매와 흡사하면서 붉은 가슴과 흰 등에 눈동자가 검은 것은 '방달이方達伊'라고 하고, 매를 죽일 수 있다. 매와 흡사하면서 몸집이 작은데 날개가 날카롭고 다리가 긴 것은 '결의決義'라고 한다. 메추라기를 잡을 수 있으니, 바로 이른바 '새매'다. 결의와 흡사하면서도 비둘기와 비슷하고 눈동자가 검은 것을 '도령태盜鈴馱'라고 하고, 메추라기를 잡을 수 있다. 도령태와 흡사하면서 참새를 잡을 수 있는 것은 '구진의句陳義'라고 하고 '발남갑孛南甲'이라고도 하는데, 바람이 불려고 하면 곧장 공중으로 날아올라 유유자적하며 내려오지 않는다. 발남은 우리말로 바람이니, 곧 이른바 '신풍晨風(쏙독새)'이다. 결의와 흡사하면서 부리 옆이 칼로 새긴 듯 쪼개진 것은 '작응雀鷹'이라고 하고, 참새를 잡을 수 있다. 매와 흡사하면서 꼬리 끝에 흰 깃털이 있는 것은 '마분략馬糞掠'이라고 하는데, 참새를 잡을 수 있다."[110]

이상은 작고한 벗 이무관(이덕무)의 《한죽당섭필寒竹堂涉筆》에 실려 있다. 《한청문감》을 살펴보면 보라매를 '추황秋黃'이라고 하고, 수지니를 '농응籠鷹'이라고 하고, 산지니를 '산롱山籠'이라고 하였다.

---

110 맹금의……있다 : 이덕무의 《청장관전서》 권68 〈한죽당섭필〉의 〈사나운 새의 종류[鷙鳥種類]〉에 실려 있다.

기인
其人

서울의 공인貢人 중에 싸리 홰[杻炬]를 관장하는 자를 기인其人이라고 한다. 세상에 전하기를, 싸리 홰 공인은 이문이 후해서 예전에 사족士族 중에서 그 일을 한 자가 있었으므로 그 이름을 드러내지 않고 '그 사람[其人]'이라고만 일렀다고 하는데, 이 말은 잘못이다.

《고려사》〈조준열전趙浚列傳〉을 보면, 조준이 창왕에게 올린 글에서 "지방 고을의 아전으로 서울에 머무르면서 자기 고을의 일을 관장하는 이를 '기인'이라고 합니다." 하였으니, 이로 보건대 기인이라는 말은 고려 때 이미 있었다. 조선은 고려의 제도를 따라 지방 고을 아전에게 싸리 홰를 책임 지웠는데, 뒤에 서울 공인의 일로 만들었지만 그 이름은 그대로 따른 것이다.

결
結

《대전통편》〈호전〉에 "전지田地를 측량하는 자의 길이는 주척周尺의 4자 7치 7푼 5리에 준하니, 실제 면적은 1척이 1파把, 10파가 1속束, 10속이 1부負, 100부가 1결結이고 14부가 중국의 전田 1묘畝에 준한다." 하였다.

이는 대개 세금 징수 제도를 말한 것이다. '파'란 곡식 줄기가 한 손에 차는 것이고, '속'이란 묶는 것이고, '부'란 짊어지는 것이다. 다만 '결' 자의 의미는 알 수 없다. 신라 희양산曦陽山의 〈봉암사 지증대사 탑명鳳巖寺智證大師塔銘〉은 최고운崔孤雲이 지었는데, 거기에 "전 500결을 희사하다."[111]라는 말이 있으니 결이란 신라 방언이다. 지금 아전들은 묵墨 자처럼 발음한다.

---

111 전 500결을 희사하다 : 최치원의 《고운집》 권3 〈지증 화상 비명智證和尙碑銘〉에 "장莊 12구區와 전田 500결結을 희사하여 절에 속하게 했다."라고 되어 있다.

제용감
濟用監

제용감은 북부 수진방[112]에 있다. 주부主簿 2원員, 봉사奉事 2원이 면주, 면포, 삼베, 모시, 수달 가죽, 수은, 요사[113], 백반, 소목蘇木, 홍화, 자초, 전화靛花, 은주銀硃, 자황, 울금, 괴화槐花, 오미자, 하엽荷葉, 삼록[114] 등 여러 염채染采의 물건을 나누어 담당한다. 판관 1원은 장관으로서 담당 업무가 없고, 인신印信을 관리할 뿐이다.

세상에 전하기를 제용감이 있는 자리는 국초의 공신 봉화백奉化伯 정도전 옛 집터라고 한다. 정도전은 풍수에 밝았는데, 으쓱거리며 "우리 집안 대대로 곳간에는 포화布貨(베)가 가득하고 마구간에는 말 4000필이 매어 있을 테니 그만하면 족하다."라고 했으나 끝내 죄를 받아 죽었다. 그의 곳간 터는 제용감이 되고 마구간 터는 사복시가 되었으니, 감여堪輿(풍수)에 미혹된 자는 이것을 거울로 삼을

---

112 수진방壽進坊 : 지금 서울의 수송동壽松洞과 청진동淸進洞 일대이다.

113 요사硇砂 : 광물 이름이다. 화산에서 분출된 염화암모늄 기체가 응고되어 형성된 것으로, 농공업 및 의약에 이용된다.

114 삼록三綠 : 이덕무의 《청장관전서》 권60 〈화가에게 소용되는 그림물감[畫家顔色]〉에 왕개王槩의 《개자원화보芥子園畫譜》를 인용하여 다음과 같이 설명하였다. "석록石綠은 청개구리의 등처럼 생긴 색깔이 가장 좋은데, 수비水飛하여 두록頭綠·이록二綠·삼록의 세 종류로 만들고 용도는 석청石靑과 같다."

수 있을 것이다. 지금 제용감 뜰에는 큰 버드나무와 큰 홰나무 대여섯 그루가 있고, 또 네모난 연못이 있는데 온통 연꽃을 심어 놓아 꽃이 몹시 성대하며 다른 여러 관청에 비해 조용한 곳으로 불린다.

박차수朴次修(박제가)가 일찍이 제용감 주부가 되었을 때 나는 서여오徐汝五(서상수), 이무관(이덕무) 등 여러 벗과 들러서 술을 마시며 함께 시를 지었다. 내가 지은 구절에 "맑은 낮에 술 향기 붉은 누각 밖에 퍼지고, 중양절 푸른 못 속에 갓 그림자 비치네.[淸晝酒香紅閣外 高秋帽影碧潭心]"[115]라고 하니, 좌중의 모든 사람이 감탄하며 칭찬하였다.

계묘년(1783, 정조7)에 내가 금정도 찰방金井道察訪에서 내직인 제용감 주부로 옮겼다. 신해년(1791)에 또 와서 별제瓦署別提에서 품계가 올라 제용감 판관에 제수되었다. 지난번에 놀았던 일을 회상하니 벌써 아득하다. 숙직 중에 "홍화, 자초 감독하듯 십 년 만에 문원 벼슬 다시 겸하네.[似是紅花紫草監 十年文苑再兼銜]"[116]라는 구절을 지었는데, 대개 사실을 기록한 것이다.

---

115 맑은……비치네 : 유득공의 《영재집》 권3 〈가을날 여오, 무관과 함께 제용감으로 차수를 방문하여 두보 시에 차운함[秋日同汝五懋官訪次修濟用監次杜]〉이란 제목으로 실려 있다.

116 홍화……겸하네 : 유득공의 《영재집》 권5 〈제용감 유도 차운濟用監留都次韻〉에 보인다.

산호와 수정
珊瑚水晶

《고려사》 현종 18년(1027)에 "영광군에서 산호수珊瑚樹를 바쳤는데 높이가 8자, 가지는 81개였다."라고 하고, 현종 20년에 "문희현聞喜縣에서 수정 원석 4만여 매가 나왔다."라고 하였다. 문희는 바로 문경聞慶의 옛 이름이다. 지금 두 곳에 산호와 수정이 난다는 말을 들은 적이 없다. 다만 경주에서 검은색, 흰색, 자색의 세 가지 수정이 생산되는데, 이것으로 우립羽笠의 갓끈과 도장, 안경을 만든다.

여치

蟈蟈

내가 원명원圓明園에 갔을 때는 초가을이었다. 수심을 풀어 버리려고 차수次修(박제가)를 데리고 술집에 갔더니, 들보 위에 대롱대롱 작은 통이 달려 있었다. 수숫대를 얽어 만들었는데 통 안에는 푸른 날개에 다리가 긴 곤충이 들어 있었다. 의자에 앉은 사람의 모자 바로 위에서 움직이며 가을바람이 살짝 불면 찌르륵찌르륵 울어 대서 술맛을 아주 잘 돋우었다. 무슨 곤충이냐고 묻자 주인은 궈궈蟈蟈이라고 답하였다. 술집을 내려와 길가를 보니 아이들이 종종 이 곤충을 판다고 외치곤 했다. 《한청문감》에 "궈궈은 잘 우는 메뚜기[螞蚱]다." 하였다.

올가을에 문득 이 일이 생각나서 아이들을 시켜 집 정원의 수풀에서 궈궈을 잡게 했지만 구하지 못했고, 다만 귀뚜라미 10여 마리를 얻어 원명원 술집의 법도를 따라 통을 만들고 그 속에 넣어 매달아 두었다. 퇴근하면 으레 의자에 앉아 귀뚜라미 소리를 들으며 때로 술잔을 들고 한잔 마시곤 했는데, 그런대로 유쾌한 일이었다.

연암의 상기
象記

박연암의 《열하일기》 중에서 〈상기象記〉 한 편을 나는 일찍이 천하의 지극히 기이한 문장이라고 평한 적 있다. 이제 전편을 옮겨 적어 술 마시며 읽을거리로 삼아 본다.

"괴상스럽고 특별하며 우스꽝스럽고 기이하며 거창하고 뛰어난 구경거리를 보려거든 먼저 선무문宣武門 안에 가서 코끼리 우리인 상방象房을 보아야 하리라. 내가 황성皇城에서 본 코끼리가 열여섯 마리인데, 모두 쇠사슬로 발을 묶어 놓아 움직이는 모습을 보지 못했었다. 이제 코끼리 두 마리를 열하 행궁 서쪽에서 보니 온 몸뚱이를 꿈틀거리며 움직이는데 가는 것이 비바람처럼 빠르다.

내가 일찍이 새벽에 우리나라의 동해 바닷가를 거닌 적이 있는데 파도 위에 말처럼 생긴 것이 수없이 많은 것을 보았다. 모두 활 모양으로 중앙이 높고 옆이 처진 집채 같아서 그게 물고기인지 짐승인지 알지 못했다. 해가 돋기를 기다려 자세히 보려고 했더니 해가 막 수면 위로 솟아오르자 물결 위에 말처럼 섰던 것들은 바닷속으로 숨어 버렸다. 이번에 코끼리를 열 걸음 밖에서 보았는데 그때 동해에서 상상했던 것이 떠올랐다.

코끼리의 생김새는 몸뚱이는 소 같고 꼬리는 나귀 같으며 낙타의 무릎에다 범의 발굽을 하였고 성긴 털은 회색이었다. 어질어 보이는 모습에 슬픈 울음소리를 내며, 귀는 구름장같이 드리웠고 눈은 초승달 같았다. 두 어금니는 굵기가 두 줌쯤 되고, 길이는 한 길 남짓 된다. 코는 어금니보다 길고, 굽혔다 펴는 모습이 자벌레와 같으며 도르르 만 모습은 굼벵이 같고 코끝은 누에 꽁무니 같은데 물건을 족집게처럼 집어서 돌돌 말아서는 입에 집어넣는다. 혹 코를 주둥이로 생각하여 코를 따로 찾아보는 사람도 있는데 그도 그럴 것이 코 모양이 이렇게 생겼으리라고는 생각지도 못하는 까닭이다. 더러 코끼리의 다리가 다섯이라고도 하고, 눈이 쥐를 닮았다고 하는 사람도 있다. 대개 코와 상아를 보다가 생각이 그만 궁색해지기 때문이다. 그 전체 몸뚱이 중에서 제일 작은 것을 가지고 보면 이렇게 얼토당토않은 비유가 나오게 된다. 코끼리 눈은 몹시 가늘게 생겨서 간사한 사람이 눈부터 먼저 웃으며 아양을 떠는 것과 같은 모양이다. 그러나 코끼리의 어진 성품은 바로 눈에 있다.

강희 시대에 남해자南海子에 사나운 범이 있었는데 오래도록 길들일 수 없었다. 황제가 노하여 범을 코끼리 우리에 몰아넣으라고 명하였다. 코끼리는 몹시 겁을 내며 코를 한번 휘둘렀는데, 범 두 마리가 그 자리에서 고꾸라져 죽었다고 한다. 코끼리가 범을 죽일 의도가 있어서 그런 것이 아니라 범 냄새가 싫어서 코를 한번 휘두른 것이 잘못 부딪쳤던 것이다.

아하, 이 세상의 사물 중에 겨우 털끝만 한 미미한 것들조차 모두 하늘이 내지 않은 것이 없다고들 하는데, 하늘이 어떻게 일일이 다 명령을 했겠는가. 하늘이란 형체로 말한다면 천天이요, 성정으로 말한다면 건乾이요, 중심이 되어 맡아서 처리하는 면으로 말한다면 상제요, 묘한 작용으로 말한다면 신神이니 그 이름 붙인 것이 여러 가지고 또 호칭이 너무 난잡한데, 또 이理와 기氣를 조화로 삼아 사물을 만들고 그 성질을 부여하는 것은 조물造物이라고 한다. 이는 마치 하늘을 솜씨 좋은 기술자로 보고서 망치질, 끌질, 도끼질에 조금도 쉴 새 없이 손을 놀린다고 하는 것과 같다. 그러므로 《주역》에 이르기를 '하늘이 초매草昧를 지었다.'라고 하였으니 초매란 빛은 검고 형태는 뿌옇게 자욱하여, 비유하자면 동이 틀 듯 말 듯한 때와 같아서 사람이고 물건이고 똑똑히 분별할 수 없는 상태를 가리킨다고 한다. 하늘이 컴컴하고 뿌옇게 자욱한 속에서 과연 어떤 물건을 만들었다는 것인지 나는 모르겠다.

국숫집에서 밀을 맷돌에 갈아 밀가루로 만들 때 작고 크고 가늘고 굵은 것이 뒤섞여 바닥에 흩어지니, 무릇 맷돌의 작용이란 그저 도는 것일 뿐이다. 가루가 가늘고 굵은 것이 어찌 맷돌이 의도적으로 그렇게 만들 생각을 해서 그렇게 된 것이겠는가. 그런데도 말하기 좋아하는 자는 '뿔이 있는 놈에게는 이빨을 주지 않는다.'라고 하여 조물주가 물건을 만들 때 무슨 결함이나 있게 만든 것처럼 말하니, 이는 망발이다.

'이빨을 준 자는 누구인가?' 하고 묻는다면 사람들은 '하늘이 주었지요.'라고 말하리라. 다시 '하늘이 이빨을 준 이유는 장차 무엇을 하게 함인가?'라고 물으면 사람들은 '먹이를 씹어서 먹으라고 주었지요.'라고 답하리라. 또 '이빨로 먹이를 씹어 먹게 함은 무슨 까닭인가?' 하고 물으면 사람들은 이렇게 답하리라.

'이는 하늘이 낸 이치입니다. 새와 짐승은 손이 없으므로 반드시 주둥이를 굽혀 땅에 닿도록 해서 먹이를 구하게 하는 것이지요. 그래서 학의 다리가 이미 긴즉 목을 길게 만들지 않을 수 없었던 것이고, 그래도 혹 땅에 닿지 않을까 염려하여 부리를 길게 만든 것입니다. 만약 닭 다리를 학 다리처럼 길게 만들었더라면 필경 닭은 뜰에서 굶어 죽었을 것이외다.'

나는 웃음이 터져 나와 이렇게 말하리라.

'그대들이 말하는 하늘의 이치란 것은 곧 소, 말, 닭, 개에게나 해당하는 이치일세. 만일 하늘이 이빨을 준 까닭이 반드시 구부려서 먹이를 씹어 먹게 하기 위함이라고 가정해 보세. 이제 저 코끼리는 쓸모없는 어금니가 곧추서 있어 장차 입을 땅으로 굽히려면 상아가 먼저 땅에 닿아 거치적거릴 것이니, 이른바 먹이를 씹어 먹는 데에 도리어 방해가 되지 않겠는가?'

그러면 어떤 사람은 '그야 코에 의지하면 되지요.'라고 말하리라. 내가 어이없어 '어금니를 길게 만들어 놓고 코에 의지하여 덕을 보라고 할 바엔 차라리 어금니를 없애 버리고 코를 짧게 하는 게 낫지 않겠는가.' 하면, 그제야 주절대며 떠들던 자들이 하늘의 이치라던 처음의 주장을 더 이상 우기지 못하고 자신들이 배운 바를 약간 굽히리라.

이는 생각과 상상이 미치는 범위가 기껏해야 소, 말, 닭, 개와 같은 일상적인 것에 머물 뿐이요, 용, 봉황, 거북이, 기린 같은 짐승에게는 생각이 미치지 못한 까닭이다. 코끼리가 범을 맞닥뜨리면 코로 때려눕혀 즉사시키니, 그 코로 말한다면 천하무적이라고 할 것이다. 그러나 코끼리가 쥐를 만나면 코를 둘 자리가 없어서 멍하니 하늘을 우러르고 섰을 뿐이다. 그렇다고 쥐가 범보다 무섭다고 한다면 앞에서 말한 하늘이 낸 이치는 아닐 것이다.

무릇 코끼리란 우리의 육안으로 볼 수 있는 동물인데도 그 이치를 이토록 모르는 터에, 하물며 천하의 사물이 코끼리보다도 만 배나 복잡함에랴. 그러므로 성인이 《주역》을 지을 때 코끼리 상象 자를 취해서 괘의 모양이 지닌 의의를 드러낸 것은 만물이 변화하는 이치를 연구하라는 뜻에서 말한 것이리라."

검서체
檢書體

나는 무관懋官(이덕무), 차수(박제가)와 함께 상투를 틀 무렵부터 조계曹溪, 백탑白塔의 서쪽에서 시를 얘기했다. 당송, 원명의 시 어느 하나만 주로 하지도 않고 내치지도 않아, 갖가지 시를 폭넓게 보고서 그 정화精華를 가려 뽑자는 생각뿐이었다. 규장각에 봉직하게 되고부터는 그나마 시를 지을 겨를도 없었다. 한데 완성하지 못한 시 하나 시구 한 토막이 어쩌다가 세상사람 눈에 걸리기라도 하면 너무 정밀하고 지나치게 깨끗하다 의심을 사서 마침내 검서체檢書體라 지목하니, 정말 우스운 일이다. 검서체라니, 어찌 별도의 체가 있겠는가. 안목을 지닌 자는 저절로 알 일이다.

특별한 공을 세운 우리나라 사람
東人立奇功者

우리나라 사람 가운데 특별한 공로를 세운 사람은 다음과 같다.

고구려 을지문덕乙支文德은 수나라 군대를 패퇴시켰고, 안시성安市城 성주는 당 태종을 물리쳤다. 고려 강감찬姜邯贊은 거란의 소손녕蕭遜寧 군대를 대파했고, 김윤후金允侯는 몽고 원수 살례탑撒禮塔을 활로 쏘아 죽였다.

조선의 호남 장사 박의朴義는 청 태조 노이합적努爾哈赤(누르하치)의 사위인 무훈왕武勳王 양고리[117]를 활로 쏘아 죽였다.

117 양고리楊古利 : 1572~1637. 청나라 건국 영웅 중의 한 명이다. 만주 정황기正黃旗 사람으로, 1636년 병자호란에 참전해 우리나라에 왔고 이듬해 전사하였다.

금산과 금시
金山金始

《고려사》에 거란의 유민으로 금산왕자金山王子, 금시왕자金始王子가 보이는데, 아마도 금삼왕자金三王子, 금십왕자金十王子일 텐데 우리말 발음대로 쓴 듯하다. 마치 영아이대英俄爾岱가 용골대龍骨大가 되고, 마복탑馬福塔이 마부대馬夫大가 된 것과 마찬가지다. 또 왜장 심안돈오[118]는 바로 《명사》에 말한 석만자石曼子(시만쯔)이니, 역사서를 읽는 사람은 중국어를 몰라서는 안 된다.

비단 사람 이름뿐만 아니라 우리나라 서북 지역의 산 이름과 강물 이름은 우리말과 중국어를 참고해서 연구해야 제대로 알 수가 있으니, 두만豆滿과 토문土門(투먼), 부차富車와 부찰富察(푸차)[119] 같은 경우가 바로 그 예이다.

---

118 심안돈오沈安頓吾 : 시마즈 요시히로島津義弘(1535~1619)이다. 임진왜란에 참전한 일본 규슈 남부의 다이묘大名로, 임진왜란에서 대단히 용맹한 장수였다고 한다.

119 부차와 부찰 : 부차, 혹은 부찰은 명청 교체기에 명과 조선 군대가 후금과 전투를 벌인 곳으로, 이른바 심하전투深河戰鬪 혹은 부차전투富車戰鬪의 지역적 배경이다. 1619년(광해군11) 3월에 명나라의 원병으로 중국에 들어간 조선군은 부차에서 후금에 대패하여 김응하는 전사하고 도원수 강홍립은 후금에 투항했다.

개의 놀이와 말의 웃음
狗戲馬笑

놀이를 잘하는 가축으로는 개가 제일이다. 무리와 쫓고 쫓기는 척해서 쓰러지기도 하고 뒤집어지기도 하며 갖가지로 뛰논다. 눈이 내리기라도 하면 갑절이나 더 야단스러운데, 이에 개는 아무리 즐거워도 웃을 수 없음을 알게 된다. 반면 말은 웃을 수 있는데, 오줌 냄새를 맡고 하늘을 향해 입술을 걷어 올리는 것이 바로 말의 웃음이다. 하지만 '허허' 소리를 내서 웃지는 못한다.

구혈대
嘔血臺

영원성[120] 동쪽 길 왼편에 절이 있고 그 절 뒤에 산이 있는데 구혈대라 부른다. 우리나라 사람들끼리 전하는 말로 "청 태조 노이합적努爾哈赤(누르하지)이 영원성을 침략하자 원숭환[121]이 화기火器를 써서 크게 격파했다. 노이합적은 기병 몇 기만 데리고 달아났는데 여기에 이르러 분하고 성이 나서 피를 토하고 죽었다."라고 한다. 당시 우리나라 사람들이 혹 목격했거나 혹 요동과 심양瀋陽 지역의 사람들에게 들었을 것이다.

살펴보건대 《명사》 〈원숭환열전〉에 "청나라가 영원성을 공격해 오자 원숭환은 장수와 병사를 모아 죽음을 무릅쓰고 지킬 것을 맹세하였다. 청병이 방패를 머리에 쓰고 성벽에 구멍을 팠는데 원숭환은 민閩 땅(복건성) 출신의 병졸 나립羅立을 시켜 큰 서양 대포를 쏘아 성 밖의 청나라 군대를 다치게 하고 다음 날 재차 공격을 물리쳤다."라고 하고, 이어서 "우리 태조 고황제太祖高皇帝가 세상을 떠나

120 영원성寧遠城 : 지금의 요령성 흥성興城이다. 서호수徐浩修는 《연행기》에서 한漢나라부터 강희 연간까지 영원성의 내력을 정리해 놓았다.

121 원숭환袁崇煥 : 1584~1630. 명말 청의 침략에 대항했던 명장으로, 1626년 영원성에서 후금 누르하치의 군대를 물리쳤다.

자 원숭환은 사신을 보내 조문하는 한편 우리의 허실을 염탐했다."
라고 하였다.

장정옥[122] 등이 사필史筆을 쥐었으니 청 태조를 위해 완곡하게 돌려 패배를 숨겼음이 명백하지만, 그 말의 의미를 자세히 들여다보면 청 태조가 패배 때문에 분하고 성이 나서 절로 죽었다는 설은 믿을 만하다. 서양 대포에 다쳤는지는 알 수 없는 일이다.

122 장정옥張廷玉 : 1672~1755. 청나라 대신으로 강희제, 옹정제, 건륭제 3대를 섬기는 한편 문장 실력으로 이름을 떨쳐 칙명을 받고 《명사》 편찬을 주관하였다.

광흥창과 군자감
兩倉

광흥창廣興倉은 서강西江에 있는데 백관의 봉록 지급을 담당하고, 군자감軍資監은 용산에 있는데 금군과 조례皁隸의 급료 지급을 관장한다. 이것이 양창兩倉이고, 다 호조에 속한다. 조운으로 물자가 모이는 곳인지라 아전들이 농간을 부리고 교활해서 폐단이 이루 헤아릴 수 없이 많아 양창에서 벼슬한 자는 필경 포흠逋欠을 했다거나 감독을 잘못했다거나 해서 처벌을 받는다.

나는 을사년(1785, 정조9)에 군자감 판관이 되었고 몇 년 뒤 호조가 나를 조사했지만 문서를 후임자에게 이관한 것이 분명하였으므로 다행히 무사했다. 경술년(1790)에 광흥창 주부가 되고 계축년(1793) 가을에 호조가 또 나를 조사했는데, 앞뒤의 낭관 10인이 의금부에 하옥되어 법에 따라 처벌되었지만 나는 재임한 넉 달 동안 포흠이 노란 콩 13섬에 불과하였고, 그것도 내가 이직한 뒤 담당 아전 무리들이 몰래 가승加升을 은닉하고 다시 보충하지 않은 것이어서 의금부가 용서하자는 의론을 올려 상이 윤허하였다.

승정원일기와 내각일력
內閣日曆

《승정원일기》는 매일 첫머리에 여섯 승지 누구누구 좌직坐直, 두 주서와 사변가주서 누구누구 사직仕直이라고 기록한다. 성상이 즉위하여 내각을 창설한 이후로 《내각일력內閣日曆》을 두어서 매일 첫머리에 두 제학, 두 직제학, 직각, 대교 누구누구 진직進直, 네 검서관 누구누구 진직이라고 기록한다. 《승정원일기》는 주서가 엮는데 매월 보름 이전 한 권, 보름 이후 한 권씩을 흰 삼베로 장정해서 철끈으로 묶고, 《내각일력》은 검서관이 엮는데 한 달에 한 권씩 붉은 모시로 장정해서 구리 끈으로 묶는다.

찌
栍

문신과 유생의 전강殿講에서는 호명呼名, 급책給冊, 서강지書講紙, 고생[123]을 모두 주서가 관장하고, 초계 문신의 과강課講 때에는 이를 검서관이 담당한다. 생栍은 찌[籤]인데 속자이고 발음은 '생生'과 같다. 장기짝처럼 생긴 나뭇조각 네 개에 통通, 약略, 조粗, 불不 자를 새겨 둔다. 시관試官 및 시소 승지試所承旨가 각각 이 네 가지 생을 지니고 있다가 고강考講이 끝나면 생을 하나씩 뽑아 고생관告栍官에게 건넨다. 고생관은 나무 접시에 생을 받은 후 어전에 나아가 꿇어앉아 통, 약, 조, 불을 아뢴다.

123 고생告栍 : 찌를 뽑아서 강론할 부분을 고하는 일이다.

한자
漢字

김 직각[124]이 서장관으로 연경에 갔다 돌아왔다. 나와 함께 내각에 있을 때 그가 연경에서의 일을 말해 주었다.

"정양문正陽門 밖 모처를 구경하다가 한인 벼슬아치 여럿을 만나서 필담을 했지요. 그중 한 사람이 뚫어져라 쳐다보더니 묻더군요.

'선생은 어쩌면 그렇게도 한자에 익숙하신가요?'

제가 답문하였지요.

'한자에 익숙하지 않으면 무슨 글자에 익숙하겠습니까?'

'본국 글자는 없습니까?'

'없습니다.'

'황상皇上의 집안도 본국 글자가 있답니다.'

'우리나라는 기자箕子가 봉해진 이래로 예악 문물이 중국에 비길 정도이니 어찌 한자를 쓰지 않겠습니까. 황상의 집안에는 본디 한자가 없었지요.'

---

124 김 직각 : 김조순金祖淳(1765~1832)으로, 자는 자는 사원士源, 호는 풍고楓皐이다. 순조의 장인이자 순원왕후의 아버지로, 안동 김씨 세도정치의 중심 인물로 유명하다. 1792년(정조16) 서장관으로 청나라로 갔다가 이듬해 돌아왔고, 그해 규장각 직각에 제수되었다.

그러자 그 사람이 크게 웃었습니다."

이에 내가 다음과 같이 말하였다.

"중국 사람 중에 그다지 독서를 하지 않은 자는 말이 대개 이렇습니다. 우리나라 사람을 만나면 매번 묻기를 '뭍으로 왔습니까, 바다로 왔습니까?' 하고, 또 '귀국에는 진 시황이 책을 불태우기 전의 《시경》과 《서경》이 있습니까?' 하고, 또 삿갓 꼭대기의 공작 깃을 가리키면서 '이것은 황상이 상으로 하사한 것인가요?' 묻는데, 모두 답할 것 없는 말들이지요. 어쩌면 그렇게도 한자에 익숙하냐고 묻다니, 더디욱 심한 사람이라고 하겠습니다. 공의 대답이 썩 통쾌합니다. 그 사람이 크게 웃은 것은 아마도 '황상의 집안에는 본디 한자가 없었다.'라는 한 구절이 가려운 곳을 긁어 주었기 때문인 듯합니다."

내 말에 김 직각도 크게 웃었다. 그 며칠 뒤에 또 내각에 있는데 남 직각[125]이 이런 말을 해 주었다.

"최근 어떤 어른의 일입니다. 그는 경전과 역사서를 많이 읽은 데다 표책表策을 잘 짓는 분이었지요. 마침 다른 사람 집에서 모임이 열려 안석에 기대 누웠는데 젊은이들이 건륭제의 글씨를 돌아가며 감상하는 것을 보고 그 어른이 깜짝 놀라서 물었다지요.

'건륭이 글씨에 능한가?'

'그렇습니다.'

---

125 남 직각 : 남공철南公轍(1760~1840)으로, 자는 원평元平, 호는 사영思穎 등이다. 1792년 급제한 후 같은 해 바로 규장각 직각이 되었다. 뛰어난 문장가로 정조 때는 친우인 김조순과 함께 문체반정에 동참하기도 했고 순조 때는 대제학을 역임하였다.

젊은이들이 답하자 그 어른이 글씨를 가져다가 한참 들여다보고는 또 물었습니다.

'이게 바로 건륭의 글씨란 말이야?'

'네.'

'괴이하구나, 괴이해. 이 오랑캐가 우리나라 글자를 흉내 낸 것이 어쩌면 이토록 솜씨가 좋을까.'

젊은이들은 몰래 웃지 않는 이가 없었답니다."

나는 듣고 포복절도했다. 이 이야기는 앞서 한인 벼슬아치의 말에 겨룰 만한데, 도리어 더 낫기까지 하다.

단것은 엿뿐인 줄 아는 사람
只知有餳

내 경마잡이 종의 어미는 남양南陽의 섬사람이다. 나이 여든이 넘었는데 그 아들을 찾아온 일이 있었다. 그녀가 안채에 들어와 인사하니 딸아이들은 그녀가 나이 많다 하여 벌꿀을 대접하였는데, 그러자 크게 놀라 바깥문으로 뛰쳐나가 그 아들을 불러 말했다.

"내가 꿀을 먹어 봤다. 일찍이 꿀이 다디달다고 듣기는 했지만 엿보다 더 달지는 않으려니 했는데, 지금 먹어 보니 단맛이 비길 데가 없구나. 내 지금 죽어도 여한이 없다."

내가 퇴근해 집에 오자 딸아이들이 웃으며 이 일을 말해 주었고, 나도 한 번 웃었다. 그러나 세상에는 엿이 있는 줄만 알 뿐 꿀이 있는 줄을 모르는 사람이 또한 많으니, 어찌 남양 섬 여인네만 그렇겠는가.

古芸堂筆記

고운당필기 제5권

세시 풍속[1]
歲時風俗

우리나라의 세시 풍속은 왕왕 연경의 고사를 이어받았다. 우혁정의 《제경경물략》[2]에는 "정월 대보름 밤에 아이들이 저녁 무렵부터 새벽이 올 때까지 북을 치는 것을 '태평고太平鼓'라 하고, 부녀자들이 서로 이끌어 밤에 다니면서 질병을 없애는 것을 '주백병'이나 '주교'[3]라 한다."라고 하였다.

장원張遠의 《오지隩志》에는 "경사京師의 풍속에 염불하는 사람은 걸핏하면 콩으로 염불 횟수를 세어서, 사월 초파일이 되면 그 콩을 삶아 소금을 약간 뿌린 후 길에서 사람을 맞이하여 먹게 하고는 이것으로 결연을 삼는다."라고 하였다.

---

1 세시 풍속歲時風俗 : 유득공의 《경도잡지京都雜志》에 이 조목의 내용이 산재해 있다.

2 제경경물략帝京景物略 : 명나라 유동劉侗(1593~1636)과 우혁정于奕正(1597~1636)이 공동으로 짓고 편찬한 책으로 북경 일대의 산천, 원림, 암자와 사당, 교량과 누대, 샘과 연못, 세시 풍속 등의 내용을 담고 있으며 1635년에 초간본이 나왔다.

3 주백병이나 주교 : 주백병走百病은 온갖 병을 달아나게 한다는 의미이다. 주교走橋는 심방의 《완서잡기》를 상고해 볼 때, 다리를 건너는 행위를 통해 병을 달아나게 한다는 의미로 쓰인 말로 보인다.

심방의 《완서잡기》[4]에는 "연경에는 5월 1일부터 5월 5일까지 어린 규중의 여자아이를 단장하여 자태를 극히 아름답게 꾸미고 출가한 여자들도 각기 귀녕하는데, 이날을 '여아절女兒節'이라 한다." 하였다.

무규武珪의 《연북잡지燕北雜誌》에는 "5월 5일 오시午時에 쑥을 채취하여 잎을 따고 면과 섞어 솜 옷 일곱 벌을 지어 요나라 군주가 입었고, 발해의 요리사는 쑥떡을 올렸다."라고 하였다.

살펴보건대 정월 대보름 저녁의 '주교走橋'는 우리나라에서는 '답교'[5]라고 하는 것이다. 온 도성 사람들이 몰려나와 광통교廣通橋와 수표교水標橋 등 여러 다리에서 달을 구경하며 거리를 거닌다고 하는데, 다릿병이 있는 부녀자들은 하지 않는다. 사월 초파일에는 연등을 켜고 손님을 맞이하는데 반드시 느릅나무 잎으로 만든 떡과 삶은 콩을 바친다고 하니, 이는 부처님 오신 날이라 채소를 먹는다는 의미이다. 다만 꼭 염불한 횟수를 세는 콩을 쓰지는 않는다. 단오의 속명이 수리[戌衣]인데, 어린 자녀에게 홍색과 녹색 새 옷을 입히고, 창포물로 얼굴을 씻고 또 창포 뿌리를 깎아 비녀를 만들어 주사를 묻히고 쪽에 찌르는 것을 '수리장(단오장)'이라 한다. 쑥 중 한 종

---

4 완서잡기宛署雜記 : 명나라 심방沈榜이 지금의 북경에 해당하는 당시 순천부順天府 완평현宛平縣 지현知縣을 지내며 1593년에 일종의 필기체로 편찬한 지방지이다. 역사, 인물, 산천, 농경, 풍속, 방언, 민속 등의 다양한 내용을 주석을 달아 상세하게 서술하였다.

5 답교踏橋 : 다리밟기라고도 한다. 홍석모의 《동국세시기》에서는 '답교'의 다리 교橋와 다리 각脚이 우리말 새김으로 둘 다 '다리'이기 때문에 '다리[橋]'를 밟으면 '다릿병[脚疾]'이 없어진다는 견해를 소개해 놓았다.

류를 '수리취'라고 부르는데, 잎은 타원형이고 뒷면은 흰색으로 햇볕에 말려 '화융火絨(부싯깃)'을 만들 수 있다. 또 찧어서 떡에 넣어 녹색을 낼 수 있는데, 단오의 시식時食으로 삼는다.

유월 십오일
六月十五日

우리나라 풍속에서 6월 15일을 유두流頭라고 한다. 《고려사》 명종 15년 6월 기사에 "병인일 시어사侍御史 두 사람이 환관 최동수崔東秀와 함께 광진사廣眞寺에 모여서 유두음流頭飮을 하였다. 우리나라의 풍속에 이달 15일 동쪽으로 흐르는 물에 머리를 감아 상서롭지 않은 기운을 떨어 버리고 이를 기회로 모여서 술을 마시는데 유두음이라고 한다."라고 하였다.

우리나라 책이 왜에 전해지다[6]

我書傳於倭

왜놈들은 지혜가 날로 트여 더 이상 지난날의 왜가 아니다. 대개 장기長碕(나가사키)를 드나드는 배들을 통해 중국 강남의 서적을 수입하기 때문이다. 우리나라 책 역시 왜에 많이 전해졌다. 무진년(1748, 영조24)에 통신사가 왜에 갔을 때 서기들이 왜의 유학자들과 필담을 나누었다. 그 가운데 기국서[7]라고 하는 자가 말하였다.

"《고려사》, 《여지승람》, 《고사촬요》, 《병학지남》, 《징비록》, 《황화집》, 《보한재집》, 《퇴계집》, 《율곡집》 등을 보았습니다."

또 상월신경[8]이라는 자가 말하였다.

"양촌陽村의 《입학도설》, 회재晦齋의 《구경연의九經衍義》, 퇴계의 《성학십도》·《계몽전의》·《주서절요朱書節要》·《천명도天命圖》·《자성록自省錄》, 율곡의 《성학집요》·《격몽요결》·《계몽보요해啓蒙補要解》

---

6 우리나라……전해지다 : 맨 앞과 뒷부분의 의론 부분을 제외하고는 대부분이 이덕무의 《청장관전서》 권59 〈앙엽기6盎葉記六〉에도 실려 있다.

7 기국서紀國瑞 : 아메노모리 호슈雨森芳洲(1668~1755)의 제자로 대마도주의 기실記室(서기)을 지냈다. 조명채曺命采의 《봉사일본시문견록奉使日本時聞見錄 건乾》, 조엄趙曮의 《해사일기海槎日記》에 활동상이 보인다.

8 상월신경上月信敬 : 대판大阪(오사카) 사람으로 자는 단장丹藏, 호는 전암專菴이다. 《靑莊館全書 卷59 盎葉記六》

등을 보았습니다."

왜국에 유포된 다른 책은 그다지 큰 문제가 없지만, 《병학지남》[9]과 《징비록》[10] 같은 책은 바로 비서秘書인데, 도대체 어떤 간사한 놈이 왜관倭館에 몰래 팔았단 말인가! 왜인이 언젠가 《지봉유설》에 있는 내용을 인용하여 망령되이 울릉도가 자국 영토라는 증거를 대었으니,[11] 이 일이 참으로 거울삼을 만하다.

---

9 병학지남兵學指南 : 16세기 명나라의 척계광戚繼光이 지은 《기효신서紀效新書》의 내용 가운데 조선의 처지에 맞는 군대 훈련법을 간추려 엮은 책이다. 조선에서는 진법陳法을 시험하는 능마아강能麽兒講이나 병법의 내용을 묻는 여러 시취試取에서 이 《병학지남》을 위주로 하였으므로 이 책은 조선 전술의 근간을 이룬다.

10 징비록懲毖錄 : 유성룡이 벼슬에서 물러나 임진왜란 체험을 바탕으로 우리가 패배한 원인이나 상황, 앞으로의 대책을 다룬 책이다. 이 책 안에는 전략적 요새를 논한 것이나 조선군의 취약점 등을 서술한 부분이 있다.

11 왜인이……대었으니 : 이수광의 《지봉유설》 〈지리地理〉의 〈도島〉에 울릉도를 논한 내용이 나온다. 저자는 임진왜란을 겪은 뒤에 왜병의 약탈을 당하여 사는 사람이 없다고 기술한 다음, "근래에 왜놈들이 의죽도礒竹島를 점거하였다고 들었다. 어떤 이는 기죽도磯竹島라고도 하는데 바로 울릉도이다."라고 서술하였다. 이것을 두고 왜인이 울릉도를 자국 관할로 주장하는 근거 자료로 쓰인다고 한 것이다. 이익의 《성호사설》에도 "왜인들이 어부 안용복이 월경한 일로 와서 쟁론할 때, 《지봉유설》의 내용과 예조의 회답 가운데 '귀계貴界의 죽도竹島'라는 말이 있는 것으로 증거를 삼았다."라고 하였다. 《문헌비고》의 〈울릉도 사실鬱陵島事實〉, 《오주연문장전산고》 〈경사편 논사류〉의 〈울릉도사실변증설鬱陵島事實辨證說〉, 《숙종실록》 21년 6월 20일 기사에 관련 내용이 자세히 보인다.

시 땜장이
補破詩匠

작고한 벗 이무관李懋官(이덕무)은 참으로 한 시대 시단의 종장이었고, 나 역시 가당찮게도 허명이 나서 처음 배우는 후배들이 시를 가지고 와서 고쳐 주기를 청하는 경우가 상당히 많았다.

하루는 무관이 붓을 던지고 크게 한숨을 쉬고는 나에게 말하였다.

"서울에 있는 온갖 물건들은 모두 깨진 것을 보수해 주는 장인이 있네. 깨진 소반, 깨진 솥, 찢어진 신발, 찢어진 망건을 잘 고쳐 주면 먹고살 수가 있지. 나와 그대는 늙은 데다 연전[12]도 이미 황폐해졌네. 어찌 가만히 앉아 굶어 죽을 수 있겠는가. 붓 한 자루, 먹 한 덩이를 가지고 함께 필운대나 삼청동 어름을 다니면서, 큰 소리로 '깨진 시 때워!'라고 하면 어찌 술 한 사발과 고기 한 접시를 얻지 못하겠는가."

우리는 서로 크게 웃었다. 근래 서 학사(서영보)와 이야기를 하다

---

12 연전硯田 : 가난한 선비가 문필을 생업으로 삼아 가계를 꾸리는 것을 비유한 말이다. 이 말은 청나라 문인 대명세戴名世의 《연장기硯莊記》에, "세상 사람들이 생도를 가르치고 글을 파는 것을 일컬어 '필경筆耕'이니 '연전硯田'이니 한다. 이는 붓으로 쟁기를 대신하고 벼루로 밭을 대신한 것이라 의미상에는 아무런 문제가 없다. 그러나 이것에 의지하여 부모를 봉양하고 처자를 기르니, 이는 빈궁한 선비가 어쩔 수 없이 하는 것이다."라고 한 데서 온 말이다.

가 우연히 이 일을 말했더니 크게 포복절도하고는 마침내 나를 '시땜장이'라 불렀다.

푸른색 창의[13]
靑氅衣

옛날 사대부는 평복平服이든 천담복淺淡服이든 언제나 백화白靴를 신었다.

계축년(1793, 정조17) 겨울에 연신筵臣(경연관)이 그 문제를 말하고 금지하기를 청하여 상의 윤허를 얻었다. 또 비변사에서 여러 아문과 군문 및 한성부에 "무릇 문관, 음관, 무관의 조사朝士 및 정과正科나 잡과雜科의 출신, 내시, 의관과 역관, 군교, 금려 당상[14]과 잡기 당상[15]에 해당하는 사람은 조정에 나오거나 집에 있을 때를 막론하고 언제나 푸른색 창의를 착용하고, 아전으로 단령團領과 직령直領을 입어야 하는 사람은 속옷도 반드시 청색으로 입어야 한다."라고 통지

---

13 푸른색 창의 : 이 글의 백화白靴 금지와 푸른색 창의에 관한 내용은 《정조실록》과 《승정원일기》 정조 17년 10월 20일 기사에 자세하다.

14 금려 당상禁旅堂上 : 금려는 금군禁軍이며, 금군은 국왕 친위병으로 내금위內禁衛·겸사복兼司僕·우림위羽林衛 등 내삼청內三廳을 말한다. 1755년(영조31)에 용호영龍虎營으로 개칭되었다. 용호영에는 당상 군관 16명이 있었는데 금려 당상이란 바로 이 당상 군관이다.

15 잡기 당상雜技堂上 : 《경세유표》 권4 〈고적지법考績之法〉에 "잡기란 액정서掖庭署·악사樂師·악공樂工 따위이다."라는 대목이 나온다. 또 《대전회통》 〈이전〉 잡직雜織 조에 이와 관련된 내용이 나오는데, 잡기 당상이란 바로 잡직 당상을 말하는 것으로 보인다.

하였다. 이때부터 유생, 방민, 공인과 시전 상인도 역시 이러한 풍조를 본받아 청색 옷을 입었기 때문에 거리 풍경이 변했다.

우리나라 사람들이 본래 흰옷 입기를 좋아하지만 그다지 의미가 없다. 게다가 쉽게 더러워져서 자주 세탁을 해야 하는데 풀을 먹이고 다듬이질을 하고 다림질을 하자면 공력이 매우 많이 들어 쪽으로 물들이는 것과 비교하면 두서너 배는 되는데도 미혹되어 깨달을 줄을 모른다. 이후로는 그 풍습이 변하기를 기대해 본다.

담바고
淡婆姑

왜국에서는 연초煙草를 담바고淡婆姑라 부르고 잘게 썬 연초를 지삼이支三伊라고 부르는데, 우리말도 그러하다. 대개 이 풀이 본래 왜국에서 왔기 때문에 우리나라 사람들이 왜어를 배워 그렇게 부르는 것이다. 지금 사람들은 그 말이 왜어인 줄을 모르고 망령되이 해석하기를 "담바고란 담파괴膽破塊(담에 생긴 덩어리를 깨뜨림)라는 뜻이니, 연초의 성질이 담痰을 깨뜨리기 때문이다. 지삼이는 진삼미鎭三味라는 뜻이니, 호남의 '진안'[16]과 관서의 '삼등'[17]에서 좋은 연초가 생산되기 때문이다."라고 하는데, 그 설명이 통하는 듯하지만 사실 견강부회가 심하다.

자고로 망령되이 해석하는 자들은 대부분 이와 같다.

---

16 진안鎭安 : 지금의 전라북도 진안에 해당하는 고을 이름이다. 이규경의《오주연문장전산고》, 조재삼의《송남잡지松南雜識》등에 이 지역의 담배가 유명하다고 소개되어 있다.

17 삼등三登 : 평안남도 강동군江東郡 삼등면三登面에 있었던 현의 이름이다. 이 지역에서 매우 향기가 좋은 삼등초三登草가 생산되었다.《海東竹枝 中 飮食名物 金光草》

영국
嘆咭唎國

계축년(1793, 정조17) 연경에 사신으로 간 뇌자관의 수본[18]이다.

"영길리국嘆咭唎國(잉글랜드)은 광동의 남쪽 해외에 있는데, 건륭 28년(1763, 영조39)에 조공을 비치고 금년에 또 조공을 바쳤습니다. 두목관頭目官은 마알이니와 시당동[19] 두 사람인데 그 나라 국왕의 친척입니다. 일행이 모두 724명인데 그중 100명은 경사京師에 왔다가 이어 열하로 갔고, 나머지는 천진부天津府에 머물렀습니다. 진공물進貢物은 19종으로서 제작이 기이하고 정교하여 서양 사람이 따를 수 없을 정도입니다. 9월 초에 천진의 해로를 따라 자기 나라로 돌아갔습니다."

상고해 보건대 이들은 곧 홍모이紅毛夷로서 왜倭가 길리시단吉利是段(크리스천)이라고 부르는 자들이다.

---

18 뇌자관의 수본 : 뇌자관賚咨官은 재자관齎咨官이라고도 한다. 조선 시대에 중국에 자문咨文을 가지고 가는 임시 벼슬아치를 말한다. 이 뇌자관의 수본手本은 《일성록》 정조 17년 10월 26일 기사에 보인다.

19 마알이니와 시당동 : 마알이니嗎戛啝呢는 매카트니(George Macartney, 1737~1806), 시당동嘶噹喗은 스탠턴(George L. Staunton, 1737~1801)을 말한다. 모두 영국인이다. 매카트니는 영국 대사로서 영국에서 청나라에 보낸 최초의 사절단을 이끌었으며 스탠턴은 이를 보좌하였다.

군복 차림으로 호종하다
軍服扈從

갑인년(1794, 정조18) 1월 12일에 어가御駕가 현륭원으로 행행하였을 때, 신 득공은 위내 검서衛內檢書의 신분으로 군복 차림으로 호종하였고, 이달 19일에 서총대에서 행한 시사試射 때에도 군복 차림으로 시위하였다.

소실을 맞는 초정을 위해 쓴 혼서
楚亭小室婚書

박차수朴次修(박제가)는 뜻을 펴지 못하는 답답한 마음에 잠깐 호남과 영남을 유람하고 돌아왔다. 그가 장씨張氏의 여식을 맞이하여 소실로 삼으려고 하면서 나에게 혼서를 써 달라고 부탁하였다.[20] 나는 그때 내각에 근무하면서 각 도의 성벽 제도를 편찬하고 있다가 붓 가는 대로 글을 지어 주었다. 그 글은 다음과 같다.

"하늘에서 꽃잎이 흩날리는 봄날, 장수[21]에서 빛을 뿌리는 저녁에 백년가약을 맺도록 월하노인이 중매를 하였으니, 즐거움 중에 더 없는 즐거움은 새로 사람을 사귀는 것인데 오늘 같은 밤을 만난 것은 기이한 인연인가 합니다.

저로 말하자면 문장은 세상을 놀라게 할 만하지 않지만 풍류는 남에게 양보하고 싶지 않습니다. 불법을 듣는 즐거움을 아내로 삼아 설령 여러 불보살에 마음을 귀의한다 하더라도 저에겐 이성에 대한

---

20 박차수는……부탁하였다 : 박제가는 1792년에 부인상을 당하였다. 이 혼서는 유득공이 1793년 쓴 것이다.《안대회, 楚亭 朴齊家의 인간면모와 일상, 한국한문학연구 36집, 2005》

21 장수張宿 : 이십팔수의 하나로 남방의 주작 중 다섯 번째에 해당하는 별이다. 이 별은 대길한 운이 있으므로 제사나 혼인을 할 때 이 별자리에 해당하는 날을 사용한다고 한다.

감정이 남아 있어 재주 많고 아름다운 여인을 잊기 어렵습니다. 다행히 어르신께서 영애를 허락하시어 제가 소실로 삼게 해 주신다면 필연筆硯에 빛이 더해지고 수건과 빗을 의탁할 곳이 있게 될 터인데 당신께서는 진실로 그렇게 해 주실 수 있으신지요?

지록 공정자의 연인 횡파 고미[22]나 소산 사람 모기령의 연인 만수[23]와 함께 저는 장차 늙어 갈 테니, 그러면 저는 향국香國의 좋은 풍광과 취향醉鄕의 세계에서 세월을 보내게 될 것입니다. 이제 첩을 얻기 위해 구슬을 세어 폐백을 바치는 것이 부끄럽지만 좋은 향을 가려 피우고 따님 이름을 묻고자 합니다.[24]

주보와 다경[25]을 탁자에 펴 놓고 토론할 날을 기다리고, 붓으로 경

---

22 지록……고미 : 공정자龔鼎孶(1615~1673)와 고미顧眉(1619~1664) 둘 다 여회余懷의 《판교잡기板橋雜記》에 나오는 명말 청초의 인물이다. 공정자는 자가 효승孝升, 지록芝麓은 그의 호이며, 전겸익錢謙益, 오위업吳偉業과 더불어 강좌 삼대가江左三大家로 호칭되었다. 고미는 진회 팔염秦淮八艶 중 한 사람으로, 자는 미생眉生, 횡파橫波는 그의 호로 공정자의 첩이다. 미인이며 문사文史에 통달하였고 시화에도 뛰어났다.

23 소산……만수 : 소산蕭山은 항주杭州의 고호로 모기령毛奇齡(1623~1716)의 고향이다. 모기령은 자가 대가大可, 호는 서하西河로, 청 초의 경학자經學者인데 특히 주희의 학설을 많이 비판하였다. 만수曼殊는 모기령의 첩인데, 성은 장씨張氏이다.

24 따님……합니다 : 혼례의 여섯 가지 절차 중 하나인 문명聞名으로, 신랑 집에서 사람을 보내 신부의 이름과 생년월일을 물어보는 절차를 말한다.

25 주보와 다경 : 《주보酒譜》는 술 만드는 법과 잘 만든 사람 등을 기록한 책으로, 당나라 때 왕적王績이 지었고, 《다경茶經》은 차에 관하여 상세히 설명한 책으로 당나라 때 육우陸羽가 지었다. 여기서는 술과 차의 의미로 쓴 듯하다.

작하고 마음으로 짜는[26] 문필 생활을 하면서 따님과 함께 귀댁의 신방에서 노닐고자 합니다."

---

26 붓으로……짜는 : 홍대용의 《건정동필담乾淨衕筆談》에 홍대용이 북경 건정동에서 육비陸飛와 필담을 나누다가 "노형은 초당草堂에서 한적하게 거처하면서 항상 무슨 일을 하고 계신가요?"라고 묻자 육비가 "붓으로 경작하고 마음으로 짜지요."라고 답한 데서 유래한 말이다. 《湛軒書 外集 卷3 乾淨衕筆談》

갑인본 삼경과 사서
甲寅本三經四書

갑인년(1794, 정조18) 1월 22일 삼경과 사서의 인쇄를 마쳤다. 24일에 다음과 같은 교서가 내렸다.

"사서삼경을 활자로 인쇄하는 작업을 이제 마쳤는데 이 활인본으로 인쇄한 일이 우리 조선에서 세 번 있었다. 감동監董을 맡은 각신 서영보에게는 숙마熟馬 1필을 직접 전해 주고, 교리 이지영李祉永은 212일 근무하였으니 가자加資하고, 직강 오정원吳鼎源은 45일 근무하였으니 승서陞敍하고, 교정관인 겸검서관 유득공과 외각 교리 유영철柳英喆은 각각 274일 근무하였으니 모두 품직을 올려 주어 조용調用하고, 판교 김홍운金洪運은 245일 근무하였고 좌랑 이과李果는 198일 근무하였으니 모두 승서하고, 보자관補字官, 사자관寫字官, 화원畫員, 창준[27], 원역員役, 공장工匠 등은 해당 조로 하여금 이전 규례를 참고하여 등급을 나누어 상을 주되, 그중 가장 수고를 많이 한 창준 1인에게는 첩가帖加(공명첩)를 만들어 주도록 하라."

2월 17일에 삼경과 사서 각 1건을 하사받았다.

27 창준唱準 : 교서관의 종8품 잡직 중 하나로 인쇄 원고를 소리 내어 읽어 교정을 돕는 일을 하였다.

갑인년의 꽃구경과 낚시[28]

甲寅賞花釣魚

갑인년(1794, 정조18) 3월 15일에 상께서 부용정芙蓉亭에 납시었다. 대신大臣, 각신, 승지, 주서, 검서관과 각신의 자제들이 입시하였다. 상께서 보련을 타고 가시고 신하들이 모두 시종하였다. 석거문石渠門과 금마문金馬門을 지나 구불구불 가다가 집성문集成門을 경유하여 농산정籠山亭으로 납시어, 꽃을 감상하면서 술을 내리셨다. 친히 오언 율시 한 수를 지으셨고, 신하들이 화답시를 지어 올렸다. 상께서 나의 글을 보고 물으셨다.

"유득공은 아직도 《원유산집》[29]을 보는가?"

"감히 보지 않습니다."

내가 답하였다. 근년에 문체가 날로 비루해져서 성지聖旨를 내려 문원文苑의 신하들에게 간곡하게 여러 번 신칙한 일이 있었기 때문에 이런 말씀을 하신 것이다.

---

28 갑인년의……낚시 : 《영재집泠齋集》 권5 〈갑인년 3월 5일 꽃구경하고 낚시하며 화답시를 지어 올리다[甲寅三月十五日賞花釣魚賡進]〉와 〈또 기록한 시 두 수[又恭記二首]〉에도 이 글에 실린 시가 수록되어 있다.

29 원유산집元遺山集 : 원나라 때의 문인인 원호문元好問(1190~1257)의 문집이다. 유산은 원호문의 호이다.

저물녘에 부용정으로 돌아와 낚싯대를 주어 고기를 낚게 하고 신들에게 명하여 붓을 들고 잡은 고기를 적게 하였다. 상께서 친히 은붕어[銀鯽] 다섯 마리를 낚았고 신하들도 다소간의 고기를 낚았다.

달이 뜨자 신하들에게 명하여 작은 배를 나누어 타게 하였는데, 비단으로 만든 돛을 펼치고 두 개의 옥피리를 불면서 물결을 일으키며 섬 사이로 나아갔다. 상이 부용정 난간에 기대어 바라보시면서 칠언 절구 한 수를 지었는데, 신하들이 또 화답시를 지어 올렸다. 나의 시는 이렇다.

은촉 빛나는 비단 등 누각에 비치고	銀燭紗籠映畫樓
피리 소리는 목란배에 들리어 오네	篴聲吹送木蘭舟
누각이나 배 안이나 모두가 천상인데	樓中舟裏俱天上
누가 언덕에 있나 물끄러미 바라보네	凝望何人在岸頭

대개 이날 누각 위, 배 안, 언덕 위 세 곳에 글을 짓는 신하들이 나누어 있으면서 붓을 잡고 상의 시에 화답하였는데, 누각 위에서 장난삼아 배 안의 신하들에게 말하였다.

"그대들은 천상의 여러 신선을 아는가?"

"봄물 위에 배가 떠 있어 마치 천상에 앉아 있는 것과 같다 하였으니,[30] 이곳 역시 천상이구려."

---

30 봄물……하였으니 : 두보의 시 〈한식 다음 날 배 안에서 짓다[小寒食舟中作]〉에 "봄물 위의 배는 하늘에 앉아 있는 듯하고 노년의 꽃은 안개 속에서 보는 듯하네.[春水船如天上坐, 老年花似霧中看.]"라고 한 구절에서 인용한 말이다.

배 안의 신하들이 답하였다. 언덕 위에서만 유독 아무 말이 없었기 때문에 내가 시에서 그처럼 말한 것이니, 태평 시대의 성대한 일이라 할 만하다. 나는 또 시 두 수를 더 지었다.

아쟁과 완함 연주는 세간에서도 알지만	搊箏劈阮世間知
세 섬[31]에 노니는 신선들 특별히 시를 짓네	三島游仙另有詞
눈처럼 흰 비류강 강바닥의 옥돌로	雪白沸流江底玉
피리 두 개를 만들어 달밤에 부네	雕成雙篴月中吹

출렁출렁 목란배 타고 멀리 바라보니	演漾蘭舟望裏賖
누각 앞 봄 물결 복사꽃이 떠 있네	樓前春浪漲桃花
산도 물도 푸른 곳에서 신선의 놀이	山靑水綠天家事
비단 돛 돌아가니 수놓은 글자 비껴 있네	雲錦帆迴繡字斜

피리는 성천成川의 옥으로 만들었고 비단으로 만든 돛에 수놓은 글자는 바로 "노 젓는 뱃노래 소리에 산수가 푸르구나.[欸乃一聲山水綠]"[32]라는 시구이다.

---

31 세 섬 : 전설에 전해 오는 삼신산三神山으로, 봉래산蓬萊山, 방장산方丈山, 영주산瀛洲山을 말한다. 여기서는 부용지芙蓉池에 있는 작은 섬을 미화한 것이다.

32 노 젓는……푸르구나 : 당나라 유종원의 〈어옹漁翁〉에 보인다.

화악산 기우제
華岳祈雨

양근 군수로 재직하던[33] 기유년(1789, 정조13) 가을 군민 90명을 이끌고 가평군 북쪽에 위치한 화악산華岳山 광악촌廣岳村에서 느릅나무[楡]를 베었는데[34] 이때 온갖 어려움을 다 겪었다. 갑인년(1794)에 이 고을의 수령으로 재직하게 되었는데,[35] 6월 18일부터 7월 26일까지 비가 내리지 않아 화악산에서 두 번 기우제를 지냈으니 예전 느릅나무를 베었던 곳이었다.

치소治所로부터 북으로 장항령獐項嶺까지 10리이고, 장항령에서 다시 북으로 물내리勿乃里 사당촌射堂村까지 30리이니, 대체로 모두

33 양근 군수로 재직하던 : 유득공은 무신년(1788) 1월에 포천 현감에서 체직되고 양근 군수가 되었다가, 그 이듬해 기유년(1789) 10월에 양근 군수에서 체직되고 광흥창 주부에 임명되었다.

34 느릅나무를 베었는데 : 가을에 느릅나무를 벤 것은 국상 때 사용할 상여 도구와 관련이 있는 것으로 보인다. 《승정원일기》 숙종 14년 9월 모일 총호사摠護使의 계사에 느릅나무를 국상 때 대여의 긴 상여 채[大轝長杠]로 썼으며 경기도의 고을 수령들이 느릅나무 산지에서 베어 공급하는 것이 관행이라는 내용이 있으며, 같은 달 4일 기사에 국장도감 감조관國葬都監監造官 송광준宋光俊이 느릅나무를 베기 위해 가평과 춘천으로 간 일이 나온다.

35 갑인년에……되었는데 : 유득공은 1794년 4월 가평 군수로 임명되었다가 이듬해 5월에 파직되고, 7월에 다시 규장각 검서관이 되었다.

두 산의 사이에 해당한다. 사당촌에서부터 비로소 골짜기로 들어가는데 계곡이 매우 좁아 멀리 화악산을 바라보면 우뚝 솟았고 검게 보였다. 그 서북쪽은 춘천과 영평의 경계가 된다고 한다. 사당촌에서 광악촌까지가 또 10리이니 모두 통틀어 계산하면 50리인데, 비로소 화악산 기슭에 이르면 그곳에 기우단이 있다.

기우제를 지내러 가는 일행은 도포와 의대를 갖추어 입고 말에 앉아 감히 일산을 펴지 않았다. 예리[36] 1인은 어깨에 향축香祝을 메고 말을 탄 채 앞에 가고, 또 돼지를 짊어진 사람이며 채소와 과일, 벼·수수·쌀이며 술 단지를 짊어지고 가는 사람들이 구불구불 앞으로 나아갔다. 가을볕이 뜨겁게 내리쬐어 길옆의 산전山田에 심은 기장과 피,[37] 콩과 팥 따위가 거의 다 말라 죽어 있어 나도 모르게 마음이 참담해졌다. 산골의 백성들이 곳곳에서 떼를 지어 내가 탄 말 앞에 무릎을 꿇고 "환곡은 어떻게 하며 군포는 어떻게 한단 말입니까?"라고 하소연을 하며 거의 응접을 하지 못하니 극히 번뇌가 일어나는 지경이라 할 만하였다.

사당곡射堂谷으로 들어가자 냇물이 콸콸 쏟아져 나오고 장롱이나 궤짝 같은 큰 바윗돌이 사방에 널려 있어 눈에 가득 들어왔다. 대개 계곡물에 떠밀려 내려와 서 있던 돌은 엎어지고 엎어진 돌은 다시 서 있었다. 말이 그 바윗돌 사이를 지나가느라 거꾸러졌다 일어났다 하였다. 때로 바위 위에 우뚝 서기도 하였는데 길이 뚝 끊어져 아래

---

36 예리禮吏 : 각 지방 관아에 속한 예방의 아전을 말한다.

37 피[稷] : 피는 오곡五穀의 하나이자 구황 작물로 조선 시대에 널리 재배하였다. 오늘날 논에 자라는 잡초 피보다 알이 다소 굵었다.

로 내려갈 수가 없어서였다. 어떤 때는 가파른 절벽 옆을 지나갔는데 말 뒷굽이 허공에 떨어지지나 않을까 하여 가슴이 덜덜 떨렸다.

광악촌에 도착하여 예전에 알던 주인옹의 안부를 물으니 이미 죽었다고 하였다. 띳집은 예전 그대로인데 닭들은 부산하고 개는 짖어댔다. 덥고 답답함을 견디지 못하여 냇가의 그늘을 골라 자리를 옮겨 잠시 휴식을 취하였다. 석벽의 여러 면이 새하얀 눈과 같았는데 모두 도자기를 구울 때 생기는 듯한 실금이 나 있었다. 냇물이 모여 맑은 웅덩이를 이루었는데 피라미들이 그 안에서 헤엄을 치고 계곡의 새들은 그 위에서 빙빙 돌고 있었다. 붉은 술 몇 잔을 마시고 숲에서 새 여남은 마리를 잡아 그 고기를 씹어 먹으니 얼근히 취하여 곧 올 때의 괴로움을 잊었다.

이 산은 서울에서 거리가 200리도 안 되지만 궁벽하기 때문에 아는 사람이 없었는데 나는 무슨 까닭으로 세 번이나 이곳에 온 것일까.

정리통고도설
整理通考圖說

을묘년(1795, 정조19) 2월 그믐에 가평 군수로 재직하고 있다가 정리의궤청[38] 감동관監董官으로 차정한다는 내각의 관문關文을 받고 3월 초하루에 길을 떠나 다음 날 도성에 들어가 의궤청에 출근하여 근무하였다. 얼마 안 있어 차수次修(박제가)와 장용영의 조방朝房에 모여 함께 《정리통고도설整理通考圖說》을 편찬하여 5월 12일에 도설의 초본草本 4책을 봉진하였다.

38 정리의궤청整理儀軌廳 : 의궤를 만들기 위해 설치되었던 임시 관청으로 《원행을묘정리의궤園行乙卯整理儀軌》를 발행하였다. 1795년 윤2월 9일 사도세자와 혜경궁 홍씨의 회갑 잔치 및 여러 행사를 하기 위해 화성과 현륭원에 행차한 것부터 16일 환궁할 때까지의 전체적인 행사 내용을 기록하였다.

을묘년의 꽃구경과 낚시
乙卯賞花釣魚

을묘년(1795, 정조19) 3월 9일에 차수(박제가)와 함께 본영(장용영)의 조방에서 《정리통고도설》을 편차하고 있었다. 내각의 동료 관원이 오늘 꽃구경과 낚시를 할 것이라는 상의 명이 있다고 통보하기에 청양문[39]으로 달려 들어가니, 붉은 옷차림의 무예대武藝隊가 열을 지어 서 있었다. 상이 독륜주초[40]를 타고 이미 단풍정丹楓亭을 지나가고 있었다. 나는 다른 신하들과 함께 길옆에 엎드렸다. 상이 "검서관들에게 말을 주라." 하고 하교하자, 어떤 사람이 큰 백마를 숨을 헐떡이며 이끌고 와서 나에게 타 보라고 재촉하였다. 말에 올라타서 보니 규장각의 각신, 승정원의 승지와 주서, 초계 문신 중에서 당상관은 붉은 도포 차림으로 행렬의 앞에 서 있고 당하관은 녹색 도포 차림으로 행렬의 뒤에 서 있었는데 타고 있는 말이 모두 내구內廏(내사복시)와 본영에서 기르는 말이었다.

---

39 청양문靑陽門 : 〈동궐도〉에 보면 궐내와 후원의 경계를 이루는 동쪽 끝에 위치하였는데, 이 근처로 금천禁川이 북에서 남으로 흘렀다. 북향한 이 문을 통해 후원으로 출입할 수 있었다.

40 독륜주초獨輪朱軺 : 바퀴가 하나 달린 붉은색으로 된 수레를 말하는 듯하다. 숙종 때 이미 중국에서 독륜거獨輪車와 양륜거兩輪車 등의 제도를 들여와 이러한 수레를 제작해 사용하였다는 기록이 있다. 《肅宗實錄 36年 10月 10日》

시위들이 구불구불 후원 담장을 따라 나아갔는데 온갖 다양한 꽃이 일제히 피어 꽃가지와 푸른 잎사귀가 도포와 모자에 스치고 닿아 왼손과 오른손을 번갈아 사용하여 떼어 내면서 걸음을 옮겼다. 망춘정望春亭에 이르러 철쭉꽃을 감상하고 태청문[41]에 도착하니 대내大內에서 떡을 나누어 주었다. 잠시 뒤에 상이 부용정으로 돌아가 낚싯대를 주고 고기를 낚게 하였다. 통화문[42]으로 물러나오니 도성 거리의 달은 누런빛을 흘리며 은은히 빛나는데 수행하는 무리들이 몰려와 둘러쌌다. 돌아와 생각해 보니 꿈속에서 노닌 것처럼 황홀했다.

41 태청문太淸門 : 지금의 창덕궁 후원 폄우사砭愚榭 북쪽에 있던 문이다.

42 통화문通化門 : 창덕궁의 후원과 궐내의 경계에 수궁守宮이 있고 그 아래 금천 좌우로 문이 3개 있는데, 그중 서쪽에 위치한 문이다.

세심대 꽃구경
洗心臺賞花

을묘년(1795, 정조19) 3월 7일 상이 세심대洗心臺로 행차하여 꽃구경을 하였는데 의궤청의 편집 일을 하는 신하들이 모두 수종하였다. 상이 고故 중신重臣 박문수[43]의 칠언 절구 시[44]에 차운하여 시를 지었는데 아마 감회가 일어나서일 것이다. 이 일은 어제御製 서문에 자세히 나타나 있다. 신하들도 화답시를 지어 바쳤는데 신 득공의 시[45]는 다음과 같다.

---

43 박문수朴文秀 : 1691~1756. 자는 성보成甫, 호는 기은耆隱이다. 1727년과 1730년에 경상도와 충청도의 암행 어사로 나가 부정한 관리를 적발하고 기민을 구제하였다. 사후에 영의정에 추증되었다. 시호는 충헌忠憲이다. 소론계 탕평파로 영조에게 자주 직언하였으며 영조 역시 깊이 신뢰하였다. 충헌이라는 시호도 영조가 직접 지어 준 것이다.

44 칠언 절구 시 : 을묘년(1795)에 정조는 화성의 장락당에서 혜경궁의 축수를 위한 잔치에서 헌수하고 돌아오는 길에 세심대에 올랐다. 박문수가 1735년(영조11)에 인왕산 필운대에 올라 사도세자가 태어난 기쁨을 노래한 시는 다음과 같다. "그대는 노래하고 나는 시 읊으며 필운대에 오르니, 흰 오얏꽃 붉은 복사꽃 수만 그루에 피었네. 이러한 풍광에 이러한 즐거움으로, 해마다 태평의 술잔에 길이 취하였으면.[君歌我嘯上雲臺, 李白桃紅萬樹開. 如此風光如此樂, 每年長醉太平杯.]" 《弘齋全書 卷182 賡載軸四十八卷 洗心臺賡載軸》 사도세자의 사당인 경모궁은 처음에 필운대에 있었는데 정조가 부친에 대한 그리운 마음을 담아 대 이름을 세심대로 바꾸었다.

45 신 득공의 시 : 《영재집》 권5에도 〈을묘년 3월 7일 어가가 세심대에 행차하였을

해마다 꽃이 피면 이 대에 오르는데	年年花發上玆臺
금년에는 꽃이 배나 난만하게 피었네	花到今年倍爛開
화성으로 능행 갔다 돌아온 뒤이기에	爲是華城旋蹕後
백화가 만수 축배를 일제히 비추네[46]	百花齊映萬年杯

또 한 수는 다음과 같다.

북쪽 기슭 봄이 와서 세심대에 행차하니	北麓春迴駐蹕臺
멀리 큰길에 버드나무 잎 돋아 있네	九衢煙柳望中開
평생에 몇 번이나 여기 와서 봄꽃 볼까	平生幾度看花到
오늘 꽃 앞에서 어주 내려 주셨네	今日花前御賜杯

우리들 열수[47] 포의布衣가 평소 꽃구경을 한 족적이 이곳 북쪽 산록에 널려 있지만, 어찌 오늘 내각의 관료로 지내면서 군수의 부절을 차고서 전하의 행차를 모시고 어주御酒에 취할 줄을 생각이나 했겠는가. 고금에 드문 영광이라 하겠다.

12일에 또 특별히 시임·원임 대신들과 규장각 각신, 그리고 정리

때 화답하는 시를 지어 올리다[乙卯三月七日駕幸洗心臺賡進]〉라는 제목으로 이 칠언 절구 두 수가 실려 있다.

46 해마다……비추네 : 정조가 박문수의 시에서 감회를 느낀 것은 박문수 시의 주제가 사도세자 탄신을 축하하는 의미를 담고 있기 때문이다. 이 시에서 유득공은 정조의 부친에 대한 그리움을 헤아려 올해 특별히 꽃이 난만한 것은 능행을 다녀온 아들의 효심에 하늘이 감응하였기 때문이라고 말하고 있다.

47 열수洌水 : 한강의 이칭으로 흔히 쓰이는데 여기서는 한양을 가리킨다.

의궤청 당상과 낭청에게 이 세심대에서 연회를 베풀어 주었는데, 이원의 법부[48]와 오군문五軍門의 현악기 연주하는 소리[49]가 진동하여 하루 종일 온 도성 사람이 모여 구경하였다.

48 이원의 법부 : 장악원의 음악이라는 뜻이다. 이원梨園은 장악원의 별칭이고, 법부法部는 당나라 때 황궁의 이원에서 연주하던 법곡法曲의 부문部門이란 뜻으로, 전하여 대궐의 음악을 가리킨다.

49 오군문의……소리 : 성대중의 《청성잡기》 권3 〈성언醒言〉에 보면, 당시 금주령이 엄해 기생과 음악으로 연회의 흥을 돋우었는데 오군영 중에서 용호영의 음악이 으뜸이어서 용호영의 악대를 데려다가 음악을 연주하면 훌륭한 잔치이고, 그렇지 못하면 수치로 여겼다는 내용이 있다. 이로 미루어 오군영의 음악이 널리 알려졌음을 알 수 있다.

지씨 딸에 관한 옥안
池女獄案

김가백金加白과 지득운池得雲은 가평 삼의곡三儀谷에 사는 시골 사람이다. 김가백은 자기 아들과 지득운의 딸이 화간하였다고 떠벌리고는 혼사를 청했으나 지득운이 들어주지 않았다. 지득운의 딸이 얼마 지나지 않아 병에 걸려 죽었는데, 지득운이 소장을 내어 "저의 딸이 김가백에게 분한 마음을 품고 욕설을 하며 밥을 먹지 않고 죽었으니 검험해 주십시오."라고 하였다.

내가 초검관으로 사망 원인을 파악해 보니 병으로 죽은 것이지 굶어 죽은 것이 아니었다. 포천 현감 조중진趙重鎭의 복검도 초검과 부합하였다. 영제[50]에 "양측이 서로 무고를 하니 각각 한 차례 형신하고 참작하여 석방하도록 하라." 하였다.

지득운이 위외[51]에서 격쟁하여 억울함을 호소하였다. 판하하기를 "추조秋曹(형조)는 본도로 하여금 조사관을 정해서 조사하게 하라." 하였다.

---

50 영제營題 : 백성이 올린 소지所志나 청원서 뒤에 관찰사가 처분 사항을 적은 제사題辭를 말한다.

51 위외衛外 : 위내衛內와 상대적인 말로 임금이 거둥할 때 시위하는 권역의 밖을 말한다.

연천 현감 이가운李可運의 조사 보고도 초검·복검의 검안과 부합하였다. 도신의 발사跋辭와 추조의 복주覆奏에서도 또 그 상호 간에 무고한 정상을 논하였는데, 성지聖旨에서 엄한 말로 책망하기를 "윤기倫紀를 도탑게 하고 풍속을 바로잡지 못하여 완악한 백성들에게는 후하게 대하고 외로운 혼에게는 박하게 대하였으니, 죄를 논하여 형량을 정하는 체통을 잃었다. 추조의 당상과 도신을 모두 엄히 추고하라." 하였다.

나는 이때 고을 수령으로 있으면서 6월 1일에 체포한다는 명령을 들었고, 2일에는 수령에서 파직되어 조사를 받으며 대심하게 되었다. 성상이 비답을 내려 책망하시기를 "다년간 검서관을 지내 문안文案에 밝고 익숙한데 고을 수령으로 나간 뒤에 풍화風化를 널리 펴지 못하였다. 부의[52]에 따라 장杖 60은 속전贖錢을 거두고 고신告身 1등을 추탈하라."라고 하였다.

처벌을 받은 뒤에야 비로소 깨달았는데, 초검과 복검에서부터 추조의 복주에 이르기까지 모두 다섯 차례 조사한 문건에서 굶어죽지 않고 병들어 죽었고 피고와 원고가 서로 무고를 하였다는 내용에 그만 얽매였던 것이다. 성상의 뜻은 윤기를 도타이 하고 풍속을 바르게 하는 데에 있는 것으로 특별한 취지에서 나온 것인데, 외람되이 고을 수령의 자리에 있으면서 공사供辭에 내린 비지批旨에 담긴 성상의 뜻을 받들어 펴지 못하였으니 한편으로는 두렵고 한편으로는 감격스럽다.

---

52 부의府議 : 의금부에서 죄의 경중에 따라 처벌을 의논하여 아뢴 것을 말한다.

낙랑 사람[53]

樂浪人

《후한서》〈순리열전循吏列傳〉에는 왕경王景을 다음과 같이 서술하고 있다.

"왕경은 자가 중통仲通이고 낙랑樂浪 염감訷邯 사람이다. 8세조는 왕중王仲으로 본래 낭야琅邪 불기不其 사람인데, 도술을 좋아하고 천문에 밝았다. 여러 여씨呂氏가 난을 일으키자 제 애왕齊哀王 유양劉襄이 군대를 일으켜 왕중에게 자주 가르침을 청했다. 제북왕濟北王 흥거興居는 반란하여 왕중을 군사軍師로 삼아 군대 통솔을 맡기고자 하였으나, 왕중은 화가 미칠까 걱정되어 마침내 동쪽으로 바다를 건너 낙랑 산중으로 달아나 그곳에 정착하였다.

아버지 왕굉王閎은 낙랑군의 삼로三老를 지냈다. 경시[54]가 실패하자 그곳의 토착민 왕조王調는 군수 유헌劉憲을 살해하고 스스로 대

53 낙랑 사람 : 이 글은 한치윤의 《해동역사》〈인물고1〉 왕굉王閎 조에도 실려 있다. 이를 보면 유득공이 마지막에 《관서지》에 채록해야 한다고 한 말이 어느 정도 반영된 셈이다.

54 경시更始 : 한나라 부흥군이 옹립한 경시제更始帝 유현劉玄을 말한다. 유현은 광무제의 족형으로 회양왕淮陽王으로 있었는데 왕망王莽 말기에 광무제와 함께 군사를 일으켜 천자로 추대되었으나, 적미赤眉에게 패해 항복하였다가 피살되었다. 《後漢書 劉玄列傳》

장군 낙랑 태수라고 칭하였다. 건무 6년(30)에 광무제가 태수 왕준王遵을 파견하여 군대를 이끌고 왕조를 공격하게 하였다. 왕준이 요동에 도착하자 왕굉이 결조사決曹史 양읍楊邑 등과 함께 왕조를 죽이고 왕준을 맞이하였다. 모두 열후로 봉하였는데 유독 왕굉만이 작록을 사양하자 천자가 기이하게 여겨 서울로 불렀는데 가는 도중에 병으로 졸하였다.

왕경은 어려서부터 《주역》을 배웠으며, 마침내 여러 서책을 두루 읽었다. 또 천문과 술수에 관한 일을 좋아하였고 성격이 침착하여 여러 가지 기예를 가지고 있었다. 사공司空 복공伏恭이 발탁하여 관부에 두었는데, 그 당시 어떤 사람이 왕경이 치수治水를 잘한다고 천거하였다. 현종이 조서를 내려서 장작알자將作謁者 왕오王吳와 함께 준의거浚儀渠를 만들게 하였고 왕오가 왕경의 언류법[55]을 채용하자 다시는 홍수의 피해가 없었다."

이 단락은 마땅히 《관서지關西志》에 뽑아 넣어야 할 것이다.

55 언류법堰流法 : 제방을 쌓아 물길을 정비하는 방법인 듯하다.

도박하기와 춘곤증 팔기
呼盧賣困

방옹[56]의 시에 "도박하는 골목 안 새해에 떠들썩하고, 춘곤春困을 파는 아이 오경에 일어나네."라고 하였는데, 그 주에 "시골 풍속에 섣달그믐에 모여서 도박을 하는데 이를 한 해 운수를 시험힌다고 한다. 입춘 날 아직 날이 새기 전에 서로 부르며 '춘곤을 사시오.'라고 한다."라고 되어 있다.

지금 우리나라 풍속에도 섣달그믐에 성대하게 지패 놀이를 하는데, 부녀자들과 아이들은 윷놀이를 한다.–세 치쯤 되는 싸리나무 가지를 쪼개어 네 조각을 만든다.– 대보름날 날이 새기 전에 서로 부르며 더위를 파는데 모두 유래가 있는 것이다.

---

56 방옹放翁 : 송나라 시인 육유陸游(1125~1210)를 말한다. 자는 무관務觀이고, 방옹은 그의 호이다. 효종과 광종의 실록을 편찬하는 일에 참여하였다. 특히 시문에 능하였는데 애국적 내용이 많으며 우무尤袤, 양만리楊萬理, 범성대范成大와 함께 남송 사대가南宋四大家 혹은 중흥 사대가로 호평을 받았다. 1만 수에 달하는 시를 남겨 중국에서 최다작의 시인으로 꼽힌다. 강렬한 서정을 부흥시킨 점이 최대의 특색이라 할 수 있다. 주요 저서에는 《검남시고劍南詩稿》 등이 있으며, 이 글에 실린 시의 제목은 〈세수서사歲首書事〉이다. 《宋史 陸游列傳》

다시 검서관에 제수되다
復拜檢書

을묘년(1795, 정조19) 7월 22일에 상이 하교하였다.

"내각 전 검서관 유득공을 현재의 빈자리에 단부單付 하라."

내각에서 나에 대해 현재 고신告身을 빼앗긴 상태에 있다고 아뢰었더니 상이 다시 하교하였다.

"6월 18일 경례[57] 때에 어찌하여 탕척蕩滌 대상자 명단에 들이지 않았는가? 즉시 조사하여 보고하라."

내각에서 곡절을 조사하여 별단別單에서 누락된 것을 알아내고 마침내 전당[58]과 해당 승지를 추고하기를 청하였는데, 원래의 전지傳旨 중에 탕척에 부표付標되어 있었다.

이날 나는 다시 검서관에 제수되어 금호문金虎門으로 달려갔는데 날이 이미 어두웠다. 원중[59]에서 숙직하고 있노라니 여러 가지 생각이 나서 잠을 이루지 못하였다. 시간을 알리는 북소리를 들으며 처

57 경례慶禮 : 혜경궁 홍씨의 회갑연을 말한다.《正祖實錄 19年 6月 18日》

58 전당銓堂 : 관리의 인사를 담당하는 이조와 병조의 당상관을 말한다. 여기서는 문관의 임면을 담당하는 이조 당상을 가리킨다.

59 원중院中 : 이문원摛文院 안을 말한다. 이문원은 내각에 있는 큰 건물로 여기서 당직을 선다.

벌되었다가 겨우 50일을 채우고 특별히 서용되어 다시 옛날 직책에 복직된 것을 묵묵히 생각해 보니, 나도 모르게 감격의 눈물이 눈에 그렁그렁해졌다. 다음 날 아침부터 합문閤門에서 근무하였다.

진 도독의 비[60]

陳都督碑

"만력 26년(1598, 선조31) 늦가을에 나라에 다시 동이東夷에 관한 일이 있었다.[61] 이때 조선은 왜적의 침입을 받은 지 6, 7년이나 되었다. 우리 군대가 구원하였으나 오래도록 승전보를 보내지 않아 천자께서 매우 진노하셨다. 마침내 중승中丞 만공[62]에게 명하여 조선에 가서 군무를 살펴 다스리고, 총독 대사마 형공邢公, 도독 진공陳公 이하 문무 장신將臣 10여 인과 함께 군대를 조선에 집결하게 하였는데 앞서거니 뒤서거니 압록강을 건너 여러 길로 함께 진격하였다.

만공은 매가 나는 듯한 장한 뜻을 품고 호랑이가 노려보는 듯한 영웅적인 풍모를 가졌으며 여러 공들도 모두 협조하여 마침내 마음과 몸을 다하여 충성과 지모를 바쳤다. 낙랑樂浪을 지나 계림(경주)

60 진 도독의 비 : 진 도독陳都督은 명나라 신종 때의 장군 진린陳璘(1543~1607)을 말한다. 정유재란 때 명나라 수군 도독으로 군선 500척을 거느리고 조선에 파견되어 이순신 장군과 함께 노량에서 왜적을 섬멸하였다. 글을 지은 사람의 이름을 따 〈장양상동정 마애비張良相東征磨崖碑〉라고 한다.

61 만력……있었다 : 정유재란을 말한다.

62 만공 : 정유재란 때 양호楊鎬 대신 파견한 경리經理 만세덕萬世德을 말한다. 경리는 지금의 참모와 같은 직책이다. 만세덕은 1598년 10월에 파견되어 왜군을 격퇴하는 데 전력을 다하였으므로, 조선에서는 그를 위하여 생사당生祠堂을 지어 훈공을 기렸다.《宣祖修正實錄 31年 10月 1日》

을 넘어 부산에서 군대에 빛을 드러내고 사나운 왜적의 수괴를 잡아 죽이고 돌아왔다. 태사씨太史氏 우대상區大相이 말하였다.

'예로부터 제왕이 군대를 내어 장수에게 명할 때에는 모두 칭송하는 말을 하여, 군용을 장엄하게 하고 국위를 선양하며 원수에게 함께 적개심을 드러내는 의리를 펴고 군대에 종사하는 수고로움을 깊이 알아주었다. 하물며 저 천자의 군대를 거느리고 이적을 정벌하여 포악한 난리를 제거하는 일은 계획을 철저히 세워 반드시 일이 성사되도록 해야 한다. 그래야 순조로운 다스림과 엄정한 위엄이 성대하게 될 것이니, 먼 지방(조선)에 질 알려서 영원히 후손에게 고하라.'

이에 시 두 장章을 지었는데, 비록 큰 학자의 전아함은 부족하다 해도 거의 혁혁한 위엄을 선양하였다 하겠다. 그 시의 내용은 다음과 같다.

황제께서 진노하사 이적의 난리 평정하니	皇赫怒兮定夷亂
장사들이 분발하여 잠시도 그냥 있지 않네	壯士奮兮不遑宴
긴 창 비껴들고 강한 화살 메었는데	橫長戟兮箙勁箭
갑옷은 찬란하여 별처럼 빛나네	組甲輝兮星辰煥
큰 바다로 나아가니 파도는 잔잔하고	蹴溟渤兮波濤晏
장검에 기대니 부상의 언덕이로다	倚長劍兮扶桑岸

사방에 제사하니 파도가 잔잔하고	四極奠兮鰲足斷
황제의 위엄은 바다 멀리에 미치네	皇靈震兮窮海外
무도한 무리 정벌하여 먼 오랑캐 평정하니	征不庭兮靜殊類
군대가 기뻐하여 공 따라 멀리 가네	甲旅悅兮從公邁

적의 괴수 죽이고 졸개를 쳐부수어	封鯨鯢兮戢鱗介
해 뜨는 지역 넓혀 땅의 경계 다하였네	加日出兮極地界
큰 비석에 공적 새겨 먼 변방에 세우니	標弓碣兮際荒裔
이역에서 와서 천자의 조정에 하례하네	異域來兮嘉王會

황명 만력 27년 양월陽月(10월) 상순 1일에 세우다.
독공정왜유격장督工征倭遊擊將 장양상[63]."

을묘년(1795, 정조19) 가을에 왕명을 받들어 《이충무공전서李忠武公全書》를 편치하다가 이 시를 보았다. 본래의 비는 호남의 해남현에 있다고 한다.[64]

63 장양상張良相 : 《명사》〈진린열전〉에는 진린 휘하의 수군 유격장이라고 하였다.

64 본래의……한다 : 지금은 경상남도 남해군 남해읍 선소리에 있다.

조학감의 사
趙學浍詞

필담으로 마음 나누니 늦가을이 가까운데	筆語心談近暮秋
두 사람 마음 어느덧 통하였네	蘭味暗相投
뜻과 기개 그대만 못하지만 풍류는 다하였으니	輸君志氣儘風流
붓을 대자 오색 노을 피어나네	筆落彩雲浮
누가 작별의 말에 이를 줄 생각이나 했으랴	誰憶到竟言
이별은 그저 국가의 일 때문이네	離只因王事
여러 일이 그대에게 몰려	驅馳逗人
온갖 걱정 하고 있으리	千慮百思
오늘 이별하면 어느 때에 만날까	今日別來聚何時
몸 성히 그대 돌아오라	珍重君歸也
다음 해 오는 편지는	來歲雁書
이곳 요양서 지체하리	遲此遼陽

수재秀才 조학감趙學浍이 나에게 보낸 〈망원행〉의 두 번째 체[65]이

65 망원행의 두 번째 체 : 〈망원행望遠行〉은 사패詞牌의 이름이다. 두 번째 체體란 〈망원행〉의 여러 곡조 중에서 두 번째 격식을 의미하는 듯한데, 중국의 〈망원행〉 정체正體와 변체變體 중에는 이 사와 유사한 격식이 보이지 않는다.

다. 요양이 변경 밖이라 말하지 말라. 우리 동인東人 중에 사詞를 짓는 사람이 있던가?

걸모습만 모방하여 모조품이나 만들 뿐이다.

우리나라 시의 기원

東詩緣起

맥수가麥秀歌[66]

보리 이삭은 점점 자라고	麥秀蔪蔪兮
벼와 기장 무성도 하여라	禾黍油油
저 교활한 아이는	彼狡童兮
나와는 사이가 좋지 않네	不與我好兮

– 기자箕子 –

지덕가至德歌[67]

하수가 콸콸 흘러가니	河水潑潑兮
어찌 다함이 있으랴	曷維其極兮

---

66 맥수가 : 이 시는 《사기》 〈송미자세가宋微子世家〉에 나온다. 은나라가 망할 때에 기자는 주나라 무왕에게 홍범구주를 전하였고, 무왕은 기자를 조선에 봉하고 신하로 삼지 않았다. 그 뒤에 기자가 주나라에 조회를 가다가 은나라 옛터를 지나게 되었는데 궁실은 무너지고 기장이 자라고 있었다. 곡을 하려 해도 할 수가 없고 울고 싶어도 옆에 아낙네가 있어 울 수가 없어 마침내 그 감회를 이 시에 담아 노래하였다. 이 시와 매우 흡사한 시로 주나라 대부가 호경鎬京에 행역行役을 갔다가 지었다는 시 〈서리黍離〉가 《시경》 〈왕풍〉에 전한다.

67 지덕가 : 이 시는 한역되어 김종직의 《청구풍아》에 전한다.

해와 달의 좋은 빛은 日月休光兮
우리 임금의 어진 덕이로세 維后之懿德兮

– 기자 조선의 백성 –

공후인箜篌引

님아 물을 건너지 마오 公無渡河
님이 그예 물을 건너네 公終渡河
님이 물에 빠져 죽으니 公墜而死
장차 님을 어이할까 將奈公何

– 조선진[68] 아전 곽리자고霍里子高의 처 여옥麗玉 –

황조가黃鳥歌

펄펄 나는 저 꾀꼬리 翩翩黃鳥
암수 서로 정다운데 雌雄相依
외로워라 이 내 몸은 念我之獨
뉘와 함께 돌아갈꼬 誰其與歸

– 고구려 유리왕 –

인삼찬人蔘讚

세 갈래 줄기에 다섯 잎사귀 三椏五葉

68 조선진朝鮮津 : 차천로의 《오산설림초고五山說林草藁》와 이덕무의 《청장관전서》 권56 〈앙엽기盎葉記〉 등에 의하면 조선진은 대동강이라 한다. 현대의 학자들 중에는 중국의 직례성直隸省(현 하북성)에 있던 조선현朝鮮縣으로 보는 이들도 있다.

양지를 등지고 음지로 자라네 背陽向陰
나를 찾으려 오려거든 欲來求我
피나무[69] 아래를 찾아보아라 檟樹相尋

– 고구려인 –

외로운 바위를 읊다[詠孤石]

둥그런 바위 공중에 우뚝 솟아 있고 迥石直生空
잔잔한 호수는 사방으로 툭 트여 있네 平湖四望通
바위 뿌리에는 항상 물결이 치고 巖根恒灑浪
나뭇가지는 늘 바람에 흔들리네 樹杪鎮搖風
물속에 항상 자신의 그림자 드리웠는데 偃流恒漬影
노을에 잠겼다가 다시 붉은 해 뜨네 侵霞更上紅
뭇 봉우리 밖으로 우뚝 솟아서 獨拔群峯外
흰 구름 속에 홀로 빼어나구나 孤秀白雲中

– 고구려 정법사定法師 –

우중문에게[遺于仲文]

신기한 책략은 하늘의 이치를 다하였고 神策究天文
오묘한 계산은 땅의 이치를 다하였네 妙籌窮地理
전쟁에 이겨 그 공 이미 높으니 戰勝功旣高

---

69 피나무 : '가수檟樹'에 대해서 이익은 《성호사설》에서 '피수皮樹' 즉 피나무라고 하였고 박지원은 《열하일기》에서 '자작목自作木' 즉 자작나무라고 하였다. 또 이규경은 《오주연문장전산고》에서 '가檟'라고도 쓴다고 하였다.

족함을 알고 그만두기 바라오 知足願云止

– 고구려 장군 을지문덕 –

거북이 등에 쓰인 글씨[龜背文]

백제는 둥근 달과 같고 百濟同月輪

신라는 떠오르는 해 같네 新羅如日新

– 백제 의자왕 때 –

성제의 옥대에 대한 찬[聖帝帶讚]

구름 밖 하늘에서 주신 옥대를 두르니 雲外天頒玉帶圍

태학에 계신 임금님 곤룡포에 잘 어울리네 辟雍龍袞雅相宜

우리 임금 이로부터 몸이 더욱 귀중하시니 吾君自此身彌重

내일 아침엔 철로 계단을 만들어야지 準擬明朝鐵作墀

– 신라 진평왕 때의 사람 –

문에 붙이는 노래[帖門詞]

성스러운 임금의 넋 아들을 낳으니 聖帝魂生子

이곳은 비형랑의 집과 정자로다 鼻荊郎室亭

날뛰는 온갖 귀신들아 飛馳諸鬼衆

이곳에선 머물지 말지어다 此處莫留停

– 신라 진평왕 때 –

태평송太平頌

대당이 큰 왕업 열었으니	大唐開洪業
높은 황제의 계책 창성하네	巍巍皇猷昌
천하를 평정하여 전란이 그치고	止戈戎衣定
백왕을 계승하여 문덕을 닦았네	修文繼百王
천하를 통치할 땐 은혜를 숭상하고	統天崇雨施
만물을 다스릴 땐 아름다운 자질 품었네	理物體含章
인덕을 깊이 닦아 일용과 부합하고	深仁諧日用
시운에 순응하여 태평에 힘쓰네	撫運邁時康
깃발은 어쩌면 그리 빛이 나며	旛旗何赫赫
징과 북은 어쩌면 그리 찬란한가	鉦鼓何煌煌
명령을 어긴 외방의 오랑캐들	外夷違命者
하늘의 재앙 받아 망하였네	剪覆被天殃
순후한 풍기 온 우주에 어리어	淳風凝幽顯
원근에서 다투어 상서를 바치네	遐邇競呈祥
사계절의 날씨는 촛불처럼 순조롭고	四時和玉燭
해와 달과 별은 만방을 순행하네	七曜巡萬方
산악의 정기는 보필할 재상을 내리고	維嶽降宰輔
황제는 충직하고 어진 이를 발탁하네	維帝任忠良
삼황오제처럼 한결같은 덕 이루었으니	五三成一德
우리 당나라 황실 영원히 빛나리라	昭我唐家皇

-신라 진덕여왕-

창가唱歌

누가 자루 없는 도끼를 빌려주려나　誰許沒柯斧
내 하늘 받칠 기둥을 깎으리라　我斫支天柱

－신라 승 원효－

지증대사에게 드림[贈智證大師][70]

만류해도 머물지 아니하니　挽則不留
공문의 등후[71]로다　空門鄧侯
대사는 지둔의 학[72]이건만　師是支鶴
나는 조나라의 갈매기[73]가 아니로다　我非趙鷗

－신라 헌강왕－

---

70 지증대사에게 드림 : 이 시는 지증대사를 자유롭게 나는 학에 비유하고 자신을 갈매기와 노닐던 후조의 황제 석호石虎와 대비시켜 대사를 머물게 하지 못하는 안타까움을 드러내고 있다. 관련 내용이 최치원의 《고운집》 권3 〈지증 화상 비명智證和尙碑銘〉과 이덕무의 《아정유고雅亭遺稿》 권3 〈지증전智證傳〉 등에 보인다.

71 공문의 등후 : 불가의 청백리라는 뜻으로, 불문을 흔히 공문空門이라 한다. 등후鄧侯는 진나라 등유鄧攸인데 태수로 선정을 베풀다가 떠날 때 백성들이 그의 배가 출발하지 못하도록 막자 한밤중에 몰래 떠났다고 한다. 《晉書 良吏列傳 鄧攸》

72 지둔의 학 : 구속을 받지 않고 자유롭게 살아가는 사람을 비유하는 말이다. 지둔支遁은 진晉나라 애제 때의 고승이다. 《고승전高僧傳》 권4 〈지둔전支遁傳〉에 "학을 선물한 자가 있었다. 지둔이 학에게 말하기를 '너는 하늘 높이 솟구쳐 날아가야 하는데, 어떻게 사람들의 귀와 눈을 위한 노리개가 될 수 있겠느냐.'라고 하고는 마침내 날려 보냈다." 하였다.

73 조나라의 갈매기 : 고승과 허물없이 친하게 지내는 임금을 비유한 말이다. 천축의 명승인 불도징佛圖澄이 후조의 황제인 석호와 어울려 노닌다는 말을 듣고는, 지도림支道林이 "징공이 석호를 바닷가에서 어부와 함께 노니는 갈매기로 삼았구나."라고 평한 고사가 전한다. 《世說新語 言語》

분원시憤怨詩

우공이 통곡하니 삼 년 동안 가물었고[74]	于公痛哭三年旱
추연이 슬퍼하자 오월에도 서리 왔네[75]	鄒衍含悲五月霜
지금 나의 깊은 시름 옛사람과 같은데	今我幽愁還似古
황천은 말이 없이 푸르기만 하구나	皇天無語但蒼蒼

– 신라 은자 왕거인王巨仁 –

무제시無題詩

참된 본성 깨닫고 난 뒤에	圓通眞性外
공으로 돌아가 법신[76]이 되어 있네	空化法身中
사물을 대해 원래 집착이 없으니	觸物元無着
소리 듣고 귀를 막고자 하지 않네	聞聲不欲聾

– 신라 설총 –

---

74 우공이……가물었고 : 한나라 때 동해군東海郡의 한 효부가 시어머니를 살해했다는 누명을 쓰고 처형당하게 되자, 옥사를 공정하게 판결하기로 유명한 우공于公이 태수에게 효부가 무죄임을 호소하였다. 태수가 듣지 않고 효부를 논죄하여 죽였는데, 그 뒤 동해군에 3년 동안 가뭄이 들었다. 《漢書 于定國傳》

75 추연이……왔네 : 연 혜왕의 신하인 추연鄒衍이 아무런 죄도 없이 구류를 당하였는데, 추연이 하늘을 우러러 하소연하자 5월인데도 서리가 내렸다고 한다. 《論衡 感虛》

76 법신法身 : 불교에서 말하는 삼신三身의 하나로, 역사상 실존하였던 석가모니의 육신은 떠났지만 그 진리는 항상 남아 있다는 생각에 불교의 진리를 인격화한 것이며 비로자나불을 가리킨다. 법신은 보신報身인 노사나불, 화신化身인 석가모니불과 더불어 불교의 삼신이라 하는데, 그 존재 양상은 다르지만 모두 하나의 부처이다.

환속하면서 지은 노래[返俗謠][77]

구름 마음으로 정숙하길 생각했건만[78]	化雲心兮思淑貞
골짜기 적막하여라 사람은 보이지 않네	洞寂滅兮不見人
화초 아름다울수록 설레는 이 마음이여	瑤草芳兮思芬蒕
어이하면 좋을까 이 청춘을	將奈何兮靑春

– 신라 설승충薛承沖의 딸 요瑤 –

하산하는 동자를 전송하며[送童子下山]

불문이 적막해서일까 너는 집을 그리워하여	空門寂寞汝思家
절간을 하직하고 구화산을 내려가네	禮別雲房下九華
너는 대 난간서 죽마 타길 좋아하고	愛向竹欄騎竹馬
절집에서 공양하는 일은 게을렀지	懶於金地聚金沙
물 긷는 계곡에서 달 보는 일도 더는 없고	添瓶澗底休招月
차 우리는 사발 속 꽃놀이[79]도 이젠 그만이구나	烹茗甌中罷弄花

77 환속하면서 지은 노래 : 이 시는 《전당시全唐詩》 권799에 실려 있는데 그 소서小序에 "설요는 동명국東明國 사람 좌무위 장군左武衛將軍 승충의 딸로, 곽원진郭元振에게 시집가서 첩이 되었다."라고 하였고, 시 뒤에 붙인 주석에는 "이 시는 반속요라고도 한다. 설씨 여인은 15세에 머리를 깎고 중이 되었다가 6년 만에 이 노래를 짓고 환속하여 곽원진에게 시집갔다."라고 하였다. 동명국은 신라를 말한다.

78 구름……생각했건만 : 흰 구름처럼 욕심이 없는 맑은 마음으로 불도에 정진하여 정숙한 비구니가 되기로 하였다는 말이다.

79 사발 속 꽃놀이 : 당나라 시대에는 솥에 차 가루를 넣어 달이는 자다법煮茶法으로 차를 달여 마셨는데, 육우陸羽의 《다경茶經》에 의하면 차를 달일 때 생겨나는 거품을 발말餑沫이라고 하며 작고 가벼운 것을 화花라고 하는데 화에는 대추꽃 모양, 갓 싹이 난 부평초 모양 등 다양한 것이 있다고 한다. 그러므로 여기서는

자꾸 눈물 흘리지 말고 부디 잘 가거라　　好去不須頻下淚
늙은 나야 안개와 노을을 짝하리니　　老僧相伴有煙霞

– 신라 왕자 김지장金地藏 –

가도와 지은 연구[與賈島聯句][80]

물새들은 떠올랐다 다시 잠기고　　沙鳥浮還沒
산 구름은 끊어졌다 다시 이어지네　　山雲斷復連

– 신라 사신 –

노는 파도 아래 달을 꿰뚫고　　棹穿波底月
배는 물속 하늘을 누르고 있네　　船壓水中天

– 가도賈島 –

옛 거울의 작은 글자[古鏡細字]

삼수 가운데 사유의 아래[81]에 상제가 진한과 마한에 아들을 내려

차를 달이며 거품이 생기는 것을 보거나 그것을 떠서 찻사발에 옮겨 담는 것을 포괄하여 말한 것으로 보인다.

80 가도와 지은 연구 : 한치윤의 《해동역사》 〈예문지6〉 본국시本國詩 조에 《요산당외기堯山堂外紀》를 인용하여 "고려의 사신이 바다를 지나면서 시를 지었는데 가도賈島가 거짓으로 뱃사공이 되어 아래 구절을 이어 지으니, 고려의 사신이 한참이나 탄복하다가 다시는 시에 대해서 말하지 않았다."라고 하고, 이어 "살펴보건대 이지봉李芝峯이 말하기를 '고려의 사신은 세속에 최치원이라고 전한다.' 하였는데, 이는 아마도 잘못된 것인 듯하다. 다만 고려의 사신이 아니라 바로 신라의 사신이다."라는 견해를 제시하고 있다.

81 삼수……아래 : 후백제 당시의 우리나라 판도를 뜻하는 말로 보인다. 삼수三水는

보냈다.[三水中四維下 上帝降子於辰馬] 먼저 닭을 잡고 나중에 오리를 칠 것이니,[82] 이를 일러 운수가 차서 삼갑[83]을 통일한다는 것이다.[先操雞後搏鴨 此謂運滿一三甲] 밤이면 하늘에 오르고 낮에는 땅을 다스려, 자년을 만나는 해에 인사가 흥하리라.[暗登天明理地 遇子年中興人事] 종적과 성명을 감추고 숨어 있는데, 누가 신愼과 성聖을 알겠는가? [混踪迹沌姓名 混沌誰知愼與聖] 불법의 우레가 진동하고 신령한 번개가 번쩍이며 사년巳年 중에 두 용이 나타나서, 한 용은 청목 속에 몸을 감추고 한 용은 흑금 동쪽에 몸을 나타내리라.[84][振法雷揮神電 於巳年中二龍見 一則藏身青木中 一則現形黑金東] 지혜로운 자는 이것을 보고 어리석은 자는 보지 못하나, 구름을 일으키고 비를 내리면서 사람과 더불어 정벌하리라.[智者見 愚者盲 興雲注雨 與人征] 번성함을 보이기도 하고 쇠퇴함을 보이기도 하니, 이렇게 하여 악의 찌꺼기를 없애기 위해서이다.[或見盛 或見衰 爲滅惡塵滓] 이 용의 아들 서넛이 여섯 갑자에 대를 바꾸어 가면서 계승하리라.[此一龍子三四 遞代相承六甲子] 이곳 사방은 축丑에 평정하여 멸할 것이고, 바다를 건너 항복해 오는 때는 유酉를 기다려라.[85][此

'태泰' 자의 파자破字로 태봉泰封을 가리키며, 사유四維는 '나羅' 자의 파자로 신라를 가리킨다.

82 먼저……것이니 : 닭은 계림鷄林 즉 신라를 말하고, 오리는 압록강으로 고려 건국 후 북진 정책을 펼쳐 국경선을 압록강까지 확장하는 것을 의미하는 듯하다.

83 삼갑三甲 : 삼한을 가리키는 듯하다.

84 한 용은……나타내리라 : 왕건과 궁예의 근거지를 말하는 것으로 청목青木은 송악을, 흑금黑金은 철원을 가리킨다.

85 이곳……기다려라 : 궁예가 왕건에게 태봉을 빼앗긴 것은 정축년(917)이고 견훤

四維定滅丑 越海來降須待酉] 이 글을 만일 밝은 임금에게 보인다면 나라와 백성이 편안하고 임금은 길이 창성하리라.[此文若現於明王國泰民安帝永昌]

– 태봉 궁예 때 –

절영마 도참[絶影馬讖][86]

절영마가 이르면 백제가 망한다.

– 후백제 견훤 때 –

이것이 우리나라 시의 기원이다. 《대동시기大東詩紀》를 편찬한다면 마땅히 이 시들을 앞에 놓아야 할 것이다.

이 세운 후백제가 멸망한 것은 정유년(937) 한 해 전이다.

86 절영마 도참 : 절영마絶影馬는 부산의 절영도, 즉 지금의 영도에서 생산되는 말이다. 이익의 《성호전집》 권7 〈절영마가絶影馬歌〉의 소서小序에 "견훤이 절영도의 총마 한 필을 고려 왕에게 바쳤는데, 후에 도참에 '절영의 명마가 이르면 백제가 망한다.'라는 이야기를 들었다. 마침내 후회하고는 사람을 보내어 그 말을 돌려달라고 했는데 왕이 웃으며 허락했다."라고 하였다. 관련 내용이 오광운吳光運의 《약산만고藥山漫稿》 권5 〈절영마〉 등 여러 악부시에 전한다.

이부의 오류
二府之誤

《동국여지승람》에서 사군四郡과 이부二府를 곧잘 언급하곤 하는데 사군은 옳지만 이부에 관한 말은 따져 보지 않을 수 없다. 한 무제가 고조선의 우거왕[87]을 평정하고 사군을 설치하였다. 낙랑樂浪은 조선현朝鮮縣을 다스렸는데 지금의 평양부이고, 임둔臨芚은 동이현東暆縣을 다스렸는데 지금의 강릉부이며, 현도玄菟는 옥저현沃沮縣을 다스렸는데 지금의 함흥부이고, 진번眞番은 삽현霅縣을 다스렸는데 압록강 밖에 있었던 것 같다. 이것이 바로 사군이다.

현도는 얼마 있다가 이맥夷貊에게 침입을 당해 치소治所를 옮겨 구려현句麗縣을 다스렸는데 지금의 흥경[88] 지방이다. 한 소제 시원 5년(기원전 82)에 진번군眞番郡을 폐지하였다. 《한서》〈지리지〉에는 또 임둔은 없고 다만 현도와 낙랑만 있으니, 이것이 바로 이군二郡인데 어찌하여 이부二府라고 하는가? 이부는 다름이 아니라 평주 도독平州都督과 동부 도독東府都督을 말하는 것이다. 서한 때에 언제 도독이라는 호칭이 있었던가? 대개 현도군이 서쪽으로 옮겨 간 뒤에 낙

87 우거왕右渠王 : 위만衛滿의 손자로 위만 조선의 마지막 왕이다.

88 흥경興京 : 청 태조 누르하치가 1616년 도읍을 정한 곳으로 누르하치의 무덤이 있다. 지금의 요령성 신빈현新賓縣 서쪽에 옛터가 남아 있다.

랑동부 도위樂浪東部都尉를 설치하고 단단대령單單大嶺 밖의 지역을 주관하게 하였는데, 곧 함흥 이남에서 강릉 등 연해의 군현에 이르는 지역이 바로 이곳이다. 이전의 역사를 자세히 상고해 보면 낱낱이 알 수 있다. 이른바 동부東府라는 것은 동부東部의 와전인 듯하고, 이른바 도독都督이라는 것은 도위都尉의 와전인 듯한데, 또 평주 도독까지 끄집어내어 견강부회한 것이다. 평주는 공손도公孫度가 요동에 웅거할 때 설치한 것이지 서한 때의 일이 아니다.

충무공전서를 인쇄하여 올리다
印進忠武公全書

을묘년(1795, 정조19) 9월 13일에 감인소[89]에서 《갱재축》[90]을 인쇄하여 올렸는데 잘못된 곳이 많았다. 신 득공은 감인 검서관으로 전하의 지엄한 전지傳旨를 받아 검서관의 이름이 삭제되고 그날로 도성문을 나가게 되었다. 날이 이미 어두워져 왕십리의 여관에서 묵고 다음 날 새벽 송파 나루를 건너 정림[91]의 농가에 투숙하였다. 17일에 소명召命이 내려 죄를 지은 몸으로 운관芸館(교서관)에서 《충무공전서忠武公全書》를 감인[92]하였다. 이달 21일에 인쇄하기 시작하여

89 감인소監印所 : 조선 시대 교서관에 소속되어 인쇄에 관한 일을 맡아보던 관청이다. 정조 시대에 규장각을 내각, 교서관을 외각으로 삼아 관찬서를 편찬하였는데, 1794년(정조18) 창경궁 안 홍문관 자리에 교서관을 새로 설치하여 감인소라 하다가 태종 때의 예에 따라 주자소로 개칭하였다.

90 갱재축賡載軸 : 정조가 연사燕射·시예試藝, 상화賞花·조어釣魚를 할 때와 경사가 있을 때, 출행 중에 머물러 쉴 때에 시를 짓고 신하들에게 화답하게 하여 권축卷軸을 이루었는데, 바로 이 과정에서 나온 시를 연도순으로 편집하여 간행한 책을 말한다. 총 48책이며 구체적인 서목과 창수 경위, 수록 내용 등은 《홍재전서》 권182 〈갱재축〉에 자세히 보인다.

91 정림靜林 : 당시 경기도 광주 감천면甘泉面 정림리靜林里를 말하는데, 오늘날 서울 송파구의 몽촌토성 지역에 해당한다.

92 감인監印 : 인쇄물을 원고와 대조하여 틀린 글자를 바로잡는 일을 말한다.

11월 4일에 인쇄를 끝마쳤으며 30일에 장황[93]을 마무리하여 감인소에 가지고 갔다. 그리고 다시 검서관에 제수되었다.

93 장황粧潢 : 책이나 서화 따위를 장정하고 표구하는 일을 말하는데, 여기서는 인쇄물을 엮고 표지를 장정한 것을 말한다.

대년 검서
待年檢書

을묘년(1795, 정조19) 10월 30일에 신 득공의 아들 본학本學과 본예本藝, 그리고 전 검서관 박제가의 아들 귤손,[94] 겸검서관 성해응의 아들 증복曾福이 어명을 받들어 감인소에 나아와 《태상감응편》[95]을 써서 올렸다. 상이 불러서 보고는 모두 대년 검서[96]로 이름을 기록하게 하였다. 12월 25일에 각각 꿩 1마리, 조기[石魚] 10마리를 하사하였다.

---

94 귤손橘孫 : 박제가의 장남은 박장임朴長稔인데, 여기서 박귤손이라 한 것을 보면 아명인 듯하다.

95 태상감응편太上感應編 : 남송의 소흥~건도 연간에 이창령李昌齡이 《포박자抱朴子》에서 초록한 책으로, 진덕수眞德秀가 서문을 지었다. 이 책은 권선서勸善書로 많은 계층에 영향을 끼쳤다. 1655년에 명나라 허남증許纘曾이 《태상감응편도설太上感應篇圖說》을 지었다. 조선 말기에 왕실의 후원으로 다양한 형태로 간행되기도 하였다.

96 대년 검서待年檢書 : 나이가 차기를 기다려 검서관으로 임용한다는 의미로 보인다.

중화척
中和尺

병진년(1796, 정조20) 2월 초하룻날에 공경과 근신들에게 중화척[97] 한 자루를 하사해 주시고 오언 율시 한 수를 지으셨다. 신 득공은 검서관으로 중화척을 하사받았기에 전하의 시를 차운하여 시를 지어 올렸다.

97 중화척中和尺 : 음력 2월 초하루를 중화절中和節이라 하는데 조선 정조 이후 이날 임금이 신하에게 나누어 주던 자이다. 백성들을 공평하게 다스려 하늘의 뜻에 어긋남이 없도록 하라는 의미를 담았다. 얼룩무늬가 있는 대나무나 잎갈나무로 만들었는데, 바느질자보다 조금 짧다.

같은 연호와 같은 능호에 대한 고찰[98]

年號陵號考同

건원建元은 서로 같은 연호가 6개이니,[99] 한漢 무제, 진晉 강제, 남제 고제, 후한 유총劉聰, 전진 부견苻堅, 신라 법흥왕의 연호이다.

건무建武는 8개이니, 한 광무, 진晉 혜제·원제, 남제 명제, 후조 석호石虎, 서연 모용충慕容忠, 원위[100] 북해왕 원호元顥, 일본 후제호원後醍醐院의 연호이다.

건시建始는 4개이니, 한 성제, 진晉 조왕 사마륜司馬倫·환현桓玄, 후연 모용희慕容熙의 연호이다.

---

98 같은……고찰 : 글의 내용으로 미루어 볼 때 1796년(정조20)에 지어진 글로 보인다. 연호의 총수와 순서, 적용에 일부 오류가 있어 건원建元은 8개인데 6개로, 건평建平은 8개인데 7개로, 건초建初는 5개인데 4개로, 건흥建興은 6개인데 5개로 되어 있다.

99 건원은 6개이니 : 여기 보이는 후한後漢은 오호십육국 시대의 전조前趙를 말한다. 처음에 국호를 한漢이라 하였다. 건원은 이 6개 외에 당 숙종과 전량 충공沖公의 연호가 더 있다.

100 원위元魏 : 선비족의 탁발부拓跋部가 중국 화북 지역에 세운 북조北朝 최초의 왕조(386~534)로 후위後魏, 혹은 북위北魏라고도 한다. 원위는 탁발씨에서 나중에 원씨로 개명하였기 때문에 성을 국명 앞에 붙인 것이고, 후위는 조조의 위나라가 앞에 있었기 때문이며, 북위는 남조 정권과 상대하여 부르는 명칭이다.

건평建平은 7개이니,[101] 한 애제, 후조 석륵石勒, 후연 모용성慕容盛, 남연 모용덕慕容德, 송 남군왕 유의선劉義宣, 원위 경조왕 원유元愉·백아율사[102]의 연호이다.

건초建初는 4개이니,[103] 한 장제, 후진後秦 요장姚萇, 성成 이특李特, 서량 이고李暠의 연호이다.

건녕建寧은 2개이니, 한 순제[104]·영제의 연호이다.

건화建和는 2개이니, 한 환제, 남량 독발이록고禿髮利鹿孤의 연호이다.

건안建安은 2개이니, 한 헌제, 남조南詔 단정명段正明의 연호이다.

건강建康은 2개이니, 한 헌제,[105] 진晉 남양왕 사마보司馬保의 연호이다.

건흥建興은 5개이니,[106] 촉한 후주, 오 회계왕 손량孫亮, 진晉 민제, 성 이웅李雄, 후연 모용수慕容垂의 연호이다.

건의建義는 4개이니, 원위 경종, 서진西秦 걸복국인,[107] 양난당楊難

---

101 건평은 7개이니 : 이 외에 서연의 모용요慕容瑤가 386년에 며칠 동안 사용한 연호가 있다.

102 백아율사白亞栗斯 : 북위 하서 지역에 살던 호족胡族으로 선우가 되어 유호劉虎를 추대하여 수령으로 삼고 반란을 하였다가 북위의 명원제에게 진압되었다.

103 건초는 4개이니 : 이 외에 고창국高昌國 감수귀闞首歸가 489~491년 사용한 연호가 있다.

104 한 순제 : 한 순제는 건녕은 사용한 일이 없고 영건永建과 건강建康 등을 사용하였다. 대신 당 소종이 건녕을 사용하였다.

105 한 헌제 : 한 헌제는 건안을 썼고 한 순제가 건강을 썼다.

106 건흥은 5개이니 : 이 외에 전량의 명왕明王이 사용한 연호가 있다.

107 걸복국인乞伏國仁 : 십육국 시대 서진을 세운 인물이다. 385년에 건국하여 4년

當, 옹도희雍道晞의 연호이다.

건복建福은 2개이니, 신라 진평왕, 북요北遼 야율순耶律淳의 연호이다.

건덕建德은 2개이니, 주周 고조, 일본 후촌상[108]의 연호이다.

원광元光은 3개이니, 한 무제, 금 선종, 송 무창왕 유혼劉渾의 연호이다.

원강元康은 2개이니, 한 선제, 진晉 혜제의 연호이다.

원화元和는 3개이니, 한 장제, 당 헌종, 일본 문록주[109]의 연호이다.

원흥元興은 4개이니, 한 화제, 오 손호孫皓, 진晉 안제, 정안定安 오현명[110]의 연호이다.

원가元嘉는 2개이니, 한 환제, 송 문제의 연호이다.

원희元熙는 2개이니, 진晉 공제, 후한 유연劉淵의 연호이다.

원통元統은 2개이니, 원 순제, 야율유가耶律留哥의 연호이다.

원덕元德은 2개이니, 서하 조걸순趙乾順, 일본 후제호원의 연호이다.

원형元亨은 2개이니, 일본 후제호원, 남조 단지흥段智興의 연호이다.

간 재위하였다.

108 후촌상後村上 : 1328~1368. 일본 제97대 천왕으로 남북조 시대에 남조南朝를 통치하였다. 고무라카미 천황이라고도 한다.

109 문록주文祿主 : 문록文祿(1592~1596)은 일본 제107대 후양성 천황後陽成天皇(고요제이 천황)의 연호이고, 원화(1615~1624)는 제108대 후수미 천황後水尾天皇(고미즈노 천황)의 연호여서 사실 관계가 어긋난다.

110 오현명烏玄明 : 발해 멸망 이후 부흥 운동이 일어나 대씨大氏가 중심이 되어 정안국定安國을 세웠는데, 이후 열만화烈萬華가 대씨를 몰아내고 정권을 차지하였다. 오현명이 976년 열씨를 몰아내고 오씨 정권을 세워 한때 송나라와 연합하여 거란을 공격하기도 하였지만 986년 요나라의 침공을 받아 멸망하였다.

태초太初는 5개이니, 한 무제, 진秦 부등苻登, 서진 걸복건귀乞伏乾歸, 남량 독발오고禿髮烏孤, 송 원흉소元凶劭의 연호이다.

태시太始는 4개이니, 한 무제, 전량 장현정張玄靚, 후경侯景, 발해 간왕簡王의 연호이다.

태원太元은 3개이니, 오 대제, 진晉 효무제, 전량 장준張駿의 연호이다.

태평太平은 6개이니 오 회계왕 손량, 양梁 경제, 북연 풍발馮跋, 연연[111] 두륜豆崙, 임사홍,[112] 요 성종의 연호이다.

태화太和는 8개이니, 위魏 명제, 후조 석륵, 신晉 폐제 사마혁司馬奕, 원위 고조, 성 이세李勢, 당 문종, 오 양부楊溥, 신라 진덕주眞德主의 연호이다.

태강太康은 3개이니, 진晉 무제, 진陳 문제, 요 도종의 연호이다.

태안太安은 5개이니, 진晉 혜제, 진秦 부비苻丕, 후량後涼 여광呂光, 원위 고종, 연연 나개那蓋의 연호이다.

태청太淸은 2개이니, 양 무제, 전량 장천석張天錫의 연호이다.

태시泰始는 2개이니, 진晉 무제, 송 명제의 연호이다.

대흥大興은 3개이니, 진晉 원제, 북연 풍홍馮弘, 발해 문왕의 연호이다.

---

111 연연蠕蠕 : 4세기 말부터 6세기 말까지 중국 북변에 존립했던 유목 민족의 국명이다. 흔히 유연柔然이라고 하며, 달리 여여茹茹, 예예芮芮 등으로도 표기된다.

112 임사홍林士弘 : ?~622. 수 양제 대업 말에 동향인 조사걸操師乞과 함께 수나라에 반기를 들었다. 조사걸이 죽자 무리를 모아 건주虔州에 머물면서 남월왕南越王이라 자칭하다가 다시 초楚라 부르면서 칭제했다. 당 고조 무덕 5년에 전투에서 패한 후 안성安城의 산굴에서 대치하다 병사했고, 무리는 궤멸하였다.

대령大寧은 3개이니, 진晉 명제, 후조 석호石虎, 북제 세조의 연호이다.

대동大同은 3개이니, 양 무제, 요 태종, 일본 평성천황平城天皇의 연호이다.

대보大寶는 3개이니, 양 간문제, 남한南漢 유창劉鋹, 일본 문무천황文武天皇의 연호이다.

대정大定은 3개이니, 북주 정제, 후량後梁 중종, 금 세종의 연호이다.

대순大順은 2개이니, 당 소종, 장헌충張憲忠의 연호이다.

대안大安은 3개이니, 요 도종, 서하 조병상趙秉常, 금 위소왕衛紹王의 연호이다

대경大慶은 2개이니, 서하 조원호趙元昊·조인효趙仁孝의 연호이다.

대덕大德은 2개이니, 원 성종, 서하 조건순趙乾順의 연호이다.

영광永光은 4개이니, 한 원제, 송 전폐제·무창왕 유혼, 하夏 혁련창赫連昌의 연호이다.

영시永始는 2개이니, 한 성제, 환현桓玄의 연호이다.

영평永平은 5개이니, 한 명제, 진晉 혜제, 원위 세종, 이밀李密, 촉왕건王建의 연호이다.

영원永元은 2개이니, 한 화제, 남제 동혼후東昏侯의 연호이다.

영초永初는 2개이니, 한 안제, 송 무제의 연호이다.

영녕永寧은 3개이니, 한 안제, 진晉 혜제, 후조 석지石祗의 연호이다.

영흥永興은 6개이니 한 환제, 진晉 혜제, 후조 염민冉閔, 진秦 부견, 전량 장식張寔, 원위 태종·효무제[113]의 연호이다.

---

113 태종·효무제 : 태종太宗은 원위元魏 즉 북위의 제2대 황제인 명원제明元帝 탁발

영강永康은 4개이니, 한 환제, 진晉 혜제, 후연 모용보慕容寶, 서진 걸복치반乞伏熾磐의 연호이다.

영화永和는 7개이니, 한 순제, 진晉 목제, 후진後秦 요홍姚泓, 전량 장무張茂, 북량 저거목건沮渠牧犍, 민 왕린,[114] 일본 후원융원後圓融院의 연호이다.

영건永建은 2개이니, 한 순제, 서량 이순李恂의 연호이다.

영가永嘉는 3개이니, 한 충제, 진晉 회제, 남조 단정엄段正嚴의 연호이다.

영안永安은 5개이니, 오 경제, 진晉 혜세, 원위 경종, 북량 저거몽손沮渠蒙遜, 서하 조건순의 연호이다.

영희永熙는 2개이니, 진晉 혜제, 원위 무제의 연호이다.

영창永昌은 3개이니, 진晉 원제, 위주[115] 무후武后, 이자성李自成의

사拓跋嗣를 말하며 영흥이란 연호를 409년 윤10월부터 413년 12월까지 4년 남짓 사용하였다. 효무제孝武帝는 북위의 마지막 황제로 이 연호를 532년 12월 1개월간 사용하였다. 그러므로 영흥 연호를 7명의 통치자가 사용한 것이 되어 실제의 사실과 어긋난다. 연호의 숫자를 착각한 것인지, 효무제가 1개월간 사용한 것을 참작하여 6개라고 기록한 것인지 분명하지 않다. 유사하게 상원과 순천도 각각 3명의 통치자가 사용했다고 하면서 연호의 수를 2개로 기록하고 있다.

114 민 왕린 : 민閩(909~945)은 오대 때 지금의 복건성 일대에 왕심지王審知가 건국한 나라이고, 왕린王鏻(?~935)은 왕심지의 둘째 아들이자 민의 제3대 황제이다. 그는 본명이 왕연균王延鈞인데 933년에 칭제하고 나라 이름을 대민大閩이라 고치고, 용계龍啓라 건원建元하였으며, 이름도 왕린으로 고쳤다. 민 영화 원년에 아들 왕창王昶과 황성사皇城使 이방李倣에게 피살되었다.

115 위주僞周 : 당나라 고종의 비 측천무후가 690년에 세워 705년까지 지속된 나라를 말한다. 상고 시대에 무왕이 세운 주周나라와 구별하여 흔히 무주武周라고 하는데, '위주'라 한 것은 정당성이 없다는 의사를 담아 포폄을 가한 표현으로 유득공 이전에도 왕왕 쓰였다.

연호이다.

영륭永隆은 3개이니, 당 고종, 양사도梁師都, 민 왕희王曦의 연호이다.

영정永貞은 2개이니, 당 순종, 남조 단정흥段正興의 연호이다.

영명永明은 2개이니, 남제 무제, 이밀의 연호이다.

영태永泰는 2개이니, 남제 명제, 당 대종의 연호이다.

영락永樂은 4개이니, 명 성조, 전량 장중화張重華, 장우현張遇賢, 방랍方臘의 연호이다.

영력永曆은 2개이니, 명 영명왕永明王, 일본 이조원二條院의 연호이다.

천한天漢은 2개이니, 한 무제, 촉 왕건의 연호이다.

천새天璽는 2개이니, 오 손호孫皓, 북량 단업段業의 연호이다.

천책天冊은 2개이니, 오 손호, 위월僞越 동창董昌의 연호이다.

천정天正은 4개이니, 양 무릉왕 소기蕭紀·예장왕 소동蕭棟, 금 와알窩斡, 일본 정친정원正親町院의 연호이다.

천흥天興은 3개이니, 원위 도무제, 유무주劉武周, 금 애종의 연호이다.

천보天保는 2개이니, 북제 현조, 후량後梁 세종의 연호이다.

천통天統은 3개이니, 북제 후주, 위한僞漢 형고邢杲, 위하僞夏 명옥진明玉珍의 연호이다.

천덕天德은 4개이니, 위월 이분李賁, 민 왕연정王延政, 금 해릉왕海陵王, 일본 촌상천황村上天皇의 연호이다.

천수天授는 5개이니, 유획劉獲, 위주 무후, 고려 태조, 일본 후촌상, 남조 단정순段正淳의 연호이다.

천성天成은 5개이니, 양 정양후 소연명蕭淵明, 조사걸操師乞, 임사홍, 안경서安慶緖, 후당 명종의 연호이다.

천명天明은 3개이니, 보공석輔公祏, 일본 후촌상 이후, 남조 단소홍段素興의 연호이다.

천보天寶는 4개이니, 당 현종, 오월 전류錢鏐, 금 태조, 채백관蔡伯貫의 연호이다.

천복天復은 2개이니, 당 소종, 해왕奚王 회리보回离保의 연호이다.

천우天祐는 3개이니, 당 소종, 위주僞周 장사성,[116] 남조 단정명의 연호이다.

천복天福은 2개이니, 후진後晉 고조, 일본 사조원四條院의 연호이다.

천회天會는 2개이니, 북한北漢 유균劉勻, 금 태종의 연호이다.

천록天祿은 2개이니, 요 세종, 일본 원융원圓融院의 연호이다.

천성天聖은 2개이니, 북송 인종, 남조 단소정段素貞의 연호이다.

천희天禧는 2개이니, 북송 진종, 요 직로고直魯古의 연호이다.

천경天慶은 4개이니, 요 천조天祚, 서하 조순우趙純祐, 발해 대연림大延琳, 일본 주작원朱雀院의 연호이다.

천력天曆은 2개이니, 원 문종, 일본 촌상천황의 연호이다.

천순天順은 3개이니, 명 영종, 금 양안아楊安兒, 원 아속길팔阿速吉八의 연호이다.

천계天啓는 4개이니, 명 희종, 양 영가왕 소장蕭莊, 원위 원법승元法僧, 남조 성풍우晟豐祐의 연호이다.

건명乾明은 2개이니, 원위 폐제 소흠蕭欽, 북제의 임금 고은高殷의

116 위주 장사성 : 장사성張士誠은 원나라 말기 지방 할거 군웅 중 하나이다. 1354년에 국호를 대주大周라고 하였는데, 여기서 '위주'라고 한 것은 폄하한 것이다.

연호이다.

건원乾元은 2개이니, 당 숙종, 일본 후이조원後二條院의 연호이다.

건형乾亨은 2개이니, 남한 유엄劉龑, 요 경종의 연호이다.

건덕乾德은 3개이니, 보공석, 촉 왕연王衍, 북송 태조의 연호이다.

건우乾祐는 2개이니, 북한 고조, 서하 조인효趙仁孝의 연호이다.

건흥乾興은 2개이니, 북송 진종, 남조 단소렴段素廉의 연호이다.

건도乾道는 2개이니, 남송 효종, 서하 조병상趙秉常의 연호이다.

연희延熙는 2개이니, 한 후주, 조趙 석홍石弘의 연호이다.

연강延康은 2개이니, 위 문제, 심법흥沈法興의 연호이다.

연흥延興은 2개이니, 남제 해릉왕海陵王, 원위 효문제의 연호이다.

연화延和는 2개이니, 원위 태무제, 당 예종의 연호이다.

정시正始는 5개이니, 위 제왕 조방曹芳, 북량 저거몽손沮渠蒙遜, 원위 세종, 서연 모용초慕容超, 북연 고운高雲의 연호이다.

정원正元은 2개이니, 위 고귀향공,[117] 일본 후심초원後深草院의 연호이다.

정평正平은 3개이니, 양 임하왕 소정덕蕭正德, 원위 세조, 일본 후촌상의 연호이다.

정덕正德은 3개이니, 명 무종, 서하 조건순, 일본 후촌상 이후의 연호이다.

---

117 고귀향공高貴鄕公 : 삼국 시대 위魏나라의 제4대 황제 조모曹髦(재위 254~260)이다. 조비曹丕의 손자로 제왕 조방이 고귀향공에 봉했다. 사마사司馬師가 조방을 제거하고 제위에 올렸는데, 나중에 궁중의 호위병들을 이끌고 사마사를 제거하려다 실패하고 살해되었다.

지덕至德은 2개이니, 진陳 후주, 당 숙종의 연호이다.

지원至元은 2개이니, 원 세조·순제의 연호이다.

지치至治는 2개이니, 원 영종, 남조 단사량段思良의 연호이다.

정관貞觀은 3개이니, 당 태종, 서하 조건순, 일본 청화천황淸和天皇의 연호이다.

정원貞元은 3개이니, 당 덕종, 금 해릉왕, 일본 원융원의 연호이다.

정명貞明은 2개이니, 양 말제, 남조 융순隆舜의 연호이다.

광운廣運은 4개이니, 양 소종, 북한 유계원劉繼元, 서하 조원호趙元昊, 남조 단정엄의 연호이다.

광덕廣德은 2개이니, 당 대종, 남조 단사총段思聰의 연호이다.

광명廣明은 2개이니, 당 희종, 남조 단소순段素順의 연호이다.

무평武平은 2개이니, 북제 후주, 범양왕范陽王 소의紹義의 연호이다.

무태武泰는 2개이니, 원위 소종, 태봉 궁예의 연호이다.

무성武成은 3개이니, 주 명제, 이희열李希烈, 촉 왕건의 연호이다.

황시皇始는 2개이니, 진秦 부건苻健, 원위 도무제의 연호이다.

황건皇建은 2개이니, 북제 효소제, 서하 조안전趙安全의 연호이다.

보대保大는 2개이니, 남당 원종, 요 천조의 연호이다.

보안保安은 2개이니, 남조 단지흥, 일본 조우원鳥羽院의 연호이다.

개명開明은 2개이니, 왕세충王世充, 남조 단정순의 연호이다.

개운開運은 2개이니, 진晉 출제, 서하 조원호의 연호이다.

승광承光은 2개이니, 하 혁련창赫連昌, 북제 유주幼主 고항高恒의 연호이다.

승안承安은 2개이니, 금 장종, 일본 고창원高倉院의 연호이다.

시원始元은 2개이니, 한 소제, 남조 정민鄭旻의 연호이다.

시흥始興은 2개이니, 수隋 조사걸,[118] 고개도高開道의 연호이다.

함녕咸寧은 2개이니, 진晉 무제, 후량後涼 여찬呂纂의 연호이다.

함강咸康은 2개이니, 진晉 성제, 촉 왕연王衍의 연호이다.

경시更始는 3개이니, 한 유현劉玄, 서연 모용충慕容沖, 서진 걸복건귀의 연호이다.

상원上元은 2개이니, 당 고종·숙종,[119] 남조 이모심異牟尋의 연호이다.

중원中元은 2개이니, 한 광무, 당 초왕 이중복李重福의 연호이다.

중흥中興은 5개이니, 남제 화제, 원위 폐제 원랑元朗, 서연 모용영慕容永, 남당 원종, 남조 순화진舜化眞의 연호이다.

문안文安은 2개이니, 남조 단정순, 일본 후화원원後花園院의 연호이다.

안화安和는 2개이니, 일본 냉천원冷泉院, 남조 정민의 연호이다.

신봉神鳳은 2개이니, 오 대제, 위한 구침丘沈의 연호이다.

신귀神龜는 2개이니, 원위 숙종, 일본 성무천황聖武天皇의 연호이다.

오봉五鳳은 3개이니, 한 선제, 오 회계왕 손량, 두건덕竇建德의 연호이다.

감로甘露는 5개이니, 한 선제, 오 손호, 위 고귀향공, 진秦 부견, 요

118 조사걸操師乞 : 조사걸은 수말 당초 혼란기의 할거 군웅 중 하나인데 그는 스스로 원흥왕元興王이라 하고 연호를 시흥始興이라 하였는데 달리 천성天成이라 하기도 하였다. 조사걸의 다른 이름이 조천성操天成이기도 하다.

119 당 고종·숙종 : 이 두 황제는 각각 상원이라는 연호를 썼다. 당 고종 이치李治는 674년부터 676까지 대략 2년 남짓 썼고, 숙종 이형李亨은 760년부터 761년까지 대략 2년간 사용하였다.

인황왕人皇王의 연호이다.

황룡黃龍은 2개이니, 한 선제, 오 대제의 연호이다.

청룡靑龍은 3개이니, 위 명제, 후조 석감石鑒, 후연 모용성의 연호이다.

봉황鳳凰은 2개이니, 오 손호, 전량 장대예張大豫의 연호이다.

인가麟嘉는 2개이니, 후량後涼 여광, 후한 유총의 연호이다.

봉력鳳曆은 2개이니, 양왕梁王 주우규朱友珪, 남조 단지련段智連의 연호이다.

용흥龍興은 4개이니, 공손술公孫述, 노방盧芳, 남조 권용성勸龍晟·단정흥段正興의 연호이다.

소흥紹興은 2개이니, 남송 고종, 요 인종의 연호이다.

화평和平은 3개이니, 한 환제, 원위 고종, 전량 장조張祚의 연호이다.

흥평興平은 2개이니, 한 헌제, 당우지唐寓之의 연호이다.

명덕明德은 4개이니, 촉 맹지상孟知祥, 남조 단사량段思良·단소순, 일본 후소송원後小松院의 연호이다.

인수仁壽는 3개이니, 수 문제, 남조 단지상段智祥, 일본 문덕천황文德天皇의 연호이다.

장수長壽는 2개이니, 위주 무후, 남조 찬보종贊普鍾의 연호이다.

보력寶曆은 2개이니, 당 경종, 일본 후촌상 이후의 연호이다.

홍치弘治는 2개이니, 명 효종, 일본 후내량원後奈良院의 연호이다.

순천順天은 2개이니, 당 숙종, 사사명史思明, 동창董昌의 연호이다.

응천應天은 3개이니, 주자朱泚, 유수광劉守光, 서하 조안전趙安全의 연호이다.

진왕眞王은 2개이니, 파륙한발릉破六韓拔陵, 두락주杜洛周의 연호이다.

한창漢昌은 2개이니, 후한 유찬劉粲, 성 이수李壽의 연호이다.

정축丁丑은 2개이니, 두건덕, 곽자화郭子和의 연호이다.

경복景福은 2개이니, 당 소종, 요 홍종의 연호이다.

재초載初는 2개이니, 위주 무후, 안경서의 연호이다.

광천光天은 2개이니, 촉 왕연, 남한 유분劉玢의 연호이다.

가평嘉平은 3개이니, 위 제왕 조방, 후한 유총, 남량 독발욕단禿髮傉檀의 연호이다.

가경嘉慶은 2개이니, 일본 후소송원, 지금 청 황제의 연호이다.

병진년(1796, 정조20) 봄에 내각에서 명을 받들어 널리 고증하여 올렸다. 오숙공이 편찬한 것[120]과 비교하면 수가 매우 많다.

또 같은 능호를 고찰하였다.

장릉長陵은 서로 같은 능호가 4개이니, 한 고조, 위 효문제, 명 성조, 고려 인종의 능호이다.

남릉南陵은 2개이니, 한 박후薄后, 촉한 후주 장후張后의 능호이다.

안릉安陵은 6개이니, 한 혜제, 당 공헌왕황후恭獻王皇后, 북송 선조, 서하 조양조趙諒祚, 금 소조, 고려 정종의 능호이다.

120 오숙공이 편찬한 것 : 오숙공吳肅公은 명말 청초의 저명한 학자로, 자는 우약雨若, 호는 청암晴喦·가남街南이다. 유득공이 말한 오숙공의 저술은 《개원고동改元考同》이다. 《개원고동》은 이 글과 서술 방식이 대동소이한데, 다만 간간이 안설按說을 적어 내용을 보충하였다.

양릉陽陵은 2개이니, 한 경제, 고려 신종의 능호이다.

무릉茂陵은 2개이니, 한 무제, 명 헌종의 능호이다.

영릉英陵은 3개이니, 한 이부인李夫人, 명 인조, 고려 숙종의 능호이다.

평릉平陵은 3개이니, 한 소제, 전량 장현정張玄靚, 양 선제의 능호이다.

창릉昌陵은 3개이니, 한 성제, 동한 거록도위鉅鹿都尉, 후진後晉 헌조의 능호이다.

의릉義陵은 3개이니, 한 애제, 후진後晉 정조, 고려 목종의 능호이다.

강릉康陵은 8개이니, 한 평제, 동한 상제, 후진後晉 예조, 남한 유엄劉龑, 북송 순조, 서하 조안전趙安全, 명 무종, 고려 성종의 능호이다.

장릉章陵은 3개이니, 동한 거록도위[121]·남돈령南頓令, 당 문종의 능호이다.

원릉原陵은 3개이니, 동한 세조, 진秦 부건, 후진後秦 요장姚萇의 능호이다.

경릉敬陵은 2개이니, 동한 장제, 당 무황후武皇后의 능호이다.

북릉北陵은 2개이니, 동한 송귀인宋貴人·이귀인李貴人의 능호이다.

서릉西陵은 2개이니, 동한 양귀인梁貴人, 위 무제의 능호이다.

신릉愼陵은 2개이니. 동한 화제·효인황孝仁皇의 능호이다.

공릉恭陵은 5개이니, 한 안제, 주周 정제, 당 효경제, 금 태종, 고려 목종의 능호이다.

---

121 동한 거록도위 : 거록도위는 거록 지방의 도위 벼슬을 말하는데 후한 광무제의 할아버지이다. 처음에 능호를 창릉으로 하였다가 뒤에 장릉으로 고친 것이다.

헌릉憲陵은 2개이니, 동한 순제, 고려 광종의 능호이다.

회릉懷陵은 3개이니, 동한 충제, 요 태종, 고려 원혜태후元惠太后의 능호이다.

정릉靜陵은 3개이니, 동한 질제, 위 효장제, 주 효민제의 능호이다.

선릉宣陵은 3개이니, 동한 환제, 후량後梁 태조, 고려 현종의 능호이다.

의릉懿陵은 2개이니, 동한 양황후梁皇后, 후한 문조의 능호이다.

혜릉惠陵은 4개이니, 촉한 소열제, 당 유황후劉皇后·양제, 후진後晉 숙조의 능호이다.

고릉高陵은 5개이니, 위 무제,[122] 오 무열제, 후진後秦 요익중姚弋仲, 후량後涼 여광呂光, 고려 제국대장공주齊國大長公主의 능호이다.

민릉愍陵은 2개이니, 위 모황후毛皇后, 전량 장조張祚의 능호이다.

정릉定陵은 7개이니, 오 경제, 후위 효명제, 주 선제, 당 중종, 북송 익조, 금 경종, 명 신종의 능호이다.

명릉明陵은 3개이니, 오 원제, 고려 원성왕후元成王后·충목왕忠穆王의 능호이다.

가평릉嘉平陵은 2개이니, 동진 간문정태후簡文鄭太后, 하夏 혁련발발赫連勃勃의 능호이다.

무평릉武平陵은 2개이니, 동진 명제, 서진西秦 걸복치반乞伏熾磐의 능호이다.

---

122 위 무제 : 조조曹操를 말한다. 조조의 무덤은 역대로 그 설이 분분하여 정확한 위치를 비정할 수 없다. 무덤의 정식 명칭이 고릉高陵인데, 대체로 업鄴의 서쪽에 있다고 믿기 때문에 서릉西陵이라고도 한다.

흥평릉興平陵은 2개이니, 동진 성제, 후연燕 모용성慕容盛의 능호이다.

영평릉永平陵은 2개이니, 동진 목제, 북제 무성제의 능호이다.

고평릉高平陵은 3개이니, 위 명제, 동진 간문제, 후조 석륵石勒의 능호이다.

건릉建陵은 3개이니, 전량 장궤張軌, 당 숙종, 금 안제의 능호이다.

현릉顯陵은 7개이니, 전량 장중화張重華, 양 효문제, 후진後晉 고조, 요 양황제 세종, 서하 조건순趙乾順, 명 흥헌제, 고려 태조의 능호이다.

원릉元陵은 2개이니, 북량 저거몽손沮渠蒙遜, 당 대종의 능호이다.

흥녕릉興寧陵은 2개이니, 송 목제, 당 태조의 능호이다.

장녕릉長寧陵은 2개이니, 송 문제, 후당 헌조의 능호이다.

영안릉永安陵은 3개이니, 제 경제, 후량後梁 경조, 요 선종의 능호이다.

장릉莊陵은 4개이니, 양 간문제, 당 독고황후獨孤皇后·경종, 서하 조순우趙純佑의 능호이다.

가릉嘉陵은 2개이니, 진陳 전황후錢皇后, 서하 조덕명趙德明의 능호이다.

경릉景陵은 6개이니, 위 선무제, 당 헌종, 금 예종, 명 선종, 청 성조, 고려 문종의 능호이다.

영태릉永泰陵은 2개이니, 후위 우황후, 북송 철종의 능호이다.

성릉成陵은 2개이니, 주 문제, 고려 순종의 능호이다.

소릉昭陵는 5개이니, 주 명제, 당 태종, 남한 유성劉晟, 명 목종, 청 태조의 능호이다.

효릉孝陵은 3개이니, 주 무제, 명 태조, 청 세조의 능호이다.

헌릉獻陵은 4개이니, 당 고조, 서하 조병상趙秉常, 금 목종, 명 인종의 능호이다.

건릉乾陵은 3개이니, 당 고종, 요 경종, 고려 안종의 능호이다.

정릉靖陵는 5개이니, 당 두황후竇皇后·왕황후王皇后·희종, 위주 열조,[123] 북송 익조의 능호이다.

태릉泰陵은 6개이니, 당 현종, 서하 조원호趙元昊, 금 숙종, 명 효종, 청 세종, 고려 대종의 능호이다.

제릉齊陵은 2개이니, 당 봉천제, 후주 희조의 능호이다.

순릉順陵은 6개이니, 동한 화제, 당 승천제, 위주 양태후, 후주 공제, 남당 원종, 고려 혜종의 능호이다.

광릉光陵은 2개이니, 당 목종, 금 시조의 능호이다.

복릉福陵은 2개이니, 당 위황후韋皇后, 청 태조의 능호이다.

정릉貞陵은 2개이니, 당 선종, 고려 신성왕후神聖王后의 능호이다.

경릉慶陵은 6개이니, 당 조황후鼂皇后, 후당 덕조, 후주 세종, 요 성종, 명 광종, 고려 충렬왕의 능호이다.

간릉簡陵은 2개이니, 당 의종, 위주 숙조의 능호이다.

수릉壽陵은 2개이니, 당 혜안왕황후惠安王皇后, 서하 조인효趙仁孝의 능호이다.

화릉和陵은 4개이니, 당 소종, 후촉 맹지상孟知祥, 금 태조, 고려 원정왕후元貞王后의 능호이다.

---

123 위주 열조: 위주僞周는 측천무후 시대의 이른바 무주이고, 열조烈祖는 측천무후의 조상 무검武儉을 추존한 묘호이다.

온릉溫陵은 2개이니, 당 경종, 후주 신조의 능호이다.

덕릉德陵은 5개이니, 위주 시조, 남한 유은劉隱, 금 선종, 명 희종, 고려 충선왕의 능호이다.

교릉喬陵은 2개이니, 위주 예조, 금 강종의 능호이다.

영릉永陵은 7개이니, 위주 현조, 남당 열조, 전촉 왕건王建, 금 세조, 명 세종, 청 조조肇祖, 고려 충혜왕의 능호이다.

곤릉坤陵은 2개이니, 후당 조황후曹皇后, 고려 원덕태후元德太后의 능호이다.

숙릉肅陵은 3개이니, 후한 헌조, 오 양융연楊隆演, 고려 덕종의 능호이다.

예릉睿陵은 2개이니, 후한 고조, 금 태조의 능호이다.

흠릉欽陵은 2개이니, 주 경조, 북송 희조의 능호이다.

흥릉興陵은 3개이니, 오 양행밀楊行密, 금 경선제·세종의 능호이다.

소릉紹陵은 2개이니, 오 양악楊渥, 고려 성평왕후成平王后의 능호이다.

영창릉永昌陵은 2개이니, 북송 태조, 위하僞夏 명옥진明玉珍의 능호이다.

조릉祖陵은 2개이니, 요 태조, 명 희조의 능호이다.

유릉裕陵은 4개이니, 서하 이계천李繼遷, 금 현종, 명 영종, 고려 예종의 능호이다.

사릉思陵은 2개이니, 금 희종, 명 의종의 능호이다.

명나라가 망한 후 우리나라로 온 사람
崇禎後東來人

이응인李應仁은 철령鐵嶺 사람으로 제독 이여송李如松의 손자이다. 숭정 갑신년[124]에 회양淮陽에 와서 살았다.

이성룡李成龍은 총병 이여매李如梅의 손자로 유정劉綎을 따라 심하深河에서 금나라 군과 싸웠으나 군대가 패하자 호서에 와서 살았다.

황공黃功은 항주杭州 사람으로 진사에 급제하였고 관위는 수비[125]이다. 심양瀋陽에 있을 때 효종을 섬기다가 숭정 갑신년에 왕봉강王鳳崗 등 8인과 함께 우리나라로 와서 조양루[126] 아래에서 살았다. 조정에서 가선대부의 품계를 주었다.

왕봉강王鳳崗은 일명 왕이문[127]인데 제남濟南 사람으로 안찰사 왕

---

124 숭정 갑신년 : 명나라 마지막 황제 의종이 죽은 해인 1644년(인조22)으로, 명나라의 멸망을 의미한다. 의종은 그해 음력 3월 19일에 이자성이 이끄는 농민 반란군이 북경을 점령하자 자살하였다. 이후 숭정 기원은 대명 의리를 중히 여기는 사람에게 존중되었다.

125 수비守備 : 명청 시대의 무관직으로 총병 휘하에서 성이나 초소를 방어하였다.

126 조양루朝陽樓 : 1646년에 춘천 부사 엄황嚴愰이 춘천부의 진산인 봉의산鳳儀山 아래 세운 문소각聞韶閣의 문루이다. 이 문루는 지금 우두동으로 옮겨져 있다.

127 왕이문王以文 : 1649년 효종이 즉위하여 북벌을 준비할 때 절충장군折衝將軍 용양위 부사과龍驤衛副司果로 청나라의 지세 등에 관해 자문을 해 주었는데 그때 효종이 하사한 이름이다.

집王楫의 손자이다. 심양에 있을 때 효종을 섬기다가 숭정 갑신년에 우리나라로 왔다.

풍삼사馮三仕는 상생[128]으로 산동山東 사람이다. 심양에 있을 때 효종을 섬기다가 숭정 갑신년에 우리나라로 왔다.

배삼생裴三生은 상생으로 산동 사람이다. 숭정 갑신년에 우리나라로 왔다.

정선갑鄭先甲은 낭야琅琊 사람으로 이부 좌시랑吏部左侍郞을 지낸 정문겸鄭文謙의 증손이다. 숭정 갑신년에 우리나라로 왔다.

진봉의陳鳳儀는 만력 기유년(1609) 당읍왕堂邑王의 첫째 딸 보경현주寶慶縣主와 혼인하였다. 난리 뒤에 유락하다가 우리나라로 왔다.

강세작康世爵은 호광[129] 사람이다. 조부 강림康霖은 양호楊鎬를 따라 우리나라를 도우러 왔다가 평산平山에서 죽었다. 부친 강국태康國泰는 유정을 따라 심하에서 싸우다 죽었다. 강세작은 부친을 수행하여 같은 부대에 있었는데 도망쳐 요양으로 달아났다. 요양이 함락되자 봉황성鳳凰城으로 달아나 흩어진 군졸들을 모아 성에서 항거하며 버텼다. 싸움에서 패하자 우리나라로 왔는데 경원과 종성 지역을 떠돌아다니며 우거하였다. 그 당호를 초관[130]이라고 하였다. 참의

---

128 상생庠生 : 명청 시대 지방 학교의 학생을 말한다. 상庠은 주周나라 때 지방에 설치하였던 학교의 명칭으로, 천자의 도성에 둔 벽옹辟雍이나 제후의 도성에 둔 반궁泮宮과 대비되는데, 조선 시대의 향교와 비교할 수 있다.

129 호광湖廣 : 명나라 때의 행정 단위로 지금의 호북湖北과 호남湖南을 아우르는 지역이다.

130 초관楚冠 : 남의 나라에 있으면서도 고국을 잊지 않는다는 의미로 써 붙인 당호이다. 초관은 초나라의 관이라는 뜻으로, 춘추 시대 초나라의 악관樂官이었던

에 추증하였다.

문극기文克己는 이부 상서 문사표文士表의 후손이다. 그 선조는 즉 문정공文正公 문안국[131]이다. 등주登州에서 표류하여 해서의 봉산군鳳山郡에 도착했는데 북관을 떠돌면서 우거하였다.

전호겸田好謙은 자가 손우遜宇이고 광평부廣平府 사람이다. 병부 상서 전응양田應楊의 손자이다. 일찍이 가도椵島에 들어갔다가 숭정 정축년(1637, 인조15)에 청나라 사람들이 가도를 격파하자, 전호겸은 그의 문도 10여 인과 함께 우리나라로 왔다. 조정에서 관직을 주라고 명하였으나 사양하고 받지 않았다.

시문용施文用은 만력 중에 유격 남방위藍芳威를 따라 우리나라로 왔다. 왜군을 정벌하다가 그대로 성주의 대명동大明洞에서 살았다. 금상 계축년(1793, 정조17)에 참판에 추증하였다.

반등운潘騰雲과 묵만은墨萬銀 두 사람은 이응인을 따라 우리나라에 와서 김화에 살았다.

양복길揚福吉은 왕봉강 등을 따라 우리나라에 왔다.

병진년(1796) 여름에 내각에서 《황단배신록皇壇陪臣錄》을 편찬하여 올렸는데, 숭정 후에 우리나라로 온 사람 중 이름이 알려진 사람이 15가家이다.

종의鍾儀가 진晉나라에 포로로 잡혀 있을 때 고국을 잊지 못해 남쪽 지방의 관을 쓰고 초나라의 음악을 연주하였다가 군자라는 칭송을 듣고 풀려난 일이 있다. 《春秋左氏傳 成公9年》

131 문안국文安國 : 전당錢唐 예도倪濤의 〈발문안국전跋文安國篆〉 등을 살펴볼 때, 문장에 능한 문인으로 전서 등 필법에 뛰어났던 것으로 보인다.

차산은군의 시
釵山隱君詩

차산은군釵山隱君은 한림 김이영[132]의 친척 동생인 조趙 아무개의 첩 김씨이다. 은군이 김 한림에게 준 시 한 수가 있는데 이러하다.

차산은 어쩌면 그리도 기이한가 釵山何瑰瑋
제천 서쪽 산골에 자리 잡고 있네 介在堤西垠
어지러운 골짜기 첩첩 둘러싸 있어 亂硤帀重疊
특출한 학이 닭들 속에 섞여 있지 軒鶴混鷄群
이곳은 호서의 아름다운 곳 湖中佳麗地
묻혀 있어 세상 사람 아무도 모르지 湮沒世無聞
안개와 구름 오랫동안 자욱하고 煙雲久鬱結
새와 짐승만 여기저기 다닌다네 鳥獸徒紛紜
해와 달은 그 사이로 왕래하고 日月間來往
네 계절은 하늘이 고루 나누었네 四序天平分
기질 따라 모두 만족하고 사는 법 隨氣皆自得

---

132 김이영金履永 : 1755~1845. 자는 명여命汝이다. 뒤에 예종의 이름 '황晄'과 비슷하다 하여 김이양金履陽으로 개명하였다. 1795년(정조19)에 문과에 급제하고 그 이듬해 한림이 되었다.

모든 사물은 제각기 번성하지	夫物各云云
언덕의 버들은 세말을 지나고	岸柳經殘臘
들판의 풀은 불탄 자리에 다시 나네	原草入舊焚
날아가는 새 생황 소리로 울고	風鳥碎笙簧
물에 사는 꽃 비단 문양처럼 고와라	水花纈錦紋
푸른 옥은 사방 산의 이마요	碧玉四山顏
푸른 비단은 두 시내의 물보라	靑羅二溪濆
시내 계곡 수만 수레 지나는 듯	磵壑轟萬車
골짝 숲은 수천 군사 주둔한 듯	峽藪屯千軍
가랑비 내려 붉은 해 늦게 뜨고	霏微遲紅暾
넝쿨 우거져 쉽사리 이끼 끼네	藤蘿易蒼曛
텅 빈 숲엔 호표가 포효하고	空林虎豹嘷
적막강산 여울물만 콸콸 흐르네	山寂水沄沄
작은 집에 있는 나 소주인은	菴居小主人
자줏빛 저고리 차림에 방초 치마를 입었네	紫襦芳草裙
벌레 울듯 홀로 시를 읊고	孤吟作蟲語
필력은 모기보다 힘이 없네	筆力薄於蚊
작은 풀 막대로 큰 종을 치는 격이라	寸筳撞洪鍾
종일토록 헛된 힘만 쏟는 게지	終日徒勞筋
당신은 어떤 군자이기에	好事何君子
편지에 간곡한 정 표하셨나	有紙作慇懃
정성 들여 훌륭한 문장 지었으니	力枚驪龍珠
찬란하여라 오색구름이 비치는 듯	粲粲映五雲
들으니 당신은 서경의 선비	聞是西京士

문장의 대가라 하네	文章鉅公云
갈산에서 독서하여	讀書葛山中
십 년 동안 옛 전적 연구하였네	十載考典墳
왕명에 따라 용문에 올라가	應制登龍門
탈포[133]의 우뚝한 공 이루었지	奪袍樹嵬勳
어필로 친 권점 빛나고	御筆輝圈點
좋은 글이라 달도 별도 놀라네	星月動高文
내가 시를 우물거릴 줄 안다고 하여	謂我解癡言
이 고운 설화지[134]를 내려 주시네	饋此雪花雰
은자의 자질은 당신에게 있으니	林磵質在彼
내 얼굴이 부끄러워 달아오르네	慙愧面如醺
나는 고명하신 분이 마음으로	我願高明心
아름다운 덕을 더욱 도야하길 염원하니	令德益辛勤
부디 밤낮으로 노력하여	庶幾肯夙夜
우리 임금을 요순처럼 만들었으면	堯舜致吾君
나라의 풍속은 단군 기자 때로 돌아가고	國俗回檀箕
왕도 정치는 주나라 은나라와 같아지리	王道躋周殷

133 탈포奪袍 : 당나라 무후가 용문에서 노닐 때 신하들에게 그들 중 시를 맨 먼저 지은 사람에게 금포錦袍를 하사하겠다고 하였다. 이때 좌사左史 동방규東方虯의 시가 제일 먼저 작성되어 무후가 그에게 금포를 주었는데, 조금 뒤에 송지문宋之問이 시를 지어 올리자 그를 보고는 무후가 크게 감탄하며 동방규에게 주었던 금포를 도로 빼앗아 송지문에게 주었다고 한다.《新唐書 宋之問列傳》

134 설화지雪花紙 : 종이의 한 종류로 강원도 평강 등에서 나는데 빛이 매우 희다.

관복을 벗어 동문에 걸어 놓으니[135] 挂冠上東門
황금 삼만 근을 내리시네 賜金三萬斤
은자가 되어 시골에 내려가니 角巾林下路
은둔한 고사를 찾아보리라 믿네 能訪荷篠耘

병진년(1796, 정조20) 봄 교서관 동쪽에 있는 내각에서 김 한림을 통해 이 시를 보았는데, 《연지집》[136] 가운데는 이 시가 없었다. 노련한 필법이 역시 정묘하였다. 내가 김 한림에게 물어보니 은군은 서울 양가집의 여식으로 조 아무개가 제천의 어느 산골짜기로 데리고 가서 살았는데 울울하게 지내면서 뜻을 펴지 못하였다고 하였다.

135 관복을……놓으니 : 전한 말의 고사高士 봉맹逢萌의 고사이다. 그는 북해北海 사람으로 《춘추》에 밝았는데, 왕망王莽이 충간忠諫하는 자신의 아들을 죽이는 것을 보고 "지금은 삼강三綱이 끊어졌으니, 벼슬을 버리고 떠나지 않으면 화환이 닥칠 것이다." 하고, 관을 벗어 동문에 걸어 두고는 떠나 요동에 가서 살았다 한다.《後漢書 逢萌列傳》

136 연지집臙肢集 : 책명인지 분명치 않으나 제목으로 볼 때 여류 시인들의 시집이나 시 선집으로 보인다.

경기 고을을 엄하게 다스린 이유
畿郡尙猛

내가 경기 고을을 다스릴 때[137] 자못 법 집행을 엄정하게 하였는데 사실 부득이해서였다. 처음 포천 수령을 할 때 양정良丁이 모두 사대부의 농장이나 묘지에 속해 군역 명부에서 누락되어 있었다. 가을 초입에 군액軍額을 조사하느라 수십 일 동안 비용을 들여 사람을 보내 수색하여 잡아내니 시골 마을이 소란하였다. 그러나 그 뒤에 초와 기[138]에서 농간을 부려 끝내 징집한 사람이 모두 유랑민이나 품팔이, 거지 등이어서 채 1년이 되지 않아 또다시 흩어져 버렸다.

나는 처음에 조사하지 않으려는 것처럼 굴었는데 마감 기한이 박두하자 군리軍吏가 두려워하면서 자주 아뢰었다. 나는 보리를 환곡으로 꾸어 주게 하고는 은밀히 서압署押을 새긴 목패木牌 1000여 개

137 내가……때 : 유득공은 1785년(정조9)에 포천 현감, 1788년에 양근 군수, 1794년에 가평 군수에 제수되었다. 《承政院日記 正祖 9年 12月 28日, 12年 1月 21日, 18年 3月 29日》

138 초와 기 : 초哨와 기旗는 모두 군대의 편재 단위이다. 초와 기에서 농간을 부렸다는 것은 하급 부대와 상급 부대 등 각 계급마다 농간을 부렸다는 의미이다. 조선 후기의 군대 편제는 1영營은 5사司, 1사는 5초哨, 1초는 3기旗, 1기는 3대隊, 1대는 한 마을의 군정을 단위로 조직된다. 《增補文獻備考 卷113, 兵考 敎閱 五禮儀講武儀》 1초는 군대의 종류에 따라 다르지만 대개 100명 정도이다.

를 깎아 두도록 명령하였다. 창고 동헌에 앉아 세 향소의 병교兵校와 포교捕校로 하여금 병졸을 늘어세워 여러 문을 지키게 하고는 백성들에게 '이 패를 가지고 와야 보리를 내어 준다.'라고 약속하였다. 군리들은 장부를 안고 동헌 아래 엎드렸다. 백성들이 환곡을 받아 갈 때 신역身役이 명단에 있는지를 물어 명단에 있으면 패를 나누어 주고 명단에 없으면 용모파기를 기록하라고 호통을 쳐 명단에서 누락된 100여 명을 알아내고는 즉시 초와 기를 불러 마감磨勘하였다. 반나절이 안 되어 이 일이 끝났는데 양반의 전장이나 묘지에 속하였던 어린아이와 노비 가운데 아무도 벗어나지 못하였다. 고을 백성들은 모두 이 일을 귀신 같다 여겼지만 사대부들은 지극히 통절해 하였다.

양근 수령으로 있을 때에 경강京江을 유람해 보았는데 풍속에 배를 소중히 여기고 소를 소중히 여기지 않았으며, 땔감을 소중히 여기고 농사를 소중히 여기지 않았다. 호족이 백성들에 대해 기분이 좋으면 술을 빚게 하고 기분이 나쁘면 명분을 들어 책망하며 사사로이 묶어 때리며 함부로 위세를 부렸다. 내가 법으로 엄히 금하자 어떤 장자長者가 나에게 들러 말하였다.

"그대가 정사를 돌본 지 수십 일 만에 매질한 양반—사족士族을 말한다.—이 8인이나 되니, 너무 지나치지 않소?"

나는 일어나 답하였다.

"국가의 《대전통편》[139] 한 책만을 받들 뿐이지 그가 양반인지는

---

139 대전통편大典通編 : 1785년(정조9)에 《경국대전》과 《속대전》 및 그 뒤의 법령을 통합해 편찬한 법전이다. 1865년(고종2)에 나온 《대전회통大典會通》은 《대전통

따지지 않았습니다."

이렇게 말하자 양근의 호족들이 크게 두려워하였다.

가평 수령이 되었는데 가평과 양근은 강물 하나를 사이에 두고 있어 가평 호족들이 소문을 듣고 미리 겁을 내며 "또 양반을 매질하겠군."이라고들 하였다. 그러나 실제로는 양반을 단 한 사람도 매질하지 않았고 그러고도 일반 백성들이 대개 편안히 지냈다. 그러자 어떤 사람이 나를 풍자하여 말하였다.

"혹리酷吏는 순리循吏만 못하니 화복禍福으로 두려워하게 하십시오."

나는 정색을 하고 말하였다.

"그대는 역사서를 읽지 않았는가? 옛날 사람이 좌풍익左馮翊과 우부풍右扶風, 하남河南과 낙양洛陽을 다스릴 때에 뭐라고 하였던가?[140] 태평성세를 만나 여러 번 경기 고을을 다스리니, 비록 이 몸을 스스로 아끼고자 하나 하소연할 곳 없는 백성들은 어떻게 한단 말이오."

풍자하는 사람은 감히 더 이상 말을 하지 못하였다.

편》을 약간 증보한 것이다. 유득공은 《대전통편》의 편찬에 규장각 검서관으로 참여하였다. 이 법전은 1786년 1월부터 시행되었는데 유득공은 1788년 1월에 양근 군수가 되었다.

140 옛날……하였던가 : 한나라 때 수도 주변에 있던 지방의 수령으로 치적을 남긴 관리들이 그 지역의 호강한 사족을 눌러 백성들을 잘 다스린 사례를 든 것이다. 좌풍익은 한연수韓延壽, 우부풍은 급암汲黯, 하남은 황패黃霸, 낙양은 급암·주우周紆·동선董宣 등의 지방관과 관련이 있다.

인어
海人

남회인[141]의 《곤여외기坤輿外記》에 나오는 이야기다.

"해인海人은 몸 전체가 사람의 형상이다. 수염과 눈썹도 갖추고 있는데 특히 손가락이 대략 오리의 물갈퀴와 같다. 서해[142]에서 일찍이 해인을 잡아 국왕에게 올렸다. 왕이 그에게 말을 걸어 보았으나 대꾸하지 않고 음식을 주었으나 맛보지 않았다. 왕이 가까이할 수 없음을 알고 다시 바다에 놓아주니 눈을 돌려 사람들을 보고는 손뼉을 치고 웃으며 갔다."

병진년(1796, 정조20) 5월에 서옥書屋을 지었는데 어떤 역부가 스스로 인어를 보았다고 말했다. 사연을 물어보니 그 말이 이러했다.

"저는 인천 바닷가에 있는 어상魚商의 집에서 품팔이를 하였습니다. 그곳 상인들은 수백 금을 들여 어책魚柵을 만들었는데 그것으로 밴댕이[勒魚]를 잡으려 하였지만 한 마리도 잡히지 않아 큰 고민에

141 남회인南懷仁 : 벨기에 태생의 예수회 수사 페르비스트(Ferdinand Verbiest, 1623~1688)로, 남회인은 중국 이름이다. 전도를 목적으로 중국으로 건너갔는데 천문학에 능통하여 흠천감欽天監에서 일했다. 강희제에게 공부 시랑工部侍郎의 직위를 하사받고 서양풍의 천문 기기를 제작하였으며 그것을 해설한 《영태의상지靈台儀像志》, 세계 지도인 《곤여전도坤輿全圖》를 펴냈다.

142 서해西海 : 《곤여외기》에 적힌 내용이므로 대서양에 속한 어느 바다를 가리킨다.

빠졌었지요. 그런데 하루는 썰물이 되자 10여 세 정도 되는 아이가 알몸으로 단정히 어책 안에 앉아 있었어요. 다가가 자세히 살펴보니 머리털은 돼지털과 같고 갈기가 듬성듬성 나 있어 셀 수 있을 정도이고 그 눈동자는 물고기와 같았지요. 손가락과 발가락은 서로 연결되어 거위의 발바닥과 같았는데 손톱과 발톱은 날카로워 맹금류 같았습니다. 그 외의 사지와 몸뚱아리는 사람과 아주 흡사하였지요. 또 겨드랑이에 어린아이를 끼고 있었습니다. 어상들이 몹시 놀라 그 인어의 암수를 확인해 보려 하니 손톱을 휘두르며 사람을 막아 감히 가까이 디가가지 못하였습니다. 한 어상이 말하였습니다.

'인어가 있다고 들었는데 이게 바로 그것인가 봅니다. 인어는 기름이 많으니 나는 죽여서 그 기름을 갖겠습니다.'

그러자 인어가 슬피 울며 눈물을 뚝뚝 흘렸습니다. 그 상인이 불쌍하게 여겨서 말했지요.

'너를 놓아주겠다.'

인어가 눈물을 거두고 웃었는데 그 웃음소리가 역시 사람과 같았습니다. 상인이 말하였습니다.

'내가 너를 놓아주면 너는 내가 밴댕이를 많이 잡게 해 줄 수 있겠느냐?'

그랬더니 인어가 또 웃었습니다. 상인이 마침내 어책을 터서 인어를 놓아주었습니다. 인어는 어린아이를 끼고 물결 위에 앉아 손 하나와 발 하나를 사용하여 헤엄을 치며 갔는데 나는 듯이 빨랐습니다. 그 이튿날 상인은 밴댕이를 무려 2000여 마리나 잡았습니다. 인어 둘이 또 어책 중에 있었는데 아마도 암수인 것 같고 물고기를 몰아 은혜에 보답하는 듯하였지요. 상인들이 공경히 전송해 주었답니다."

살펴보건대 이 일은 남회인의 말과 같은데 더 상세하다. 해인이나 인어나 이름만 다른 것이다. 인어가 보은을 할 줄 아니 역시 교인[143]의 종류인 듯하다. 바닷속 괴이한 생물이 무엇인들 없겠는가.

143 교인鮫人 : 진晉나라 장화張華의 《박물지博物誌》에 "교인은 물에서 사는데 물고기와 같다. 어느 날 교인이 물에서 나와 어떤 사람의 집에 여러 날 묵으면서 비단을 사들여 가지고 갈 무렵에 주인에게 그릇 하나를 요구하여 눈물을 떨구고 그것이 구슬이 되어 가득 차자 주인에게 주었다."라고 하였다.

인진사인이라 새긴 도장[144]
引進使印

조신曺伸의 《소문쇄록謏聞瑣錄》에 다음과 같이 되어 있다.

"성종 을사년(1485, 성종16) 겨울에 함경도 경성鏡城에 사는 사람이 밭을 갈다가 옛날 인상을 발견하여 바쳤다. 그 인장에는 전서로 '인진사인引進使印'이라 쓰여 있었고, 양쪽 귀퉁이에는 '천태 4년에 기록함[天泰四年記]'이라고 새겨져 있었다. 상이 홍문관으로 하여금 고찰하도록 하였다. 인진사는 고려 때의 관직 이름이지만 천태는 원나라, 요나라, 금나라의 역사서에서 모두 상고할 만한 것이 없다."

내가 상고해 보건대 천태는 동진국[145] 포선만노蒲鮮萬奴의 연호이다. 포선만노는 《고려사》에서 만노황제萬奴皇帝라고 일컫는 사람이다. 《원사》 〈지리지〉에 "금나라 말기에 동진국의 장수 포선만노가

---

144 인진사인이라 새긴 도장 : 이 글의 내용은 이유원의 《임하필기》 권17 〈경성에서 옛날 도장을 발견하다[鏡城得古印]〉에도 실려 있다. 편자 미상의 《대동야승》에 조신의 《소문쇄록》이 실려 있는데, 정작 《소문쇄록》에는 이 내용이 전하지 않는다.

145 동진국東眞國 : 1216년(고려 고종3)에 금나라의 요동 선무사遼東宣撫使 포선만노가 세운 나라 이름이다. 요양에 도읍을 정하고 연호를 천태天泰라 하였다. 건국 초기에는 국호를 대진大眞이라 하였는데 몽고에 쫓겨 두만강 유역으로 이동하면서 동진국이라 하였다. 1233년에 포선만노가 몽고군에게 살해당함으로써 19년 만에 멸망하였다.

요동에 웅거하고 있었다. 원나라 초기 계사년(1233, 원 태종5)에 군대를 내어 정벌하여 포선만노를 사로잡고 그 군대가 개원로開元路와 휼품격[146]에 이르자 동쪽 지역의 땅이 모두 평정되었다."라고 하였다. 《고려사》와 《원사》에 모두 그 도읍한 위치를 언급하지 않았는데, 지금 경성에서 '인진사인'이라 새겨진 인장이 나왔으니 그렇다면 경성이 아마도 포선만노가 도읍한 곳일 듯하다.

146 휼품격恤品格 : 《원사》 〈지리지〉에는 '솔빈率賓'으로 되어 있는데, 오늘날의 블라디보스토크에 해당하는 지역이다. 휼품격이나 솔빈은 모두 음차한 말이다.

구리로 만든 관방인
銅關防

《명사》〈여복지輿服志〉에 이렇게 되어 있다.

"문무 대신으로서 황제의 칙령을 받아 권위가 중한 사람에게는 혹 구리로 만든 관방인[147]을 지급해 준다. 직뉴[148]이며 너비가 1치 9푼 5리厘이고, 길이가 2치 9푼, 두께가 3푼이다. 9번 자획을 꺾어 중첩된 전서[九疊篆]로 되어 있다. 재상이 변경으로 순행할 때에도 각 관사의 장관과 다를 것이 없다. 오직 정덕 연간에 장영이 안화왕을 정벌할 때[149] 금으로 주조한 인신을 사용하였으며, 가정 연간에 고정신[150]이 서울을 지키고 있을 때 상아를 인신의 재료로 사용하여

147 관방인關防印 : 인신의 일종으로 위조를 방지하기 위하여 반쪽으로 된 도장 2개를 만들고 필요할 때 합쳐 보아 그 진위 여부를 확인하게 한 인장이다. 관방은 요해처를 방어한다는 의미이다.

148 직뉴直紐 : 어보 등 중요한 인장에는 손잡이에 용이나 거북 등을 조각한 것이 많다. 이를 각각 용뉴龍鈕, 귀뉴龜紐라고 한다. 직뉴는 손잡이에 이런 특별한 장식이 없는 인장을 말한다.

149 정덕……때 : 정덕正德(1506~1521)은 명나라 무종 주후조朱厚照의 연호이다. 무종이 황음과 유희에 빠진 탓에 농민 봉기와 지방 반란이 많이 일어났는데, 장영張永은 정덕 5년 환관 유근劉瑾을 죽이고 정권을 잡은 인물이고, 안화왕安化王은 주치번朱寘鐇으로 당시 지방에서 반란을 일으킨 인물이다.

150 고정신顧鼎臣 : 1473~1540. 명나라 헌종과 무종 때에 활동한 인물이다. 예부상

관방을 새겼으니, 이는 모두 특별히 하사한 것이다."

지금 통제영에 오래된 구리 도장 하나가 있다. 오늘날의 자로 재어 보면 너비가 1치 9푼이고, 길이가 3치 3푼이다. 황명 만력 연간에 충무공 이순신에게 황제가 내려 주신 것이다.[151] 전서가 여러 번 꺾여 있어 글자를 해독할 수 있는 사람이 없는데 이 도장을 도독인都督印이라고 부르는 것은 잘못된 것이다. 이것이 바로 9번 자획을 꺾어 중첩된 전서로 쓰고 구리로 만든 관방인인 것이다. 이 충무공이 처음에는 한산도에 통제영을 두었고 나중에는 고금도古今島에 두었는데, 이곳을 함락당한다면 왜가 천진天津으로 배를 몰고 쳐들어갈 수 있었기 때문에 천조天朝에서 관방인을 하사한 것이다. 배신陪臣으로서 이것을 받았으니 역시 영광스럽다 하겠다.

서 겸 문연각대학사禮部尚書兼文淵閣大學士에 올라 기무機務에 참여하였다.

151 황명……것이다 : 이순신이 명나라 수군 도독 진린陳璘의 보고로 도독인都督印을 하사받은 내용은 《이충무공전서李忠武公全書》 권수 〈도설圖說〉의 〈도독인都督印〉에 보인다.

나무를 심고 보토했다는 표[152]

植木補土表

병진년(1796, 정조20) 여름 동내각東內閣에 있으면서 현륭원에 기유년(1789) 이후 8년 동안 나무를 심고 보토補土한 것과 상전賞典, 재용財用에 관한 표表 1권과 설說 1권을 어명을 받들어 차례대로 편찬하였고 5월 28일 만팔문萬八門 밖에 나아가 감서[153]에게 상께 올리라고 청하였다.

---

152 나무를……표 : 《홍재전서》 권184 〈식목편람 4권植木便覽四卷〉에 관련 사실이 보인다.

153 감서監書 : 규장각에 딸린 잡직 관원이다. 임금의 재가를 받은 문서와 임금의 명령에 의하여 지은 글 등을 정리하고 보관하는 일을 맡았다.

순우리말 반 중국 말 반
鄕語半華語半

우리나라 사람이 쓰는 말은 순우리말과 화어華語(한자어)가 반반이다. 천상의 것을 예로 들어 말해 보자면 천天을 '하늘'이라 하고, 일日을 '날'이라 하며, 월月을 '달'이라 하고 성星을 '별'이라 하니, 이것은 순우리말이다. 오성[154]과 이십팔수[155]의 이름은 순전히 중국 말을 쓴다. 다만 묘성昴星은 우리말로 '좀상[罩音上]' '고혜옹藁鞋翁(고양이)'이라는 이름이 있고 태백성太白星은 '구반료狗飯瞭(개밥바라기)'라는 이름이 있다. 사물의 명칭이 모두 이런 식이어서 일일이 다 거론할 수 없다. 만주, 몽고, 회자回子(위구르)는 각 사물마다 자기 나라 말을 가지고 있고 왜인 역시 그러하다. 이것이 무슨 까닭일까?

우리나라는 한나라, 당나라 때에 내복[156]이 되어 화어를 학습하여

---

154 오성五星 : 금성金星·목성木星·수성水星·화성火星·토성土星의 다섯 별을 말한다.

155 이십팔수二十八宿 : 하늘을 28개의 별자리로 구분한 것으로 시계 반대 방향으로 동쪽 분야分野의 각角·항亢·저氐·방房·심心·미尾·기箕, 북쪽 분야의 두斗·우牛·여女·허虛·위危·실室·벽壁, 서쪽 분야의 규奎·누婁·위胃·묘昴·필畢·자觜·삼參, 남쪽 분야의 정井·귀鬼·유柳·성星·장張·익翼·진軫 등의 별자리를 가리킨다.

156 내복內服 : 요순 시대의 제도로, 천자의 직할령인 왕기王畿 밖 500리마다 차례로 구역을 정하여 전복甸服, 후복侯服, 수복綏服, 요복要服, 황복荒服 등 5개의 등

우리말을 태반은 잊어버린 듯하다. 그러나 이른바 화어라는 것은 모두 고음古音이라 지금 중국에서 쓰이는 말과 대부분 맞지 않는다. 내가 우리말을 태반은 잊어버렸다고 한 것도 사실 억측해서 짐작한 것이 아니다. 숫자를 나타내는 조목을 보면 일에서 십까지는 모두 우리말이 있지만 백, 천, 만, 억, 조는 우리말이 없다. 예전에 백은 '온'이라 하였는데 지금 이 말을 쓰지 않으니, 천, 만, 억, 조에 해당하는 우리말도 어찌 잊어버린 것이 아니겠는가.

반은 순우리말, 반은 중국 말이 나타나는 현상은 군례軍禮를 할 때 더욱 잘 드러난다. 머리를 숙이거나 동작을 취할 때에 내지르는 '야!'하는 소리는 중국 말이라 할 수 있다. 순령수巡令手를 부르면 '예!'라고 답하니 이것은 우리말이다. 북을 치며 행군할 때에 소리를 지르는 것은 또 중국 말이라 할 수 있다. 특별한 호령이 내려서 차례차례 전경[157]을 해야 할 상황에서는 우리말로 하지 않을 수 없다. 중국 말은 만력 연간에 명나라에서 우리를 도와주러 왔을 때에 배운 듯한데 평소에 쓰지 못하는 것은 무엇 때문일까?

그 말뿐만 아니라 공문서 역시 마찬가지이다.

"아무 관직에 있는 사람은 아무 일을 위하여 모름지기 관문關文을 보내니 잘 살펴보고 시행하시기 바랍니다. 위의 관문은 아무 아문에

급으로 나누었는데 요복까지를 내복이라 하여 교화가 미치는 곳으로 간주하고 황복은 교화가 미치지 못한다 하여 도외시하였다.

157 전경傳警 : 임금이 거둥할 때 좌우에서 시종하는 사람이 소리를 외쳐서 길을 비키게 하는 것을 말한다.

서 보낸 것임.[某職爲某事 須至關者 請照驗施行 右關某衙門]"[158]

이처럼 중국의 공문서 투식이 아닌 것이 없지만 공문서 중간에 허다한 방언을 사용하고 있는데 이를 이두吏讀라고 한다.

공문서뿐만 아니라 독서할 때에도 역시 그러하다. 본래의 장구章句 외에 별도로 군더더기 음을 만들었는데 이를 '토吐'라고 하여 전전긍긍하며 준수하여 감히 다르게 하지 못한다. 이는 홍유후弘儒侯 설총이 방언으로 경전을 해독한 것에서 기원한다. 신라 시대와 그 이전에 경전과 사서를 처음 학습할 때에야 괜찮았을 수 있겠지만 지금은 굳이 그렇게 할 필요가 없다.

158 아무 관직에……것임 : 이 문구는 위계가 동등한 관청 상호 간이나 상급 관청에서 하급 관청으로 보내는 공문서인 관關의 상용적 투식으로, 이 문서의 첫머리와 말미, 그리고 보낸 관청을 적는 부분을 초록한 것이다.

아들 본학이 검서관에 제수되다
學兒拜檢書

병진년(1796, 정조20) 7월 17일에 겸검서관으로 자리를 옮겨 제수되었다. 22일에 본학이 검서관에 제수되었다.

이날 "가을바람 때문에 그런 것이 아니다.[非是籍秋風]"[159]라는 어제御題로 오언율시를 짓게 하였다. 아들 본학이 지은 시는 다음과 같다.

찬 이슬 맞아 우연히 허물을 벗은	偶爾蛻涼露
매미야 너는 어이해 늦가을에 우는가	蟬何與暮秋
맑은 소리 본디 겨드랑이에서 나오고	淸聲元脅裏
높이 붙은 곳은 늘 나뭇가지 끝이지	高着每枝頭
자득하여 한창 노래하고 있거늘	自得方流韻
이 저녁 바람은 어디서 불어오는가	何邊是夕飀
성품이 맑아 세속을 벗어났으니	質輕標世外
울음 멈춘 건 모두 이 때문이지	啼歇摠渠由

상이 여섯 구절에 비점을 찍었다.

159 가을바람……아니다 : 당나라 우세남虞世南의 〈매미蟬〉라는 시에 "입을 갓끈처럼 드리우고 맑은 이슬 마시니, 그 소리 성긴 오동나무 사이로 퍼져 가네. 높이 있어 소리가 절로 멀리 가는 것이지, 가을바람의 힘을 빌린 건 아니라오."라고 하였는데, 마지막 구를 시제로 삼은 것이다.

규장전운
奎章全韻

병진년(1796) 8월 12일에 대내에서 《규장전운奎章全韻》을 하사하셨다. 신 득공은 2건件, 아들 본학은 2건, 아들 본예는 1건이다.

통정대부로 승진하다
陞通政

병진년(1796) 8월 14일에 상이 이문원의 소유재[160]에서 재숙하고 다음 날 대내로 돌아와서 동쪽 벽에 붙은 글씨를 우러러보시고는 다음과 같은 성지聖旨를 내리셨다.

"규장각을 설치한 후 20년 동안 밤낮으로 직무에 이바지하였다. 근래 그대의 아들이 함께 같은 이문원에서 근무하니, 그대는 물러가 쉬어도 좋다."

이날 신 득공에게 중희당重熙堂에 입시하라고 명하였다. 입시하니 통정대부의 고신告身(임명장)을 하사하여 옥관자에 붉은 관복[161]을 입고 돌아왔다. 18일 오위장에 제수되었다. 19일에 사은숙배하기 위해 입시하였더니 대내에서 홍조대[162] 1사事(벌)를 하사하였다. 22일

---

160 소유재小酉齋 : 검서관의 직소로 사용된 건물로 대유재大酉齋와 소유재가 있는데, 유득공의 둘째 아들 유본예柳本藝의 《한경지략漢京誌略》에 의하면 대유재는 정조의 명에 따라 유득공이 지었고 소유재는 박제가가 공사를 감독하였다고 한다.

161 옥관자에 붉은 관복 : 정3품 당상관인 통정대부 이상 관료의 복장이다. 당하관인 통훈대부 이하는 고관이 착용하는 옥관자나 금관자 대신 뼈나 뿔 등을 재료로 한 관자를 달고 푸른색 관복을 입었다.

162 홍조대紅絛帶 : 조대는 여러 가닥으로 땋은 긴 띠를 말하므로, 홍조대란 홍색 의대를 말하는 듯하다.

에 남색 구름 문양이 있는 비단 1필, 분홍색으로 교직한 비단 1필, 남색 명주明紬 1필, 홍광대紅廣帶 1사를 하사하였다.

양 대사마
梁大司馬

만력 임진년(1592, 선조25)의 의병장 남원 사람 양대박梁大樸은 자가 사진士眞이고 호가 청계靑溪이다. 금상 병진년(1796, 정조20)에 병조판서로 추증하고,[163] 내각에 《양 대사마 실기梁大司馬實記》를 편찬하도록 명하였다. 검교대교 서유구徐有榘, 한림 오태증吳泰曾·김이영金履永, 신 득공이 편차하였는데, 모두 10권이다.

163 금상……추증하고 : 1786년(정조10) 10월 전라도 진사 이진희李鎭熙 등의 상언上言에 의하여 병조 참의로 추증되었으며, 1796년 9월 보국숭록대부 판중추부사 겸 병조판서로 개증改贈되었다.

대보부모은중경
大報父母恩重經

병진년(1796) 12월 18일에 대내에서 《불설대보부모은중경佛說大報父母恩重經》 1권과 언해 1권을 내려 주었다.

무경칠서
武經七書

병진년(1796) 12월 17일에 무경칠서武經七書 총리 대신總理大臣 우의정 윤시동尹蓍東이 아뢰었다.

"무경칠서 주해註解 중 소략한 곳은 병가兵家의 여러 설을 널리 상고하여 보충하고 편집하도록 명을 내리셨습니다. 형조 참판 이형원李亨元을 당상으로 삼고, 전 부사 김양화金養和를 도청都廳으로 삼으며, 오위장 유득공과 장흥고 주부 백동수白東脩는 편집과 교정을 감동監董하게 하되 실직이 있는 사람은 이 일을 마칠 때까지 본래의 직임으로 출근하는 것을 면제하여 주소서."

상께서 알았다고 비답하였다. 총리 대신 이하의 사람들이 준천사濬川司에서 회동하여 금위 남영禁衛南營에 국局을 설치하고는 정사년(1797) 4월 26일에 일을 마쳤다. 《손무자孫武子》 2권, 《오자吳子》 1권, 《사마법司馬法》 1권, 《울료자尉繚子》 2권, 《삼략三略》 1권, 《육도六韜》 2권, 《이위공문대李衛公問對》 1권, 도합 10권이다.

총리 대신은 앞서 먼저 서거하였고 당상은 영번嶺藩(경상도)으로 나가 관찰사 직무를 수행하고 있기에, 정사본淨寫本 10권을 구관 장신句管將臣 훈련대장 이경무李敬懋 공에게 보냈다.

古芸堂筆記

고운당필기 제6권

육주약선
陸奏約選

《어정육주약선》[1] 2본을 신 유득공과 박제가가 어명을 받들어 사자관寫字官을 감동監董해서 잘 베껴 올렸다. 대내에서 신들에게 각각 전錢 50냥, 분주粉紬 1필, 황저포 1필, 부채 10자루를 하사하였다. 정사년(1797, 정조21) 6월 12일의 일이다. 주자소에서 《육주약선》을 인쇄하여 올린 뒤에 또 각각 1본을 하사해 주었다.

1 어정육주약선御定陸奏約選 : 정조가 당나라 육지陸贄의 《육선공문집陸宣公文集》 중 주의문奏議文 가운데 통치에 도움이 된다고 생각되는 글 29편을 직접 선정하여 1797년에 간행한 활자본 책이다.

오륜행실도
五倫行實圖

정사년(1797, 정조21) 7월 20일에 대내에서 새로 인쇄한 《오륜행실도五倫行實圖》 4권을 신 득공에게 1본, 아들 본학本學에게 1본을 하사하였다. 이해에 또 《향례합편鄉禮合編》 2권을 하사해 주었다.

박의가 양고리를 쏘아 죽이다[2]

朴義射殺楊古里

《청일통지淸一統志》에 다음과 같이 기록되어 있다.

"양고리楊古里는 만주 정황기[3] 사람이다. 성은 서목록씨舒穆祿氏이고 고이객庫爾喀 부장部長 낭계郞桂의 아들이다. 태조가 딸을 시집보냈다. 휘발輝發·오라烏喇를 정벌하는 데 따라가서 철령·심양·요양을 함락할 때 언제나 가장 먼저 성에 올라갔다. 태조가 그의 공로를 가상하게 여겨 벼슬이 패륵[4]의 다음이었다. 태종을 따라 남으로 쳐들어가서 명나라 총병 만계滿桂를 도성 북쪽에서 무찔렀다. 또 금주錦州에서 명나라 병사를 패주시켜 삼등공三等公 진초품공晉超品公에 발탁되었다.

---

2 박의가……죽이다 : 유득공의 《영재집泠齋集》 권8 〈서고창현지박의사書高敞縣志朴義事〉와 이덕무의 《청장관전서》 권55 〈남북적장南北敵將〉에도 관련 내용이 보인다.

3 정황기正黃旗 : 청나라의 행정·군사 제도의 근간인 팔기八旗의 하나이다. 백성을 여덟 기로 편성하고 각 기에는 황·백·홍·남색의 4색에다 각각 선을 두르고 안 두르는 구분을 더하여 총 여덟 종류의 고유한 색깔을 부여하였다. 이 제도하에 있는 사람을 기인旗人이라 하였다.

4 패륵貝勒 : 부장部將의 만주어인데 팔기의 왕이다. 청나라 때 만주인 종실과 몽고의 외번에게 봉하던 여섯 가지 작위 가운데 하나이다. 그 작위는 순서대로 친왕親王, 군왕郡王, 패륵貝勒, 패자貝子, 진국공鎭國公, 보국공輔國公 등이다.

숭덕 원년(1636)에 영군왕英郡王 아제격阿濟格과 변방의 성으로 쳐들어갔다. 안주安州에 이르러 창평昌平 등 열두 성에서 승리를 거두고 포로 10여 만 명을 획득하였다. 숭덕 2년에 조선에 따라왔는데, 조선의 어떤 패잔병이 바위틈에 숨어 있다가 몰래 쏜 조총에 맞아 중상을 입고 졸하였다. 양고리는 약관 때부터 종군하여 적의 선봉에 돌격하여 그 예기를 꺾었다. 크고 작은 백여 차례 전투에서 창에 찔린 상처가 온몸에 가득하며 전공이 가장 두드러졌다. 몸가짐이 공경스럽고 신중하였는데 차례로 두 조정을 섬겨 은혜와 대우가 매우 각별하였다. 그가 죽은 날에 태종은 친히 상을 치르는 곳에 나와 통곡을 그치지 않았다. 무훈왕武勳王으로 추봉追封하고 그 아들 탑첨塔瞻에게 초품공超品公을 세습하게 하였다. 순치 연간에 배향하였다."

《고창현지高敞縣志》에는 다음과 같이 기록되어 있다.

"박의朴義는 용력이 절륜하였는데 무과에 급제하여 부장部將에 제수되었다. 인조 병자년(1636)에 전라 병사 김준룡金俊龍의 비장이 되었다. 군대가 수원에 이르러 광교산光敎山에 진을 치고서 오랑캐와 크게 싸워 그 장수 양고리를 활로 쏘아 죽였다. 오랑캐가 현상금을 걸고 박의를 매우 다급하게 찾았지만 박의는 숨어 나타나지 않았다. 나중에 직동 만호直洞萬戶에 제수되었다."

나의 생각은 이렇다. 박의가 양고리를 쏘아 죽인 것은 고려 때 김윤후가 몽고 원수 살례탑撒禮搭을 쏘아 죽인 것과 그 일이 꼭 같다. 활로 쏘아 죽인 것을 《청일통지》에서 '조총에 맞아 중상을 입고 졸하였다'라고 기록하였으니 사실과 다르다. 김윤후는 처인성處仁城의 일개 두타頭陀(승려)인데도 이 공으로 상장군이 되었는데 박의는 벼슬이 진장을 넘어서지 못하여 오늘날 그 성명을 아는 자가 드무니 한탄스럽다.

악탁
岳託

《황청개국방략》[5] 정묘년 조에 나오는 이야기이다.

"만주의 군대가 평산[6]에 진주하였을 때, 패륵 악탁[7]이 회군하고자 하자 패륵 아민阿敏이 말하기를 '나는 일찍이 명나라 황제와 조선 국왕이 거처하는 성곽과 궁전을 흠모하였는데 볼 기회가 없었다. 지금 여기까지 와서 어찌 한번 보지 않고 그냥 돌아갈 수 있겠는가.'라고 하였다."

아민이 건주[8]에 있을 때 이토록 우둔하였으니, 그들이 사는 곳이 매우 황량하고 누추하였음을 상상할 수 있겠다. 우리나라 사람이 늘 만주의 용장勇壯을 말할 때면 요퇴要退라고 하는데, 우리나라 발음으로 요퇴가 곧 중국 말의 악탁이다.

---

5 황청개국방략皇淸開國方略 : 1773년에 청나라 건륭제의 명으로 편찬한 편년체 사서로, 청나라의 개국 역사를 정리하였다.

6 평산平山 : 황해도에 있던 고을로, 조선 시대 주요 교통로가 지나는 곳이었다.

7 악탁岳託 : 1599~1639. 청나라 종실로 예친왕禮親王 대선代善(다이산)의 맏아들이다. 태조 천명 말(1626)에 패륵이 되었다. 195쪽 주33 참조.

8 건주建州 : 만주 길림성을 중심으로 하여 우리나라 압록강과 두만강 연안에 걸친 지역을 이르던 말로 명나라에서 이 지역에 건주위建州衛라는 군사·행정 구역을 설치한 데서 비롯된 이름이다.

여진은 병법을 모른다
女眞不知兵

《황청개국방략》 병자년 조에 나오는 이야기이다.

"호부 승정戶部丞政 마복탑瑪福塔, 전봉 장령前鋒將領 노살勞薩 등이 병사 300명을 거느리고 장사꾼으로 변장하여 밤낮으로 치달았다. 예친왕豫親王 다탁多鐸, 패자貝子 석탁니감碩託尼堪이 호군護軍 1000명을 거느리고 그 뒤를 이었다. 관병부管兵部 패륵貝勒 악탁岳託, 액부額駙(부마) 양고리楊古里가 각각 기관旗官 1원, 병사 3000명을 거느리고 가서 예친왕 다탁의 군대를 증원하고 나아가 남한산성을 포위하였다."

이 내용을 살펴보면 청나라 칸의 대병이 아직 나오기 전에 그 병사는 불과 4300명[9]이었다. 병법에 "열 배의 군사로 적을 포위한다."[10]라고 하였는데, 4000여 명의 병사로 남의 나라 큰 성을 포위한다는 말은 들어 보지 못하였으니, 이것이 바로 고인古人들이 말한 여진

9 4300명 : 악탁과 양고리는 각각 병사 3000명을 거느렸는데, 유득공은 이 두 사람이 3000명을 거느린 것으로 이해한 듯하다.

10 열……포위한다 : 《손자》 〈모공편謀攻編〉에 "그러므로 군대를 쓰는 방법은 아군이 적의 열 배이면 포위하고 다섯 배이면 공격하고 두 배이면 군대를 나누어 공격한다."라고 하였다.

은 병법을 모른다는 것인가? 4000여 명의 병사로 성을 포위한 데다가 그 속에서 또 병사를 뽑아 남도에서 지원하러 오는 군대를 막다가 액부 양고리가 호남의 장사에게 사살당하였으니, 이것은 또한 고립된 군대로 적진에 깊이 들어간 것으로 병가의 금기를 범한 것이다. 그 당시 우리나라 장수들이 힘써 싸우지 않아 만주로 하여금 뜻을 얻고 돌아가게 한 것이 한스러울 뿐이다.

신라의 금 백제의 은
新羅金百濟銀

《황청개국방략》에 나오는 이야기이다.[11]

"조선 함양군 신계서원新溪書院 아래 사는 백성 원년袁年이 밤에 방 안에서 빛이 나는 것을 보고는 땅을 파서 도자기 하나를 얻었다. 도자기 뚜껑에 '일천년一千年' 3자가 씌어 있었다. 도자기를 꺼내 안을 살펴보니 황금 24조각이 있었는데 그 조각에 '의춘대길宜春大吉'[12] 4자가 새겨져 있었다.

상고해 보니 신계서원은 신라 시대의 옛 절터이다. 생각건대 이전에 신인神人이 길조를 새겨 놓아 후세의 아름다운 조짐[休徵]으로 삼았던 것 같다. 차사差使 이완李浣이 예부에 자문咨文을 보낸 것이 숭덕 6년(1641) 6월의 일이다. 사양하여 받지 않고 사신 편에 돌려보냈다.……"

근년에 부여현의 사족士族이 땅을 파서 은을 한 단지 얻었다. 색

---

11 황청개국방략에 나오는 이야기이다 : 《황청개국방략》에 이 내용은 보이지 않는다. 《황조문헌통고皇朝文獻通考》 권268, 권293에 관련 내용이 보인다.

12 의춘대길宜春大吉 : 의춘宜春은 '알맞은 봄 날씨'라는 뜻으로 입춘立春을 의미한다. 의춘대길이란 입춘을 맞이하여 좋은 일이 많이 생기기를 기원한다는 뜻이다. 중국 풍속에 입춘일이면 이 두 글자를 조그마한 종이를 오려 만들거나 글씨로 써서 창호, 기물, 장식물 등에 붙이고 봄맞이를 하였다.

깔이 검어 무쇠로 판단하고 헐값에 팔았는데, 산 사람이 다시 녹이자 은이 되어 마침내 송사의 빌미가 되었다. 부여는 백제의 고도이고, 신라와 백제는 나라는 작지만 부강하여 땅속에 아직도 금과 은이 묻혀 있다.

정육동
鄭六同

《섭창하집》[13]에 실린 도어사都御史 왕공王公의 묘지墓誌에 있는 내용이다.

"임진년(1592, 선조25) 난리에 조선의 배신陪臣 정육동[14]이 적의 수중에 놓이게 되었다. 평의지平義智가 친근히 여겨 신임하였는데 정육동이 우리를 위해 내응하였다. 노량해전 당시에 급히 화약을 불태워 우리 군대와 통하였다. 적이 이 때문에 대패하였다."

정육동이 어떤 인물이지 알지 못하지만 이런 기이한 공을 세웠는데도 우리나라 사람들 가운데 아는 이가 없다. 내가 《충무공전서忠武公全書》를 편찬할 때 《창하집》을 검토하지 못하여 관련 내용을 해당 부분에 삽입하지 못한 것이 한스럽다.

---

13 섭창하집葉蒼霞集 : 명나라 섭향고葉向高(1559~1627)의 문집이다. 원래 《창하집蒼霞集》인데 이 글에서 저자의 성씨를 붙여 표현한 것이다. 섭향고는 자는 진경進卿, 호는 태산台山·복려산인福廬山人이다. 시문에 뛰어나고 서법에도 일가견이 있었다.

14 정육동鄭六同 : 서형수의 《명고집明皐集》 권10 〈제진주순난제신전권題晉州殉難諸臣傳卷〉에 정육동에 관한 내용이 보인다.

마른 우물 물 구하기
奪水

하양 현감 임희택任希澤이 말하였다.

"이인도 찰방[15]으로 있을 때의 일입니다. 역의 건물인 취병루翠屛樓 앞의 큰 우물은 온 역의 사람들이 의지하는 것인데 갑자기 물이 나오지 않자 역호驛戶들이 당황하여 이사를 가려 했습니다. 그때 어떤 손님이 와서 물 구하는 술수를 말하자 역민들이 일제히 하소연하면서 그 술수를 써 달라고 하였지요.

그래서 돈을 거두어 우물에 제사 지내고 나발 불고 북 치면서 우물을 돌고 한바탕 요란스럽게 한 뒤에 파하고는, 마침내 10리 정도 떨어진 옥천암玉泉庵 앞에서 개울물을 길어다 통에 담아서 수레에 수백 개를 실은 뒤 사람이 영차영차 하며 끌어다 마른 우물에 쏟아 붓고 흩어졌습니다. 처음에는 가능한지 시험이나 해 볼 요량이었지 믿지는 않았습니다. 그런데 다음 날 아침 취병루에 올라가 난간에 기대어 내려다보니 넘실넘실 우물 물이 가득 차 있었고 급히 그 손님을 찾았으나 이미 가고 없었습니다. 그래서 그 성명조차 알지 못합니다."

---

15 이인도 찰방利仁道察訪 : 이인도는 충청도 공주의 이인역利仁驛을 중심으로 한 역도驛道를 말하고, 찰방은 그 역참을 관리하는 종6품 외직을 말한다.

진실로 이 술법을 얻는다면 가뭄을 대비하고 밭에 물을 댈 수 있으니, 용미거[16]를 또 어찌 말할 필요가 있겠는가.

16 용미거龍尾車 : 경작지에 물을 대기 위해 나무로 만든 수차를 말한다. 용골거龍骨車라고도 한다.

아첨 잘하는 자가 겸양 잘하는 자를 방문하다
善諂者訪善謙者

"아첨을 잘하는 자가 겸양을 잘하는 자를 방문했다. 공손히 읍하고 점잖게 무릎 꿇고 앉아 말했다.

'참으로 아름다우십니다. 그 아름다움을 알아보겠습니다. 존귀하신 분의 성씨는 무슨 글자를 쓰는지요?'

겸양을 잘 떠는 자가 말했다.

'뭐 말할 게 있겠습니까. 우리 같은 부류가 어찌 감히 성을 운운한단 말입니까.'

이윽고 달이 떠올랐다. 아첨 잘하는 자가 말했다.

'참으로 아름답기도 하지요. 존귀하신 댁의 달[尊宅之月]이여.'

겸양을 잘 떠는 자가 말했다.

'졸렬한 달[拙月]을 또 무에 말할 게 있겠습니까. 부끄러움을 이기지 못하겠습니다.'"

정사년(1797, 정조21) 8월 8일, 손님 중에 우스갯소리를 하는 자가 이 이야기를 하는 바람에 포복절도하였다.

철 시랑의 시
鐵侍郎詩

일찍이 차수次修(박제가)와 열하에 갔을 때 예부 시랑 철보鐵保가 오언 율시 두 수를 보내 주었다. 정사년(1797, 정조21) 봄에 사신이 돌아와 그의 신간 《매암시초楳菴詩鈔》 4권을 구하였는데, 후인들이 전에 우리가 받은 시 두 수도 수록해 놓았다. 한두 구 삭제하거나 고친 곳이 있었다. 의징儀徵 사람 완원阮元의 서문에 대략 이런 내용이 적혀 있었다.

"우리 스승 철 종백鐵宗伯께서는 학문이 깊고 재주가 웅건하여 당나라를 통하여 한나라 위나라로 거슬러 올라갔는데 체제와 격식이 조금도 뒤떨어지지 않았다. 춘관春官 예조禮曹를 담당하여서는 황제를 호종하여 가을 사냥을 하고 닫힌 과장에서 차를 끓여 마시고 말에 기대어 시에 화답하였으니 또한 사림詞林의 아름다운 이야기이다. 사신 간 것으로 말하자면 대강大江의 남북과 제나라, 노나라 지방에서 더욱 대적할 만한 자가 없었다. 갑인년(1794) 가을에 스승께서 산좌山左(산동) 지역에서 과거 시험을 주관하였는데, 나는 마침 시詩에 독실히 뜻을 두고 있어 과장이 파한 뒤에 스승의 전체 원고 초략본을 구하여 읽어 보고는 우리 스승을 생각하였다. 문하생으로 이름이 적힌 이들이 거의 천 명이나 되고 사람들마다 먼저 보려고 하기에 속히 간행하는 것이다. 동문들에게는 각각 한 질을 준다.……"

한족 한림이 만주족 시랑의 문인이 되었으니, 찬미하는 말을 하지 않을 수 없다. 완원은 자가 백원伯元으로 내가 연경에 있을 때 또한 서로 만나 보았다.

이방익의 표류일기[17]
李邦翼漂海日記

제주 사람 전 충장장忠壯將 이방익李邦翼이 서울로 자기 아버지를 뵙기 위하여 병진년(1796, 정조20) 9월 20일에 다섯 사람과 함께 배를 타고 바다를 건너다가 세찬 서북풍을 만났다. 표류한 지 4일 만에 멀리 큰 섬을 바라보고 일본 땅이라고 생각하였다. 배가 정박하기를 기다리다 또 동북풍에 떠밀려 서남방으로 향하게 되었다. 10월 6일에 중국 복건성의 팽호[18] 경내에 정박하였다. 관사官司가 문정問情을 하고 사람을 시켜 대만부臺灣府로 이송하였는데, 대만부에서 다시 하문廈門으로 보냈고, 하문에서 다시 복건성의 성[19]으로 가게 되었다. 이어 차례로 절강, 강남, 산동의 경계를 거쳐 북경에 이르렀다가, 정사년(1797) 윤6월 4일에 압록강을 건너 20일에 서울에 들어와 자기 아버지와 만났다. 상이 입시하게 하여 표류한 상황을 물어보고 오위장에 제수하였는데, 이어 전주 중군全州中軍에 제수하였다.

---

17 이방익의 표류일기 : 박지원의 《연암집》 권6에 이방익이 표류한 내용을 담고 있는 〈이방익의 사건을 기록함[書李邦翼事]〉이 있다.

18 팽호澎湖 : 타이완 서쪽에 있는 섬이다. 여러 개의 섬으로 되어 있어 팽호 열도澎湖列島라고 한다. 이 팽호의 서쪽에 하문廈門이 있다.

19 복건성의 성 : 당시 복주부의 부성府城을 말하는 것으로 보인다.

그의 일기를 빌려 보았더니 엄주嚴州의 엄자릉嚴子陵 조대釣臺, 소주蘇州의 호구사虎邱寺, 양주楊州의 금산사金山寺를 모두 차례로 구경하였다고 한다. 또 멀리서 동정호洞庭湖를 보았다고 하는데, 이는 곧 동동정東洞庭이다. 또 금산사 안에서는 유생 천 여 명이 책을 교정하고 간행하였다니, 어찌 더불어 말할 만한 사람이 없었겠는가. 그 좋은 강산과 누대, 인물을 생동감 있게 그려 내지 못하였으니 한스럽다. 그래도 이방익은 약간 글자를 알아 일기를 쓸 수 있어서 풍경을 잘 말한 것이다. 제주 사람들은 항상 중국으로 표류해서 들어갔다가 귀국하곤 하는데, 질문을 해 보면 고작 강남에는 밥이 극히 좋다고 말할 뿐이다. 이방익의 아버지 전 오위장 이광빈李光彬은 일찍이 무과에 급제하여 바다를 건너다가 표류하여 일본의 장기도長碕島(나가사키)에 간 일이 있었다. 장기는 본래 외국 상선들이 정박하는 곳으로 시가가 번화하였다. 어떤 의사醫士가 이광빈을 맞이하여 자기 집으로 데려가서 환대하고 머물기를 권유하였다. 이광빈이 귀국하겠다고 굳이 청하자, 의사가 내당內堂으로 데리고 가서 아리따운 연소한 아가씨를 나오게 하여 광빈에게 절하게 하면서 말하였다.

"우리 집에는 천금을 쌓아 놓았는데 남자가 한 명도 없고 다만 이 여식뿐입니다. 그대를 나의 사위로 삼고 싶습니다. 내가 늙어 죽게 되면 천금의 재물은 모두 그대의 소유가 될 겝니다."

그 여식을 힐끗 보니 치아가 서리처럼 희고 아직 검은 물을 들이지 않았으니[20] 과연 미혼이었다. 이광빈이 당당하게 말하였다.

---

20 치아가……않았으니 : 일본에는 예전에 시집간 여자가 이를 까맣게 물들이는 풍습이 있었다. 그래서 일본을 칠치지국漆齒之國이라고도 한다. 신유한의 《해유

"부모의 나라를 버리고 재물과 여색을 탐하고 사모하여 남의 나라에 얹혀사는 것은 개나 돼지만도 못한 일입니다. 게다가 나는 귀국하여 과거에 급제하면 부귀를 얻을 수 있을 텐데 굳이 당신의 재물과 당신의 딸이 필요하겠습니까."

의사가 어찌해 볼 수 없음을 알고 보내 주었다. 검서관 정설鄭楔이 이광빈과 잘 알아 이 일을 말해 주었다. 이광빈이 비록 섬에 사는 무변이지만 의연히 자신의 절조를 지켰으니 가상하다. 저 장기의 의사는 또한 양국이 우호를 맺은 지 오래되어 약조[21]가 매우 엄하다는 것을 알 터인데 감히 상국上國의 사림을 유혹하였으니 극히 요망하고 악하다 하겠다.

록》에 "이미 시집간 여자는 이가 모두 검은빛인데 철액鐵液을 약에 타서 머금으면 그 이가 곧 물들여진다. 시집가지 아니한 처녀와 기생은 모두 흰 치아이다." 하였다. 《海行總載》

21 약조約條 : 우리나라와 일본이 맺은 우호 조약을 말한다.

경마 잡히기
左右牽

말을 탈 때 좌우에서 고삐를 잡는 우리나라 풍속을 일찍이 의심한 적이 있다. 근래에 장완구[22]의 시 〈한간의 말 그림에 쓰다[題韓幹馬圖]〉[23]에 "두 사람이 고삐를 잡아 엄연히 곁에 있는데, 큰길에 천자의 수레가 가는 것을 바라보네."라고 되어 있는 것을 보고는, 비로소 당나라 때에 좌우에서 경마를 잡는 방법을 사용하였고 신라에서 이를 본받아 지금에 이르도록 답습해 내려온 것을 알게 되었다.

---

22 장완구張宛邱 : 장뢰張耒(1054~1114)를 말한다. 자는 문잠文潛, 호는 가산柯山으로, 북송 때 시인이다. 만년에 진주陳州에 살았는데 그 고호가 완구이기 때문에 당시 사람들이 완구 선생이라 불렀다. 시부 등 문학에 뛰어났고, 황정견黃庭堅, 조보지晁補之, 진관秦觀과 함께 소문 사학사蘇門四學士로 불렸다. 저서에 《시설詩說》, 《완구집宛邱集》, 《명도잡지明道雜志》 등이 있다.

23 한간의……쓰다 : 한간韓幹은 당나라 때 화가로 말 그림에 특히 뛰어났다 한다. 이 시는 칠언 고시로 《어정역대제화시류御定歷代題畫詩類》 등에 실려 있다.

홍모번[24]

紅毛番

정사년(1797, 정조21) 9월에 경상도 관찰사 이형원李亨元, 삼도수군통제사 윤득규尹得逵가 차례로 다음과 같이 장계를 올렸다.[25]

"이국의 선박 한 척이 동래 용당포龍堂浦에 표류해 정박하였습니다. 모두 50명이 있었는데 코가 높고 눈이 푸르며 머리에는 백전립白氈笠을 쓰고 있었습니다. 배 안에 실린 화물로는 석경石鏡(유리거울), 천리경, 구멍이 없는 은전 등이 있습니다. 한어(중국어), 청어(여진어), 몽고어, 왜어가 모두 통하지 않았습니다. 글자를 써 보게 하니 구름과 같고 산과 같았습니다. 손으로 동남 방향을 가리키며 입을 오므려 바람을 내뿜는 시늉을 하였는데 바람을 기다린다는 뜻인 듯하였습니다. 그들이 말한 것 중에 낭가사기浪加沙其(나가사키)라는 말

---

24 홍모번紅毛番 : 이 글은 같은 권의 〈영국인의 조총〉과 함께 정약용의 《다산시문집茶山詩文集》 권22 〈잡평〉의 〈유영재 득공 필기에 대한 평[柳泠齋得恭筆記評]〉에도 실려 있다. 홍모번은 주로 명나라 때 화란和蘭, 즉 네덜란드 혹은 네덜란드인을 가리키는 말인데, 같은 권에 수록된 〈영국인의 조총〉과 위 정약용의 글을 보면 유득공은 이를 일본 사람이 길리시단吉利是段(christian)이라 하는 영국인으로 이해하고 있다.

25 정사년……올렸다 : 이형원과 윤득규가 올린 치계馳啓는 《정조실록》 21년 9월 6일 기사에 자세히 보인다.

이 있었는데 곧 왜어로 장기도長碕島 입니다. 며칠을 머무르고 순풍이 불 때 돛을 달고 떠났는데 나는 듯이 빨랐습니다.”

이들은 바로 홍모번 사람으로 왜에서 말하는 길리시단吉利是段 인 것이다. 효종 4년(1653)에도 역시 제주에 표류해 와서 서울과 지방의 여러 군영에 분속된 적이 있었는데 요즘 사람들은 알지 못한다.

농기구의 속명 풀이[26]

農器俗名釋

리犁 우리말로 장기胖其(쟁기)

달撻－지금도 있지만 우리말 이름이 없다.－타전혜打田鞵라고도 한다. 과목[27]을 사용하여 엮어 납작하고 넓게 만드는데 땅을 두드려 곡식 종자를 눌러 준다.

초耖－절아切兒(써레)－써레 종류인데, 거나渠拏라고도 하고 거소渠疏라고도 한다.

우櫌 하아荷兒

곽钁－광이廣耳(괭이)－노작魯斫이라고도 한다.

장참長鑱－지보地甫(따비)－척화개蹠鏵蓋라고도 하는데, 쟁기[耒耜]의 유제이다.

철탑鐵搭 소시랑疏是郎(쇠스랑)

철인구鐵刃杴 가내加乃(가래)

---

26 농기구의 속명 풀이 : 농기구의 속명 표기가 지금과 달라 원문 소주의 한자음 옆에 지금의 표기를 괄호 안에 병기한다. 박지원의 《연암집》 권16 〈농기農器〉에 농기구 설명이 보이며, 이규경의 《오주연문장전산고》 〈인사편 기용류〉의 〈향거기집물명변증설鄕居器什物名辨證說〉에도 여기 나온 물명의 한글 기록이 보인다.

27 과목科木 : 떨기로 된 나무로 보인다.

참鑱 보십甫十(보습)

벽鐴 이이犁耳라고도 하고 경면鏡面이라고도 한다.-양陽(볏)-박누鎛耨의 별칭이니 대개 호미 종류이다.-호매胡每-

애艾 구钊라고도 한다.

겸鎌 낫[面]

산鏩 작도斫刀(작두)

죽파竹杷 갈기曷箕(갈퀴)

팔朳 고미래姑未乃(고무레)

연가連枷 도리개都里介(도리깨)

양선颺扇 취석吹席

지금 세간에서 날마다 농기구를 사용하면서 우리말로 부르기 때문에 글을 대하여서는 아득해져 그 농기구에 무슨 글자를 써야 하는지 알 수가 없다. 우연히 《농정전서農政全書》를 열람하다가 17종의 농기구에 대하여 훈석訓釋하여 아이들에게 준다.

한
馯

《상서》[28] '숙신지명肅愼之命'에 대한 공안국의 전傳에 말하였다.

"해동의 여러 이족夷族인 구려駒麗, 부여, 한맥馯貊 등은 무왕이 상나라를 이긴 다음에 모두 길이 통하였다. 그러나 성왕이 즉위하고 나서 반기를 들어 왕이 정벌하여 복속시켰다. 그러므로 숙신씨肅愼氏가 와서 하례한 것이다."

그리고 공영달의 소疏에 말하였다.

"《한서》에 '고구려, 부여, 한韓은 있지만 이 한馯은 없으니, 한馯은 곧 저 한韓을 말한다.'라고 하였으니, 음이 같고 글자가 다를 뿐이다. 〈노어魯語〉에 이르기를 '무왕이 상나라를 이기고 마침내 구이九夷, 팔만八蠻에 길을 통하였다. 이에 숙신씨가 와서 하례하고 싸리나무로 만든 화살[楛矢]을 바쳤다.'라고 하였으니, 무왕의 시대에 동이가 복속하였던 것이다. 성왕이 즉위하자 가까이 있는 엄奄과 회이淮夷도 오히려 반란하였으니, 먼지방의 이족들 역시 반란한 것을 알 수 있다. 대개 성왕이 회이를 친히 정벌하여 멸하고 또 별도의 군대

---

28 상서尙書 : 여기에서 인용한 《상서》의 내용은 《서경집전集傳》이 아니라 《상서정의正義》를 말한다. 그러므로 아래에서 인용한 '전傳'은 한나라 공안국의 《상서전傳》을, '소疏'는 당나라 공영달의 《상서소疏》를 가리킨다.

를 파견하여 동이를 정벌하여 복종하게 하였다. 임금은 신하의 공을 통섭하기 때문에 왕이 동이를 정벌하였다고 말한 것이지 성왕이 직접 정벌한 것은 아니다. 숙신은 중국에서 볼 때 정벌한 다른 이족들보다 멀리 떨어져 있는데 여러 이족이 복종한 것을 보았기 때문에 두려워서 하례하러 온 것이다."

이를 통해 보건대, 삼한三韓의 한韓은 본래 한馯이었고 후에 바뀌어서 한韓이 된 것이 아닐까? '구려句麗'의 구句도 구駒로 썼으니 《한서》와 다르다. 성왕이 회이를 멸하고 별도의 군대로 한맥을 정벌하였다고 하니, 바다를 건너 군대를 움직였다면 당나라가 백제를 정벌한 일과 같은 것일까? 아니면 요동에서 기씨箕氏의 도읍을 지나 공격한 것일까? 알 수 없는 일이다.

부유
梟臾

《이아爾雅》의 소疏에 말하였다.

"구이九夷는 첫째는 현도玄菟, 둘째는 낙랑樂浪, 셋째는 고려高儷, 넷째는 만식滿飾, 다섯째는 부유梟臾, 여섯째는 색가索家, 일곱째는 동도東屠, 여덟째는 왜인倭人, 아홉째는 천비天鄙이다."

살펴보건대, 부유梟臾는 부여夫餘의 음이 변한 것이다.

우리나라 음이 중국 음보다 낫다
東音勝華音

유원경劉元卿의 《현혁편賢奕篇》에서 다음과 같이 말하였다.

“글자를 기록하는 문자를 같게 하는 것은 천하를 소유한 사람이면 힘으로 같게 할 수 있지만 글자의 음운을 같게 하는 것은 비록 성인이 천자의 지위에 있다 하더라도 형세상 할 수 없는 점이 있다. 지금 천하에 음운이 틀린 것은 민閩이나 월粤은 차치하고 논할 것조차 없지만 오나라 사람들이 말할 때 황黃과 왕王을 구별하지 못하는 것을 북쪽 사람들이 늘 비웃는데, 정작 북쪽 사람들은 자신들의 음운이 바르지 못한 것이 매우 많은 줄은 알지 못한다.

예를 들면 경사京師에서는 보步를 포布라고 하고 사謝를 사卸라고 하며, 정鄭을 정正이라 하고 도道를 도到라고 하는데, 모두 잘못된 것이다. 하남 사람은 하남河南을 갈남渴南이라 하고 처제妻弟를 칠제七帝라고 한다. 북쪽의 직례나 산동 사람은 옥屋을 오烏라고 하고 륙陸을 로路라고 하며 각閣을 과果라고 하여 입성운入聲韻이 없으며, 입성 내에서 집緝을 처妻라고 하고 엽葉을 야夜라고 하며 갑甲을 가賈라고 하여 합구자[29]가 없다. 산서 사람은 총聰을 촌村이라

29 합구자合口字 : 입을 다물어서 발음하는 음운을 가진 글자를 말한다.

하여 동자운東字韻이 없고 강서, 호광, 사천 사람은 정情을 진秦이라 하고 성姓을 신信이라 하여 청자운淸字韻이 없다. 흡주歙州, 목주睦州, 무주婺州 이 세 군의 사람은 란蘭을 랑郞이라 하고 심心을 성星이라 하여 색塞과 침侵 두 글자의 운자가 없다.

또 예를 들면 거去 자의 경우 산서 사람은 고庫라고 하고 산동 사람은 취趣라고 하며 섬서 사람은 기氣라고 하고 남경 사람은 가可–거성去聲이다.–라고 하며 호광 사람은 처處라고 한다. 이 외에 산서 사람은 좌坐를 좌剉라 하고 청靑을 처妻라고 하며, 섬서 사람은 염鹽을 년年이라 하고 교咬를 뇨裹라고 하며, 태주台州와 온주溫州 사람은 장창張敞을 장창漿槍이라 하는데, 이와 같은 사례는 일일이 다 열거할 수가 없다. 대개 이는 습관으로 몸에 밴 지가 오래된 것이다. 오래된 것은 변하기 어려운 법이니 총명함이 특별히 뛰어나 늘 운서韻書를 염두에 두는 사람이 아니라면 스스로 세간의 습속에서 빠져 나오기 어려울 것이다."

음운의 문란이 중국도 오히려 이와 같은데 하물며 동쪽의 우리나라야 말할 것이 있겠는가. 그러나 우리나라 사람은 입성이 있고 또 합구성合口聲이 있으니, 도리어 중국보다 나은 셈이다. 우리나라 사람이 연경에 들어가 혹 중국 사람들과 음운을 논하다가 까마귀를 가리키면서 "저 새의 울음소리가 어떻죠?" 하고 묻는다면 그들은 "가가"라고 하고 우리나라 사람은 "각각"이라 하여 끝내 결론이 나지 않을 것이다.

우리나라 여인의 신혼 단장
東俗粧梳

소대형[30]의 《이속지夷俗志》에 다음과 같은 내용이 실려 있다.

"부녀자들은 애초 태어날 때로부터 머리카락을 남겨 두는데 자라면 짧게 열 가닥으로 땋아 전후좌우로 늘어뜨려 놓았다가 반드시 결혼할 때를 기다려 시부모를 뵙고서야 둘로 나눈다. 땋아 내린 머리카락의 끝은 두 개의 상투 모양을 만들어 두 귀에 늘어뜨린다. 귀에도 작은 구멍을 뚫고 금 귀고리나 은 고리 등을 단다. 얼굴 또한 연지와 분으로 화장하는데, 다만 연지로 화장할 때는 매우 붉게 하고 분을 바를 때에는 지나치게 희게 해서 우리 중국에서 적당히 고르게 화장하는 것과는 같지 않다."

우리나라 부녀자들이 신혼 때 화장하는 것이 대략 이와 같다. 이는 아마도 고려 때에 원나라 풍속을 배워 지금에 이르도록 고치지 않았기 때문인 듯하다. 예전에는 귀에 구멍을 뚫고 귀고리를 달았으나 지금은 점차 그런 풍속이 사라지고 있다.

---

30 소대형蕭大亨 : 1532~1612. 자는 하경夏卿, 호는 악봉嶽峰으로, 명나라 때 사람이다. 저서에 《고금문초今古文鈔》, 《문장정종文章正宗》 등이 있다.

영국인의 조총[31]
番人鳥槍

정사년(1797, 정조21) 9월 홍모번紅毛番 사람이 동래에 와서 정박했을 때에 나는 대략 그 문정問情을 담은 장본狀本의 내용을 기록하여 두었다. 나중에 동래 부사의 말을 들어 보니 이러하였다.

"그 선박은 덮개가 있는데 우리나라의 귀선龜船과 같은 모양이다. 덮개 위에 창문이 있어 출입할 수 있다. 나선형으로 만든 사다리를 놓아 빙빙 돌면서 오르내린다. 좌우의 판 안에는 방들이 줄지어 다닥다닥 붙어 있고 판자를 뚫어 창문을 내었는데 모두 유리를 끼워 놓았다. 배 안은 붉은색을 칠하여 환하게 밝고 개, 돼지, 거위, 오리 등 가축이 있는 곳도 특별히 정결하였다. 또 어떤 곳에 장총 수백 자루를 재어 놓았는데 사람들은 각자 조총 한 자루를 찼다. 배의 네 귀퉁이에는 모두 대포를 놓았다. 3개의 돛대를 세워 놓았는데 뗄 수도 있고 서로 이을 수도 있어 길이를 편리하게 조정할 수 있었다. 그 사람들이 언덕에 소가 지나가는 것을 보고는 두 주먹을 정수리 위에 올려 소의 뿔 모양을 만들어 보이며 소를 달라고 하였지만 동래 사람들이 끝내 주지 않았다. 관館에 머물고 있는 왜인들이 반드시 가

---

31 영국인의 조총 : 이 글의 앞과 끝의 일부 내용이 정약용의 《다산시문집》 권22 〈잡평〉의 〈유영재 득공 필기에 대한 평[柳泠齋得恭筆記評]〉에도 실려 있다.

서 보고자 하였으나 동래 부사가 방수防守를 더 엄히 하였다. 그들이 갔다는 소식을 듣고 왜인들이 우리나라 사람에게 '귀국에서는 배를 보내어 살펴봤습니까?'라고 물어 우리나라 사람은 그렇게 하지 않았다고 답하였다. 그러자 왜인이 말하기를 '어쩌면 그리도 일을 소홀하게 합니까. 어찌 다른 나라의 배가 돌아갔는데 그 배가 간 곳을 모른단 말입니까.'라고 하였다. 왜인들이 빠른 배 2척을 띄워 따라가서 그 배가 향하는 것을 탐망하고 돌아왔다. 왜인들의 정밀함이 이와 같다."

검서관 박종선朴宗善이 이런 말을 하였다.

"을묘(1795, 정조19) 연간에 연경에 가 있을 때에 조공을 바치러 온 영국인들을 보았는데 그 우두머리는 윗부분이 없는 덩굴로 만든 삿갓을 쓰고 붉은 신발에 바지를 입고서 헝클어진 붉은 머리칼에는 흰 비듬이 섞인 채로 반열에 서 있었습니다. 만족과 한족의 벼슬아치들이 빙 둘러싸고 영국인을 야유하니 그 곤란함을 이길 수 없어 땀을 비 오듯 흘리다가 냅다 달아나 피하니 사람들이 모두 크게 웃었습니다. 강남 총독 손사의孫士毅의 아들 호부 주사 손형출孫衡出을 방문하자 그가 영국인의 풍창風槍(공기총)을 보여주었는데 우리나라의 조총과 비교해 볼 때 조금 가늘고 길었습니다. 그 총알은 소합원[32]만큼 작으며 화약을 쓰지 않고 바람구멍이라는 장치가 있는데 사발 뚜껑처럼 생긴 구리 부채를 사용합니다.[33] 방아쇠를 당겨 격발하면 탄환

---

32 소합원蘇合元 : 위장을 맑게 하고 정신을 상쾌하게 하는 환약으로, 일명 '소합환蘇合丸'이라고도 하는데 그 크기가 대개 콩알만 하다.

33 화약을……사용합니다 : 화승총을 설명한 듯하다. 17세기 초 유럽에서는 이미 후

이 아무 소리 없이 튀어나가 백 보 안에서는 명중시킬 수 있습니다. 손 주사가 말하기를 '이는 사람이라면 누구나 할 수 있는 것이니 군이 배울 필요가 없습니다. 당신도 한번 해 보십시오.'라고 하며 종이 쪽지에 매화꽃 다섯 송이를 그려서 벽에 붙이고는 차례로 그 동그란 매화꽃을 쏘아 맞혀 몇 치나 움푹 뚫리게 하였으니, 이 역시 기묘한 병장기일 것입니다."

그 풍창은 황제가 총독에게 하사한 것이라는데, 이에 동래 바다에 정박한 영국인들이 소지했던 조총이 바로 이 물건이라고 생각하게 되었다. 그래서 다시 그 조총의 모양을 동래 부사에게 물어보니 부사가 말하였다.

"필률觱篥(피리)과 같이 작은데, 총구에 돌을 장전하고 방아쇠를 당기면 불을 내뿜으며 순식간에 발사되는 것이 풍창보다 더욱 묘합니다."

이 영국의 병기에는 없는 게 없다는 것을 알 수 있다.

장식後裝式 선조총인 라이플이 발명되어 19세기 중엽까지 이용되었다. 후장식 선조총을 통하여 탄환을 총구에서 넣지 않고 뒤로 넣었기 때문에, 바람구멍·사발 뚜껑처럼 생긴 구리 부채라는 표현을 한 것으로 보인다.

곰취가 두형이다
熊蔬卽杜衡

용문산龍門山의 곰취는 잎사귀가 말발굽처럼 생겨 말발굽나물이라고도 하고 또 향소香蔬라고도 한다. 나는 이것이 무슨 풀인지 알지 못하였다. 근래에 《본초강목本草綱目》의 두형杜衡 조를 열람해 보았더니 이러했다.

"이름을 두규杜葵라 하는데, 또 마제향馬蹄香이라고도 하고 토로土鹵나 토세신土細辛이라고도 한다. 잎사귀는 아욱 같으며 모양은 말발굽 같다. 산의 음지나 물가의 낮고 습한 곳에서 자라는데 의가에서는 잘 사용하지 않고 오직 도가에서 복용하며 사람의 몸과 옷에서 향기가 나게 한다."

제가의 학설을 상고해 보니 이것이 바로 곰취이다.

일본 밤[34]
日本栗

《고려사》 충렬왕 2년(1276)에 "일본 밤을 원나라에 바쳤다. 이에 앞서 조양필趙良弼이 일본에 사신으로 갔다가 밤을 구해 의안義安에 심었는데 이때에 와서 열매를 맺은 것이다."라 하였다.

내가 살펴보니 지금 창원부 내의 거의상리車衣上里에 옛 성터가 있는데 토박이들이 의안의 구읍 터라고 한다. 그곳에 밤이 있는데 땔나무를 하는 곳에 섞여 있어 매년 가을에 다른 풀들과 함께 베어졌다가 다음 해 봄에 가지를 뻗어 당년에 열매를 맺는다. 밤송이는 개암처럼 작은데 서리가 내릴 즈음 밤송이가 벌어져 알밤이 떨어진다. 고작 콩알만 하지만 맛은 매우 달다. 토박이들은 '왜밤'이라고 하는데 이것이 조양필이 전한 종자인지는 알 수 없다.

서 학사徐學士(서영보)가 창원으로 보임되어 가서[35] 나를 위해 이와 같이 기록하여 보여 주었는데 또 이번 가을에 그 밤을 나누어 맛보게 해 주니 역시 호사好事라 할 만하다.

---

34 일본 밤 : 성해응의 《연경재전집研經齋全集》 권59에도 같은 제목으로 같은 내용의 글이 실려 있다. 맨 끝에 성해응이 덧붙인 내용만 소개한다. "서영보 공이 일찍이 창원昌原에 부임하여 그 밤 20개를 구해 나누어 보내 주었다."

35 창원으로 보임되어 가서 : 서영보는 승지로 있다가 1797년 창원 부사에 보임되었다. 《正祖實錄 21年 12月 27日》

피적률에 대한 논변
皮荻栗辨

무오년(1798, 정조22) 8월 29일, 서교西郊에서 어가를 맞이하는 반열에서 우연히 시랑 이강산李薑山(이서구)을 만나 서 학사의 일본 밤에 대한 이야기를 나누었다. 강산이 말했다.

"언젠가 밀양의 피적률皮荻栗을 본 적이 있는데 아마도 그 종류일 것입니다. 창원 밤은 해마다 베어지기 때문에 그 열매가 특별히 작은 것입니다."

강산의 말이 또한 그럴듯하다. 그러나 이것을 서 학사徐學士(서영보)에게 물어보니 서 학사가 말했다.

"아닙니다. 밀양이 창원에 가깝긴 하지만 의안義安의 옛터가 아닙니다. 피적률은 밀양에만 있는 것이 아니라 관서의 함종咸從, 삼화三和 등지에도 역시 이런 종자가 많습니다. 지금 창원 밤은 본래 당년에 열매를 맺어 풀과 다름이 없으니 그 열매가 작은 것은 자주 베어지기 때문이 아닙니다. 더욱이 그곳 토박이들이 왜밤이라고 하니 이는 분명 조양필趙良弼이 심은 것일 듯합니다."

피적률은 《본초강목》에 "모율茅栗이니 밤 중의 작은 것이다."라고 하였다.

황공의 목란사
黃功木蘭詞

명나라 사람 황공黃功의 〈목란사木蘭詞〉[36] 한 편이 《전신록》[37]에 실려 전하는데 읽으면 슬프다. 현종 정미년(1667, 현종8)에 복건성 표류인 임인관林寅觀 등을 연경으로 돌려보냈다. 임인관 등은 울면서 가지 않으려 하였으나 조정에서 황공으로 하여금 잘 타일러 그들을 호송하게 하였다. 황공은 임인관 등과 작별할 때 슬퍼하면서 이 사를 지었다. 그 내용은 다음과 같다.

집안의 정자를 이별한 뒤로	自別家亭
부귀영화 하루아침에 기울어졌네	富貴榮華一朝傾
선조를 한탄하는 이 누구인가	歎先人誰是

36 황공의 목란사 : 성해응의 《연경재전집》 외집 권34 〈정미전신록〉의 〈황진문답黃陳問答〉에 자세한 내용이 보인다.

37 전신록傳信錄 : 《정미전신록丁未傳信錄》을 말한다. 1667년(현종8) 5월 23일 중국 복건성 천주부泉州府의 관상官商인 임인관林寅觀, 진득陳得, 증승曾勝 등 95인이 제주에 표류해 와서 그해 10월 4일 연경으로 호송될 때까지 그들의 동태와 시말을 집록輯錄한 책이다. 1책의 필사본이다. 임인관 일행은 일본으로 무역을 다녀오던 길에 표류하였는데 실제로는 복건성 일대에 잔존하던 명나라 회복 세력이다. 조정에서 이들을 청에 호송한 처사에 대해 송시열 등 대명의리파의 비분강개하는 의견 등이 실려 있다.

내 불행을 만났도다 我遭不幸
천애에 떨어져 이 생애를 보냈는데 落在天涯度此生
생각건대 당초에 想當初
문장으로는 생원이 되어 문묘에 절하고 文着藍衫拜聖廟
무재로는 금갑을 입고 붉은 갓끈 달았네 武披金甲冠紅纓
어전에서 명을 받들어 전지를 전하고 御前欽命傳旨意
후원에서는 문을 지키며 병사를 이끌었지 後苑防門提調兵
또한 창을 잡고 가마를 따르고 也曾執戟隨鑾駕
또한 어명을 전하느라 서울의 군영에 있었지 也曾宣令在京營
또한 군대를 이끌고 변성의 길을 닦았으며 也曾提軍修築邊城路
또한 병사를 거느리고 삼산으로 정벌을 떠났네 也曾領兵三山去討征
또한 남경의 봉사에서 유수가 되고 也曾南京鳳泗爲留守
또한 서쪽 바다에서 칙명 받들어 차경 되며 也曾西洋奉勅做差卿
또한 태호에서 매복하여 제사가 되고 也曾太湖埋伏爲制使
또한 물을 잘 수비하여 이름을 날렸지 也曾池河守備顯雄名
진실로 좋은 일을 하고도 이룸이 없으니 眞堪羨事無成
십 년간 헛수고하고 조정에 들어왔지 空勞十載爲王庭
누가 알았으랴 초야의 도둑들이 거병하며 誰知草寇干戈起
경천동지하여 사람을 놀라게 할 줄을 翻天覆地把人驚
간신과 웅병 백만이 모두 투항함을 한하노니 恨奸臣雄兵百萬皆投順
하물며 구구한 소생을 따져 무엇 하리 何況區區是小生
충성을 잊지 않고 의리를 변하지 않으니 忠不忘義不更
이번 행차 인솔 맡긴 군왕께 감격하네 多感君王帶此行
서로 불쌍히 여기며 평생을 부끄러워하니 相憐憫愧平生

말을 이해 못 하고 대화해도 통하지 않네	言不懂語難聽
임금 은혜 갚으려도 기재를 쓸 곳이 없고	報君恩未用奇才處
양친의 머리 세어 늙어 감이 한탄스럽네	歎雙親鶴髮已延齡
처자를 버려 산하 멀리 떨어져 있는데	抛妻子阻隔關河遠
고향을 생각하니 끝내 고독하구나	憶家鄉畢竟是伶仃
편지가 있어도 오랑캐 땅을 지나가기 어렵고	有音書難過豺狼道
생각건대 집에 십 년을 기약하였는데	眄家期十載雁行聲
가족들은 저곳에선 공연히 나를 생각하고	他那裏空思憶
나는 이곳에서 편지 한 장 전하지 못한 채	俺這裏信難憑
아무 이룬 것 없이 머리만 세었구나	都做了一事無成兩鬢星

인삼을 심는 방법[38]
種蔘方

"삼을 심는 데에는 분종盆種과 전종田種 두 가지 방법이 있다. 분종은 흙을 모아 돈대를 만들어서 그 가운데를 파고 파낸 곳에 화분을 안치하여 화분의 아래를 통하게 한 후에 흙을 부어 채우는 것이고, 전종은 흙을 모아 돈대를 만든 다음 돌이나 벽돌을 사용하여 사방을 두르는데 그 벽돌담의 크기는 적당하게 하되 그 형태를 네모지게 만들어 흙을 채운다. 화분이나 밭은 모두 산의 비옥한 흙이 먼 바람을 맞아서 검푸른 색으로 변한 것을 사용하되 가는 모래를 섞으면 더욱 좋다. 이런 흙을 골라 반드시 조금 햇볕을 쬐어 그 습기를 제거하여 미세하게 윤기가 나는 것을 법도로 삼으며 체로 쳐서 입자가 고와지면 쓸 수 있다.

삼의 종자를 취하는 법은 다음과 같다. 단丹 –삼 씨의 속칭이다.– 이

38 인삼을 심는 방법 : 성해응의 《연경재전집》 외집 권54 〈초목류〉의 〈종삼보種蔘譜〉와 〈속종삼보續種蔘譜〉, 그리고 서영보의 《죽석관유집》 책7 〈종삼보種蔘譜〉에 관련 내용이 보인다. 《연경재전집》의 〈종삼보〉에서는 간종揀種, 택토擇土, 치지治地, 하토下土, 간호看護, 수치收治, 금기禁忌 등 7칙則으로 조목을 나누어 설명하였고, 《죽석관유집》에서는 치지 다음에 시후時候가 하나 더 있어 총 8칙이며, 《연경재전집》의 〈속종삼보〉에는 간종揀種, 취토取土, 근종根種, 장종藏種, 간호看護, 종예種藝, 치병治兵, 치법治法, 금기禁忌 등 9종으로 되어 있는데 비해 이 글의 내용은 다소 정리가 덜 되고 소략한 편이다.

익을 때 따서 하룻밤이 지난 다음 맑은 물에 담가 떠 있는 것은 건져 내고 가라앉은 것만을 취하여 햇볕에 말린다. 큰 대나무 한 마디를 잘라 작은 구멍을 뚫어 흙을 한 번 흘려 넣고 또 삼씨를 한 번 흘려넣는데, 여러 번 이와 같이 하여 가득 차면 삼밭에 묻는다. 봄이 되어 갈라 보면 낱낱이 껍질이 터져 싹이 나려고 할 때가 되어야 마침내 심을 수 있다. 삼 뿌리를 종삼으로 쓸 때는 그 가늘고 긴 것을 가려 100뿌리를 합하여 1냥이 되는 것을 가품佳品으로 친다. 흙을 화분이나 밭에 채우되 모름지기 고와야 하며 물을 뿌리고 삼을 심는다. 심는 사람은 손을 깨끗이 씻은 다음 오른 손가락으로 흙을 파 구멍을 만들고 왼손으로 삼 뿌리를 취하여 그 형세를 따라 구멍에 손을 집어넣고는 다시 천천히 삼을 들어올리는데 뿌리 끝과 잔뿌리가 서로 얽히거나 구부러지게 해서는 안 되며, 들어올린 뒤에는 다시 흙을 뿌려 삼을 덮는다.

이미 심은 뒤에는 바자로 둘러 단단히 고정하고 다만 문 하나를 내어 출입하되 빗장과 자물쇠를 엄중히 하여 도난을 방지한다. 다시 삼대나 갈대, 대나무로 간격을 알맞게 하여 발을 엮어 바자 위에 덮어 강한 햇빛과 큰비를 차단하는데 비가 심하면 더 덮어 준다.-더 덮어 줄 때는 소나무 가지로 하니, 역시 묘하다.- 가을과 겨울이 교차할 때는 그 뿌리를 모두 캐어 흙을 화분이나 동이에 섞어 밭에 묻는다. 비록 한겨울이라고 하더라도 방 안에 두어서는 안 되고 봄을 기다려 법대로 다시 심는다.-화분에 넣을 때는 삼의 몸체가 서로 붙지 않게 해야 한다.-

또 삼을 치료하는 방법은 다음과 같다. 잎 색이 시들거나 누렇게 변하면 그 뿌리가 병든 것이다. 뽑아서 보면 삼의 몸체가 두루 황색을 띠고 있으니 맑은 샘물로 씻고 쌀가루를 발라서 다시 심으면 곧 소생한다. 삼은 더럽고 불결한 것을 꺼리니 초상집에 드나들었거나 개고기를 먹은 자가 가까이해서는 안 된다. 곡초穀草는 한 줄기라도 밭에 두지 말아서 해충과 쥐 따위의 피해를 방지해야 한다. 세속에서는 또 금金이나 화火의 기운을 타고 난 사람은 삼을 심어도 무성해지지 않는다고 한다."

무오년(1798, 정조22) 가을에 《해동농서》[39]를 편찬하고 있는데, 서 직각[40]이 이 대목을 기록해 보여 주었다. 대개 영남 사람에게서 얻은 것이라 한다.

---

39 해동농서海東農書 : 서호수徐浩修가 편찬한 것으로 알려져 있다.

40 서 직각 : 서영보를 가리킨다. 서영보는 1790년 9월에 규장각 직각에 임명되었다.

노비[41]
奴婢

도종의[42]의 《철경록》[43]에 다음과 같은 말이 있다.

"지금 몽고 색목인色目人의 노비를 남자를 노奴, 여자를 비婢라 하고 총괄해서 구구驅口라고 하는데, 대개 국초에 여러 나라를 평정하여 날마다 포로가 이르지 남녀를 짝지어 부부로 삼고 그들이 낳은 자손을 영원히 노비로 삼았다. 또 홍계매도紅契買到라는 말이 있는데, 원주인이 노비를 다른 사람에게 팔아넘길 때 세금을 내고 문서에 이름을 올리는 것을 말한다. 그러므로 양인을 사서 노비로 만드는 것은 금하는 것이다. 또 배송倍送이라는 것이 있는데 적절한 사람을 뽑아 출가하는 여자에게 딸려 보내는 것을 말한다. 노비의 딸과 아들은 다만 서로 간에 혼인할 수 있고 양갓집 남자나 여자와

---

41 노비 : 성해응의 《연경재전집》 권12 〈의복전義僕傳〉과 정약용의 《목민심서》 권9 〈청송 하聽訟下〉에 관련 내용이 보인다.

42 도종의陶宗儀 : 1316~1369. 자는 구성九成, 호는 남촌南村으로, 원말 명초 때 사람이다. 역사, 문학, 서법에 학문이 깊었다. 저서에 《서사회요書史會要》, 《남촌시집南村詩集》 등이 있고, 《설부說郛》 120권의 편찬자로도 알려져 있다.

43 철경록輟耕錄 : 도종의가 편찬한 필기이다. 원나라의 법률 제도와 지정 말년 동남 지방의 병란에 관하여 잘 기술하고 있고, 서화 문예의 고정考訂 따위에서 주목할 만한 것이 많아 사료로서의 가치가 높다. 총 30권으로 1366년에 완성되었다.

결혼하는 것은 으레 허락하지 않는다. 만약 양갓집에서 노비의 딸을 아내로 맞는다면 이는 허락한다. 노비가 혹 재산을 모았고 주인은 그 재물을 탐내는 경우 주인은 노비가 조금이라도 죄를 짓기를 기다려 매질하고 가두고는 재물을 모조리 가지고 가는데 이를 초고抄估라고 한다. 또한 노비가 스스로 자기 재물을 주인에게 헌납하고 노적奴籍(노비 장부)에서 빠지기를 바랄 경우 주인이 서명하고 필집筆執(문서 작성자)이 증인이 되어 문서를 만들어 주는데 이를 방량放良이라고 한다. 〈형률刑律〉에 '사사로이 소와 말을 도살하면 장杖 100에 처하고 노비를 때려 죽이면 일반인에 비하여 사형에서 1등급을 감하여 장 107에 처하니, 노비를 소와 말과 다름없이 보기 때문이다.'[44]라고 되어 있다.

살펴보건대 《주례》에는 '노비의 아들은 조례皁隸로 들이고 딸은 용고[45]로 들인다.'라고 하였고, 《설문》에는 '노비는 모두 옛날 죄인이다.'라고 하였다. 그러나 지금의 노비는 그 아버지와 할아버지가 애초에 아무 죄악도 없는데 대대로 도망가지 못하니 또한 애통할 따름이다.

그리고 노비가 낳은 자식을 또 '가생아해家生兒孩'라고 한다. 살펴보니 《한서》〈진승전陳勝傳〉에 '진秦나라가 소부少府 장감章邯으로

44 사사로이……때문이다 : 《원사》〈지志〉의 〈형률〉에 나오는 내용이다.

45 용고舂藁 : 용인舂人과 고인藁人의 합칭어로 《주례》〈지관地官〉에 "용인은 제향·빈객·연향 따위에 소용되는 쌀을 관장하고, 고인은 외조外朝에 직숙하는 자의 음식, 기로耆老·고아孤兒와 왕궁을 숙위하는 경대부 자제의 식물食物, 제사에 쓸 개[犬]의 먹이 등을 관장한다."라고 하였다.

하여금 여산驪山의 죄수와 노비가 낳은 자식을 방면하게 하였다.'라고 하였고, 안사고顔師古는 주에서 '노비가 낳은 자식[奴産子]이란 지금 사람들이 말하는 집안에서 낳은 노비[家生奴]와 같다'라고 하였으니, '가생아家生兒' 역시 근거가 있다."

도종의의 의견을 상고해 보면, 지금의 노비 제도와 서로 비슷하지만 우리나라 풍속이 반드시 예부터 이와 같았던 것은 아니니, 대개 고려 때에 원나라 풍습을 따라 익혔을 따름이다. 지금 궁궐의 노비를 '구사驅史'라고 하고 관례官隷를 '구종驅從'이라 하니, 바로 '구구驅口'의 구驅 자를 쓴 것이다. 창기娼妓를 '간나해干那孩'라고 하는 것 역시 '가생아해'의 음이 변한 것이다. 창기는 본래 고려 때 '양수척楊水尺'의 후예로 대대로 관비가 되었기 때문에 '가생아해'라고 한 것이다.

신라와 고구려의 옛 비석
羅麗古碑

지금 태학사太學士(대제학) 홍공[46]이 소장하고 있는 신라의 비석 탁본 5개는 〈진흥왕북순비眞興王北巡碑〉, 〈태종왕비太宗王碑〉, 〈문무왕비文武王碑〉, 〈김각간비金角干碑〉, 〈무장사비鍪藏寺碑〉이다. 무오년(1798, 정조22) 10월 15일, 이 탁본을 빌려서 보았는데 손상된 부분이 많았지만 그런대로 읽을 수 있었다.

〈진흥왕북순비〉[47]에는 "진흥태왕眞興太王" "태조의 기업을 이어서 왕위를 계승하였다." "사방으로 국경을 넓혀 백성과 토지를 많이 획득하였다. 이웃 나라와 신의를 다지고 외교 사절이 왕래하였다." "무자년(568) 가을 8월에 국경을 순수하여 민심을 알아보고 정리하였다." "공이 있는 사람에게 상과 관작을 더해주어 공훈을 드러내었다." "어가를 따른 사문沙門의 도인道人 법장法藏과 혜인慧忍" "훼부喙部" "대아간大阿干" "대사大舍"란 구절이 보인다. 이 비석은 함흥부의 황초령黃草嶺에 있다. 여기에 나오는 무자년은 진흥왕 29년에

46 홍공 : 홍양호洪良浩(1724~1802)이다. 정조 때 대제학을 지냈으며 고증학풍을 지녔고 서예와 금석학에 밝았다.

47 진흥왕북순비 : 진흥왕북순비에 대해서는 김정희金正喜의 《완당집阮堂集》 권1 〈진흥왕의 두 비석에 대하여 상고하다[眞興二碑考]〉에 자세히 보인다.

해당하고 중국은 진陳 임해왕臨海王 2년에 해당하는데, 지금으로부터 1226년의 시간적 거리가 있는 것으로 우리나라의 옛 비석은 이것을 가장 오래된 것으로 삼아야 할 것이다. '훼부', '대아간', '대사'는 신라의 방언으로 직관職官의 명칭이고 승려를 도인이라 하는 것은 육조六朝 시대의 유풍이다. 이때는 고구려가 한창 강성했는데 진흥왕이 어떻게 국경을 넓혀 북으로 옥저의 땅에까지 이르렀겠는가? 《삼국사기》에서는 이 내용에 대해 언급하지 않았다. 이 비를 진흥왕이 북으로 순수할 때 세웠으니 진흥태왕이라 한 것은 호號이지 시호諡號가 아니다. 서법은 해서와 예서가 섞여 있는데 고아하고 질박하여 사랑스럽다. 이른바 사문의 도인이라고 한 사람이 이 글을 지은 것일까.

〈태종왕비〉는 경주부 치소治所의 서쪽 5리에 소재한 왕릉 앞에 있는데 그 비석은 잃어버리고 다만 귀부龜趺와 이수螭首만 남아 있다. 이수의 한 면에는 양각陽刻 전문篆文으로 "태종무열왕지비太宗武烈王之碑"라는 7자가 새겨져 있다.

〈문무왕비〉는 경주부 사람이 밭을 갈다가 땅속에서 발견하였는데 신라 대사大舍 한눌유韓訥儒가 쓴 것이다. 살펴보건대 우리나라 역사서에 문무왕이 붕어하자 신하들이 유지를 받들어 동해 입구의 큰 바위 위에 화장하고 이를 대왕석大王石이라 하였다 한다.[48] 지금 비의 명문에 과연 "이윽고 바람을 따라 불을 붙이니, 도를 귀하게 여기고 몸을 천히 여긴 것이다. 섶나무를 쌓아 화장하고 뼈를 빻아 바

48 우리나라……한다 : 《삼국사기》 〈신라본기 제7〉에 보이는 내용이다.

다에 뿌렸다." 등의 말이 있으니, 신라 군신들이 불교에 미혹된 것이 심하다 하겠다. 세상에 전하기로는 문무왕이 왜가 자주 침략하는 것을 분하게 여겨 "바다에 화장하여 용이 되어 왜병을 물리치겠다."라고 조서를 내렸으며, 뒤에 황룡이 바다의 바위 위에 나타나 신민들이 대臺에 올라 바라보고 절을 하여 그 대를 이견대利見臺라고 하였다 하는데, 어찌 이런 일이 있을 수 있겠는가. 이견대는 지금 부백府伯(경주 부윤)이 기우제를 지내는 장소이다. 비문에 또 의심할 곳이 있으니 "타후제천지윤전칠엽秺侯祭天之胤傳七葉" 운운한 것은 글자가 희미하며 앞뒤의 문의를 상고해 보면 그 세차世次를 서술한 것인 듯하다. 그렇다면 "계림지김雞林之金"은 김일제金日磾의 김일까? 그리고 "15대조 성국왕星國王은 타고난 자질이 원만하였다."라고 하였으니, 이는 금궤에서 나온 아이인 알지의 일을 가리키는 듯한데 전문을 보지 못하여 우선 감히 고증하지 않는다. 한눌유의 필적은 절묘하니 어찌 구양 솔경[49]에게 손색이 있겠는가. 문무왕은 당나라 고종과 시대를 같이하였는데 한결같이 당나라에 붙어 그 문물을 사모해 본받았기 때문에 그 당시의 서법이 이와 같은 것이다.

〈김각간비〉는 다만 50여 글자만 판독할 수 있는데 "후손들에게 복을 남겼다.[垂裕後昆]" "조서를 내려 특진을 제수하였다.[詔授特進]" 등의 말뿐이다. 역시 구양솔경체로 쓴 것인데 약간 획이 굵다. 이 비석은 어디에 있는지 알 수 없다. 김 각간은 신라 대신 김유신으로 무열왕과 문무왕을 섬겨 큰 공로가 있었으며 묘가 경주부 치소 서쪽

---

49 구양 솔경歐陽率更 : 당나라 초기 서예가로 유명한 구양순歐陽詢(557~641)을 말한다. 태자 솔경령太子率更令을 지냈기 때문에 구양 솔경이라 불렸다.

10리에 있다. 비석이 묘 앞에 있어야 하는데 지금 없다. 이 탁본은 홍공이 시랑 이강산(이서구)에게서 얻은 것이라 한다.

〈무장사비〉는 경주 무장사 옛터에 있다. 무장사는 세속에 전하기를 신라 여왕이 병장기를 보관해 둔 곳이라 하는데, 지금 이 비문을 상고해 보면 이는 신라 아무개 왕후가 아무 왕의 제사를 지내고 복을 빌기 위하여 이 절에 가서 아미타불상을 조성하는 내용으로, 글씨를 쓴 사람은 김육진金陸珍이다.

또 고려의 비석 탁본이 3개 있다. 첫째 〈인각사비麟角寺碑〉는 의흥현義興縣 화산동華山洞에 있는데 고려 사람이 우군右軍(왕희지)의 글씨를 집자한 것이다. 비문에 실려 있는 사람으로는 장군將軍 정가신鄭可臣, 참지정사 상장군參知政事上將軍 박송비朴松庇, 부지밀직사사 상장군副知密直司事上將軍 나유羅裕, 장군 오예吳睿, 대학사 상장군大學士上將軍 김주정金周鼎, 부지밀직사 감찰대부副知密直事監察大夫 민선閔宣, 상장군 정수조鄭守祖, 부지밀직사사 상장군 김군金頵, 상장군 이영주李英柱, 사품 밀직사 상장군四品密直事上將軍 이덕손李德孫, 보문서 학사寶文署學士 김지金砥, 국자 좨주 지제고國子祭酒知制誥 최녕崔寧 등이 있다.

두 번째 〈원응국사비圓應國師碑〉는 진주 운문사雲門寺 옛터에 있다. 비문을 상고해 보면 "국사의 속성은 이씨李氏이고 이름은 학일學一이며 자는 봉거逢渠로 서원西原 보안保安 사람이다. 8세에 훈채葷菜를 끊었고 11세에 머리를 깎았다. 원풍 7년(1084, 고려 선종1)에 서쪽으로 송나라에 유학하였다가 원우 원년(1086)에 귀국하였다. 이 뒤로 차례로 태사太師, 선사禪師, 대선사大禪師, 왕사王師가 되었는데, 국왕이 제자의 예를 차렸고 백관이 배알하고 하례하였다. 금나라 천회(1123~1137) 중에 사직하고 운문사로 와서 노년을 보냈는데 왕사의 인장을 봉납하니 왕이 내신內臣을 보내어 간곡하게 뜻을 전하고 이어 인보를 돌려주었다. 차와 약 등의 물건을 보내지 않은 해가 없었다. 국사가 별세하자 제자들이 역마를 타고 상주하였는데 국왕이 크게 애도하며 조회를 사흘 동안 보지 않고 내신을 보내어 장사를 치러 주었다. 국사로 책봉하고 원응圓應이란 시호를 하사하였으며 사신을 보내 제사를 지내 주었다.……" 하였다. 아, 고려가 승려를 이렇게 융숭하게 대우하였으니 괴이하다 하겠다. 비문을 지은 사람은 은청광록대부 정당문학 호부상서 판형부사銀靑光祿大夫政堂文學戶部尙書判刑部事로 자금어대紫金魚袋를 하사받았는데 이름은 결락되어 있고, 비문을 쓴 사람은 왕사인 단속사斷俗寺 주지로 이름은 결락되어 있다. 대개 순소荀蔬의 필체이다.

세 번째는 〈강태사탑명姜太師塔銘〉인데 탑은 송경松京의 만월대滿月臺 앞에 있으며, 그 비문에 "보살계 제자菩薩戒弟子 평장사平章事 강감찬姜邯瓚이 어명을 받들어 나라가 영원무궁토록 태평하고 항상 평안하기를 기원하기 위하여 공경히 이 탑을 조성하고 길이 공양물을 충당한다. 때는 천희 5년(1021, 고려 현종12) 5월 일이다."라고 되어 있다. 필법도 마땅히 이처럼 기굴함을 상상해 볼 수 있다. 강 평장사는 당대의 호걸인데 또한 스스로 불제자라고 칭했단 말인가? 다만 강감찬의 찬瓚이 《고려사》에는 구슬 옥玉 방傍이 없으니 마땅히 비석의 탁본으로 바로잡아야 할 것이다.

혼탈무
渾脫舞

고영인顧寧人(고염무)의 《일지록日知錄》에 다음과 같은 글이 있다.

"두보의 〈공손대랑의 제자가 검기무 추는 것을 구경하고 지은 노래[觀公孫大娘弟子舞劍器行]〉라는 시 서문에 언성郾城에서 공손씨가 검기로 혼탈무[50] 추는 것을 구경하였다고 기술하였다. 《구당서》 〈곽산운열전郭山惲列傳〉을 보면 '중종이 근신을 데리고 연회를 열었는데 장작대장將作大匠 종진경宗晉卿이 혼탈무를 추었다.'라고 하였으며, 호삼성胡三省의 《통감》 주에서는 '장손무기長孫無忌가 검은 염소 털을 가지고 혼탈모를 만드니, 사람들이 대부분 그를 따라 하여 그 모자를 조공혼탈[51]이라고 부르고 이어서 부연하여 춤을 만들었다.'라고 하였다. 중종 신룡 2년(706) 3월 병주幷州 청원 현위淸源縣尉

50 혼탈무渾脫舞 : 혼탈渾脫은 본래 중국 북방 민족이 사용하던 가죽 주머니 이름으로 털모자를 지칭하기도 한다. 혼탈무는 당나라 현종 개원 연간에 살았던 유명한 무기舞妓 공손랑公孫娘이 추었던 검무의 이름이다.

51 조공혼탈趙公渾脫 : 장손무기가 조국공趙國公에 봉해졌기 때문에 그가 쓴 모자를 조공혼탈이라 부른 것이다. 가죽의 털을 모조리 벗긴다는 의미에서 혼탈이라고 하였는데, 모직으로 만든 일종의 방한모이다. 《태평광기太平廣記》 〈참응讖應〉에 의하면 후에 장손무기가 실각되어 모든 것을 잃고 오랫동안 영남에 유배되었으니 혼탈이란 말이 이에 증명되었다고 한다.

인 여원태呂元泰가 상소하여 말하기를 '근래에 보건대 도성과 저잣거리에서 너도나도 혼탈모를 쓰고 준마를 타고 호복胡服을 입고서 〈소막차〉[52]를 부르니, 전아한 음악이 아닙니다.'라고 하였다."

요즘 기녀들이 검으로 춤을 출 때에 반드시 군복을 입고 전립氈笠을 쓰는데 세속에서 그를 검무劍舞라고 부르니, 이것이 바로 당나라 때의 혼탈무이다.

52 소막차蘇莫遮 : 중국 소수 민족의 악무곡인 〈삽마차颯磨遮〉로 당나라 때 구자국龜茲國에서 전해져 왔다. 소마차蘇摩遮, 소막차蘇幕遮 등으로 쓰이기도 하는데 범중엄范仲淹의 소막차가 가장 유명하다.

온돌과 구들[53]

炕

우리나라 풍속에서는 온돌이라고 하고, 연경 풍속에서는 항炕이라고 한다. 살펴보건대 《구당서》 〈고려열전〉에 "겨울에는 모두 긴 구덩이를 만들고 아래에서 숯불을 때어 따뜻하게 만든다.[冬月皆作長坑下然熅火以取煖]"라고 하여, 항炕 자를 갱坑 자로 썼으니, 그렇다면 항은 본래 고구려의 제도인 것이다. 우리나라 구들은 돌로 만들고 연경의 구들은 벽돌로 만든다. 혹자는 돌이 벽돌만큼 따뜻하지 못할 것이라고 생각하지만 이는 또 그렇지 않다.

《수경주水經注》에 이르기를 "토은현土垠縣에 관계사觀鷄寺가 있는데 절 안에 승려 천여 명을 수용할 수 있는 매우 높고 넓은 법당이 있다. 법당 아래에 모두 돌을 얽어서 구들을 만들고 위에 진흙 칠을 더해서 기단 내부가 두루 잘 통하고 가닥가닥 길이 갈라져 분산되어 있으며, 기단 옆 실외에 사방으로 불을 땔 수 있는 아궁이를 내었는데 불길이 안으로 흘러 들어가면 온 법당이 다 따뜻하였다."라고

53 온돌과 구들 : 본문에서는 《구당서》와 《수경주》를 인용하고 있지만 실제는 《일지록》의 내용을 재인용한 것으로 보인다. 《일지록》 권28에 항炕의 제도와 지방에 따른 차이를 설명하며 같은 전거를 인용하였으며, 이규경의 《오주연문장전산고》에도 같은 내용이 실려 있다.

하였으니, 돌로 만든 구들이 벽돌보다 좋다는 것을 알 수 있다. 이제 남중南中의 절에서 더러 아亞 자 형태로 구들을 만들기도 하니 이것은 관계사의 유제遺制일 것이다.

한성과 삼한의 관계

韓

《일지록》에 다음과 같은 글이 있다.

"《시경》〈한혁韓奕〉에 '커다란 저 한나라의 성이여, 연나라 백성들이 완성해 준 바로다. 왕이 한후韓侯에게 내려 주시니 추追와 맥貊 땅이로다. 문득 북쪽 나라를 받았구나.'라고 하였는데, 왕숙王肅이 '지금 탁군涿郡 방성현方城縣에 한후성韓侯城이 있다.'라고 하였다. 또 왕부王符의 《잠부론潛夫論》에 이르기를 '옛날 주周나라 선왕 때에 한후의 나라가 연燕 땅에 가까웠는데, 후에 위만의 침입을 당하여 해중의 섬으로 옮겨 가 살았다.'라고 하였다. 한나라 시대는 옛날과 멀지 않으니 의당 전수받은 기록이 있었을 것이다."

이것은 삼한에 대해 변론한 우리나라 학자들이 아직 논증하지 못한 것이다.

인중을 사람이라 하다
薩拉蜜

《강희어제집康熙御製集》에 인중人中을 논하며 이렇게 말하였다.

"만주에서는 '니아이마呢呀爾馬'라고 부르고, 몽고에서는 '고문庫門'이라고 부르며 고려에서는 '사람[薩拉蜜]'이라고 부르니, 모두 단지 사람을 말하는 것이다.……"

그런데 우리나라 사람이 어찌 인중을 사람이라고 부른 적이 있단 말인가. 아마도 이는 강희황제가 저들 중의 통역관을 시켜서 우리나라 사람의 인중을 가리키면서 "뭐라고 하는가?"라고 묻게 하자 우리나라 사람이 "인중이라 한다."라고 답하고, 저들이 또 인人 자를 가리키며 "본국 말로 뭐라고 하는가?"라고 묻자 우리나라 사람은 곡절도 모르고 인人 자를 풀어서 사람이라고 대답하니, 저들은 마침내 "고려인들은 인중을 사람이라고 한다."라고 여겼을 것이다. 어찌 너무나 우스운 일이 아니겠는가. 각국의 풍속과 방언을 논한 것이 예로부터 이와 같으니 다 믿을 수는 없다.

임금이 편찬하고 수권한 책을 정사해 올리다
寫進御定手圈

성상께서 편찬한 《삼례수권》,[54] 《양경수권》,[55] 《오자수권》,[56] 《육고수권》,[57] 《팔가수권》[58]을 각신들이 나누어 받아서 선사繕寫하여 바쳤다. 무오년(1798, 정조22) 10월 27일에 내가 명을 받고 천오문千五門 밖에 나아가서 성교를 받들어 〈어찬의례御撰義例〉 한 편을 종제인 시공時恭, 아들 본학本學과 본예本藝 등에게 정사해 올리게 하였다. 28일에 쌀 2섬, 땔감 100매, 씨 뺀 솜 5근을 하사받았다. 또 하교를 받들어 본학, 본예 등으로 하여금 《주례수권周禮手圈》 1권, 《육고

54 삼례수권三禮手圈 : 6권 간본으로, 1798년에 편찬하였다. 《의례》 2권, 《주례》 2권, 《예기》 2권으로 구성되었다.

55 양경수권兩京手圈 : 4권 간본으로, 1798년에 편찬하였으며 《사기수권》 2권, 《한서수권》 1권, 《후한서수권》 1권이다.

56 오자수권五子手圈 : 10권 간본으로, 1798년에 송대 오현의 저술 중에서 뽑아 편찬하였으며 주자周子 1권, 백정자伯程子 1권, 숙정자叔程子 1권, 장자張子 1권, 주자朱子 6권이다.

57 육고수권陸稿手圈 : 2권 간본으로, 1798년에 편찬하였다. 육지陸贄의 《육선공문집陸宣公文集》 중 주의문奏議文을 간략하게 절록하여 《육주약선陸奏約選》을 편찬하고, 이어서 전고全稿에 비권批圈하여 《육고수권》을 만들었다.

58 팔가수권八家手圈 : 8권 간본으로 1798년에 편찬하였다. 당송 팔대가인 한유, 유종원, 왕안석, 구양수, 소순, 소식, 소철, 증공의 책 각 1권이다.

수권》 1권을 정사해 올리게 하고, 11월 3일에 새로 인행한 《춘추》 한 벌을 하사받았다. 12월 6일에 나는 땔감 10속을 하사받았고, 본학은 쌀 1섬과 씨 뺀 솜 3근을, 본예는 면포 1필과 씨 뺀 솜 3근을, 종제 시공은 땔감 3속과 씨 뺀 솜 2근을 받았다.

첨추에서 파직되다
罷僉樞

무오년(1798, 정조22) 12월 24일에 명정전에서 서계誓戒를 받았는데 나는 어머니가 편찮으시고 또 구기[59]가 있어서 입궐하지 못하였다. 다음 날 비변사가 양부兩府에서 참여하지 않은 사람이 많다는 이유로 지돈녕부사 이성규李聖圭, 동지 아무개와 나를 의금부로 하여금 나처拿處하게 할 것을 청하였다. 상께서 다 같이 파직하라고 명하시고, 또 내각에 하교하여 "유득공은 무슨 연고로 서계를 받는 데에 불참하였다고 하느냐?"라고 물으시니, 입직한 검서관이 사실대로 아뢰었다.

반열에 참여하지 않기는 마찬가지인데 혹은 파직을 청하고 혹은 나처를 청하였으니, 무슨 까닭으로 그랬는지 모르겠다. 우리 성상께서 공평한 은택으로 굽어살펴 주신 은혜는 너무나도 황공스러울 뿐이다.

---

59 구기拘忌 : 미신으로 좋지 않은 일이 생긴다고 믿어 꺼리는 사물이나 행위, 말 등을 범범하게 지칭하는 말이다. 예컨대 음양설에 따라 꺼리는 방위나 날을 지칭하기도 하고, 제사 때에 노복의 상이 있거나 집안에 출산하는 부인이 있는 것 혹은 상가에 조문 다녀오는 행위 등을 말하기도 한다.

청나라 의주
淸儀註

기미년(1799) 1월 3일, 청나라 태상황제[60]가 붕어하였다. 연경에 간 사신의 치계馳啓 중 의주 한 통이 있었는데 내용은 이러하다.

"예부禮部가 삼가 성지聖旨를 청하는 일을 아룁니다.

'삼가 살피건대, 대행 태상황제大行太上皇帝의 궤연 앞에 매일 향등香燈을 달고 수직하는 곳은 총관摠管과 태감太監에게 인계한다. 아침, 낮, 저녁 세 번 전奠을 올릴 적에 법가法駕와 노부[61]를 온전하게 배설하고 건청문乾淸門 바깥 왼쪽에 붉은 명정을 세운다.

왕 이하 문무백관, 종실·각라[62]와 공주·복진[63] 이하 향군[64]과 봉은

60 태상황제太上皇帝 : 건륭제乾隆帝(1711~1799)이다. 조부 강희제의 재위 기간 61년을 넘는 것을 꺼려 재위 60년이 되던 1795년에 퇴위하고 태상황제가 되었다. 강희제의 치세를 이어 문화적으로 청나라의 전성기를 이룩하였다.

61 노부鹵簿 : 노는 방패를 의미하고 부는 행렬의 차례를 기록한 장부라는 의미로, 왕의 거둥 때의 의장儀仗, 또는 의장을 갖춘 행렬을 말한다.

62 각라覺羅 : 청 왕조의 종족인에 대한 칭호로 현조 선황제顯祖宣皇帝의 방계 자손을 이르는 말이다.

63 복진福晉 : 옹주와 청대 친왕의 세자, 군왕郡王의 장자 등의 정실 및 황족 정실의 통칭이다. 복진이란 낭랑娘娘을 일컫는 말로서 모두 선황제의 자부子婦와 손부孫婦 등을 일컫는다.《正祖實錄 23年 10月 12日》

64 향군鄕君 : 공후公侯의 부인, 또는 공公의 딸인 공격격公格格을 칭하는 말이다.

장군[65]의 처로 공인恭人 이상인 자, 민공[66]의 부인 이하로 좌령佐領과 삼사시위三寺侍衛의 처 이상, 종실의 딸 등은 모두 성복成服한다.

내무부 관원, 영최,[67] 배당아[68] 등은 모두 모발을 자르고 성복한다. 내부 이기二旗의 관원·영최·배당아의 처 및 관할하는 남녀 집사들은 모두 머리를 자르고 성복한다.

파직된 종실·각라도 성복하게 하되, 파직된 만한滿漢 대신은 성복하는 것을 윤허하지 않는다. 경사에 있는 외번의 공주와 복진 격격[69] 등과 부마, 왕, 태길[70] 및 외국의 공사貢使는 모두 성복하게 한다. 그 27일 전에 경사에 도착한 자는 모두 성복하고, 27일 이후에 경사에 도착한 자는 사흘간 남자는 관끈을 제거하고 여자는 머리 장식을 제거한다.

단묘壇廟·당자[71]·봉선전奉先殿·수황전壽皇殿·곤녕궁坤寧宮의 제

---

65 봉은장군奉恩將軍 : 청대 종실로 봉작 12등급 중 가장 낮은 등급의 벼슬이다.

66 민공民公 : 청나라의 한인漢人에게 내려 주는 작위로, 일등공一等公, 이등공, 삼등공이 있다.

67 영최領催 : 청나라 관명으로 좌령 내의 문서와 봉급을 관장한다.

68 배당아拜唐阿 : 청나라 때 황제가 행행할 때 경로를 점검하며 먼저 나가는 임무를 맡는 관명으로, 종실부의 직책이다.

69 격격格格 : 청 황족 여자 아이를 칭하는 말인데, 만주어로 공주, 아가씨, 딸 등을 일컫는 칭호이다.

70 태길台吉 : 몽골의 왕공에 대한 작위 명호인데 본래 한어漢語의 태자太子라는 말이 와전된 것이라고 한다. 청대에는 몽골 등 이민족의 추장들에게 주는 작위로 쓰였다.

71 당자堂子 : 청 황실에서 숭배하는 신을 제사하는 곳이다. 청 황제는 정조正朝에 반드시 먼저 종묘에 제사 지내고 친히 당자에 참배하는데, 이곳이 등 장군鄧將軍의 묘라고도 하고 혹은 유대도劉大刀의 사당이라고도 한다.《熱河日記 銅蘭涉筆》

사를 전담한 이들과, 신전·능침陵寢의 일체 제사와 관련된 사무를 맡은 관원과 내감, 그리고 외정外征으로 군영에 있는 군병의 가속들은 모두 사가의 상복을 정지한다. 부모상을 바로 당하였거나 자녀가 두질痘疾을 앓는 자들은 또한 잠시 성복을 하지 않되 100일 동안 머리를 바싹 깎지 않는다.

모두 모여야 할 인원은 응당 모여야 할 곳에서 예를 행한다. 가까이서 모시던 왕, 대신과 건청문 시위侍衛 등은 건청문 안에서, 오기五旗의 왕 이하부터 입팔분공[72] 이상까지와 내대신內大臣, 내각 태학사內閣太學士, 전봉통령前鋒統領, 호군 통령護軍統領, 상삼기上三旗 도통都統·부도통, 학사 등, 상삼기 시위, 한산직의 종실·각라, 포의 관원[73]은 건청문 밖에서, 오기 도통·부도통, 팔기八旗 관원과 각 부의 만한 대신 관원과 경사에 있는 대신 관원으로 무릇 응당 모여야 할 인원은 경운문景雲門 밖에서, 좌우로 나누어 배립하고서 매일 세 차례 재궁 앞에서 전을 올릴 때에 반열을 따라 거애擧哀하고 예를 행한다.

궁내에 있는 공주, 복진 등은 경산景山 책문 밖에서 말을 타고 신

---

72 입팔분공入八分公 : 청조淸朝의 작위 이름이다. 천명 연간에 팔화석패륵八和碩貝勒을 세워 국정을 논의하게 하고 그 관속을 두었는데, 이를 팔분八分이라 한다. 뒤에 그 봉작을 정하여 패자貝子 이상은 다 팔분에 넣었으나 진국공鎭國公, 보국공輔國公 중에는 팔분에 들어가지 않는 자도 있었다. 이로부터 입팔분공과 불입팔분공不入八分公의 구별이 생겼다.

73 포의 관원包衣官員 : 청나라 무관 품계에서 3품에 해당하는 직급의 명칭이다. 예컨대 포의호군통령包衣護軍統領, 포의영총包衣營摠, 포의호군참령包衣護軍參領, 포의효기참령包衣驍騎參領 등이 있다.

무문神武門으로 나와 창진문蒼震門에 이르러 말에서 내리고 대내로 나아가 궤연 앞에서 예를 행한다.

오기의 왕들과 복진, 군왕郡王은 경산 책문 밖에서 말을 타고 신무문으로 나와 융종문隆宗門에 이르러 말에서 내려 안으로 나아온다. 대내로 나와야 할 대신 등과 명부命婦는 경산 책문 밖에서 신무문에 이르러 말에서 내리고 걸어서 융종문으로 나와 궤연이 설치된 전 아래 붉은 계단 오른쪽에서 예를 행한다. 대내에 나아올 수 없는 명부들은 융종문 밖에 일제히 모여서 매일 세 차례 반열을 따라 거애하고 예를 행한다.

무릇 3일과 4일째 되는 날에 왕, 패륵, 패자, 공과 공주, 왕의 복진 등은 각기 사택의 재실齋室에 있으면서, 부원과 관원은 각 관서에 있으면서, 팔기 및 한산직 관원은 각 아문에 있으면서, 상복을 입는 27일 동안 매일 일제히 모여서 공경히 상사喪事의 의식을 치른다.

왕공 대신과 수위, 집사, 각 관원은 100일 동안 상복을 입는다. 왕공, 관원, 군, 인민은 모두 100일 동안 머리를 깎지 않는다. 계파가 가까운 종실은 27일 안에 시집가거나 장가들지 않는다. 계파가 먼 종실 및 경사에 있는 왕공 대신, 문무백관은 1년 안에 시집가거나 장가들지 않으며, 27일 동안 음악을 연주하거나 연회를 열지 않는다. 경사에 있는 병사와 백성은 27일 동안 갓끈과 장식을 떼고 상복을 입으며 100일 안에 시집가거나 장가들지 않으며 음악을 연주하지 않는다. 문무 후보와 후보로 뽑힌 관원, 학업을 익히는 감생監生, 이전吏典, 승관僧官, 도관道官은 모두 상복을 입고 순천부順天府에 일제히 모여 사흘간 아침저녁으로 거애한다.

상복을 벗기 전에 비답은 본래 남필藍筆을 사용한다. 각 부部에서 올리는 글과 각 부원部院에서 올리는 글은 15일이 지난 뒤에 다시 갖추어 아뢰도록 하며, 27일 안에 올리는 상소와 이문移文은 모두 남인藍印을 사용한다. 경사에 있는 절과 묘당에서는 각각 3만 번 종을 치도록 한다.'

이렇게 삼가 아뢰니 성지를 청합니다."

그 상례喪禮가 만주족과 한족의 풍습이 서로 섞여 있다. 정벌 나간 군관, 병사의 가속은 상복을 입지 않으니 아마 전쟁을 중시하였기 때문인 듯하다. 그리고 자녀가 두질을 앓는 자는 성복을 면해 주니 지나치게 겁내는 것이 아니겠는가. 경사의 절과 묘당에서 3만 번이나 종을 치게 하는 것은 또 무슨 의미인가?

속빈과 압라와 올적개는 어디인가
速頻押蘭兀的改

《고려사》 공양왕 4년(1392) 3월 경자일 기사이다. 알타리[斡都里]와 오랑캐[兀良哈]의 여러 추장에게 모두 만호萬戶, 천호千戶, 백호百戶 등의 관직을 차등 있게 제수하고 또 미곡, 의복, 마필을 하사하니, 추장들이 감읍하여 모두 내지로 옮겨 번병이 되었다. 또 여러 부락에 방문榜文으로 다음과 같이 유시하였다.

“홍무 24년(1391) 7월 이필李必 등을 보내어 방문을 가지고 여진 지역인 두만豆萬 등지로 나아가서 초유招諭하자, 당년의 알타리와 오랑캐의 만호, 천호 두목 등이 바로 귀부하여 상사賞賜와 벼슬을 나누어 받은 뒤에 모두 각자 본업을 회복하였다. 현재 속빈速頻, 실적멱失的覓, 몽골蒙骨, 개양改陽, 실련實憐, 팔린八隣, 안돈安頓, 압란押蘭, 희랄올喜剌兀, 올리인兀里因, 고리한古里罕, 노별魯別, 올적개兀的改 등의 지역은 원래 우리나라 공험진[74] 경내와 연계된 곳이라서

74 공험진公嶮鎭 : 지금의 함경도에 있는 마운령과 마천령 사이 내지 함흥시 대덕리산성·상대리산성에 위치하였다고 추정된다. 공험진은 고려 시대 윤관이 여진족을 무찌르고 개척한 9성 중 가장 북쪽에 위치했다. 윤관은 공험진의 선춘령에 '고려지경高麗之境'이라는 비를 세웠다고 하고, 《세종실록》 〈지리지〉의 〈경원도호부〉에 세종이 김종서에게 이 비석을 찾아볼 것을 명했다는 기록이 나오는데, 당시에도 공험진 이남은 조선의 지역이고 그 이북은 중국 영토라는 개념이

진작 초유를 했는데도 지금까지 귀부하지 않고 있으니 이치상 순조롭지 못하다. 이 때문에 다시 이필 등을 차견하여 방문을 가지고 가서 초유하게 한 것이다. 방문이 도착하는 날에 각각 와서 귀부하면 상과 벼슬 및 모든 원하는 것을 일체 앞서 귀부했던 알타리와 오랑캐의 전례와 같이 할 것이다."

살펴보건대 두만豆萬을 지금은 두만豆滿이라고 적는데 《청일통지淸一統志》에서는 토문土門이라고 쓰고 있다. 속빈[75]은 《요사》 〈지리지〉에서 솔빈率賓이라고 칭하는 곳이다. 압란[76]은 《금사》 〈지리지〉에서 말한 갈란曷懶이다. 올적개[77]라는 것은 호리개胡里改인 듯하다. 송나라 두 황제가 여기로 옮겨졌으니 지금의 회령會寧 등의 지역이다.

있었던 듯하다.

75 속빈速頻 : 김정희의 《완당전집》 권6 〈권수찬 돈인 이재의 허천기적 시권의 뒤에 제하다[題權修撰彝齋虛川紀蹟詩卷後]〉에 속빈에 대한 고증이 다음과 같이 실려 있다. "고구려 때는 졸본이고, 당나라 때에는 안동도호부로 예속되었다가 발해에 들어가 솔빈부率賓府가 되었다. 요·금 이래로는 속빈, 휼품恤品, 소빈蘇濱이라 불렀는데 이는 다 어음語音이 바뀐 것으로 실제 졸본과 같은 곳이다."

76 압란押蘭 : 합라合懶 또는 압라押懶, 야라耶懶, 갈라曷懶라고도 한다. 현재 함흥 이북 지역이다. 이 당시에 육진 지역을 모두 여진이 차지하고 있었으며, 합라와 휼품 지역은 고려가 비록 수복하기는 하였으나 예전의 여진 부락들 가운데에는 아직도 귀부하지 않고 있는 자들이 있었으므로 초유하고자 한 것이다.

77 올적개兀的改 : 오사국烏舍國의 수도였던 오사성烏舍城을 말한다. 오사는 시대에 따라 올야, 옥야屋惹, 온열溫熱, 올적개兀的改, 오저개烏底改 등 다양하게 표기되었다. 그 위치도 명확하지 않아서 발해의 수도였던 홀한성忽汗城, 또는 부여부扶餘府에서 가까운 곳으로 추정하기도 하고, 이와 달리 러시아 연해주의 하바롭스크에 비정하기도 한다.

청나라 태상황제의 유조
淸太上皇帝遺詔

청나라 산질 대신散秩大臣 장승훈張承勳과 내각 학사內閣學士 항걸恒傑이 부고를 전하러 나왔다. 한 통의 유조遺詔는 문장과 내용이 조리 있고 통창하였으니, 태상황제가 구술한 것인지 아니면 사신詞臣이 대신 지은 것인지 모르겠다. 그 글은 다음과 같다.

"봉천승운 태상황제奉天承運太上皇帝는 고하노라.

짐이 생각건대 제왕은 천명을 받고 태어나 오랫동안 복을 누리려면 반드시 조심하고 밝게 섬기는 정성이 하늘과 아무런 간격이 없어야 한다.

그런 뒤에야 그 덕이 삿되지 아니하여 많은 복을 길이 평안하게 누리는 것이다. 그러므로 삼가고 두려워하며 게을리 하지 말고 황음하지 말아서 하루라도 제왕의 자리에 있는 날에는 곧 하루 동안 천심에 합당할 것을 생각하여야 하니, 진실로 성대함을 유지하고 태평을 보존하기 어려우며 시종여일 신중하기가 쉽지 않음을 알아야 한다.

짐이 우러러 하늘의 큰 돌봄과 열성조가 남긴 법도에 힘입어, 어려서부터 곧 황조皇祖의 특별한 총애를 받고 황고皇考가 신중히 원량으로 간택하여 보위를 맡기셨다. 즉위한 이래로 날로 더욱 삼가서 대대로 성군이 나와 은혜가 흡족한 시기를 당하여 감히 예괘와 풍괘에 드러나는 것처럼 풍요롭고 안락한 태평 시대[78]를 보존하지 않을 수 있겠는가. 생각건대 임금의 덕은 오직 하늘을 공경하고 조상을 본받고 정사를 부지런히 하고 백성을 사랑하는 데 있으되, 이 몇 가지 일은 알기 어려운 것이 아니라 오직 행하기가 어려운 것이다.

수십 년 동안 공경하고 두려워하며 게을리하지 않고 더욱 정성을 다하였으니, 교단郊壇의 큰 제사를 행할 때마다 몸소 정성을 다해 제례를 두루 극진히 하고 나이가 많아진다는 이유로 조금이라도 스스로 한가로이 즐기지 않았다. 중간에 네 번이나 성경盛京에 나아가 공손히 조상 능을 배알하였으니, 창업의 어려움을 길이 생각하여 조상의 기업을 지키는 두려움이 더욱 간절하였다.

모든 정무를 직접 살피어 피곤함을 잊은 채 밤낮없이 일하고, 신하를 접견하고 소장에 비답을 내리느라 거의 빈 날이 없었다. 각 성省의 날씨와 농사의 풍흉에 항상 신경을 쓰고 마음에 두어 모두 여섯 번이나 강절江浙 지역을 순행하여 강하江河의 역사役事와 해안의 제방을 살폈다. 백성들의 식량에 대해 진념하기를 마치 적자赤子를 보살피듯 하여서 널리 천하의 세금으로 낼 돈과 곡식을 감면해 준 것이 다섯 번이요, 조운하는 양곡을 감면해 준 것이 세 번이요, 누적된 포흠을 면제한 것이 두 번이었으며, 간간이 홍수나 가뭄으로 심한 재앙을 만나면 조세 감면과 기민 진휼을 자주 시행하였으니, 그

78 예괘와……시대 : 《주역》 〈예괘豫卦〉에 "예豫의 시의여 위대하구나.[豫之時義大矣哉!]"라 하였고, 〈풍괘豐卦〉에서 "풍의 형통함은 왕이어야 이룰 수 있다.[豐亨. 王假之.]"라 하였는데, 이를 '예대풍형豫大豐亨'이라고 병칭하여서 풍요로운 태평성대를 지칭하는 말로 쓰였다.

수가 헤아릴 수 없을 정도로 많았다.

오직 백성들이 풍요롭게 살고 최고의 다스림을 이룰 것을 기약하였더니, 우러러 하늘과 조상의 돌봄에 힘입어 천하가 태평하게 되고 나라의 판도가 확장되었다. 이리伊犁, 회부回部, 대금천大金川, 소금천小金川을 평정하자, 면전緬甸은 빈복賓服하고 안남국安南國도 신복臣服하였으며, 곽이객郭爾喀까지 평정되었으니 육로든 해로든 이르는 곳마다 머리를 조아려 다 정성을 바쳤다. 그 스스로 불안을 조성하는 자는 다 무찔러 멸하였으니, 이러한 승리를 거둔 큰 공업들은 모두 부득이하게 군사를 동원한 것이었다.

재위한 지 오래되어 수많은 일을 겪게 되자 조심하고 두려워하는 마음이 이로 인하여 날마다 간절하였으니, 애초 이미 잘 다스려지고 이미 평안하다고 여겨 감히 조금이라도 만족하고 느긋하게 여긴 적이 없었다. 즉위하던 처음을 돌이켜 생각해 보건대 일찍이 상제께 묵묵히 기도하기를 '만일 우러러 하늘의 보살핌을 받아서 재위한 지 60년이 되면 마땅히 후사에게 보위를 전하여서 감히 황조께서 재위하셨던 연수를 넘지 않으리라.[79]'라고 하였다. 그때 짐의 춘추가 막 25세였는지라, 60년을 미리 계획하자니 세월이 한창 길어서 알 듯도 하고 모를 듯도 한 연수였다. 이에 하늘과 조상의 두터운 복을 받아 건강하게 길운을 맞이하여 나이가 90에 가까이 되고 친히 5대代 원손을 보았으며 즉위한 지 60년이 되어 결국 처음 소원과 부합

---

79 황조께서……않으리라 : 황조皇祖는 강희제를 말하며 1662년~1722년까지 61년간 재위하였다. 이에 건륭제도 1735년에 즉위하여 만 60년이 되던 1795년까지 재위하고, 1796년에 가경제에게 전위하였다.

하게 되었으니, 마음을 달래며 성찰해 보자니 기쁨과 감동이 교차하였다.

병진년(1796) 초하루에 친히 황제에게 어보를 전수하고 스스로 태상황제라 칭하여서 예전에 하늘에 고하였던 본뜻을 이루었다. 그러나 애초 스스로 한가하고 편안하게 지내어 팔짱을 낀 채 깊숙이 거처하여서 노년을 편히 봉양이나 받으려고 한 계책은 아니었다. 그러므로 전위傳位한 후에도 여전히 날마다 훈정[80]을 친히 행하였다. 대개 스스로 정신과 기력을 헤아려 보건대 아직 정사에 싫증나는 데까지는 이르지 않았으니, 만일 여유롭게 노닐며 편안히 봉양받는 것만 일삼는다면 이는 하늘과 조상의 깊은 은혜를 보답하는 방법이 아니므로 차마 못 할 뿐 아니라 진실로 감히 하지 못할 바인 것이다. 훈정을 시작한 이래로 날마다 부지런히 하여 이에 또 3년이 넘었다.

근래 사천성의 교비[81]를 소탕하는 일로 부지런히 계획을 세우느라 날마다 눈코 뜰 새가 없었는데, 이윽고 전투를 시작하자 수괴와 역적, 중요 범죄자가 연달아 잡혔고, 그 도망가 숨은 무리들도 얼마 안 가 사로잡힐 것이니 조만간에 공을 거둘 것이다. 근년에 천하가 자주 풍년이 들고 상서祥瑞와 화기和氣가 조화롭고 길하니 마음이

80 훈정訓政 : 청나라의 제도로서 천자가 있어도 태상황이나 황태후가 정무를 재결하는 일을 말한다.

81 교비敎匪 : 백련교白蓮敎를 믿는 도적 떼를 말한다. 백련교는 원나라 때 한산동韓山童 부자父子가 창설한 비교秘敎인데, 정부의 가혹한 정치로 도탄에 빠진 백성들에게 부처가 환생하여 구해 줄 것이라는 신앙으로 포섭하였다. 청나라가 건국된 이후에는 청나라를 무너뜨리고 명나라를 회복한다는 명분으로 여러 차례 대규모 반란을 일으켰다.

다소 놓이는 듯하지만 어려운 때를 생각하여 쉬울 때 미리 도모하는 마음은 진실로 한 시각도 해이한 적이 없었다.

내년 경신년(1800)은 짐이 구순이 되는 해이다. 작년 겨울에 황제가 왕공과 내외 대신 등을 거느리고 경하하는 의전을 거행하기를 미리 청하였는데, 간절한 마음과 언사가 실로 지극한 정성에서 나왔으므로 이미 칙지를 내려 허락하였다. 대체로 짐이 상질上耋의 높은 나이로 모든 복을 두루 받았으므로 황제가 만방의 기쁨을 합하여 억년의 축수를 펴고자 하는 것은 진실로 자식이나 신하 된 처지로서 무궁한 소원이겠지만, 짐은 참으로 법도를 넘는 화려한 잔치를 벌여 과도하게 부질없는 낭비를 하고 싶지 않다. 매번 〈홍범〉에서 고종명考終命을 오복五福 중의 하나로 열거한 것[82]을 생각해 보건대 예부터 제왕 중에 몸소 장수를 누린 이들이 사책에 여기저기 보이지만 결국은 죽음으로 돌아갔다. 또한 인생은 오래 살아 봐야 백 년인데 짐은 이미 89세가 되었으니, 곧 백 년을 채우기를 기다리는 것 또한 순식간의 일일 것이다. 짐은 오직 장중하고 공경하는 마음으로 날로 강해져서 몸을 수양하며 기다릴 뿐이니, 어찌 부족한 바가 있어 끝없이 과도하게 바라겠는가.

짐은 기체가 평소 강건하여 질병이 없었는데, 지난해 선달에 우연히 감기에 걸려서 조리하여 나아졌지만 정신과 기력이 좀 예전만 못하다. 새해 첫날에 그래도 건청궁乾淸宮에 나아가 조하朝賀를 받았으나 날이 갈수록 음식 먹는 것이 점점 줄어들고 보고 듣는 것

82 홍범에서……것 : 《서경》 〈홍범洪範〉에 "오복은 첫째 장수, 둘째 부유함, 셋째 건강함, 넷째 덕을 좋아하는 것, 다섯째 바르게 명을 다하는 것이다."라고 하였다.

이 보통 때와 같지 못하여 늙은 태가 갑작스레 늘었다. 황제가 효성스레 봉양하며 정성을 극진히 하여 백방으로 간호하며 병이 낫기를 고대하였으나, 짐은 나이가 너무 많아서 의약으로 효험을 거둘 수 있는 경우가 아니었다. 이에 장차 죽을 때가 되어서 짐이 재위한 수십 년 동안 공경하고 조심했던 사항을 특별히 들어서 하늘과 조상의 은혜와 도움을 받은 연유를 후세의 자손에게 길이 남겨 주노라.

황제는 총명하고 어질고 효성스러워서 짐의 마음을 깊이 체득할 수 있으니 반드시 짐과 같은 복을 받을 것이다. 천하를 맡길 적절한 사람을 얻었으니, 진실로 크게 위안이 되는 바이다. 내외 대소 신료들은 각각 직책을 부지런히 수행하고 마음을 청렴결백하게 가지어 황제의 지극한 다스림을 도와 억조 만민으로 하여금 모두 태평을 누리게 하라. 그러면 짐이 하늘에 계신 열성조의 영령을 뒤따라 아무런 유감이 없을 것이다.

상례喪禮는 모두 옛 법도를 따라서 27일 만에 제복除服하도록 하라. 천지와 종묘와 사직의 제사를 오랫동안 중지할 수 없으며, 모든 신령에 대한 제사도 그쳐서는 안 될 것이다. 특별히 이렇게 경계를 고하니, 각자 준행하도록 하라.

가경 4년(1799) 1월 3일 조서를 내리노라."

주자소에 나아가다
詣鑄字所

기미년(1799, 정조23) 3월 17일, 《어정제중신편》[83]을 교정하는 일로 명을 받고 주자소에 나아갔다.

83 어정제중신편御定濟衆新編 : 1799년에 정조의 명으로 내의원 수의首醫인 강명길康命吉이 편찬한 관찬의방서官撰醫方書인데 8권 5책의 목판본으로 간행되었다. 정조가 세자 시절 시탕侍湯하면서 연구하였던 진맥과 약론 등의 의학 이론 중 《동의보감》에 빠진 것들을 위주로 널리 의방을 수집해 편찬하게 하였다. 내의원의 여러 상비 약방을 내국방內國方으로서 자세히 첨부시켜 내의원 전용 약방을 민간에까지 보급시키는 역할을 하였다.

서용되다
敍用

기미년(1799) 3월 21일, 상이 이문원摛文院에 재숙하고 계셨다. 함흥과 영흥의 본궁에 보낼 의대와 폐백, 향촉을 포장해 봉할 때에 검수할 차비관差備官의 수가 부족하여 직제학 이만수李晩秀가 내가 현재 파직 중이라고 아뢰자, 상이 서용하라고 명하셨다.

은배시집
恩杯詩集

기미년(1799) 4월 1일, 《태학은배시집》[84] 2권을 궁궐에서 하사해 주셨다. 대체로 서적을 하사할 때에는 내각에서 "사은하지 말 것을 명한다."라고 써서 나누어 주는데[85] 이 책은 석거청石渠廳에서 곧장 내려 주었으니, 또한 특별한 은혜이다.

---

84 태학은배시집太學銀杯詩集 : 1798년 겨울 정조가 성균관 유생에게 시제試題를 내려 시험을 보이고 법온法醞을 하사하면서 특별히 정조가 즐겨 사용하던, 전서篆書로 '아유가빈我有嘉賓'이란 문구가 새겨진 은배銀杯를 하사하였다. 이는 빈객과 잔치하는 내용을 읊은 〈녹명鹿鳴〉의 시구로서, 선비를 예우하는 내용이다. 또 신하들에게 응제하게 하고, 제생諸生도 각기 시를 지어 이 일을 노래하게 하였다. 이후 유생의 시 249편과 신하들의 시 33편을 편차하여 5편으로 만들고 정조가 또 명시銘詩 1장章을 짓고 서문과 해解를 첨부한 뒤, 주자소에서 을묘자로 인쇄하여 반포하였다. 총 6권으로 현재 서울대 규장각에 소장되어 있다. 《弘齋全書 卷181 太學恩杯詩集六卷》

85 서적을……주는데 : 하사품을 받더라도 궐에 나와 사은하지 말도록 한 것이다. 《일성록》 정조 9년 9월 12일 기사에 그 일례가 보이는데, 정조가 각신들에게 "《대전통편》을 반사頒賜해야 하니 사자관과 규장각에 소속된 관원과 규장각의 하리를 모두 대령하게 하여 '사은을 제하도록 명한다.[命除謝恩]'라고 쓰게 하라."라고 하였다.

기미년의 식목편람
己未植木便覽

4월 11일에 올해의 《식목편람》[86]을 수정하러 이문원에 나아갔다. 계사計士 2명을 불러서 실제 수량을 계산하게 하고, 본각의 사자관寫字官을 시켜 선사繕寫하게 하였다.

86 식목편람植木便覽 : 현릉원에 나무를 심고 보토補土한 사실을 기록한 책이다. 1789년부터 매년 과제로 하고 매번 일을 마치고 나면 내각에 명하여 책에 기록하도록 하였다. 교서, 상주문, 계사, 경연의 대화 등을 유별로 모아 순서대로 편찬하여 사실事實 2권을 만들었고, 심은 나무의 수효와 흙을 보토한 곳의 넓이 및 공사에 동원된 인원의 성명 등을 연도별로 작성한 것이 표表 2권이다. 그리고 상전賞典과 재용에 대한 기록을 부록하였다. 총 4권이다. 《弘齋全書 卷184 植木便覽四卷》

화신의 스무 가지 대죄
和珅二十大罪

화신[87]이 당연히 망하리라는 것은 우리나라 사람들도 이미 헤아리고 있었는데, 화신 자신도 알고 있었는지 모르겠다. 기미년(1799, 정조23)에 사신의 선래 군관先來軍官이 와서 보고하기를, 새로 즉위한 황제가 화신에게 자진하라고 명하고 그 집안을 적몰하였다고 하였다. 이윽고 서장관 서유문徐有聞의 문견 별단聞見別單을 보니, 내각에 계하한 것 중에 황제가 화신의 스무 가지 대죄를 수죄數罪하며 중외에 다음과 같이 유시를 선포한 것이 있었다.

"지난번에 이미 교지를 내려서 화신의 죄상을 선포하고 각 독무督撫에게 유시하여 그 죄를 의논하게 하였다. 이에 직례 총독直隸総督 호계당胡季堂의 상주문에서 칭한바 '화신은 본연의 양심이 다 없어져서 다시 인간이라고 할 수가 없습니다. 갖가지 패역질과 불신지죄不臣之罪를 저질러 나라를 좀먹고 백성을 해침이 거의 사천, 초 지역의 비적[88]과 같으며, 탐욕스럽고 방탕함은 바로 일개 염치없는 소

87 화신和珅 : 1750~1799. 청나라 대신으로 만주인이다. 건륭제의 총애를 받아 권력을 남용하고 축재를 일삼다가 건륭제 사후 가경제에 의해 사사되었다.

88 사천……비적 : 사천四川, 초楚는 호북湖北·호남湖南의 통칭이다. 건륭 말년에 백련교도인 안휘 사람 유지협劉之協 등이 하남河南의 왕씨王氏를 봉대하여 명

인입니다. 마음을 잃어 미친병이 든 자로 안중에 군상이 없으니, 대역률에 의거하여 능지처참하소서. 아울러 화신의 계주薊州 분묘를 조사해 보니 참람하고 망령되게 법제를 어겼으며, 부근의 크고 작은 고을에 전당포를 두어 재물을 모은 것은 현재 각 일에 대해 조사하라고 신칙하였습니다.'라는 등의 말에 의거하고, 또한 연일 계속해서 화신의 금은 등 물건을 초출抄出한 것에 의거하여, 특별히 다시 효유하여 많은 사람이 알게 하노라.

짐은 건륭 60년(1795) 9월 3일에 황고皇考께서 황태자로 책봉하시고 아직 유지를 반포하지 않고 있었는데, 화신이 바로 2일에 짐 앞에서 먼저 뜻대로 체직되어 기밀을 누설하고 버젓이 추대한 것을 제 공으로 삼았다. 이것이 그 첫 번째 큰 죄이다.

황고께서 원명원圓明園에 계실 적에 화신을 소견하셨는데 그가 마침내 말을 타고 바로 대궐 좌문左門에 나아가 정대광명전正大光明殿을 지나 수산壽山 어귀까지 이르렀으니, 무부무군無父無君의 죄가 이보다 심한 것이 없다. 이것이 그 두 번째 큰 죄이다.

또 다릿병을 핑계로 좌의교坐椅轎를 탄 채로 대내까지 들어오고 견여肩輿로 신무문神武門에 출입하여 많은 사람이 보고 있는데 조금도 기탄함이 없었다. 이것이 그 세 번째 큰 죄이다.

아울러 궁에서 나온 여자를 데려다가 첩으로 삼으면서 부끄러운 줄을 몰랐다. 이것이 그 네 번째 큰 죄이다.

明의 후예라고 속여 말하며 민간을 선동하였고 호북 사천의 실업자들이 호응하여 큰 난리가 되었는데, 가경 7년(1802)에 이르러 수역首逆을 포살捕殺하여 마침내 평정되었다.

황고께서 군서軍書를 염려하여 밤낮으로 걱정하셨는데, 화신이 각 로의 군영이 번갈아 올린 보고서를 제멋대로 연기하고 물리쳐 기만하고 은폐하려는 마음이 있었으니 이 때문에 군무軍務가 오래도록 마무리되지 못하였다. 이것이 그 다섯 번째 큰 죄이다.

황고가 몸이 평안하지 못하셨는데도 화신은 조금도 근심 걱정하는 기색 없이 매번 진현한 후에 외정外庭의 사람들에게 나아가 이야기하며 평상시처럼 담소하였으니, 실성한 미친 짓이었다. 이것이 그 여섯 번째 큰 죄이다.

지난겨울에 황고가 병환을 무릅쓰고 장주章奏를 펼쳐 보시느라 비답한 자획에 간간이 잘못된 곳이 있었는데, 화신은 번번이 없애 버리고 별도로 의지擬旨를 행하는 것만 못하다고 감히 입을 놀렸다. 이것이 그 일곱 번째 큰 죄이다.

예전에 황고의 칙지를 받들어 저로 하여금 이부와 형부의 사무를 관리하게 하였고, 뒤이어서 군수의 결산에 저가 익숙하였기 때문에 또 유지를 내려 호부의 수지결산을 보고하는 사안을 겸하여 다스리게 하였는데, 저가 마침내 호부 사무를 저 혼자 틀어쥐고서 전례前例를 마음대로 변경하고 다른 신하들은 단 한 자도 의논에 참여하지 못하게 하였다. 이것이 그 여덟 번째 큰 죄이다.

작년 섣달에 내규서內奎舒가 상주하여 '순화청循化廳과 귀덕청貴德廳 두 곳에서 도적들이 천 여 명의 무리를 모아서 달뢰라마達賴喇嘛(달라이 라마) 상인의 소를 강제로 빼앗고 두 명을 살상하였으며, 청해青海 땅에서 제멋대로 노략질하였습니다.'라고 보고한 안건에 대해, 화신은 끝내 원래의 주본을 기각해 버리고 은닉한 채 처리하지 않아서 변방의 사무를 전혀 처리하지 않았다. 이것이 그 아홉 번째 큰 죄이다.

황고가 승하하신 뒤에 짐이 두질痘疾을 겪지 않은 몽고의 왕공은 굳이 경사에 올 필요가 없다고 유시하였다. 그런데 화신은 유지를 따르지 않고, 두질을 이미 겪은 자나 겪지 않은 자나 모두 경사에 올 필요가 없다고 하여 국가가 외번을 위무하는 뜻을 전혀 돌아보지 않았으니, 그 마음가짐을 실로 헤아릴 수 없다. 이것이 그 열 번째 큰 죄이다.

태학사太學士 소릉아蘇凌阿는 두 귀가 안 들리고 노쇠하여 일을 감당하지 못하는데도 저의 아우 화림和琳의 인척이라는 이유로 끝내 숨기고 상주하지 않았으며, 시랑侍郎 오성란吳省蘭과 이황李潢, 태복시 경太僕寺卿 이광운李光雲은 다 일찍이 저의 집에서 글을 가르쳤다고 하여 모두 열경列卿의 품계를 보임하고 아울러 태학의 정사를 맡겼다. 이것이 그 열한 번째 큰 죄이다.

군기처軍機處에 이름이 기록된 사람을 화신이 마음대로 지워 버리게 하였으며 그 밖에 갖가지 제멋대로 한 일을 일일이 거론할 수조차 없을 정도이다. 이것이 그 열두 번째 큰 죄이다.

지난번에 화신의 집을 몰수하여 조사하니, 남목枏木으로 지붕을 덮은 집은 분수에 맞지 않게 사치스러워 법제를 어겼으며, 그 다보각多寶閣과 집의 구조 양식은 모두 수령궁壽寧宮의 제도를 모방하였고, 그 동산에 꾸민 것은 전부 원명원의 봉도蓬島·요대瑤臺와 다름이 없었으니, 무슨 심보로 한 짓인지 모르겠다. 이것이 그 열세 번째 큰 죄이다.

계주의 분묘에 버젓이 제사 지내는 전각을 설립하고 수도隧道를 만들어서 부근에 사는 사람들은 '화릉和陵'이라고 일컫기까지 하였다. 이것이 그 열네 번째 큰 죄이다.

집안에 소장한 진귀한 보배 중에 진주로 만든 팔찌가 200꿰미가 넘어 대내와 비교하더라도 몇 배나 많았으며, 게다가 큰 진주는 황제가 사용하는 마래기 증자鐙子와 비교해도 더 큰 것이었다. 이것이 그 열다섯 번째 큰 죄이다.

또 보석 증자는 모두 저가 착용할 물건이 아닌데도 소장한 진짜 보석 증자가 수십여 개나 되며, 원석 채로 있는 대보석은 그 수가 헤아릴 수 없을 정도였고, 또한 내무부에 없는 것도 있었다. 이것이 그 열여섯 번째 큰 죄이다.

집안의 은냥과 의복 등의 가짓수가 천만이 넘었다. 이것이 그 열일곱 번째 큰 죄이다.

또 담장 틈에 감추어 둔 황금이 2만 6000여 냥이요, 땅굴 안에 함께 매장해 둔 은이 200여 만 냥이었다. 이것이 그 열여덟 번째 큰 죄이다.

통주通州와 계주 지방 부근에 모두 전당포와 전점錢店을 두었는데 그 밑천을 조사해 보니 이 또한 10여 만 냥 이상이었으며, 수보대신首輔大臣으로서 백성들과 이끗을 다투었다. 이것이 그 열아홉 번째 큰 죄이다.

그의 집 하인 유금劉金은 비천한 노복인데, 그 가산을 조사해 보니 또한 20여 만 냥이나 되고 큰 구슬과 진주 팔찌가 무수하였으니, 명을 내려 두루 징색徵索한 것이 아니라면 어찌 이같이 풍부할 수 있겠는가. 이것이 그 스무 번째 큰 죄이다.

그 외에 탐욕을 부리고 망령된 짓을 한 것은 오히려 일일이 따지기 어려울 정도이니, 진실로 예전에 듣도 보도 못한 바이다. 호계당의 본래 상주문을 경성에 있는 문무 3품 이상 관원에게 내주어서 한림원翰林院, 첨사부詹事府, 육과 급사중六科給事中, 각 도 어사御史와 함께 자세히 살펴보고 마음을 다하여 온당하게 의논해 상주하라. 이 안에 만일 스스로 진술할 소견이 있는 자는 별도로 주문을 봉해 진달하여도 무방하며, 의견이 다 합치되면 속히 그 주문을 올리도록 하라.

복장안福長安으로 말하자면 그 조부와 숙질, 형제가 대대로 두터운 은혜를 받았으니 더욱 다른 사람에 비할 바가 아니다. 그가 군기처에서 행사할 때에 화신과 아침저녁으로 함께 있었으니, 무릇 화신의 탐욕스럽고 사리만을 추구하는 여러 가지 불법적인 죄악에 대해 가장 잘 알았을 것이다. 그가 황고의 진중한 은혜를 입었으니 일찍이 독대할 때에 화신의 교만방자하고 농간을 부리는 각각의 사항을 실상에 의거하여 바로 진달했다면 다른 사람이 탄핵하는 것과 비교해 볼 때 더욱 확실하고 근거가 있었을 것이다. 그랬다면 황고께서 반드시 화신을 법대로 중하게 치죄하여 종전에 조친調親의 안건을 처리한 것과 같이 하셨을 것이니, 어찌 조금이라도 너그러이 용서하였겠으며, 어찌 군국軍國의 중대한 일을 그르치도록 내버려 두어서 한결같이 이에 이르렀겠는가.

만일 '황고의 연세가 높으시니 감히 우러러 성려를 번거롭게 하지 못하겠다.'라고 생각해서라면 또한 당연히 짐의 앞에 와서 실상에 의거하여 곧장 진달해야 했거늘 3년 내내 화신의 죄상을 아뢴 일이 없었으니, 그 한통속이 되어 죄를 숨겨 준 정황이 분명하게 드러났다. 만일 복장안이 짐 앞에서 한마디라도 아뢴 바가 있었다면, 짐이 결단코 저를 화신과 함께 파직하고 나문하지 않았을 것이다. 현재 저의 집을 조사해 보니 재물이 화신의 금은보배의 수가 천만을 넘은 것에는 미치지 못하지만, 그의 집에 있어야 할 것들이 아니었다. 그 탐욕스럽고 양심 없는 것이 곧 화신에 버금가니, 모두 한꺼번에 죄를 의논하라."

영원히 검서직을 겸임하다
永付兼檢書

기미년(1799, 정조23) 7월 27일, 성상께서 주자소에 하교하였다.

"유득공이 《마경馬經》을 편찬하는 일에 참여해 자세히 살펴서 이처럼 공로를 쌓았으니 일정한 봉록이 없어서야 되겠는가. 이 사람은 박제가와 더불어 내각을 설립하던 초기에 제일 먼저 검서로 뽑혔던 자이다. 지금부터 그가 봉조하로 치사할 때까지 영원히 겸검서에 부직하고 해당 조에 분부하여 녹을 주도록 하라."

검교직각 심상규沈象奎가 명을 받들어 알려 주었는데, 너무도 황공하여 내각으로 달려 나가 차비문에서 문안하였다. 이날 또 오위장에 임명되어 다음 날 사은숙배하였다.

대내에서 흑단령을 하사하다
內賜黑團領

8월 1일에 상이 진전眞殿에 나아와 전배하고 이어서 인정전 월대에 나아가 남단, 사직, 우사단, 산천의 보사제報謝祭에 쓸 향축을 친히 전하고 이문원에서 재숙하면서 각신들에게 《어정주자시》[89]를 편차하도록 명하였다. 신들도 입시하여 교정하고 있었는데 밥과 과일을 내려 주고 직접 육성으로 하문하셨다.

"시인들 중에 즐률[90]과 군지[91]를 대구로 붙이는 자가 있는데 즐률이 어떤 물건인가?"

내가 즉시 나아가 각리閣吏를 불러서 《패문운부佩文韻府》를 찾아오게 하여 조사한 뒤에 들어가 아뢰었다.

"맹교孟郊, 범성대范成大, 송무宋无의 시 중에 모두 그런 말을 썼는데 아마도 지팡이인 듯합니다."

---

89 어정주자시御定朱子詩 : 《어정주자시초본御定朱子詩鈔本》이니, 정조가 직접 선록한 주자시 선집이다. 간행 이후 《아송雅頌》이라고 이름하였다. 관련 내용이 바로 다음 글 〈아송〉에 보인다.

90 즐률楖栗 : 지팡이를 만드는 나무 이름으로 즐력楖櫪이라고도 한다. 후에는 시문 중 수장手杖이나 선장禪杖의 대칭으로 쓰이기도 하였다.

91 군지軍持 : 승려들이 음료를 담아서 가지고 다니는 정병淨甁을 말한다. 후에는 도자기의 한 양식이 되어서 이런 형태의 도자기를 지칭하기도 하였다.

상이 각신들을 돌아보고 말씀하였다.

"과연 그렇다."

또 주자의 시 한 수를 신에게 보이며 하교하였다.

"이 시가 오언 율시인가? 아니면 오언 고시인가?"

"오언 율시와 오언 고시는 더러 분별하기 어려운 점이 있습니다만 이는 오언 고시인 듯합니다."

신이 이렇게 아뢰니, 상이 맞다고 하였다. 상께서 신이 입고 있는 흑단령[92]의 색이 바랜 것을 보시고 영첨[93]더러 마땅히 내사할 뜻이 있다고 일러 주도록 하였다. 이날 여러 검서에게 명례궁 대미大米 1섬씩 하사하고, 신에게는 벼 1섬을 더 하사해 주셨다. 8월 3일에 석거청石渠聽에서 유록운문초柳綠雲紋紗 1필과 남색 명주 1필, 쌍학이 수놓인 배자 하나를 보내왔다.

92 흑단령黑團領 : 문무관원이 공복으로 입었던 검은 단령이다. 당상관은 무늬가 있는 검은 사紗를, 당하관은 무늬가 없는 검은 사를 사용했다. 선조까지 관원들은 모두 홍단령紅團領을 착용하였는데 왕의 복색과 같다고 하여 이후 흑단령을 공복으로 입게 하였다고 한다.《김영숙·손경자, 朝鮮王朝 韓國服飾圖鑑, 예경산업사, 1984》

93 영첨領籤 : 규장각 소속의 5품직으로 어제御製를 베껴 쓰고 교열하며 봉안하는 등의 일을 주로 맡았는데 그 외에 성내에서 왕의 행차를 수행하거나 검서관을 보조하는 일을 맡았다.

아송
雅誦

기미년(1799, 정조23) 8월 12일에 명을 받고 고문관考文館에 나아가 《어정주자시초본御定朱子詩鈔本》을 교정하였다. 아들 본학과 본예 둘이서 선사繕寫하고, 이해 10월 주자소에서 인행, 반포하여 이름을 《아송》[94]이라 하였는데, 모두 2권이다. 나도 한 질을 받았다.

94 아송雅誦 : 정조가 선록한 주자의 시문집으로, 주자의 글 중 사詞·부賦·금조琴操·고근체시古近體詩·명銘·찬贊·제사題辭·권학문勸學文 등 모두 415편의 글을 뽑아 8권 2책으로 편찬해 1799년 활자로 간행하였다.

북일영으로 행차하는 어가를 배종하다
陪駕北一營

기미년(1799) 10월 28일 가승지로 낙점받아 북일영[95]으로 어가를 배종하였다.

95 북일영北一營 : 경희궁 무덕문武德門 밖에 있는 무관 부서이다. 초관哨官 1명이 마군 55명을 영솔하며 말 18필을 세운다.《萬機要覽 軍政篇2 訓鍊都監》

성상의 시 춘추필독에 화답하다
春秋畢讀賡進

기미년(1799) 12월 8일에 상이 〈춘추를 완독하고[春秋畢讀]〉란 어제시를 각신에게 써서 내리고 차운하여 시를 짓게 하셨다. 상께서 지은 소서小序에 -중략- 라 하였는데,[96] 그 시는 다음과 같다.

모시고 먹는 여러 군자들이여	侍食諸君子
이 모임의 뜻을 알고 있는가	能知此會歟
낭랑히 한 질을 완독했으나	咿唔完一帙
공과는 삼여[97]에 못 미치네	工課殿三餘
밤마다 촛불을 환히 밝히고	每夜光明燭
금년에는 《좌씨서》를 읽었도다	今年左氏書

96 상께서……하였는데 : 《홍재전서》 권7 〈춘추를 완독하던 날에 자궁께서 음식을 베풀어 주어 기쁨을 표하시므로 읊어서 여러 신하들에게 보이다. 소서를 아울러 쓰다[春秋完讀日慈宮設饌識喜唫示諸臣幷小序]〉에 본문에서 생략된 소서의 내용이 실려 있다. 대개 자신이 그동안 독서해 온 책들에 대해 기록하고 자궁의 은혜에 감사하는 내용이다.

97 삼여三餘 : 일상 사무를 하고 잠시의 여가를 이용해 학문을 닦는 것을 말한다. 세 가지 여가란 해의 나머지[歲之餘]인 겨울, 날의 나머지[日之餘]인 밤, 때의 나머지[時之餘]인 음우陰雨이다. 《삼국지》 〈위지〉의 〈왕숙전王肅傳〉 주에 "독서는 마땅히 삼여를 이용해야 한다."라 하였다.

자궁께서 기쁨을 표해 주실 제 慈心識喜事
노래자 춤에 구여시를 읊노라[98] 萊舞九詩如

나도 화운하는 반열에 끼여서 다음과 같이 시를 지어 올렸다.[99]

효도와 학문의 길이 承歡與典學
성대하게 여기에 있네 盛矣在斯歟
채의엔 봄빛이 늘 머물고[100] 彩袖春長住
서책엔 섣달이 아직 남았네[101] 緗篇臘尙餘
은혜는 진솔한 성찬에 가득하고 恩沾眞率饌
성지는 곡진한 글에 넘치는구나 旨闡婉微書
하늘의 법도가 육경에 담겼으니 六籍涵乾健
해마다 언제나 이와 같기를 年年歲歲如

---

98 노래자……읊노라 : 노래자老萊子는 춘추 시대 초나라의 은사隱士로 70세의 나이에도 어버이를 위해 색동옷을 입고 응석을 부렸다는 효자를 말한다. 구여시九如詩는 아홉 개의 여如 자가 나오는 《시경》의 〈천보天保〉를 가리킨 것으로, 임금의 장수와 다복을 송축한 시이다.

99 나도……올렸다 : 이 시는 《영재집》 권5에 〈기미년 12월에 춘추를 완독하고 자궁이 음식을 베풀어 준 것에 대한 어제 오율시의 운을 따라 지어올리다[己未十二月賡進春秋畢讀慈宮設饌御製五律韻]〉란 제목으로 실려 있다.

100 채의엔……머물고 : 채의彩衣는 노래자의 고사를, 봄빛은 〈유자음遊子吟〉의 고사를 인용하여 부모에 대한 효성의 도리를 강조한 것이다.

101 서책엔……남았네 : 공부하기 좋다는 삼여 중의 하나인 섣달이 남아 있으니 아직도 공부가 끝나지 않았다는 뜻이다.

성상의 문집
御製集

기미년(1799) 9월 3일에 《어제집御製集》을 교정하여 12월 22일에 선사繕寫하고 장정하니 모두 120권이었는데, 대내에 올린 것은 《홍재전서弘齋全書》라 하고, 본각에 바친 것은 《어제집》이라 하였다. 대개 무오년(1798) 여름에 교정하기 시작하여 중간에 그만두었다가 이때에 이르러 일을 마친 것이다. 한창 교정할 때에 검서관들에게 반찬과 밥, 돈, 쌀을 하사하였고, 밤마다 국수와 과일, 꿩구이를 선사하였으며, 또 애체경靉靆鏡(안경)을 각각 하나씩 하사하였다.

교정한 자의 명단을 올리자 고 직제학 서호수徐浩修는 치제하고, 원임 직제학 정대용鄭大容에게는 표피 한 벌을 하사하고, 직제학 이만수李晩秀·검교직각 심상규沈象奎·직각 김근순金近淳에게는 각각 녹비 한 벌을 하사하고, 검교직각 서영보徐榮輔에게는 숙마 한 필을 하사하고, 원임직각 김조순金祖淳에게는 후추 3되를 하사하고, 신득공에게는 상당하는 직에 승서陞敍하도록 하고, 전 검서관 이광규李光葵는 찰방의 빈자리가 나면 차송하게 하고, 검서관 이신모李藎模·이욱수李旭秀·김기보金基普·유본학柳本學에게는 각각 제주마첩濟州馬帖 하나씩 하사하라고 판하하였다.

부칙사 영화의 시
副勅英和詩

건륭황제 부묘祔廟 때에 부칙사인 내각 학사 영화英和가 〈남관시南館詩〉 한 수를 지었는데, 그 시는 다음과 같다.

문물이 발전한 예의의 나라에	文物衣冠國
사자의 수레가 잠시 멈추었네	輶軒使暫停
문 앞의 바다 구름은 새하얗고	海雲當戶白
누각 앞의 수목은 짙푸르구나	山樹逼樓靑
지척의 하늘은 혁혁하게 임하여	咫尺天臨赫
동남 지역에서 영험함을 발휘하네	東南地效靈
몇 번이고 눈길 닿는 저 멀리 끝까지	幾回窮遠目
천 리 너머 성인의 조정을 바라보네	千里望堯廷

필법이 매우 정묘하여 만주인 중의 교초[102]인 듯하다. 중국으로 돌아갈 때 〈관서의 역관에 쓰다[題關西驛館]〉 절구 한 수를 지었으니 다

102 교초翹楚 : 뛰어난 인재라는 뜻으로 거벽巨擘, 최고 등과 같은 말이다. 《시경》 〈한광漢廣〉에 "쑥쑥 뻗은 잡목 속에서 그 회초리나무를 베리라.[翹翹錯薪, 言刈其楚.]"라는 구절에서 유래했다.

음과 같다.

수없이 등불만 마주하다 새벽빛 감돌더니　紅燈十對曉籠紗
이십 리 길을 지나서야 아침 운무를 보네　廿里行過見早霞
전송하는 수양버들 이리저리 휘날리는데　送客垂楊搖曳甚
가지마다 하나하나 얼음꽃이 걸려 있네　一條條上掛氷花

시구가 참신하고 놀라워 좋아할 만하였다.

유송람의 시
劉松嵐詩

유대관[103]은 호가 송람松嵐으로, 이제 영원부寧遠府 지사가 되었는데, 시랑 서명고[104]가 기미년(1799, 정조23) 가을에 부사로 영원을 방문하여 함께 지내고 교분을 증명하는 시집 한 권을 얻었다. 돌아와서 그의 벼슬한 이력을 살펴보니, 강절江浙, 호광湖廣 지역을 두루 거쳤고 함께 시를 주고받은 이들도 대부분 천하의 명사였다. 그의 〈방요당[105] 선생에게 부치다[寄方坳堂先生]〉라는 시 한 수는 다음과 같다.

103 유대관劉大觀 : 청나라 때 사람이다. 건륭 연간에 공생貢生으로 뽑혀서 산서와 하동 지역의 여러 관직을 거쳐 포정사布政司가 되었다. 시에 뛰어나 《옥경산방시초玉磬山房詩鈔》란 시집이 있다.

104 서명고徐明皐 : 서형수徐瀅修(1749~1824)로, 호가 명고이다. 1799년 진하 겸 사은 부사로 청나라에 다녀왔다. 저서로 《명고전집明皐全集》이 있는데, 유대관과의 교유 관계를 확인할 수 있는 글이 문집에 보이니, 권2에 〈영원지주 유송람 대관에게 올리다[奉贈寧遠知州劉松嵐大觀]〉라는 시가 실려 있고, 권6에 〈유송람 대관에게 보내다[與劉松嵐大觀]〉라는 편지와 유대관의 답서가 실려 있다.

105 방요당方坳堂 : 방앙方昂으로, 자가 요당이다. 강녕 염순도江寧鹽巡道, 귀주 안찰사貴州案察使, 강녕 포정사江寧布政使 등을 거쳤다. 법을 엄정하게 집행하고 강절 지역의 해적을 잡아들여서 사회 기강을 바로잡을 것을 건의하였다 한다.

세속과 어긋나는 바람에 병이 생기더니　　戾俗因成病
벼슬살이하며 오히려 가난에 시달리네　　在官猶苦貧
머리카락은 치관을 쓰면서 희어지고　　髮從豸冠白
품계는 포의 때부터 참되었도다　　品自布衣眞
빗소리 들으며 중 찾아간 밤이요　　聽雨尋僧夜
꽃구경하며 관내를 순행하던 때라　　看花行部辰
써 놓은 시가 암벽에 있으니　　題詩在巖壁
고향 사람을 기다리는 것이라　　好待故鄕人

주註로 덧붙인 요당 선생의 원시原詩는 다음과 같다.

부절을 가지고 강을 건너가니　　持節渡江去
때로 〈백저가〉[106]를 듣는구나　　時聞白苧歌
연약한 몸은 무거운 인장 꺼렸으나　　瘦軀嫌印重
예스러운 성품은 산 많은 것 좋아했지　　古性愛山多
해그림자 염천[107]에 비추이는데　　影向廉泉照
절벽을 옛 벗과 함께 매만지네　　崖同舊雨摩

106 백저가白苧歌 : 악부의 하나로 오무곡吳舞曲 이름이다. 〈백저가白紵歌〉, 〈녹수가淥水歌〉라고도 한다.

107 염천廉泉 : 《진서晉書》 〈오은지열전吳隱之列傳〉에 "조정에서 영남嶺南의 폐단을 개혁하고자 오은지를 광주 자사廣州刺史로 임명하였다. 소재지를 20여 리 앞두고 석문石門 지역에 탐천貪泉이라는 샘이 있어서 그 물을 마시면 매우 탐욕스러워진다는 전설이 있었는데, 오은지가 부임하여 이 물을 마셨으나 청렴한 지조가 더욱 굳어졌으니 뒤에 염천廉泉이라고 이름을 고쳤다."라고 하였다.

청조암[108] 아래 길을 聽潮菴下路
일찍이 몇 번이나 지나왔던고 曾得幾回過

3구와 4구가 매우 아름다우니, 요당이 어떤 사람인지 모르겠지만 필시 뛰어난 명사였을 것이다.

108 청조암聽潮菴 : 소주蘇州 장가항張家港 보타산普陀山에 있는 암자로 명나라 만력 때 승僧 소녕昭寧이 건립하였다고 한다.

글의 편집
割付

《당형천집》[109]의 〈호무관기胡貿棺記〉에서 말하였다.

"《좌전》과 역대 사서史書 및 여러 학자의 글을 취하여 산삭하고 교정이 끝나면 호무에게 맡겨 편집하게 하였다. 처음에는 그 편마다 갈라놓고 구마다 갈라놓고 심한 경우는 글자마다 갈라놓았다가 나중에는 편마다 연결하고 구마다 연결하고 또 글자마다 연결하였다. 더러는 연결했다가 다시 갈라놓고 갈라놓았다가 다시 연결하여서 맥락이 뒤죽박죽인 것처럼 보이는데 결국은 각각 비슷한 유형끼리 모이고야 마니, 그 일이 너무 어지럽고 복잡해서 다른 책방 사람들은 종종 손도 대지 못할 뿐만 아니라 비록 꼼꼼하게 글을 읽는 선비라 할지라도 대부분 하지 못하였다."

이는 대단한 재주라고 여긴 것이다. 그런데 지금 교서관 창준唱準의 역할은 누구든 잘할 수 있어서 그를 '잘라 붙이기[割付]'라고 이르니, 어찌 특별하다고 할 것이 있겠는가. 다시 생각해 보건대 중국의 종이는 매우 약하여 질긴 우리나라 종이만 못하니, 풀로 붙이는 것이 아마도 쉽지 않았던 것인가?

---

109 당형천집唐荊川集 : 명나라 학자 당순지唐順之의 문집이다. 형천荊川은 당순지의 호이다.

고와 피리
篴笒

우리나라 풍속에 금琴을 고篴라고 하고 피리를 금笒이라고 하니, 거문고[玄篴], 가얏고伽倻篴, 대금大笒, 중금中笒, 초금草笒과 같은 유가 이것이다. 대개 이는 방언으로 그 뜻을 분명히 알지 못했는데, 예전에 《정리통고도설》[110]을 지으면서 비로소 배웠으니, 고란 줄이란 뜻이고, 금은 분다는 의미이다. 또 《당서》 〈예악지〉를 살펴보면 "고려기高麗伎에 탄쟁彈箏과 추쟁搊箏이 있다."[111]라고 하였는데, 그 탄쟁은 거문고와 비슷한 것이고 추쟁은 가얏고와 비슷한 것이다. 하지만 이것을 금琴이라고 부른 적은 없다.

---

110 정리통고도설整理通考圖說 : 유득공은 1795년에 박제가와 함께 《정리통고도설》을 편찬하여 올렸는데 이들이 편찬한 책은 현재 전하지 않는다. 당시 다양한 분야에서 축적된 지식을 정리할 때에 '정리통고'라는 이름으로 편찬하였던 듯하다.

111 고려기에……있다 : 《신당서》 〈예악지〉에 의하면, 당 고조는 수나라의 제도를 따라 연악기燕樂伎, 서량기西涼伎, 천축기天竺伎, 고려기高麗伎, 구자기龜茲伎, 안국기安國伎 등 9부악을 개설하여 지역의 특색에 따른 음악과 춤을 연주하였는데, 고려의 무악을 설명한 구절에 "고려기高麗伎에는 탄쟁彈箏, 추쟁搊箏, 봉수공후鳳首箜篌, 와공후臥箜篌, 수공후豎箜篌, 비파琵琶가 있다.……"라고 하였다.

갈소관의 위치
曷蘇館

《동국여지지》[112]를 편찬할 적에 갈소관[113]이란 지역이 어디에 있는지 자세히 알 수가 없었다. 근래에 비로소 중국어로 찾아보니, 당나라 때에는 박작구泊汋口라고 하고, 요나라 때에는 갈소관이라 하고, 금나라 때에는 파속로波速路라고 하고, 원나라 때에는 파사부婆娑府라고 하였다. 발음은 서로 비슷하지만 글자가 시대마다 바뀌었으니, 바로 압록강의 나루가 있는 여러 지역이다.

112 동국여지지東國輿地志 : 정조가 편찬하려던 미완성의 지리지인 《해동여지통재海東輿地通載》를 지칭한 것으로 보인다. 총 60권으로 1799년(정조23)에 편찬되었는데, 유형원의 《동국여지지》를 계승하여 이후 자세한 내용을 보충하고자 하였다가 규모가 너무 방대하여 완성하지 못한 채 사본寫本으로만 남게 되었다고 한다.《弘齋全書 卷184 海東輿地通載六十卷》

113 갈소관曷蘇館 : 본래 요양 남쪽에 있던 여진족의 부락 이름으로, 금나라 때 이곳에 갈소관로曷蘇館路를 설치하였다. 거란 태조 야율아보기耶律阿保機가 여진을 정벌할 때 여진 사람 수천 호를 요양 남쪽으로 이주시켰는데, 이를 갈소관여진이라 하였다. 일설에는 숙여진熟女眞을 갈소관여진, 합소관여진合蘇官女眞이라고도 표기한다고 한다.《김상기, 高麗時代史, 서울대학교출판부, 1985, 186쪽》《연경재전집》 속집 책16 〈동국지리변東國地理辨〉에서는 갈소관을 관서 국경 지역으로 추정하고 있다.《해동역사》〈지리고10〉에서는 "압록강의 서쪽은 바로 금나라의 갈소관인데, 혹 파속로婆速路라고도 하며 금나라와 고려가 경계를 접한 지역이다."라고 하였지만 정확한 위치는 불분명하다.

하사받은 책의 목록
賜書總目

《시전詩傳》 10권

《서전書傳》 10권

《주역周易》 14권

《논어論語》 7권

《맹자孟子》 7권

《대학大學》 1권

《중용中庸》 1권

《춘추春秋》 2질 각 10권

《국조보감國朝寶鑑》 2질 각 22권

《보감별편寶鑑別編》 2권

《갱장록羹墻錄》 4권

《대전통편大典通編》 5권

《명의록明義錄》 3권

《명의록언해明義錄諺解》 4권

《속명의록續明義錄》 1권

《속명의록언해續明義錄諺解》 1권

《궁원의宮園儀》 2권

《자휼전칙字恤典則》 1권

《이연윤음貽燕綸音》 1권

《포충윤음褒忠綸音》 1권

《유입정종친문무백관윤음諭入庭宗親文武百官綸音》 1권

《유중외대소신서윤음諭中外大小臣庶綸音》 1권

《기호별진자윤음畿湖別賑資綸音》 1권

《유호서윤음諭湖西綸音》 1권

《유경상도윤음諭慶尙道綸音》 1권

《유원춘도영동서윤음諭原春道嶺東西綸音》 1권

《유해서윤음諭海西綸音》 1권

《유함경도윤음諭咸鏡道綸音》 1권

《가체신금사목加髢申禁事目》 3질 각 1권

《내각고사절목內閣故事節目》 1권

《병학통兵學通》 1권

《예진총방隸陣總方》 1권

《은중경恩重經》 1권

《은중경언해恩重經諺解》 1권

《오륜행실五倫行實》 2질 각 4권

《문원보불文苑黼黻》 22권

《향례합편鄕禮合編》 2권

《이문원강의摛文院講義》 2권

《태학은배시집太學銀杯詩集》 2권

《갱재축賡載軸》 1권

《경림문희록瓊林聞喜錄》 1권

《규장각지奎章閣志》 1권

《홍문관지弘文館志》 1권

《증보운고增補韻考》 1권

《규장전운奎章全韻》 5질 각 1권

《정음통석正音通釋》 1권

《주서백선朱書百選》 2권

《사기영선史記英選》 4권

《팔자백선八子百選》 2권

《육주약선陸奏約選》 1권

《두육천선杜陸千選》 3질 각 4권

《아송雅頌》 2권

《돈효록敦孝錄》 23권

《예의유집禮疑類輯》 15권

《충무전서忠武全書》 8권

《눌재집訥齋集》 3권

《뇌연집雷淵集》 15권

《안와집安窩集》 3권

《천세력千歲曆》 3권

《제중신편濟衆新編》 2질 각 5권

《어제어필홍릉비음기첩御製御筆弘陵碑陰記帖》 하나

《열조어제어필동남묘비문첩列朝御製御筆東南廟碑文帖》 하나

《어제어필대로사비명첩御製御筆大老祠碑銘帖》 하나

이상 모두 308권이다. 전조에 하사받은 책을 경신년(1800, 순조 즉위년) 칠석날 삼가 기록한다.—《춘추》 10권, 《오륜행실》 4권, 《두육천선》 4권,

《규장전운》 2권, 《제중신편》 5권은 본학이 받은 것이고, 《두육천선》 4권, 《규장전운》 1권은 본예가 받은 것이다.-

네덜란드
阿蘭陀

《화한삼재도회和漢三才圖會》-양안상순良安尙順이 편찬한 것이다.-의 기록은 다음과 같다.

"아란타阿蘭陀(네덜란드)에서 일본까지 거리가 해로로 1만 2900리이다. 살펴보건대 홍모국[114]은 서북쪽 극변의 추운 나라이다. 모두 7개 큰 지역이 있고 아란타는 그중 한 지역명이었는데 지금은 그 지역을 총괄하는 명칭이 되었다.[115] 그 나라 임금은 고모파이아[116]라 부른다. 그 나라 사람은 피부가 희고 모발이 붉으며 코는 높고 눈은 둥글면서 광채가 난다. 보통 한쪽 다리를 들고 소변을 봐서 그 모습

---

114 홍모국紅毛國 : 본래 네덜란드, 홀란드를 지칭하는 말인데 동양에서 유럽인의 국적을 잘 구분하지 못하여 영국이나 기독교인을 칭하는 경우에도 쓰였다.

115 모두……되었다. : 《화한삼재도회》에는 이 구절 뒤에 7개 지역의 이름이 나열되어 있다. "7대주의 이름은 세이라모지世伊羅牟止·구류우네해具留宇禰解·우이다량목宇伊多良木·계류지우모지計留止宇牟止·호우포류이세류乎宇布留伊世流·포리이수량모지布利伊須良牟止·호량모태乎良牟太이다." 실제 당시에 네덜란드는 스페인에서 독립한 7개 지역 연합이었는데 홀란드가 경제 무역의 중심지인 암스테르담을 포함하고 있어 네덜란드를 대표하는 명칭이 되었다.

116 고모파이아古牟波爾亞 : 프랑스어로 회사를 뜻하는 콩파뉴compagnie의 음차인 듯하다. 즉 네덜란드가 무역을 위해 설립한 네덜란드동인도회사Verenigde Oost-Indische Compagnie를 말한다. 당시 이 회사에 소속된 상선이 무역을 담당했으므로 회사 이름을 말한 것인데 당시 일본 사람이 왕의 이름이라고 오해하였던 것이다.

이 마치 개와 같다. 의복은 대부분 모직물인데 멋지게 장식하여 다른 것들보다 뛰어나다.

상인들이 먼 나라와 교역하면서 교류파[117]에다 대관代官을 두는데 국명은 세네라류世禰羅留라 칭하며, 일본 및 여러 나라와 상선으로 무역하고 10년에 한 차례씩 회계하여 감정한다. 그 차관次官은 매년 6, 7월에 장기長崎(나가사키)에 와서 출도出島에 머물러 있다가 이듬해 봄에 강호江戶에 참석하여 연시年始와 교대의 예를 삼가 행하고, 6, 7월에 온 자와 교대하고 떠나니 ―바로 인질이다.― 그 사람을 가비단[118]이라 부른다. ―그 차관은 폐지류閉止留라 부르고, 또 미이세모米伊世牟라 부르기도 한다.―

모두 가로쓰기로 문자를 쓰며, 닭고기·돼지고기 및 여러 종류의 고기를 먹는데 모두 젓가락을 사용하지 않는다. 항상 밀가루로 만든 빵[麪餠]을 먹는데 그것을 일컬어 파모波牟라 한다. ―마치 만두와 같으면서 소가 없는 것이다.― 또 생선과 고기를 돼지기름에 부쳐서 건포를 만들어서 나가모羅加牟라고 부르고 이를 조각조각 찢어서 먹는데 맛이 좋다고 한다. 무릇 음식을 먹는 동안에 하급 관리들이 앞에서 연주하고 춤추면서 식사를 권하니, 그 여유로운 예모가 이와 같다. 그러나 모두 장수하지 못하여 60세가 된 자가 우리 일본의 백 세 되는 사람만큼이나 드물다. 50세 남짓이면 노쇠해져서 20세도 안 된

117 교류파咬嚁吧 : 현재 인도네시아 자바섬에 속한 자카르타 지역을 말한다. 17세기 이래로 네덜란드가 점령하여 성곽을 쌓고 여러 나라로 통상하는 항구로 삼았으며, 주로 일본 나가사키와 교역하는 근거지가 되었다.

118 가비단加比丹 : 포르투갈어 카피탕capitão의 음역으로, 선장이란 뜻이다

자들이 전적으로 가업을 맡는다. 성격이 세밀하고 재주가 뛰어나서 천문·지리·산술 및 외과 의료에 매우 뛰어나다.

대개 아란타의 상선은 35, 6개국을 왕래하면서 여러 물품을 교역해 오기 때문에 그 특이하고 진귀한 물품을 이루 헤아릴 수 없다. 동경[119]·비라가備剌加·섬라暹羅(태국)·교류파 같은 곳은 중국인과 마찬가지로 아란타도 그곳에 가서 무역하고, 소문답라·파우·방갈라·파사·발니[120]와 같은 총 30여 개국에는 아란타 사람이 항상 왕래하며 무역하였다. 아란타의 상선은 모두 여덟 개의 돛을 달아서 대양大洋의 순풍이나 역풍을 가리지 않는다.

또 곤륜층사崑崙層斯에 사는 야인들은 그 몸이 흑칠한 듯 검은데, 아란타 사람들이 먹을 것으로 유인하여 상선에 팔아넘겨 노예로 만들었다. 살펴보건대 지금 육아란타六阿蘭陀의 배를 타고 온 사람 중에 세속에서 '흑방黑坊'이라 부르는 몸이 흑칠한 듯 새까만 사람이 있는데, 몸이 민첩하여 돛대 위에서도 잘 달린다. 구려모久呂牟는 곤륜崑崙의 중국 발음이며, 방坊이란 모발이 없는 사람의 통칭이다."

119 동경東京 : 지금의 북베트남에 있던 교지국交趾國의 도부都府이다. 본디 형제의 나라였는데, 자손에 이르러 서로 다투어서 교지와 동경이 두 나라로 나뉘었다고 한다.《靑莊館全書 卷65 蜻蛉國志2》

120 소문답라……발니 : 소문답라蘇門答剌는 수마트라로, 파우琶牛는 지금 미얀마의 페구 또는 바고로, 방갈라榜葛剌는 벵갈리, 파사波斯는 페르시아, 발니浡泥는 부르나이로 보고 있다.

상으로 받은 상현궁
上弦弓

신유년(1801, 순조1) 11월 13일에 상현궁[121] 1장을 하사받았으니, 작년에 선왕이 지은 글을 교정한 공로 때문이다. 본학도 상전賞典으로 현궁을 받았다.

121 상현궁上弦弓 : 시위를 매긴 활을 현궁弦弓이라 하는데 그중에서도 뛰어난 상등 품질의 활을 상현궁이라 한다.

오국성
五國城

"《조야잡기朝野雜記》에는 '휘종을 처음엔 오국성五國城에 장사하였는데, 7년 뒤에 금나라 사람이 재궁梓宮을 행재소로 돌려보내니 용덕龍德 별궁에 임시로 안치되었다.……'라고 하였다.

《동도사략東都事略》에는 '정강 2년(1127) 3월 정사일에 도군황제가 북쪽으로 갔다.[122] 소흥 5년(1135) 4월 을미일에 황제가 붕어하였다. 12년 8월 을축일에 고국으로 돌아와 용덕궁에 빈소를 차리고 10월 병인일에 영우릉永祐陵에 장사하였다.'라고 하였다.

《송사》〈후비열전后妃列傳〉에는 '정 황후鄭皇后는 상황제를 따라 청성靑城으로 끌려가서 북쪽으로 옮겨져 5년을 머무르다가 오국성에서 붕어했으니 시호가 현숙顯肅이다. 재궁이 국내로 돌아오자 곽에다 모시고 황후의 옷을 그 안에 넣어서 휘종과 함께 회계會稽 영우릉에 합장하였다.'라고 하였다.

122 도군황제가 북쪽으로 갔다 : 도군황제道君皇帝는 송 휘종의 별칭이다. 1127년 금나라 군이 태상황 휘종과 황제 흠종, 황족 및 관리 3000명과 백성 10여 만 명을 포로로 잡아서 북방으로 돌아갔다. 이로 인해 북송은 망하고 흠종의 동생 고종이 즉위하여 남쪽으로 내려가 남송을 세웠으니, 이 사건을 '정강靖康의 변'이라고 한다.

《철경록輟耕錄》의 '양련진가[123]가 남송의 능묘를 도굴한 일'에서는 주밀周密의 《계신잡지癸辛雜識》를 인용해 '휘종과 흠종이 오국성에 묻힌 뒤에 송나라는 금나라에 자주 사신을 보내어 간청하여서 재궁을 돌려받고자 하였는데 6, 7년이 지난 뒤에야 허락을 받았다. 이때에 이르러 발굴되었는데 휘종과 흠종의 두 능에는 모두 물건이 한 점도 없었으니, 휘릉에는 썩은 나무토막 하나만 있고 흠릉에는 나무 등잔 한 개가 있을 뿐이었다. 대개 당시에 이미 그 진위를 알 수 없다고 생각했지만 속임수라고 지레 의심하고자 하지 않았으니 또한 한때의 민심을 위로하였을 뿐이다. 두 황제의 유해는 사막 어딘가 떠돌고 있고 애초 돌아온 적이 없었던 것이다.……'라고 하였다."

이상은 《독례통고讀禮通考》에 나오는데 의당 〈북관고적〉[124]에 들어가야 한다.

---

123 양련진가楊璉眞伽 : 원나라 때 승관僧官이다. 원 세조 지원 14년(1277)에 강남석교총통江南釋教總統이 되어서 남송 황실의 능과 대신들의 무덤 100여 군데를 도굴하고 불사의 명의로 전호佃戶 50여 만 호를 점유하는 등 뇌물과 탐욕으로 유명했다. 28년(1291)에 관물을 횡령한 혐의로 하옥되어 재산이 몰수되었다.

124 북관고적北關古蹟 : 홍양호洪良浩가 쓴 함경도 지방의 풍토기인 《북새기략北塞記略》 내에 〈북관고적기北關古蹟記〉가 보인다.

건주의 연혁[125]
建州始末

《무비지》[126] 〈여진고女眞考〉에 다음과 같이 기록하였다.

"여진은 국조에 몇 종류로 나누어졌다. 해서에 사는 자들을 해서여진海西女眞이라 하고, 건주建州와 모린毛隣 등지에 사는 자들을 건주여진建州女眞이라 하고, 기장 먼 구동에 사는 이들을 야인여진野人女眞이라 한다. 또 소수 종족이 매우 많은데 모두 용감하고 날래며 활을 잘 쏘고 기갈을 잘 참으며 전투를 잘한다.

건주여진이 그들 중 우두머리가 되는데, 왕고[127]와 아태阿台의 부족들이 가장 사나워서 때로는 공물을 바쳤다가 때로는 반란을 일으

---

125 건주의 연혁 : 건주여진에서 누르하치가 세력을 모아 청을 건국하기 전의 상황에 대해 서술한 짧은 기록이다. 이는 《연경재전집》 권44 〈건주록建州錄〉에 실려 있는 기록과 유사한데 훨씬 소략하다.

126 무비지武備志 : 명나라 방풍防風 사람 모원의茅元儀가 저술한 병서이다. 모원의가 고금의 병서 2000여 권을 총정리하여 병법, 군기, 성곽, 진형 등의 병사兵事를 기록하고 풍부한 도해와 지도를 더하여 펴낸 240권의 방대한 저술이다.

127 왕고王杲 : 1528~1575. 건주여진의 우두머리 중의 하나이다. 가정 연간에 명나라에서 벼슬을 주어 건주우위 도지휘사建州右衛都指揮使가 되었으며 한어에도 능통하였다. 요동을 누차 공격하여 전후로 명나라 장수 수십 명을 살해하였는데, 결국 만력 2년(1574)에 이성량에게 패배하여 남관南關으로 도망하였다가 다음해에 명군에 붙잡혀 죽었다.

키기도 하였다. 만력 초에 무순撫順을 지키던 장수를 그럴듯한 말로 유인해 나오게 해서 살해하였다. 이 당시는 신종이 막 즉위하고 장거정張居正이 재상이 되어서 법으로 변방의 관리를 단속하여 변방의 관리들이 벌벌 떨고 있던 시기였다. 일이 보고되어 순무사 장학안張學顔과 진신 이성량[128]을 문책하니, 마침내 그해가 지나기 전에 그들의 소굴을 공격하여 대대적으로 참수하고 노획한 뒤 종묘에 승리를 고하고 포로를 바쳤다.

이때에 아태의 장인인 타실[129]과 타실의 아버지 교장[130]이란 자가 있었는데, 이성량이 아태를 엄습해 죽일 적에 실제 그들을 속이게 하였다가 이윽고 모조리 살해하였다. 아태의 성이 함락되었을 때 교장의 손자인 노아합적奴兒哈赤(누르하치)이 16세였는데 죽여 주기를 청하였다. 이성량은 도리어 그를 불쌍하게 여기고 또 여러 부족 중 황제의 명을 맡길 데가 없음을 고려하여 마침내 그 지역을 모두 그에게 주고 조정에 용호장군龍虎將軍으로 봉해 주기를 청하였다. 용

---

128 이성량李成梁 : 1526~1615. 명나라 요동 철령위鐵嶺衛 사람으로 자는 여계汝契이다. 대대로 철령위 지휘첨사를 지냈다. 요동 총병이 되어 전비를 잘 갖추어서 건주여진의 두목 왕고, 아태 등을 격파하여 위명을 떨쳤다. 전공으로 영원백寧遠伯에 봉해진 뒤 탐욕을 부리고 전공을 조작 과장하다가 해임되었다.

129 타실他失 : 1543~1583. 청 태조 누르하치의 아버지인 탁시로, 탑극세塔克世, 탑석塔石, 탑실塔失이라고도 한다. 건주여진의 두목 중 하나였고, 청나라가 세워진 뒤 현조 선황제顯祖宣皇帝로 추존되었다. 만력 11년(1583)에 부친 교장과 함께 이성량에게 패배하여 피살되었다.

130 교장敎場 : 1525~1583. 누르하치의 조부인 기오창가로, 규장叫場, 각창안覺昌安, 각상강覺常剛이라고도 한다. 건주여진 두목의 하나였고, 청나라가 세워진 뒤 경조 익황제景祖翼皇帝로 추존되었다. 만력 11년에 손서孫壻인 아태가 이성량에게 포위되었을 때 손녀를 구하러 갔다가 성이 함락되어 피살되었다.

호장군이란 국가에서 오랑캐에게 내려 주는 높은 벼슬이다.

노추奴酋(누르하치)는 마침내 그를 빌미로 동방을 호령하여 여러 부족의 땅을 다 차지하고 해마다 초피와 인삼을 무역하여 금전 10여 만을 얻었다. 그리고 강변의 오랑캐[131]를 회유해 병합하여 그들의 진주 산지를 얻어서 지붕 모서리에 진주를 달아 놓고 진귀한 보화를 나열하였다. 자녀들은 옥처럼 찬란하고 모시는 신하들은 엄숙하니 엄연한 왕자王者와 같은 기상이 있었다.

남관南關의 회팔灰叭이란 여러 부족과 북관北關의 금金과 백白이란 두 추장은 모두 해서여진의 일족이었다. 노추는 셋째 딸을 남관의 추장인 복태길卜台吉에게 주고 그 틈을 타서 그 지역을 습격해 취하였다. 복태길이 북관으로 도망가서 금태타金台他의 과년한 딸에게 장가들려 하자, 노추가 성을 내어 그를 공격하고자 하니 과년한 처녀가 감히 복태길에게 시집가지 못하였다. 금 추장에게 자못 미색이 있는 어린 두 딸이 있었는데 이윽고 하나는 복태길에게 시집보내고 하나는 복태길의 동생에게 시집보내니, 노추가 더욱 진노하였다.

금태길金台吉에게 또 서쪽 오랑캐인 재새[132]에게 시집간 딸이 있었는데 얼마 뒤에 사이가 나빠져 친정으로 돌아왔다. 재새가 다시 금 추장의 과년한 딸에게 장가가고자 하여 금 추장이 허락하였는데

---

131 강변의 오랑캐 : 강이江夷라고 하는데 개원開元 북쪽에서 흑룡강까지의 지역에 살고 있는 생여진生女眞을 말한다. 후에 모두 누르하치에게 복속되었다.

132 재새宰賽 : 몽골 객이객부喀爾喀部의 부족장 자이사이로, 재새齋賽라고도 한다. 1619년 만주 서북방이 후금에 병합되면서 벌어진 철령성鐵嶺城 전투 때 후금에 저항했던 자이사이는 병사 1만여 명을 이끌고 매복했다가 누르하치를 저격했으나 패하여 포로가 되었다.

딸이 거절하니 재새가 화를 내었다. 노추가 이에 재물을 보내어 서쪽 오랑캐의 부족들에게 뇌물을 주고 또 한편으로는 재새와 혼인을 맺어서 함께 북관 지역을 유린하고 은밀히 요遼 땅을 소란스럽게 하였다. 명나라의 변방 관리가 그를 경계해 타일렀으나 노추가 듣지 않자, 이에 때때로 날랜 병사를 출동시켜서 북관을 보호하였다. 노추는 더욱 분노하여 말하기를 '북관이나 우리나 똑같은 오랑캐인데 중국은 어찌하여 한쪽만 보호하는가?' 하였다. 이때 노추는 이미 부강하고 무리를 많이 모아서 성곽을 수축하고 군사를 훈련하느라 쉴 날이 전혀 없었으며, 망명한 자들을 초치하고 또 점성술을 강구하고 병법을 논하니 천하가 모두 그가 장차 대사를 일으키리란 것을 알았다."

《무비지》의 〈여진고〉는 대체로 산삭된 내용이 많으니, 아마 그쪽 사람이 숨기려고 그렇게 한 듯하다. 상사上舍 한대연韓大淵이 소장하고 있는 본이 뛰어난 완본이기에 위와 같이 기록하였다.

일본에 유학을 전파한 왕인
王仁

한漢나라 고조의 후손 중에 난鸞이란 자가 있고, 난의 후손 중에 왕구王狗란 자가 있는데 떠돌아다니다가 백제에까지 이르렀으니, 왕구의 손자가 왕인王仁이다. 구소왕[133] 때에 일본의 응신천황應神天皇(오진 천황)이 사신을 보내어 백제에 문인을 청하자, 구소왕은 왕인을 일본에 파견하였다.[134] 태자인 토도아랑자[135]와 난파황자難波皇子가 그를 스승으로 삼아서 전적을 익혔으니 이가 일본 유풍儒風의 시조이다. 왕인이 난파황자가 황위에 즉위할 때에 〈난파진難波津〉이란 노래를 지으니 타국인으로서 화가和歌를 잘하였기에 사람들이 모두 특이하게 여겼다. 왕인의 후손 중에 문기촌최文忌寸最, 파마소목播磨

133 구소왕久素王 : 백제의 6대왕 구수왕仇首王(재위 214~234)을 잘못 표기한 것이다. 귀수왕貴須王이라고도 한다.

134 구소왕은……파견하였다 : 《해동역사》에 의하면 백제에서 처음에 아직기阿直岐를 보내어 그가 태자의 스승이 되었는데, 아직기가 자신보다 더 훌륭한 왕인이란 학자가 있다고 고하자 일본에서 왕인을 보내 줄 것을 요청했다고 한다.

135 토도아랑자菟道雅郎子 : 토도치랑자菟道稚郎子(우지노와키이라쓰코)이다. 5세기 전반에 일본 제15대 응신천황과 궁주택원宮主宅媛(미야누시야카히메) 사이에서 황자로 태어났다. 응신 14년에 태자가 되었으나 후에 자살하였다. 제16대 인덕천황仁德天皇(닌토쿠 천황)이 되는 난파황자의 이복형이다. 아직기와 왕인에게서 유학을 배웠다.

少目, 무생연진상武生連眞象이란 자들이 있는데 모두 관직에 있었다. 일본 상정向井 -지명이다.-의 북쪽에 동원대명신사東原大明神社라고 하는 신사가 있어서 왕인과 우두천황牛頭天皇을 제사하였다. 이런 기록이 일본인 양안상순良安尚順이 편찬한 《화한삼재도회和漢三才圖會》 중에 실려 있다.

왕인이 한나라 왕실의 후예로 외국의 경학 스승이 되어 유풍을 떨치고 죽어서는 사당에서 제향을 받았으니, 특이하다고 할 만하다. 그런데 그 사당에 배식하는 우두천황이라는 신神은 이상하다.

화化와 화畫는 음이 같다
化畫音同

《춘추》 환공 6년에 "이자가 왔다.[寔來]"[136]라고 하였는데, 《공양전》에서는 "이자가 왔다고 표현한 것은 소홀히 여긴 것이다. 어째서 소홀히 여겼는가? 우리를 방문했기[化] 때문이다.[137]"라고 하였고, 《곡량전》에서는 "그가 우리를 방문하였기[畫] 때문에 간략하게 말한 것이다."[138]라고 하였다.

136 이자가 왔다 : 이 기사는 《춘추좌씨전》과 《춘추공양전》의 해석이 서로 다르다. 《춘추좌씨전》에서는 "식래寔來"의 식寔을 실實의 뜻으로 보아서, 주공州公인 순우공淳于公이 당시 조曹나라에서 노나라로 조근朝覲을 와서 자기 나라로 돌아가지 않았기 때문에 '아주 왔다'라고 표현한 것으로 해석하였다. 《춘추공양전》에서는 식寔을 이 사람[是人], 즉 순우공을 말하는 것이라고 보았다. 유득공은 후자의 해석을 따른 것으로 보인다.

137 우리를 방문했기 때문이다 : 《공양전주소公羊傳注疏》에서는 "방문하면서 무례하게 하는 것을 화化라고 하니, 제나라 사람의 말이다. 제후가 서로 방문하면서 국경에 이르면 반드시 길을 빌리고 남의 도성에 이르면 반드시 조근을 하니, 예양을 숭상하고 거만한 태도를 끊고 뜻밖의 화를 경계하기 위해서이다. 지금 주공이 노나라 도성을 방문하면서도 노나라에 조근하지 않으니 이 거만함을 미워하였기 때문에 '이 사람이 왔다.'라고 써서 그 뜻을 드러낸 것이다."라고 하여, 순우공이 노나라에 무례한 것을 비하하는 뜻이라고 설명하였다.

138 그가……것이다 : 《곡량전주소穀梁傳注疏》의 전후 내용은 다음과 같다. "식래寔來란 이자가 왔다는 것이다. 누가 왔다고 말하는 것인가? 주공을 말한다. 그것을 이자가 왔다고 말한 것은 어째서인가? 그가 우리를 방문했기 때문에 간략하게

지금 우리나라 발음은 화化 자와 화畫 자가 같지만 중국의 음은 같지 않으니[139], 우리나라에 오히려 한자의 옛 음이 남아 있음을 알 수 있다.

말한 것이다. 제후는 방문하는 것으로 서로 만나지 않는다. 화畫는 방문하는 것이니 제후의 만남과는 거리가 멀다."

139 중국의……않으니 : 《곡량전》에 "화畫의 발음은 획獲과 같다."라고 하였다. 현재 중국어에서 '化'는 1성이고, '畫'는 4성으로 강하고 짧게 발음한다.

돌아온 필기류의 선편 《고운당필기》

김윤조(계명대학교 한문학과 교수)

1. 세 나라에 흩어진 일곱 책

《고운당필기古芸堂筆記》는 영재泠齋 유득공柳得恭(1748~1807)의 필기류 저작이다. 유득공은 32세 되던 1779년(정조3) 검서관에 임명되어 관직에 진출하고부터 운동芸洞 곧 교서관동校書館洞에 거주하였던바, 동네 이름으로 당호를 삼고 자기 저작의 이름도 거기에서 따왔다. 그의 둘째 아들 유본예柳本藝는 《한경지략漢京識略》의 '교서관동' 조목에서 "옛날 교서관이 여기 있었으므로 동네 이름이 되었다."라고 하고, "옛날 정조 때 우리 집이 오래도록 이 동네에 살아서, 선친께서 당호를 고운이라고 한 것도 이 때문이다."라고 하였다. 청성 성대중이나 침계 윤정현은 유득공의 호로 고운을 쓰고 있고, 자하 신위는 영재의 서재 이름을 고운이라고 하였으니 고운당이란 유득공의 당호이고 서재이자 자호이다.

고종조에 검서관을 역임한 서만보徐晩輔(1837~1917)가 1877년을 전후한 시기에 쓴 시를 모은 18장 분량의 《간송시초澗松詩鈔》에는 한 세기가 지난 뒤에까지 남아서 다른 사람의 소유가 되어 있던 그의 고운동 집을 두고, "대문 앞에 높직한 버드나무가 서 있다."라고 하였다. 서만보는 이덕무의 《청장관전서》 제23, 24권의 편집을 담당한 사람이기도 하다.

유득공의 저작 가운데 중요한 것은 대개 국립중앙도서관에 소장되어 있다. 국립중앙도서관 소장본 가운데 중요한 것은 귀중본으로 분류되어서 두 개의 포갑에 담겨 있다. 그 포갑 중 하나는 문집인 《영재집》 4책이고, 다른 하나는 '영재서종'이라는 총서로 묶인 4종 4책의 저작이다. '영재서종 일一'은 《병세집並世集》, 이二는 《고운당필기》, 삼三은 《연대재유록燕臺再游錄》이고, 사四는 없고 '영재서종 단單'이라는 이름으로 된 《발해고》 1책이 함께 들어 있다. 각 책의 표지 왼쪽에는 '영재서종'이라는 총서명이 큰 글씨로, 바른쪽 상단에는 그보다 작은 글씨로 해당 책에 들어 있는 저작의 이름이 쓰여 있다. 총서명 아래에는 작은 글씨로 각 책의 일련번호도 써져 있고 이 책들의 겉표지 안쪽에는 모두 "소화昭和 2년 10월 31일 조선총독부 도서인"이 찍혀 있다. 소화 2년은 1927년으로, 총독부가 이 책을 입수한 시기를 알려준다. 아울러 《영재집》 표지 안쪽에는 '소개疏開도서 제160호', '영재서종'에는 '소개도서 제166호'라는 도장도 있어서, 국권 상실에 이어 전쟁이라는 민족사의 굴곡에 따른 낙인을 겹으로 갖고 있는 책이 되었다.

《영재집》과 영재서종은 모두 '고운서옥'이라고 표기된 원고용지에 한 사람의 글씨로 단정하게 필사된 원고본이다. 《영재집》이나 《발해고》, 《고운당필기》 등에서 수다하게 보이는 수정 산삭의 흔적으로 미루어, 유득공 그 자신에 의해 필사되었으리라고 짐작된다. 조선 방식의 5침針 장정이 아니라 중국식의 4침 장정인 점도 그럴 가능성을 높여 준다. 유득공 저작의 원본이 모여 있는 셈이다. 유본예가 쓴 유득공의 행장에도 그가 직접 자기 저작을 정리했다고 기록하고 있다. 그러나 완전한 상태로 모인 것은 아니어서, '영재서종이二'의 《고운당필기》에는 우측 상단의 《고운당필기》라는 표제 아래 '이二'라고 쓰여 있어 그 첫 책이 빠진 것을 알 수 있다. '영재서종 일一'은 '《고운당필기》 일一'이 아니라 《병세집》이다. 애초 그렇게 만들었을 리는 없으므로 '영재서종'이라는 총서명을 영재 본인이 붙였는지는 알 수 없는 일이다.

《고운당필기》는 모두 6권 3책으로 이루어졌으리라 짐작되는데, 제1, 2권은 현재 소재를 알 수가 없고, 제3, 4권은 국립중앙도서관에, 제5, 6권은 일본 천리대학 도서관에 소장되어 있다. 현재 남아 있는 제3, 4권와 제5, 6권의 두 책은 일찍이 이우성 선생에 의해 서벽외사해외수일본 시리즈(아세아문화사, 1986) 중 제10책인 '《설수외사雪岫外史》 외外 2종'에 포함되어 간행되었다. 천리대학 도서관 소장본인 《고운당필기》 제5, 6권의 사본을 국내에 들여와 공간하면서 국립중앙도서관 소장본인 제3, 4권을 함께 묶어 영인 간행한 것이다. 오수경 교수는 해제에서 "이 3, 4권과 5, 6권은 필체나 책의 모양으로 보아 원래 한 질이었는데 분산이 되었던 것으로 추측된다."라고 지적하고 있다. 두 책 모두 앞서 말한 것처럼 '고운서옥古芸書屋'이라 쓰인 원고용지에 필사되었는데 18세기 문인 학자들 사이 유행했던 바대로 유득공도 따로 자신의 전용 원고용지를 마련해두고 사용했던 듯하다. 서벽외사해외수일본 시리즈 간행 이후에 필자는 《고운당필기》의 제5, 6권이 규장각에도 남아 있는 것을 확인했다. 책 끝에 "소화昭和 6년 7월 금서룡 씨今西龍氏 소장 사본에서 등사함"이라고 기록되어 있었다. 소화 6년은 1931년으로 당시 조선총독부는 전문 필사자들을 동원해서 조선의 주요 고서들을 필사하도록 하곤 했다. 유득공의 저작 대부분은 총독부로 들어갔는데, 어떤 이유에서인지 그 가운데 《고운당필기》 한 책은 나뉜 것이다. 그래서 금서룡이 입수한 원본은 천리대학으로 가고, 그것을 등사한 복사본이 규장각에 남았다.

아직 소재가 파악되지 않은 첫 부분 두 권을 찾는 일은 과제로 남아 있다. 그리 멀지 않은 시기까지 존재한 사실이 알려져 있으므로, 어딘가에 남아있으리라는 기대는 가질 수 있다. 해방 이전의 손꼽히는 장서가인 이인영은 그의 장서 목록인 《청분실서목淸芬室書目》의 한 조목에서 그 자신이 《고운당필기》 제1, 2권을 소장하고 있다고 했다. 제1, 2권 한 책만 소장하고 있었으므로 서목에는 당연히 "잔본殘本"이라고 표기하고 있다. 그보다 앞서 다산 정약용이 《고운당필기》를 읽고 평을 남긴 바 있었고, 이경민李慶民(1814~1883)이 《희조일사熙朝軼事》에 쓴 '정육동鄭六同'이라는 인물에 대한 기록은 《고운당필기》 제6권의 기사를 그대로 전재한 것이다. 요컨대 《고운당필기》는 근대에 이르도록 꾸준히 주목받고 읽혀 온 저작이었다.

2005년 여름 필자는 국립문화재연구소가 서비스하고 있는 '해외소장한국전적문화재' 홈페이지에서 버클리대학 동아시아도서관에 《고운당필기》 2종이 소장되어 있음을 확인하고 담당 사서인 장재용 씨를 통해서 이를 입수하였다. 3권 1책과 2권 1책으로 된 두 가지 종류였는데, 담당 사서가 미리 알려준 대로 내용 차이는 없었다. 외국의 개인 연구자를 위해 자료를 마이크로필름으로 만들어 우편으로 보내주는 시스템을 가진 도서관과 담당 사서의 친절에 감사를 표해 둔다. 해외소장한국전적문화재 홈페이지의 목록에서는 두 책의 필사 시기를 3권 1책본은 18세기, 2권 1책본은 '일제 시대'로 밝히고 있다. 그 목록을 처음 보았을 때 지금까지 국내외 어디에서도 소재를 알 수 없었던 바로 그 제1, 2권이 모두 확인되리라는 기대를 가졌다. 그러나 버클리대학본 곧 이른바 아사미본은 다른 데서 볼 수 없는 또 하나의 새로운 이본이었다. 기왕의 두 책과 같은 체제를 가진 일실된 제1, 2권은 아직 온전한 모습을 알 수 없다. 이렇듯 현재 《고운당필기》는 한국과 일본, 그리고 미국의 세 나라에 각각 분산되어 있다. 참고로, 일찍이 《한국고서종합목록》(윤병태, 1968, 국회도서관)에서는 이미 《고운당필기》의 소장처에 대해 "금서룡今西龍(零本 1책), 천견淺見(1책)"이라 하여 두 사람이 각각 1책씩을 소장하고 있다는 사실을 밝혀 두었다.

다행히도 버클리대학본 《고운당필기》는 아직 온전한 모습을 확인할 수 없는 제1, 2권 기사의 상당량을 담고 있다. 이인영이 《청분실서목》에 남겨둔 기록 덕분에 《고운당필기》 제1, 2권에 106개의 기사가 수록되어 있다는 것을 알 수 있다. 버클리대학본 《고운당필기》는 그 가운데 44.3%인 47개 항목을 싣고 있다. 제1, 2권의 거의 절반에 가까운 내용을 가려뽑은 초략본抄略本이 되는 셈인데 《고운당필기》 6권 전체 295개 항목 중에서는 대략 3분의 1에 해당하는 98개 항목을 가려 뽑아 필사하였다. 국립중앙도서관본과 천리대학도서관본은 완전한 저술로 정리되기 이전의 초고 상태로, 곳곳에 줄을 긋거나 먹으로 채워서 지우고 수정한 흔적이 남아 있다. 버클리대학본은 초고본의 그 수정을 모두 반영하여 정사한 책이다. 버클리대학본은 유득공의 저작 전체를 잘 파악하고 있는 사람에 의해서 19세기 초반에 필사되었을 것으로 짐작된다. 참고로, 규장각에 있는 제5, 6권도 초고본인 천리대학 도서관본의 수정을 모두 반영하여 필사되었다.

후지모토 유키오藤本幸夫 교수의 《일본현존조선본 연구 집부集部》 덕분에, 천리대학에 또 한 종류의 《고운당필기》가 있음을 알 수 있었다. 동 목록에 '촬요撮要'라고 명기되어 있어서 일부를 뽑은 것임을 알 수 있지만, 구체적인 확인이 필요하였다. 후지모토 교수의 역저에서 책의 소재를 확인하였을 때 필자는 마침 연구년이었는데, 당장 천리대학을 찾아갔다. 그때 도움을 주신 그 학과 교수님께 감사의 말씀을 드린다.

또 하나 중요한 이본으로, 박철상 박사의 수경실修綆室 소장 심의평본 《고운당필기》가 논문으로 공개되었다. 버클리대학본과 유사한 성격의 초략본으로, 다른 이본에 없는 새로운 내용이 적지 않다. 더하여 심의평본 《고운당필기》가 들어 있는 수경실 소장 《영재서종》 시리즈는 유득공 저작 연구에 중요한 자료가 될 전망이다.

정리하면 《고운당필기》라는 제목을 달고 있는 책은 현재 모두 7책이 국내외에 남아 있다. 우리나라 국립중앙도서관과 규장각, 일본의 천리대학 도서관과 동 대학 한국·조선어전공에 각 1책씩 4책이 있고, 미국의 버클리대학 동아시아도서관에 2책이 소장되어 있다. 그 가운데 규장각과 천리대학 도서관본은 앞서 언급한 대로 같은 내용이고 버클리대학의 두 책 역시 같은 내용이므로, 내용상 다른 이본에 없는 부분이 들어 있는 책만 꼽자면 심의평본 《고운당필기》를 합해서 5책이 된다. 곧, 국립중앙도서관본(제3, 4권), 천리대학 도서관본(제5, 6권), 일부를 가려 뽑은 책인 천리대학 한국·조선어전공본과 버클리대학본 및 심의평본이다. 이 4책에다 현재로서는 소재를 알 수 없지만 이인영 소장본도 《고운당필기》 연구에서 제외할 수 없는 이본이다.

먼저 이인영의 《청분실서목》에 나와 있는 기록부터 검토하기로 한다. "《고운당필기》 잔본殘本 2권 1책"이라는 제목 아래 다음과 같이 쓰고 있다. 책의 크기 등 외형에 대한 기록은 제외했다.

> 원고본原稿本. 유득공 찬撰. 제1, 2 두 권을 소장. 매 권의 머리에 목록이 있다. '고운당필기 권○'라고 쓰여 있고, 다음 행에 '유주儒州 유득공 혜풍惠風'이라고 썼다. 한 면이 10행, 한 행이 21자씩이다. 흑구黑口.
>
> 권1은 〈도서집성圖書集成〉에서 〈고효지시顧曉之詩〉까지 모두 65항목을, 권2는 〈봉지제신삼체奉旨製進三體〉부터 〈서양번인西洋番人〉까지 모두 41항목을 수록하였다.

이인영은 공교롭게도 이후 국내외에서 자취를 감춘 제1, 2권을 소장하고 있었다고 한다. 그것도 그의 안목으로 볼 때 유득공에 의해 정리가 된 원고본이었다 한다. 그의 기록에는 없지만 제3~6권의 예로 보아 아마도 '고운서옥' 원고용지에 필사된 책이었을 것이다. 매 권의 처음에 목록이 있고 목록에 이어 각 권의 본문 첫 면 첫 행에 "고운당필기 권○", 그 다음 행에 "유주 유득공 혜풍"이라고 필사되어 있는 순서나, 행수나 자수가 고운서옥 원고용지에 필사된 다른 두 이본과 일치한다. 이인영 구장본, 국립중앙도서관본, 천리대학 도서관본 각 1책씩이 모두 모인다면 유득공의 원고본 《고운당필기》 6권 3책이 모두 구비되는 셈이다.

이 기록에서 또 하나 주목할 점은 《고운당필기》 기술의 시점이다. 이덕무의 《청장관전서》 〈연보〉 경자년(1780) 조에 보면 그 시기에 유득공이 필기를 기록하고 있었다는 사실을 확인할 수 있는데, 이인영 또한 그 필기의 시작이 1780년경 쓰인 것으로 추측되는 〈도서집성〉이라고 전하고 있다. 이로써 《고운당필기》는 유득공이 검서관에 등용된 이듬해이자 연암이 연행을 한 해인 1780년부터 기록이 시작되었음을 알 수 있다.

다음으로는 국립중앙도서관본과 천리대학 도서관본의 두 종류를 살펴보자. 앞에서 언급한 바대로 이 두 가지 자료는 이우성 선생의 서벽외사해외수일본 시리즈로 간행된 바 있었다. 지금까지 연구자들이 접할 수 있는 《고운당필기》는 이 자료가 유일한 것이었다. 그 중 제3, 4권인 국립중앙도서관본은 1792년(정조16)부터 1793년, 제5, 6권인 천리대학 도서관본은 1793년부터 1801년(순조1)까지의 기록이다. 앞에서 이인영의 서목을 통해 《고운당필기》 기록의 시작이 1780년이었음을 알 수 있었다. 그 끝은 언제일까? 유득공은 1801년 이후에도 6년을 더 생존했지만 필기 기록은 1801년에서 마친 것으로 보인다. 버클리대학본의 마지막 항목도 천리대학 도서관본 제6권의 끝에서 두 번째 항목으로 대략 일치한다. 《청분실서목》이 《고운당필기》 기록의 시작을 알려주었는데, 버클리대학본으로 그 끝을 알 수 있게 되었다.

버클리대학 동아시아도서관 소장본은 제목이 '고운당필기 단'이라고 되어 있다. 한 사람의 필체로 정갈하게 쓰였는데, 서벽외사해외수일본에 들어 있는 제3~4, 5~6권의 두 책이 갖고 있는 고졸古拙하면서도 또박또박한 서체와 통하는 점이 있다. 그러나 간혹 오자가 적지 않다는 점은 지적해 둘 필요가 있다. '후한서後漢書'의 '후後' 자를 '복復' 자로, '시始' 자를 '고姑' 자로, '보산甫山'이라는 지명은

'청산靑山'으로 쓰는 식의 명백한 오자들이 보인다. 판심 부분에 원고용지에 대한 표기는 없고, 필사의 경과를 알려주는 메모 등도 없다. 이전 소장자이던 아사미가 주로 일본에 관계된 기록에다 별지를 붙여서 짤막한 주석 또는 소감을 몇 개 남겼다.

버클리대학본의 제일의 특징은 애초의《고운당필기》6권 3책을 가려 뽑아 1책으로 만든 점이다. 이것이 가장 현저한 특징인데 버클리대학본은 그 가운데서도 첫 책인 제1, 2권의 내용을 가장 많이 수록하고 있다. 국립중앙도서관 및 천리대학 도서관본의 제3, 4권과 제5, 6권에 실린 각각 90개와 99개 항목 가운데서 버클리대학본은 22개와 29개 항목을 싣고 있다. 대략 24퍼센트와 29퍼센트가 된다. 거기에 반해 제1, 2권은 약 44퍼센트인 47개 항목을 싣고 있으니 거의 갑절에 가까운 비율로 제1, 2권을 많이 싣고 있는 것이다. 제1, 2권 가운데서도 특히 제2권에 해당하는 부분이 27개여서, 전체 41개 중 66퍼센트를 싣고 있다.

천리대학에 있는 또 다른 이본인 천리대학 한국·조선어전공 소장본은 다른 이본들과는 성격이 또 다르다.《고운당필기》만 묶인 독립 저작이 아니라 유득공의 네 가지 저술을 모은 책에《고운당필기》가 함께 실려 있는 형태다. 표제는 '영재시초泠齋詩抄', 내제內題는 '영재서종초泠齋書種鈔'라고 되어 있는데 내제인 '영재서종초'가 쓰인 본문 첫 장의 바른쪽 상단에 "창수시초唱酬詩抄" "난양록 이편灤陽錄二篇" "고문초략古文鈔畧" "고운당필기 촬요撮要"라고 수록 서명이 나열되어 있다. 그 우엽右葉, 즉 바깥 표지의 뒷면에 찍힌 도서관 소장인에는 "천리도서관 311320 소화昭和 29년 6월 1일"이라고 되어 있다. 소화 29년은 1954년이다. '취향산루장醉香山樓莊'이라는 원고용지 표기도 있다. 취향산루는 《화동창수집華東唱酬集》의 편찬자인 김병선金秉善(1830~1891)의 호 가운데 하나이므로 그가 필사해서 소장하던 책이었음을 알 수 있다.

《고운당필기》는 그 제목 아래 작은 글자로 '촬요'라고 밝히고 있듯, 권차 구분 없이 전체 18개 항목으로 된 비교적 적은 분량이다. 게다가 애초의 권차를 따라 순서대로 뽑지 않고 들쭉날쭉 앞뒤를 오가면서 뽑아 수록했다. 그 가운데 국립중앙도서관 및 천리대학 도서관본에 있는 항목이 10개, 버클리대학본과 중복되는 항목이 4개(그 가운데 2개는 천리대학 도서관본에도 있다.)이고, 다른 이본들에 없는 항목은 6개다. 물론 천리대학 한국·조선어전공본에만 있는 항목이 6개뿐이라고 해서 그 학술적 가치가 떨어지는 것은 전혀 아니다.

이상에서 살펴본 6종의 이본 이외에 심의평본 《고운당필기》가 박철상 박사에 의해 논문으로 보고된 바 있다. 심의평본 《고운당필기》를 직접 열람한 적은 없으므로, 소장자인 박철상 박사의 논문을 인용해서 소개해둔다. 심의평본 《고운당필기》는 《영재서종》이라는 유득공 저작 총서의 제8책으로 들어 있다. 심의평본 《영재서종》은 유득공의 시문을 모은 《영재집》과 함께 《사군지》, 《발해고》, 《고운당필기》, 《난양록》, 《경도잡지》 등 모두 9책으로 이루어져 있다. 판심에 '옥로산방玉露山房' 네 글자가 새겨진 인출지에 필사했는데, 이는 구한말 장서가 심의평이 사용하던 원고지이다. 글씨 또한 심의평의 친필이다.

심의평沈宜平(1836~1919)은 본관이 청송이고, 자는 승여昇如, 호는 석란石蘭, 승재昇齋, 연고당淵古堂 등이다. 황현이 《매천야록》에서 "전군수 심의평은 평생 모은 책이 1만 4000권이나 되었지만 늙어서도 그만두지 않았다."라고 한 것으로 보아 장서가로서 이름을 얻었음을 알 수 있다. 심의평은 북학파 문사들의 저술을 직접 필사하여 소장한 경우가 많았는데, 《영재서종》도 그중 하나다. 심의평의 장서인과 함께 조선총독부도서관의 장서인이 남아 있다.

심의평본 《고운당필기》는 기존의 원고본 《고운당필기》에서 순서대로 뽑아 만든 초략본이다. 원고본과 비교해 보면 수록된 항목이 3분의 1에 불과하다. 하지만 같은 초략본인 버클리대학본과 비교해 보면 권별 수록 항목 수가 매우 달라서 48개 항목만 일치할 뿐이다. 버클리대학본과 심의평본이 서로 다른 계열의 전사본임을 의미한다. 또한 심의평본에서는 다른 전사본에서 확인할 수 없는 12개 항목이 추가로 확인된다. 제1권에 7개, 제2권에 5개 항목인데, 수록된 항목의 순서를 원고본과 비교해 보면 대부분 원고본의 순서를 따르고 있지만 원고본 제6권에 수록되어 있는 〈인삼을 심는 방법[種蔘方]〉이 심의평본에서는 제3권의 〈가삼家蔘〉 다음에 수록되어 있는 등 약간의 차이가 있다. 이 경우는 유사한 내용을 이어서 수록한 것으로 보인다. 심의평본이 알려짐으로써 원고본 《고운당필기》 전체 295개 항목 중에서 254개 항목이 확인되고, 41개 항목이 미확인으로 남게 되었다.

권차	1	2	3	4	5	6	합계
항목 수	65	41	40	50	41	58	295
확인	32	33	40	50	41	58	254
미확인	33	8	0	0	0	0	41

이상에서 논의한 《고운당필기》의 각 이본별 항목 수를 도식화하면 다음과 같다.

<table>
<tr><th colspan="2">청분실 구장본
(책은 전하지 않음)</th><th colspan="2">국립
중앙도서관본</th><th colspan="2">천리대학
도서관 및
규장각본</th><th colspan="2">천리대학
한국·조선어
전공본</th><th colspan="2">버클리대학본</th><th colspan="2">박철상 소장
심의평본</th></tr>
<tr><td>권</td><td>항</td><td>권</td><td>항</td><td>권</td><td>항</td><td>권</td><td>항</td><td>권</td><td>항</td><td>권</td><td>항</td></tr>
<tr><td>1</td><td>65</td><td colspan="2" rowspan="2"></td><td colspan="2" rowspan="4"></td><td rowspan="2">1~2</td><td rowspan="2">8</td><td>1</td><td>20</td><td>1</td><td>21</td></tr>
<tr><td>2</td><td>41</td><td>2</td><td>27</td><td>2</td><td>20</td></tr>
<tr><td colspan="2" rowspan="4"></td><td>3</td><td>40</td><td>3</td><td>1</td><td>3</td><td>11</td><td>3</td><td>20</td></tr>
<tr><td>4</td><td>50</td><td>4</td><td>4</td><td>4</td><td>11</td><td>4</td><td>21</td></tr>
<tr><td colspan="2" rowspan="2"></td><td>5</td><td>41</td><td>5</td><td>5</td><td>5</td><td>8</td><td>5</td><td>14</td></tr>
<tr><td>6</td><td>58</td><td colspan="2"></td><td>6</td><td>21</td><td>6</td><td>9</td></tr>
<tr><td colspan="6">권1~6 합계 295개 항목</td></tr>
</table>

2. 《고운당필기》의 일곱 가지 영역

《고운당필기》는 일종의 비망기적 성격의 저작이다. 유득공은 여기에 써내려 간 짤막한 메모 같은 기록들을 전문적 저술로 발전시켜 나갔다. 그 구체적인 성과로 비둘기를 대상으로 한 《발합경鵓鴿經》, 벼루에 대한 전문 저술인 《동연보東硯譜》, 우리나라 최초의 전문 풍속지인 《경도잡지》, 우리나라 문학사 초기의 국한문시가를 통일적으로 파악한 《삼한시기三韓詩紀》, 범에 대한 전문 저작인 《속백호통續白虎通》 등이 있다. 그럼 점에서 《고운당필기》는 유득공 저작의 가장 중심적인 위치에 있다. 덧붙여 《발합경》 같은 경우 이규경의 '발합변증설'에서 지적하고 있듯 《우초신지虞初新志》의 저자인 장조張潮에게 이미 같은 제목의 저작이 있었다. 곧 그의 저술이 청나라 학자들의 학문적 경향과 긴밀하게 관련되어 있다는 점에 좀 더 주목하고, 그 양상을 적극적으로 연구할 필요가 있다.

새로 발견된 《고운당필기》 제1, 2권을 비롯하여 책 전체에 나타나 있는 유득공의 관심 영역은 크게 일곱 가지로 나눌 수 있다. 첫째는 백성의 동향 등 당대의 객관적 현실, 둘째는 유교적 예교를 벗어난 우리나라와 일본의 특이한 풍속, 셋째는 만주어와 몽고어 등 외국어와 우리말을 포함한 다양한 언어, 넷째는 우리나라 북쪽 국경 지역과 만주 지역까지 아우르는 역사 사실, 다섯째는 이덕무, 이서구 등 동인들과의 교유, 여섯째는 당시 국제 정세, 그리고 일곱째는 금석문 등이다. 예로 이 중 몇 영역에서 대표적인 기술을 들어두기로 한다.

1) 당대 백성의 현실

황해도 병마우후가 도둑 하나를 잡아 치도곤治盜棍으로 30대를 치니 거죽과 살이 찢겨 뜨락에 유혈이 낭자했다. 칼을 씌워 하옥하라 분부했더니, 도둑이 벌떡 일어앉아 딱 쳐다보고 말하였다. "영감이 나를 가둬요? 나는 곤장 맞을 때 상처를 내고 싶으면 내고 내고 싶지 않으면 안 냅니다.……나를 가둔들 이로울 것 없습니다."……두 손을 턱 아래 넣어 딱! 하고 쪼개서 땅바닥에 동댕이쳐 칼 두 개를 네 조각 내고는 도둑이 말하였다. "이러니까 날 가둔들 이로울 것 없다고 했지요. 놓아주는 것이 낫습니다."

-〈황주의 도둑〉 중에서

마치 한문 소설 한 편을 읽는 것 같다. 단순한 도둑이 아니었던 모양이다. 해당 지역에서 일정 정도 이름이 알려졌거나 어쩌면 약간의 세력을 가진 존재였을지도 모를 일이다. 독자의 궁금증은 도둑의 구체적인 '죄상'이 무엇인지, 그를 둘러싼 사람들의 동정이나 관의 사후 조치는 어땠는지 등 사건의 과정과 결말에 쏠리기 마련인데 기록자인 유득공은 그쪽으로 일언반구 말이 없다. 유득공의 초점은 오로지 그 대단한 도둑에 맞춰져 있다. 무시당한 국가 권력에 대해서도 관심을 두지 않는다. 이런 존재에 주목한 것은 민의 동향을 예리하게 읽어내는 유득공의 감각에서 비롯되었다. 홍경래 같은 '호민'이 출현한 것이 이때로부터 한 세대가 채 지나지 않아서였다.

2) 독특한 풍속

유득공은 우리 역사상 최초의 전문적인 풍속 저술인 《경도잡지》를 남긴 학자다. 그것은 이름 그대로 서울을 대상으로 한 것이지만 《고운당필기》에는 널리 우리 민족 전체의 풍속에 대한 관심이 곳곳에 드러나 있다. 우리 풍속 하나하나의 단순한 나열이 아니라 만주, 몽고, 중국과의 관계를 염두에 두어 국제 관계에 대한 암시가 읽히기도 한다. 우선 다음 기록을 보자.

> 하양 현감을 지낸 임희택이 해 준 말이다. 그가 하양을 다스릴 때 산골에 살던 어떤 자가 여인을 세 토막으로 자른 일이 있었다.……형을 가하며 신문하였더니 흉악한 짓을 한 사람은 바로 북관 사람이었다. 그가 공초에서 말하였다. "아내를 이끌고 떠돌이로 지냈는데 불행히도 병으로 죽었습니다. 살을 버리고 뼈만 거두어 고향으로 돌아가 장사 지내려고 했습니다.……"
>
> -〈함경도 풍속〉 중에서

사례四禮, 그중에서도 상례는 유교 국가 조선의 지배 이념으로서 특히 중요했다. 유득공은 함경도 풍속을 채집하여 바로 그 문제를 정면으로 거론하였다. 이 글에서는 위의 일화와 함께 삼년상 때 상주가 개를 잡아먹어 체력을 돋운다는 이야기도 싣고 있다. 세계 각지의 온갖 기이한 견문을 접할 수 있는 지금 우리가 들어도 놀랍고 끔찍할 수 있는데, 당대에는 아마 더욱 그러했을 것이다. 그러나 유득공은 놀라워하거나 기이해하는 데 그치지 않고 문헌을 근거로 이 풍속을 역사적으로 파악하였다. 위 기사에 이어 그는 다음과 같이 말한다.

> 이는 바로 부여와 옥저의 유풍遺風이다.

《삼국지》〈부여전〉의 주석을 인용하여 부여 때부터 이미 상기喪期를 오래하는 것을 영예롭게 여겨서 상주와 주위 사람들 간에 으레 다툼이 있곤 했다고 설명하였다. 또 《후한서》〈동옥저전〉을 인용하여 육탈肉脫 후 가족의 뼈를 하나의 목곽木槨에 모아 묻는 관습이 있었다는 점을 밝혀 두고 있다. 풍속 또는 민속의 중요한 특징이 예교에 얽매이지 않는 자유로움이다. 풍속에 각별한 관심을 가진 유득공이므로 가례家禮에 묶여 있던 당시 현실에서도 이런 기술이 가능했을 것이다. 한 장의 생생한 사진처럼 객관적 사례를 제시함으로써 현실을 비판적으로 바라볼 수 있는 거리를 확보하였다. 그가 의도했건 아니건 간에 인간과 사회를 보는 다양한 가능성을 열어준 것이다. 사실 그 자체에 대한 치밀하고 냉정한 기술을 통해서 이념을 배제하고 현실의 이면을 파악하고자 한 것이 유득공의 저술 태도였다.

3) 다양한 언어

영재는 시대를 대표한 저명한 시인이었으므로 그가 언어에 관심이 깊었던 것은 놀라운 일이 아니다. 그런데 그의 언어에 대한 관심은 유별난 데가 있다. 그는 우리말에 예민한 감각을 가졌고 중국어에 능통했을 뿐 아니라 일본어, 만주어, 몽고어에까지 깊은 관심을 보였다. 이러한 만주어, 몽고어에 대한 관심은 우리 풍속을 이해하는 바탕이 되기도 했다. 우선 한 가지 기사를 들어 그가 평소 한시의 시어詩語에 얼마나 부단히 주의를 기울였는지를 보이려 한다.

> "옥잠, 영실, 안래홍 중에, 산국은 쓸쓸하여 뜻이 다르네."……뒤에 이강산을 방문했는데, 그가 부채를 보고는 물었다. "영실이 뭔가요?" 내가 말하였다. "그 열매가 영실성 같아 영실이라 이름한 것입니다. 봄에 난 순이 자그마할 때 따서 껍질을 벗기고 먹지요. 우리나라에서는 질려蒺藜라고도 하고 그 열매는 까치밥이라고들 합니다."
>
> -〈영실〉 중에서

질려蒺藜는 이규보 이래 시어로 흔히 쓰인 말이지만 영실營實이 시에 쓰인 용례는 흔치 않다. 유득공은 그러한 이름이 붙은 연유며 열매 모양, 다른 이름까지도 자세하게 기억하여 설명하는데, 단어 하나를 시어로 사용하기 위해 적지 않은 연구를 거듭했음을 알 수 있다. 이 외에도 〈속어를 고치다〉, 〈속자〉에서는 속어와 속자를 구체적으로 나열하며 당대 언어 습관에 대한 진지한 관심을 드러냈으며, 〈만주어〉, 〈일본 말과 일본 문자〉, 〈몽고어〉에서는 다른 나라의 언어를 소재로 삼았다. 이런 항목들은 뚜렷한 주제 의식보다는 비망기적인 형식을 띠는데 그가 어떤 방식으로 언어를 사고하고 그 사고를 발전시켜왔는지 볼 수 있다. 그의 언어에 대한 관심은 가까운 나라에 대한 것에 그치지 않아서 〈서양 사람〉에서는 제주도에 표류해 온 서양인의 문자에 대한 기록을 남기기도 했다. 그 서술이 매우 상세하여 "그나라 문자는 가로쓰기를 하며 왼쪽에서 시작했다."는 말로 시작해 숫자를 표기하는 방식(V, X)과 그들의 이름("사이은斯伊隱")까지 적었다. 유득공이 언어에 박학하면서 동시에 또 얼마나 세심한 사람이었는지 보여 주는 대목이다.

4) 역사 사실

유득공의 역사 관계 저술은 《발해고》와 《사군지》가 널리 알려져 있다. 《발해고》는 새삼 설명할 필요가 없는 저작이고 《사군지》는 이른바 한사군에 대한 기록의 집성이다. 《고운당필기》에서도 역사 사실에 대한 그의 관심은 한결같다. 조선조 초기 북방 개척의 역사적 의의를 새롭게 조명한 〈조선 초기 함경도 개척〉 같은 글이 그의 역사의식을 잘 보여준다. 〈개마산이 백두산이다〉에서는 앞에서 본 바처럼 다양한 언어, 그중에서도 만주어와 중국어에 대한 이해를 바탕으로 개마산이 바로 백두산임을 고증하였고, 〈동명과 주몽〉에서는 물고기와 자라가 떠올라 다리를 만들어 주어서 강을 건널 수 있었다는 주몽의 고사를 역사 기록에 근거해서 해석하였다. 여기서는 신라사에 대한 그의 관심을 보여 주는 기사를 보자.

부진 때 신라 왕 누한樓寒이 사신 위두衛頭를 보내 조공했고, 양梁

나라 보통 2년(521)에 신라 왕 모진慕秦이라는 이가 백제 사신에게 사람을 딸려 보내 방물方物을 바쳤다. 수나라 문제 때 신라 왕 김진평金眞平이 사신을 보내 조공했다.……왕의 성이 김씨 하나뿐도 아니었다.

-〈신라 왕 누씨와 모씨〉 중에서

'신라 왕 누씨와 모씨'라는 제목부터 범상치 않다. 여기에 모두 인용하지는 않았으나 원문으로 한자 백육십 자를 조금 넘는 이 짤막한 기사에 인용 문헌으로 《삼국사기》와 《동번풍속기》가 등장한다. 유득공이 이러한 언뜻 단순해 보이는 결론에 이르기까지 읽어 낸 독서의 양이며 그가 쏟은 공력이란 대단한 것이었다. 이 글 마지막에 그는 "신라 일천 년 역사가 아득해서 상고하기 어려움이 이와 같다."라는 한탄 섞인 고백을 하는데, 이에 담긴 그의 신라사를 비롯한 역사 전반 대한 애정의 무게는 읽는 사람으로 하여금 기가 질리게 한다.

5) 동인들과의 교유

다른 데서는 볼 수 없는 자료로서, 이덕무, 박제가 및 이서구 등과의 긴밀한 관계를 담고 있는 자료들이 있다. 특히 무관 이덕무, 강산 이서구와의 기록이 많다. 〈꽃 삼백 그루〉는 그들과의 관계를 잘 보여 주는 글이다.

공명도 부귀도 다 허사로니	功名富貴兩忘羊
살아생전 술 한 잔 더 먹세그려	且盡生前酒一觴
가지가지 어여쁜 꽃 삼백 그루가	多種好花三百本

낮은 울 밑 비바람에 사시사철 향긋 短籬風雨四時香

-〈꽃 삼백 그루〉 중에서

이 시는 명나라 시인 섭자기의 시인데 강산이 '작년에 박연암이 열하에 가셨을 때' 이 시를 보았다고 했으므로 이 글은 1781년에 있었던 일의 기록이다. 당시 27세 청년이었던 이서구는 호기로운 이 시를 필사하여 책상 위에 올려 두고, 14세기 지어진 시가 6, 7년 전 조선에서 이덕무에게, 그리고 바로 전해 열하에서 박지원에게 동일하게 목도된 사건을 고찰한다. 그는 출出과 처處, 더 확대하여 인생과 자연, 중국과 조선 등등의 주제들에 자못 깊이 감탄한다. 이를 지켜보던 유득공은 짐짓 예민한 언어 감각을 드러내며 '꽃 삼백 그루'의 의미가 무엇일까 넌지시 묻는다. 그리고 또 뒤에 이덕무에게도 같은 질문을 하는데, 이서구와 이덕무는 각각 이렇게 대답한다.

"삼백이란 숫자를 사계절에 맞춘 것이 묘하고 묘합니다. 시가 아니라 사詞였다면 틀림없이 '삼백육십 그루'라고 했을 겁니다."(이서구)
"삼백은 대략의 숫자를 든 것일 뿐이네. '큰 암말이 삼천 필'이라거나 '삼백 마리 양이 떼를 지었네.'라거나 하는 말이 모두 맞춘 데가 있는 말인가 뭐."(이덕무)

10년 이상을 사제 관계로 옆집에 살면서 배우고 가르친 사이인 이서구와 이덕무가 서로 정반대의 견해를 보인다. 북학파 문인들이 시를 둘러싸고 벌인 신선한 토론의 한 장면을 생생하게 묘사하고 있다. 이덕무도 이에 관련된 기록을 남겼으니 하나의 소재를 가지고 이들이 오랜 기간에 걸쳐 서로 긴밀한 토론을 했음을 잘 보여 주는 자료로서 의미를 부여할 수 있겠다.

유득공의 문집인 《영재집》에 연암이나 형암, 초정, 강산 이외의 다른 사대부들과의 교유는 극히 드물게 보인다. 《고운당필기》에서는 좀 더 다양한 인물군이 출연하여 유득공을 둘러싼 관계 그물을 더 촘촘하게 해 준다. 앞에서 함경도의 장례 풍속을 제보한 '하양 현감 임희택'도 그중 한 명이다. 임희택任希澤은 유득공이 교유한 사람 가운데 중요한 이로 새롭게 주목되어야 하고, 윤광호尹光濩와 윤수익尹守翼도 《고운당필기》에서 새롭게 발견되는 인물이다.

6) 금석문

흔히 '평제탑平濟塔'이라고 불리는 〈대당평백제국비명大唐平百濟國碑銘〉(본서에서는 〈당나라가 백제를 평정하고 세운 비석〉이라 편명을 붙였다.)은 우리 역사에서는 유쾌한 내용이 못 되는 것이겠으나 유득공은 이를 떠나 그 역사적, 문학적 가치를 정당하게 평가하고 싶었던 듯하다. 전체 1900여 자를 모두 인용하고 읽을 수 없는 글자 87자는 '□'로 처리한바 금석문을 대하는 엄밀한 자세를 보인다. 영재는 이 비에 대해서 결론적으로, 내용이나 글씨가 당나라 전체의 비 가운데서도 탁월해서 서안부西安府를 다 뒤져도 얻기 어려운 비라고 높이 평가하였다. 또한 〈김은열의 묘지〉나 흥법사비興法寺碑와 국사혜진탑비國師慧眞塔碑에 대한 기술인 〈고려의 두 비문〉 등의 기록도 금석에 대한 유득공의 깊은 관심을 잘 보여준다.

예시를 따로 들지는 않겠지만 당시 국제 정세에 대한 유득공의 깊은 관심을 담은 항목이 많다는 점 또한 빼놓을 수 없다. 그는 중국과 일본, 러시아, 몽고, 류큐, 동남아시아의 여러 나라 및 서양에 대한 가장 최신의 정보에 아주 예민하게 반응하였다. 그것이 동양 전통에 있어서 지식인의 본래적 책무이기도 하지만, 유득공의 경우 기록의 태도가 대단히 진지하고 철저하다.

유본예는 유득공의 행장에서 1801년 연행 때 유득공에게 부여된 임무를 특별히 기술하고 있다. 즉 지금까지 알려져 있었던 주자서 선본을 구득해오는 것 외에 천초川楚의 비요匪擾를 탐지해 올 임무를 띠고 갔다는 것이다. 당시 중국의 사천, 섬서, 호북 등지에서 있었던 소요에 대해 조선에서는 내용을 자세히 알지 못했는데, 유득공이 중국 사정에 밝다는 것 때문에 특별히 사은사행에 끼어 연행을 했다고 한다. 그는 그 임무를 잘 수행했고, 그 결과는 따로 기록으로 남았다.

덧붙여 정약용은 《고운당필기》에 대해 평하며 유득공의 서양 관계 기술만을 들어서 특별히 주목한 바도 있었다. 이 또한 중요하나 기왕의 연구나 해제에서 반복적으로 언급되어 있으므로, 구체적으로 들어보이는 것은 생략한다.

한편 박철상 박사는 《고운당필기》의 전체 내용을 주제별로 구분해서 풍속(23개), 금석(10개), 언어(8개) 등을 합하여 역사에 관한 항목을 82개로, 사물이나 용어의 의미와 유래를 고증적으로 밝힌 명물에 관한 항목을 37개로, 고증학 성행에 따른 지식의 척도로서 '이문異聞'에 관한 항목을 31개로, 시문에 관련된 항목을 29개로, 유득공이 정조에게서 받은 은전恩典에 관한 항목 22개에 근무처인 내각과 관련된 기록 20개 및 관직의 변동을 기록한 이력 12개를 합해서 관직 생활과 관련된 항목을 54개로 보고, 그 밖에 시무時務와 관련된 항목 7개, 소화笑話 6개, 문헌 3개, 서법書法 3개 등을 더해 전체 항목을 정리하였다. 그는 이런 내용을 다음과 같은 표로 제시하였다.

구분	역사 歷史	명물 名物	이문 異聞	시문 詩文	풍속 風俗	은전 恩典	내각 內閣	이력 履歷	금석 金石	언어 言語	시무 時務	소화 笑話	문헌 文獻	서법 書法
수	41	37	31	29	23	22	20	12	10	8	7	6	3	3

18세기 이후의 필기류 저작으로는 홍석주의 《학강산필鶴岡散筆》, 홍길주의 《수여난필睡餘瀾筆》, 홍한주의 《지수염필智水拈筆》, 정원용의 《수향편袖香編》, 이유원의 《임하필기》 등을 들 수 있겠다. 유득공의 《고운당필기》는 이들의 선편이 되면서, 박철상 박사의 언급처럼 "양적으로나 질적으로나 그 짝을 찾기 힘들 정도로 훌륭한 필기류 저작"이고 "유득공 일생의 학문적 관심이 집약된 의도된 저작"이다.

당초 필자는 버클리대학본 하나만 번역하고 거기에다 설명을 붙인 형식의 단행본을 간행할 생각이었다. 미적거리고 시간을 보내다가 마침 한국고전번역원에 특수고전번역실이 생기면서 그 책임을 맡게 된 김진옥 실장의 제안으로 《고운당필기》 전체 번역에 참여하게 되었다. 그러던 중에 때마침 박철상 박사의 새로운 자료가 공개되어서 미진한 부분이 있지만 그런대로 내용을 갖추게 되었다. 박철상 박사의 자료는 넓게는 실학파 문학의 이해에, 좁게는 《고운당필기》 번역에 말할 수 없이 큰 도움이다.

《고운당필기》 전체 8권 중에서 4권까지는 필자가, 5권과 6권은 한국고전번역원의 김종태, 김성애 선생이 번역을 담당하였다. 함께 자료를 읽어주신 김성애, 김종태, 박헌순 선생께 감사드린다. 꽃 이름이나 저본의 오자에 막혀서 앞으로 나가지 못하는 등의 수많은 난관이 해결되었다. 번역을 시작한 지 여러 해가 지나 지금에야 간행이 된다. 그 수많은 시간 동안 도움을 주신 많은 분께 감사를 드리며 글을 마친다.

유득공

1748(영조24)~1807(순조7). 조선 후기의 학자이자 시인. 본관은 문화, 자는 혜보, 호는 영재·고운당 등이다. 1774년(영조50) 생원시에 합격하여 생원이 되었으며 1779년(정조3)에는 시문에 대한 뛰어난 자질을 인정받아 규장각 검서관에 제수되어 이후 여러 관찬 사업에 참여하였다. 포천 현감, 양근 군수, 광흥창 주부, 가평 군수 등을 거쳤으며 말년에는 정조가 그의 공을 높이 사 영원히 검서직을 겸하도록 명하기도 했다. 박제가, 이덕무, 서이수와 함께 '4검서'로 불렸고 규장각 인사들을 비롯한 실학자들, 청나라 문인들과 활발히 교유하며 당대 지식 조류에 영향을 미쳤다. 시에 뛰어났으며 역사, 지리, 풍속, 언어 등에 특히 열정을 쏟았다. 저작으로 《발해고》《경도잡지》《이십일도회고시》《사군지》 등이 있다.

옮긴이

김윤조

계명대학교 한문교육과, 성균관대학교 대학원 한문학과와 민족문화추진회 부설 한문연수원의 연구부 과정을 졸업하였다. 계명대학교 한문교육과 교수로 재직하고 있다. 번역서로 《역주 과정록》과 유득공의 《누가 알아주랴》, 《19세기 견문지식의 축적과 지식의 탄생: 지수염필》 등이 있고, 논문으로 〈한국 한시에 있어서 오언절구의 형식적 특징에 대한 검토〉, 〈논어 학이편 연구: 논어 편찬 과정에 대한 일관견〉 등이 있다.

김종태

국민대학교 국문학과를 졸업하고 성균관대학교 대학원 한문학과 박사과정을 수료하였다. 민족문화추진회 국역연수원 연수부·상임연구부 과정과 국사편찬위원회 초서과정을 마쳤고 현재 한국고전번역원에 재직 중이다. 《승정원일기》 고종, 인조, 영조 대 번역에 참여하였으며 번역서로 《명현들의 간찰》, 《청성잡기》(공역), 《허백당집》(공역) 등이 있고, 논문으로 〈《인평대군방전도》와 어제제문을 통해 본 조선왕실의 우애 선양〉 등이 있다.

김성애

고려대학교 사학과를 졸업하고 같은 대학원 고전번역협동과정 박사과정을 수료하였다. 민족문화추진회 국역연수원 상임연구부를 졸업하였으며, 한국고전번역원에 재직 중이다. 《광해군일기》, 《승정원일기》, 《홍재전서》, 《성호전집》, 《대산집》, 《향산집》 등의 번역에 참여하였다.

고운당필기

유득공

2020年 12月 31日 초판 1쇄 발행

발행인 신승운
발행처 한국고전번역원
등록 2008. 3. 12. 제25100-2018-000049호
주소 (03310) 서울시 은평구 진관1로 85
전화 02-350-4880
팩스 02-350-4994
홈페이지 www.itkc.or.kr

번역 김윤조 김종태 김성애

연구총괄 양기정
연구기획 정미경

책임편집 하현주
편집진행 김지수
교정 남경화 박현진
제작 김형석
디자인 은희주
인쇄 백승프린팅

값 30,000원
ISBN 978-89-284-0798-9 93810